काँपने से दहाड़न तक

निडर होकर प्रभावशाली सार्वजनिक भाषण देने की कला में महारत हासिल करें

डॉ. अनुपम कुरलवाल (आचार्य)

Made with ♥ on the Notion Press Platform
www.notionpress.com

समर्पण

उस आवाज़ के नाम... जो काँपती थी... लेकिन चुप रहना उसने कभी नहीं चुना। उस इंसान के नाम... जो अभिव्यक्ति के किनारे खड़ा रहा है—दिल तेज़ धड़कता हुआ... विचार तैयार... लेकिन शब्द... संदेह में अटक गए। उसके लिए... जिसने कभी महसूस किया— "मुझे पता है क्या कहना है... लेकिन मैं कह नहीं पा रहा/रही।" यह किताब आपके लिए है।

उन पलों के लिए... जब आपने चुप्पी चुनी... इसलिए नहीं कि आपके पास विचार नहीं थे... बल्कि इसलिए कि आपने अपनी ही आवाज़ पर सवाल किया। उन मौकों के लिए... जो आपने जाने दिए... उन बातचीतों के लिए... जिन्हें आपने बाद में दोहराया... और उस हिम्मत के लिए... जो आप उस एक पल में चाहते थे। मैं आपको समझता हूँ। क्योंकि मैं भी वही रहा हूँ। और मैं यह सच्चाई जानता हूँ— आपमें कुछ भी कमी नहीं है। न बुद्धि की... न क्षमता की... न आवाज़ की। बस एक कमी है... इस विश्वास की... कि यह पर्याप्त है।

यह किताब समर्पित है... उस विश्वास को फिर से पाने की यात्रा को। उस हिम्मत को... जब आवाज़ काँपती है, फिर भी बोलते हैं। उस ताकत को... जब मन असमंजस में होता है, फिर भी खड़े होते हैं। उस निर्णय को... जब असहज लगने पर भी... आप खुद को व्यक्त करते हैं। क्योंकि परिवर्तन तब शुरू नहीं होता... जब डर खत्म हो जाता है। वह तब शुरू होता है... जब आप डर के बावजूद आगे बढ़ते हैं।

यह उस पल के लिए है... जब आप तय करते हैं— अब और नहीं रुकना। अब और नहीं इंतज़ार करना "सही समय" का। अब और नहीं दबाना अपने विचारों को। यह उस पल के लिए है... जब आप आगे बढ़ते हैं। बोलने के लिए। खुद को व्यक्त करने के लिए। सुने जाने के लिए। और एक दिन... जब आप स्पष्टता के साथ खड़े होंगे...

जब आपकी आवाज़ में आत्मविश्वास होगा... जब आपकी उपस्थिति... आपके शब्दों से पहले बोलेगी... तब याद रखिए— आप हमेशा से इसके योग्य थे। बस आपको शुरुआत करनी थी। काँपने से... दहाड़ने तक। यह सफर... आपका है।

क्रम-सूची

प्रस्तावना

एक समय था...जब खड़े होकर बोलना... चुप रहने से ज़्यादा भारी लगता था।

ऐसा नहीं था कि विचार नहीं थे... ऐसा नहीं था कि कहने के लिए कुछ नहीं था... लेकिन दिमाग और आवाज़ के बीच कहीं... **कुछ रुक जाता था।**

एक हिचकिचाहट। एक ठहराव... जो जितना होना चाहिए था, उससे थोड़ा ज़्यादा लंबा हो जाता था। एक शांत डर... जो पूछता था— "अगर लोग मुझे जज करें तो?" "अगर मैं पर्याप्त नहीं हूँ तो?"

अगर आपने कभी यह महसूस किया है... तो यह किताब आपके लिए ही लिखी गई है।

क्योंकि सच्चाई यह है— ज़्यादातर लोग सोचने में नहीं अटकते... वे **खुद को व्यक्त करने में अटकते हैं।**

विचार अंदर ही बंद रह जाते हैं... शब्द बाहर नहीं आते... मौके चुपचाप निकल जाते हैं। और धीरे-धीरे... चुप्पी एक आदत बन जाती है। एक आरामदायक आदत। लेकिन... **महँगी भी।**

मैंने इसे देखा है— सिर्फ कक्षाओं में नहीं... सिर्फ सेशन में नहीं... बल्कि जिंदगी में।

तेज़ दिमाग... जो कभी सुने नहीं गए। काबिल लोग... जो पीछे हट गए। नेता... जो आत्मविश्वास आने का इंतज़ार करते रहे।

और मैंने इसे जिया भी है। वह पल... जब मुझे पता था क्या कहना है... लेकिन मैं कह नहीं पाया।

वह पल... जब मैं तैयार था... लेकिन आत्मविश्वास नहीं था।

वह पल... जब चुप रहना... बोलने से ज़्यादा सुरक्षित लगा।

फिर एक समझ ने सब बदल दिया— **आत्मविश्वास इंतज़ार करने की चीज़ नहीं है... इसे बनाया जाता है।**

यह किताब एक दिन में नहीं बनी। यह कई सालों के अनुभव का परिणाम है— देखने का... सीखने का... सिखाने का... और बदलने का। सिर्फ दूसरों को नहीं... **खुद को भी।**

हर अध्याय... उस सफर का एक हिस्सा है। डर... संघर्ष... छोटी-छोटी जीत... धीरे-धीरे होता बदलाव।

आपको यहाँ कोई शॉर्टकट नहीं मिलेगा। आपको यहाँ मिलेगा— **सच**। सरल... व्यावहारिक... कभी-कभी असहज... लेकिन हमेशा वास्तविक।

क्योंकि एक प्रभावशाली वक्ता बनना... सिर्फ तकनीक सीखना नहीं है। यह खुद को समझना है। यह उस चीज़ का सामना करना है... जो आपको रोकती है... और धीरे-धीरे... धैर्य के साथ... उससे आगे बढ़ना है।

जब आप इन पन्नों को पढ़ें... तो जल्दी मत कीजिए। जहाँ कुछ जाना-पहचाना लगे... रुकिए। जहाँ कुछ असहज लगे... सोचिए। जहाँ कुछ कठिन लगे... अभ्यास कीजिए।

क्योंकि यह किताब खत्म करने के लिए नहीं है... **इसे जीने के लिए है।**

ऐसे पल आएँगे... जब आपको लगेगा कि आप आगे बढ़ रहे हैं। और ऐसे भी पल आएँगे... जब लगेगा कि आप वहीं अटके हैं। दोनों सही हैं। दोनों इस सफर का हिस्सा हैं।

लेकिन अगर आप बने रहे... अगर आप हर दिन आए... चाहे वह कठिन ही क्यों न लगे... तो कुछ बदलेगा। सिर्फ आपके बोलने में नहीं... **आपके बनने में।**

आप बदलाव महसूस करेंगे— अपने खड़े होने में... अपनी आवाज़ में... अपनी सोच में... अपनी उपस्थिति में।

और एक दिन... एक बिल्कुल सामान्य पल में... आपको एक असामान्य बात समझ आएगी— अब आप खुद को रोक नहीं रहे। अब आप इंतज़ार नहीं कर रहे।

आप बोल रहे हैं। स्पष्टता के साथ। आत्मविश्वास के साथ। ईमानदारी के साथ। और यही इस सफर का लक्ष्य है।

परफेक्शन नहीं... **अभिव्यक्ति**। परफॉर्मेंस नहीं... **उपस्थिति**।

क्योंकि अंत में... यह सिर्फ बोलने की किताब नहीं है। यह आपकी आवाज़ खोजने की किताब है। और एक बार जब आप अपनी आवाज़ पा लेते हैं... आप उसे फिर कभी दबाना नहीं चाहेंगे।

आपकी वक्तृत्व यात्रा के लिए हार्दिक शुभकामनाएँ
डॉ. अनुपम कुरलवाल (आचार्य)

पावती (स्वीकृति)

बनने की कोई भी यात्रा... कभी अकेले पूरी नहीं होती।

यह किताब भले ही मेरे नाम से जुड़ी हो... लेकिन इसके हर पन्ने में कई लोगों की उपस्थिति है— कुछ जिन्होंने मेरे साथ चलकर सहारा दिया, कुछ जिन्होंने मुझे चुनौती दी, और कुछ जिन्होंने तब भी मुझ पर विश्वास रखा... जब मैं खुद पर विश्वास करना सीख रहा था।

मैं अपने प्रिय माता-पिता के प्रति गहरी कृतज्ञता व्यक्त करता हूँ— मेरे पिता, स्वर्गीय श्री दरियाव सिंह कुरलवाल, और मेरी माता, श्रीमती बिमला देवी। साथ ही, हलवासिया विद्या विहार, भिवानी और महर्षि दयानंद विश्वविद्यालय, रोहतक के विधि संकाय में मेरे शिक्षकों का मैं हृदय से आभारी हूँ। मेरे मार्गदर्शक—प्रो. नरेश शर्मा और प्रो. गुरपाल सिंह— जिन्होंने केवल ज्ञान ही नहीं दिया, बल्कि सोचने का नजरिया दिया। उनका अनुशासन, उनकी समझ, और उनकी सीख... इस किताब की नींव है। आज भी उनकी बातें... इन पन्नों में गूंजती हैं।

मेरे विद्यार्थियों के लिए— नेशनल इंस्टीट्यूट ऑफ लॉ, कुरुक्षेत्र विश्वविद्यालय; सी.आर. लॉ कॉलेज, हिसार; भाई गुरदास कॉलेज ऑफ लॉ, संगरूर; और एम.डी.यू. सेंटर फॉर प्रोफेशनल एंड एलाइड स्टडीज़, गुरुग्राम— यह किताब जितनी मेरी है... उतनी आपकी भी है। आपके सवाल... आपकी झिझक... आपकी बार-बार कोशिश करने की हिम्मत... यही सब इस किताब के हर अध्याय की असली प्रेरणा बने। मैंने जितना आपको सिखाया... उतना ही आपसे सीखा भी है। आपको हिचकिचाहट से आत्मविश्वास तक जाते देखना... मेरी इस यात्रा की सबसे बड़ी उपलब्धि रही है।

मेरे सहकर्मियों के लिए—– नेशनल इंस्टीट्यूट ऑफ लॉ, कुरुक्षेत्र विश्वविद्यालय; सी.आर. लॉ कॉलेज, हिसार; भाई गुरदास कॉलेज ऑफ लॉ, संगरूर; और एम.डी.यू. सेंटर फॉर प्रोफेशनल एंड एलाइड स्टडीज़, गुरुग्राम—आप सभी का धन्यवाद...उन चर्चाओं के लिए जिन्होंने मुझे सोचने पर मजबूर किया, उन असहमतियों के लिए जिन्होंने मेरी समझ को और गहरा किया, और उन पलों के लिए... जिन्होंने मुझे याद दिलाया कि विकास... हमेशा आराम से नहीं आता।

अपने परिवार और मित्रों के लिए— आपका शांत साथ... मेरी सबसे बड़ी ताकत रहा है। लंबे समय तक काम करते हुए आपका धैर्य, अनिश्चित पलों में आपका विश्वास, और हर बार मुझे मेरी असली पहचान याद दिलाना... यही सब

मुझे जमीन से जोड़े रखता रहा।

मैं उन पलों का भी आभार मानता हूँ... जिनसे मैं कभी बचना चाहता था— संदेह... असफलता...
असहजता... आज समझ आता है... वही मेरे सबसे बड़े शिक्षक थे। उन्होंने मुझे रुकने नहीं दिया... बल्कि मुझे और मजबूत, और स्पष्ट बनाया।

उन सभी लोगों के लिए— जो कभी मंच के सामने खड़े हुए... और उनकी आवाज़ कांपी, जिन्होंने अपनी ही क्षमता पर सवाल उठाया, जिन्होंने अभिव्यक्ति की जगह... चुप्पी को चुना— यह किताब... आपके लिए है। आपकी यात्रा ही इसका कारण है।

और अंत में... मैं धन्यवाद देना चाहता हूँ—आपको। इस यात्रा को शुरू करने के लिए... खुद को बदलने के लिए तैयार होने के लिए... और उस असहजता का सामना करने के लिए... जिससे विकास शुरू होता है।

किताब लिखना... यात्रा का आधा हिस्सा है। असली बदलाव तब होता है... जब कोई इसे पढ़ता है... उस पर सोचता है... और उसे जीता है।

अगर इन पन्नों के कारण... किसी एक व्यक्ति की आवाज़ भी थोड़ी और स्पष्ट, थोड़ी और मजबूत, और थोड़ी और आत्मविश्वासी बनती है... तो यह पूरी यात्रा... सफल है।

आपके लिए मेरी हार्दिक शुभकामनाएँ।

— डॉ. अनुपम कुरलवाल (आचार्य)

आमुख

एक समय था...

जब बोलना... आसान नहीं था।

शब्द थे,

विचार थे,

समझ थी—

पर आवाज़... साथ नहीं देती थी।

मन में सब साफ होता था,

पर जैसे ही बोलने का समय आता...

कुछ रुक जाता।

एक हल्की सी झिझक।

एक अनकहा डर।

एक सवाल—

"क्या मैं सही हूँ?"

"लोग क्या सोचेंगे?"

"अगर मैं गलत हुआ तो?"

और बस...

वहीं पर आवाज़ थम जाती।

बहुत बार ऐसा हुआ—

मौके सामने थे,

विचार तैयार थे...

पर शब्द बाहर नहीं आए।

बाद में वही बातें...

मन में बार-बार दोहराई गईं।

"मुझे ऐसा कहना चाहिए था..."

"मैं और बेहतर बोल सकता था..."

"काश... मैंने उस समय हिम्मत की होती..."

लेकिन उस पल...

चुप रहना आसान लगा।

धीरे-धीरे...
यह चुप्पी आदत बन गई।
सुरक्षित...
पर सीमित।
और यहीं से शुरू होती है यह कहानी।
यह कहानी सिर्फ बोलने की नहीं है।
यह कहानी है—
खुद को पहचानने की,
अपने डर को समझने की,
और उससे आगे बढ़ने की।
क्योंकि सच यह है—
अधिकतर लोग सोचने में नहीं,
बोलने में अटकते हैं।
विचार उनके पास होते हैं,
पर अभिव्यक्ति... नहीं।
और जब अभिव्यक्ति नहीं होती—
तो अवसर छूट जाते हैं।
नेतृत्व रुक जाता है।
प्रभाव... सीमित रह जाता है।
लेकिन एक और सच है—
कोई भी जन्म से आत्मविश्वासी वक्ता नहीं होता।
यह सीखा जाता है।
यह बनाया जाता है।
धीरे-धीरे।
हर बार जब आप कोशिश करते हैं...
हर बार जब आप डर के बावजूद बोलते हैं...
हर बार जब आप खुद को थोड़ा और आगे बढ़ाते हैं...
कुछ बदलता है।
शायद शुरुआत में नहीं दिखता...
पर भीतर होता है।
एक दिन...
आप महसूस करते हैं—

आपकी आवाज़ पहले जैसी नहीं रही।
आप अब रुकते नहीं।
आप अब सोचकर पीछे नहीं हटते।
आप बोलते हैं।
स्पष्टता के साथ।
आत्मविश्वास के साथ।
ईमानदारी के साथ।
और यही इस किताब का उद्‌देश्य है।
आपको परफेक्ट बनाना नहीं।
आपको सच्चा बनाना।
आपको ऐसा बनाना...
जो अपने विचार साफ़ कह सके,
जो अपने डर के बावजूद खड़ा हो सके,
जो अपनी आवाज़ को पहचान सके।
क्योंकि जब आप अपनी आवाज़ पहचान लेते हैं...
आप खुद को पहचान लेते हैं।
और जब आप खुद को पहचान लेते हैं...
दुनिया आपको सुनने लगती है।
यह किताब एक शुरुआत है।
एक यात्रा की शुरुआत।
जहाँ आप सिर्फ बोलना नहीं सीखेंगे...
आप बनना सीखेंगे।
काँपने से...
दहाड़ने तक।
-डॉ. अनुपम कुरलवाल (आचार्य)

लेखक की ओर से

एक समय था... जब बोलना मेरी ताकत नहीं था। वह असहजता थी। वह ज़ोर से दिखने वाली नहीं... बल्कि शांत वाली असहजता। वह, जब आपके पास कहने के लिए बहुत कुछ होता है... लेकिन आप रुक जाते हैं। जब दिमाग साफ़ होता है... लेकिन आवाज़ साथ नहीं देती। जब मौके निकल जाते हैं... इसलिए नहीं कि आपको पता नहीं था... बल्कि इसलिए कि आपने खुद को रोका।

मैं उस जगह से गुज़रा हूँ। और मैंने उसे बार-बार देखा है... क्लासरूम में... ट्रेनिंग हॉल में... सेमिनार में... मीटिंग्स में...

तेज़ दिमाग... सक्षम लोग... मजबूत विचार... लेकिन कुछ है... जो उन्हें रोक देता है। बुद्धि की कमी नहीं... **अभिव्यक्ति की कमी।**

यह किताब किसी सिद्धांत से पैदा नहीं हुई। यह पैदा हुई है— देखने से... जीने से... अनुभव से... सालों तक ऐसे छात्रों के सामने खड़े रहने से... जो नज़रें चुराते थे... ऐसे प्रोफेशनल्स से मिलने से... जिन्हें जवाब पता था... लेकिन वे चुप रहे... ऐसे अधिकारी और लीडर्स से... जिनके पास ज़िम्मेदारी थी... लेकिन उसे स्पष्ट और प्रभावशाली तरीके से व्यक्त करना कठिन था...

मैंने अलग-अलग स्तरों के लोगों के साथ काम किया है— छात्र... शिक्षक... प्रिंसिपल... प्रशासनिक अधिकारी... कॉर्पोरेट प्रोफेशनल... और हर जगह... एक ही सच्चाई बार-बार सामने आई। कम्युनिकेशन सिर्फ एक कौशल नहीं है... यह एक जीवन शक्ति है।

यह तय करता है— आपको कैसे देखा जाता है... कैसे सुना जाता है... कैसे याद रखा जाता है... और सबसे महत्वपूर्ण... आप खुद को कैसे देखते हैं।

मैंने यह किताब आपको प्रभावित करने के लिए नहीं लिखी... मैंने इसे आपको छूने के लिए लिखा है। हर अध्याय... हर उदाहरण... हर कहानी... वास्तविक पलों से निकली है—

हिचकिचाहट के पल... बदलाव के पल... वह पल... जब कोई पहली बार खड़ा हुआ... और बोला... और उसके अंदर कुछ हमेशा के लिए बदल गया।

मैंने देखा है— एक छात्र... जो कभी काँपता था... वही आगे चलकर कमरे को संभालता है...

एक शिक्षक... जो बोलने से बचता था... वही सैकड़ों को प्रेरित करता है...

अधिकारी... लीडर... प्रोफेशनल... जो सिर्फ अपनी कम्युनिकेशन नहीं... अपनी पहचान बदल लेते हैं।

इसीलिए यह किताब है। क्योंकि सार्वजनिक बोलना सिर्फ मंच पर खड़े होने के बारे में नहीं है...

यह अपने भीतर खड़े होने के बारे में है। आप देखेंगे— यह किताब सिर्फ तकनीकों पर नहीं रुकी।

हाँ... तकनीक ज़रूरी है। लेकिन तकनीक बिना सोच के... अस्थायी होती है।

और सोच बिना अभ्यास के... अधूरी।

इसलिए मैंने गहराई में जाने का चुनाव किया।

आप कैसे सोचते हैं... कैसे महसूस करते हैं... खुद को कैसे रखते हैं...

दबाव में कैसे प्रतिक्रिया देते हैं...

क्योंकि कम्युनिकेशन सिर्फ यह नहीं है कि आप क्या कहते हैं...

यह है— आप कौन हैं...जब आप कहते हैं।

आप एक और बात महसूस करेंगे... यह किताब परफेक्शन का वादा नहीं करती।

क्योंकि परफेक्शन लक्ष्य नहीं है। उपस्थिति है। स्पष्टता है। साहस है।

अगर इस किताब के बाद... आप "परफेक्ट स्पीकर" नहीं बनते... तो कोई बात नहीं।

लेकिन अगर आप वह व्यक्ति बन जाते हैं— जो साफ़ बोल सकता है... आत्मविश्वास से सोच सकता है... और ज़रूरत के समय मज़बूती से खड़ा हो सकता है...तो इस किताब ने अपना काम कर दिया।

मैं एक बहुत साधारण बात पर विश्वास करता हूँ। आपको सबसे अच्छा बनने की ज़रूरत नहीं है। आपको अपने पिछले स्वरूप से बेहतर बनना है।

हर बार... जब आप बोलते हैं... हर बार... जब आप उठते हैं... हर बार... जब आप आराम की जगह साहस चुनते हैं... और धीरे-धीरे... लगभग चुपचाप... आप बदलते हैं।

हिचकिचाहट से अभिव्यक्ति तक... डर से आत्मविश्वास तक... काँपने से... दहाड़ने तक... यह सिर्फ एक शीर्षक नहीं है... यह एक सफ़र है। एक सफ़र... जो मैंने जिया है... जो मैंने दूसरों में देखा है...

और अब... जिसके लिए मैं आपको आमंत्रित करता हूँ। अगर इस किताब ने आपको छुआ है... आपको चुनौती दी है... या आपकी आवाज़ को देखने का तरीका थोड़ा भी बदला है... तो मेरे लिए यह प्रयास सफल है। क्योंकि कहीं... कोई... कल

थोड़ा अलग बोलेगा। और वही अंतर... प्रभाव बनाएगा।

आगे बढ़ते हुए... एक बात याद रखिए— आपकी आवाज़ महत्वपूर्ण है।

कभी नहीं... किसी दिन नहीं... **अभी**।

जब असहज लगे... तब बोलिए।

जब ज़रूरत हो... तब व्यक्त कीजिए।

जब मुश्किल हो... तब खड़े होइए।

क्योंकि दुनिया को सिर्फ और वक्ताओं की ज़रूरत नहीं है...

उसे चाहिए— स्पष्टता वाली आवाज़ें... साहस वाली आवाज़ें... चरित्र वाली आवाज़ें...

और शायद... एक दिन... आप किसी कमरे के सामने खड़े होंगे...

और कोई आपको सुनेगा... और वही महसूस करेगा—

जो बहुतों ने पहले महसूस किया है...

कि उसके अंदर कुछ... अभी-अभी शुरू हुआ है।

और उस पल...

आप समझ जाएंगे— यह सफ़र... सार्थक था।

उभरते हुए स्टेज लायन के नाम

डॉ. अनुपम कुरलवाल (आचार्य)

यह किताब आपको कैसे बदलेगी

परिवर्तन अक्सर एक ही पल में नहीं होता...

वह धीरे-धीरे खुलता है...

कदम दर कदम...

जागरूकता से...

अभ्यास से...

अनुशासन से...

और उद्देश्य से।

यह किताब आपको तुरंत आत्मविश्वास देने के लिए नहीं बनी है। यह आपको एक सफर पर ले जाने के लिए बनी है। एक ऐसा सफर... जो आपको डर से महारत तक ले जाता है... हिचकिचाहट से प्रभाव तक... और एक शांत दर्शक से... एक आत्मविश्वासी, प्रभावशाली वक्ता बनने तक।

यह कोई ऐसी किताब नहीं है जिसे आप पढ़कर आगे बढ़ जाएँ। **यह एक ऐसी किताब है जिसे आप जीते हैं।** पन्ना दर पन्ना... अध्याय दर अध्याय... आपके अंदर कुछ बदलने लगता है। शोर के साथ नहीं... ड्रामे के साथ नहीं... बल्कि गहराई से।

आप अपने अंदर बदलाव महसूस करने लगते हैं— सोच में... भावनाओं में... और अभिव्यक्ति में। जो पहले उलझा हुआ लगता था... अब साफ होने लगता है। जो पहले मुश्किल लगता था... अब संभव लगने लगता है। जो पहले डरावना था... अब परिचित लगने लगता है। आप धीरे-धीरे आगे बढ़ते हैं— हिचकिचाहट से अभिव्यक्ति तक... बिखरे विचारों से स्पष्ट संरचना तक... डर से एक ऐसी उपस्थिति तक... जो स्वाभाविक लगती है।

और फिर कहीं एक पल आता है... जब आप महसूस करते हैं— **यह सिर्फ बोलने के बारे में नहीं है... यह बनने के बारे में है।** एक ऐसे इंसान बनने के बारे में— जो स्पष्टता के साथ खड़ा हो सके... जो आत्मविश्वास के साथ बोल सके... जिसकी आवाज़ में अर्थ हो। **यह बदलाव कैसे होता है?** यह बदलाव अचानक नहीं होता...यह पाँच शक्तिशाली चरणों में खुलता है—एक के बाद एक...हर चरण आपको भीतर से गढ़ता है...जब तक कि एक दिन...बिना जाने...आप वह इंसान नहीं रहते...जो बोलने से डरता था।

आप वह बन जाते हैं... **जिसे सुना जाता है।**

भाग 1 — डर को समझना

यहीं से आपकी यात्रा शुरू होती है। तकनीकों से नहीं... सच्चाई से।

अध्याय 1 में... आप डर की मनोस्थिति को समझते हैं। आपको पता चलता है— आपकी आवाज़ क्यों काँपती है... दिमाग क्यों रुक जाता है... और समझदार लोग भी क्यों नहीं बोल पाते। आप समझते हैं— डर कमजोरी नहीं है... यह एक स्वाभाविक प्रतिक्रिया है। और पहली बार... आप खुद को दोष देना बंद करते हैं।

अध्याय 2 में... एक भ्रम टूटता है। कोई भी जन्म से आत्मविश्वासी वक्ता नहीं होता। आत्मविश्वास कोई उपहार नहीं है... **यह बनाया जाता है।**

अध्याय 3 में... आप एक सच्चाई का सामना करते हैं— चुप रहने की कीमत। छूटे हुए मौके... खोया हुआ नेतृत्व... अनकहे विचार। आप समझते हैं— चुप रहना सुरक्षित नहीं है... **यह महँगा है।** और धीरे-धीरे... आपके अंदर बोलने की इच्छा जागती है।

भाग 2 — नींव बनाना

अब आप अपनी ताकत बनाना शुरू करते हैं।

अध्याय 4 में... आप अपनी प्राकृतिक शक्ति पहचानते हैं— आपका "गॉड गिफ्ट"। आप समझते हैं— आपके अंदर पहले से कुछ खास है। अब बोलना दूसरों की नकल नहीं... **खुद को व्यक्त करना बन जाता है।**

अध्याय 5 में... आप सीखते हैं— भावना नहीं, अनुशासन। आप समझते हैं— हर दिन आत्मविश्वास महसूस नहीं होगा... लेकिन आप फिर भी कर सकते हैं। यहीं मानसिक मजबूती शुरू होती है।

अध्याय 6 में... आप "मिरर प्रैक्टिस" अपनाते हैं। धीरे-धीरे— आपकी बॉडी लैंग्वेज बदलती है... नज़र बदलती है... और सबसे महत्वपूर्ण— आप खुद को अलग देखने लगते हैं।

अध्याय 7 में... आपको संरचना मिलती है। जब भावनाएँ डगमगाती हैं... संरचना आपको संभालती है। आपके विचार संगठित होते हैं... और बोलने में दिशा आती है।

भाग 3 — सामान्य से प्रभावशाली

अब आपकी बोलने की शैली बदलने लगती है।

अध्याय 8 में... आपकी आवाज़ जीवंत होती है। आप समझते हैं— बोलना सिर्फ शब्द नहीं है... **शब्द कैसे चलते हैं... यह भी है।**

अध्याय 9 में... आपका शरीर आपका संदेश बन जाता है। आपकी उपस्थिति... आपके पहले शब्द से पहले ही दिखने लगती है।

अध्याय 10 में... आप तत्काल सोचने लगते हैं। अब आप सवालों से नहीं डरते... अनपेक्षित पलों से नहीं घबराते। आप प्रतिक्रिया नहीं देते... आप उत्तर देते हैं।

भाग 4 — नेतृत्व और प्रभाव

अब आपकी आवाज़ दूसरों पर असर डालने लगती है।

अध्याय 11 में... आप जानकारी से आगे बढ़ते हैं— प्रभाव तक। आप सीखते हैं— सिर्फ बताना नहीं... **बदलना।**

अध्याय 12 में... आप पढ़ने की शक्ति समझते हैं। आपका सोचने का स्तर गहरा होता है... और आपकी बातों में गहराई आती है।

अध्याय 13 में... आप यादगार बनना सीखते हैं। कहानियों के जरिए... आपका संदेश दिल तक पहुँचता है।

भाग 5 — दहाड़ती पहचान

अब अंतिम बदलाव आता है।

अध्याय 14 में... आप कलाकार से पेशेवर बनते हैं। नियमितता आपकी पहचान बनती है।

अध्याय 15 में... आप समझते हैं— संवाद सिर्फ मंच पर नहीं... जीवन में होता है। रिश्तों में... काम में... नेतृत्व में।

अध्याय 16 में... सब कुछ एक साथ आता है। आप अपनी यात्रा देखते हैं... अपना बदलाव महसूस करते हैं। और एक सच्चाई स्वीकार करते हैं— आप सिर्फ **संदेश नहीं दे रहे... आप स्वयं संदेश बन गए हैं।**

अंतिम बदलाव

जब आप यह किताब पूरी करते हैं... आपके अंदर कुछ शांत लेकिन गहरा बदल चुका होता है। आप सिर्फ बोलना नहीं सीखते... आप सीखते हैं— स्पष्ट सोचना... आत्मविश्वास से खड़ा होना... ईमानदारी से व्यक्त करना... अर्थपूर्ण प्रभाव डालना... और शक्ति के साथ जीना।

आप बदलते हैं—

1. काँपने से → खड़े होने तक
2. खड़े होने से → बोलने तक
3. बोलने से → प्रभाव डालने तक
4. प्रभाव से → बनने तक

और इसी बनने में... एक नई पहचान जन्म लेती है।

सिर्फ एक वक्ता नहीं... **एक स्टेज लायन।**

जिसकी उपस्थिति बोलती है...जिसके शब्द असर करते हैं... जिसकी आवाज़ बदलाव लाती है।

और सबसे सुंदर बात? यह बदलाव किताब के साथ खत्म नहीं होता...

यह यहीं से शुरू होता है।

आपकी सर्वोत्तम सफलता और उपलब्धियों के लिए हार्दिक शुभकामनाएँ

डॉ. अनुपम कुरलवाल (आचार्य)

1

हम क्यों काँपते हैं

1. मंच का डर — दिल की सच्चाई

पहली बार जब मैं मंच के पीछे खड़ा हुआ था, मुझे चेहरों से पहले आवाज़ें याद हैं। ऊपर पंखे की हल्की-सी घर्र-घर्र। कुर्सियों के खिसकने की आहट। तीसरी पंक्ति से आती एक खाँसी। मेरे हाथों की हथेलियाँ गीली थीं। गला जैसे थोड़ा सिकुड़ गया था, मानो किसी ने अंदर ही अंदर रस्सी कस दी हो।

मैंने तैयारी की थी। पढ़ा था। विषय मुझे आता था। फिर भी जैसे ही मेरा नाम पुकारा गया, भीतर कुछ काँपने लगा। अजीब अनुभव होता है — दिमाग साफ हो, पर शरीर साथ न दे। यह कमजोरी नहीं है।
यह मनोविज्ञान है।

मंच का डर मंच पर शुरू नहीं होता। वह उससे बहुत पहले शुरू होता है — मन के उन शांत कोनों में, जहाँ आज भी हमारे पुराने जीवित रहने वाले संस्कार छिपे हैं। बहुत पहले, जब न माइक्रोफोन था, न ऑडिटोरियम। तब इंसान समूह में रहता था। समूह का साथ मतलब सुरक्षा। समूह से अलग होना मतलब खतरा।

आज भी जब आप अकेले खड़े होकर सबकी नज़रों के सामने बोलते हैं, आपका दिमाग इसे "जाँच" समझता है। और जाँच का मतलब है — कहीं अस्वीकार न कर दिए जाओ।

इसलिए जब दिल तेज़ धड़कता है, साँस उथली हो जाती है, हाथ काँपते हैं — तो समझिए, आपका दिमाग आपको बचाने की कोशिश कर रहा है।

दिमाग के भीतर एक छोटी-सी घंटी (एमिग्डाला) होती है, जैसे कोई अलार्म। मस्तिष्क के टेम्पोरल लोब में स्थित बादाम के आकार का एक छोटा लेकिन महत्वपूर्ण हिस्सा है। यह लिम्बिक सिस्टम का मुख्य हिस्सा हैजो मुख्य रूप से

डर, चिंता, खुशी और गुस्से जैसी भावनाओं को प्रोसेस करता है। यह खतरे को भांपकर 'लड़ो या भागो' प्रतिक्रिया को सक्रिय करता है। वह घंटी यह नहीं समझती कि सामने शेर है या सौ लोग आपको देख रहे हैं। उसे बस "खतरे" की आहट मिलती है। और वह फुसफुसाती है — "कुछ गड़बड़ हो सकता है।"

बस, उसी क्षण शरीर "लड़ो या भागो" की अवस्था में चला जाता है।

दिल तेज़ धड़कता है। मुँह सूख जाता है। साँस छोटी-छोटी आने लगती है। और दिमाग, जो अभी तक साफ था, अचानक बिखर जाता है। तब आप खुद से पूछते हैं — "मैं ऐसा क्यों हूँ?" आप ऐसे हैं, क्योंकि आप इंसान हैं।

मैंने बहुत होशियार विद्यार्थियों को मंच पर काँपते देखा है। ऐसे अधिकारी, जो जटिल मामलों का विश्लेषण मिनटों में कर लेते हैं, पर बैठक में अपना परिचय देने से बचते हैं। बुद्धिमानी, डर से छूट नहीं देती। कई बार तो बुद्धिमानी डर को और बढ़ा देती है। जितना अधिक आप परिणामों को समझते हैं, उतनी ही स्पष्टता से असफलता की कल्पना करते हैं।

मंच के डर के केंद्र में एक ही बात होती है — लोग क्या सोचेंगे? "अगर मैं भूल गया तो?" "अगर शब्द गलत बोल दिया तो?" "अगर वे हँस पड़े तो?" ध्यान दीजिए, इनमें से कोई भी डर शारीरिक चोट का नहीं है। यह सब "छवि" का डर है। हम मंच से गिरने से नहीं डरते। हम लोगों की नज़रों में गिरने से डरते हैं।

एक बार मैंने एक विद्यार्थी से पूछा, "अगर बोलते समय गलती हो जाए तो सबसे बुरा क्या होगा?" वह थोड़ी देर सोचकर बोला, "लोग सोचेंगे कि मैं अच्छा नहीं हूँ।" मैंने मुस्कराकर पूछा, "और फिर?" वह चुप हो गया। "फिर... कुछ नहीं।" वही ठहराव असली सच्चाई है।

मन गलती को स्थायी बना देता है। वह हमें यकीन दिला देता है कि एक छोटी-सी चूक हमारी पहचान तय कर देगी। पर सच इतना कठोर नहीं होता। ज़्यादातर लोग आपकी गलती कुछ ही मिनटों में भूल जाते हैं। कई तो नोटिस भी नहीं करते। जो सबसे ज्यादा याद रखता है, वह आप खुद होते हैं।

मंच पर बोलना सिर्फ जानकारी देना नहीं है। यह खुद को दिखाना है। आपकी आवाज़ आपके विचारों को उजागर करती है। आपकी देह-भाषा आपका आत्मविश्वास बताती है। आपके ठहराव आपकी झिझक खोल देते हैं। जब आप बोलते हैं, आप "दिख" रहे होते हैं। और दिखना, हमेशा थोड़ा असुरक्षित बनाता है।

मेरे अध्यापन के शुरुआती दिनों में मैं बहुत तैयारी करता था। हर उदाहरण तराशता था। हर तर्क को व्यवस्थित करता था। फिर भी कक्षा में जाने से पहले एक हल्की-सी घबराहट रहती थी। विषय पर संदेह नहीं था। पर परिणाम की चिंता थी।

मैं चाहता था कि विद्‌यार्थी समझें। मैं चाहता था कि मैं प्रभावी रहूँ। जहाँ चाह होती है, वहीं डर भी होता है।

जिस बात की हमें परवाह होती है, दिमाग उसे बचाना चाहता है। कई बार काँपना पीछे हटने का संकेत नहीं होता। वह इस बात का संकेत होता है कि यह क्षण आपके लिए मायने रखता है।

मैंने एक और बात देखी। जो विद्‌यार्थी सबसे अधिक डरते थे, उनके पास अक्सर सबसे सच्ची बातें होती थीं। उनकी चुप्पी खालीपन नहीं थी। वह दबाव था — खुद से उम्मीद का दबाव। परफेक्ट बनने का दबाव। परफेक्शन बहुत भारी बोझ है, जिसे लेकर मंच पर चढ़ना मुश्किल हो जाता है।

असल में मंच का डर पहचान का सवाल है। जब आप खड़े होते हैं, भीतर से एक आवाज़ पूछती है —
"क्या मैं पर्याप्त हूँ?" अगर अंदर का जवाब डगमगाता है, तो शरीर भी डगमगाता है। पर यहाँ एक मोड़ है। डर दुश्मन नहीं है। वह ऊर्जा है, जिसे समझने की ज़रूरत है।

दिल की वही तेज़ धड़कन, जो आपको असहज करती है, वही आपकी तीव्रता बन सकती है। वही जागरूकता, जो आपको घबराहट देती है, वही आपको अधिक सतर्क बना सकती है। फर्क सिर्फ व्याख्या का है।

एक दिन मैंने तय किया कि घबराहट से लड़ूँगा नहीं। मैंने मन ही मन कहा — "हाँ, दिल तेज़ धड़क रहा है। अच्छा है। इसका मतलब यह मेरे लिए महत्वपूर्ण है।" मैंने एक लंबी साँस ली। फिर दूसरी। काँपना तुरंत खत्म नहीं हुआ, पर नरम पड़ गया। मैंने बोलना शुरू किया। कुछ मिनटों बाद लय बन गई। डर पिघल गया।

आत्मविश्वास पहले नहीं आता। वह कदम उठाने के बाद आता है। जब आप डर के बावजूद बोलते हैं, आप अपने दिमाग को नया संदेश देते हैं — "यह खतरा नहीं है।" धीरे-धीरे अलार्म शांत हो जाता है।
जो अपरिचित था, वह परिचित बन जाता है।

आज भी बड़े कार्यक्रम से पहले एक पल आता है — एक हल्की-सी बिजली-सी झनझनाहट। पर अब वह मुझे रोकती नहीं। वह मुझे ऊर्जा देती है।

सच यह भी है कि हम केवल बोलने से नहीं डरते। हम साधारण दिखने से डरते हैं। हम चाहते हैं कि हमारे शब्द असर करें। तालियाँ मिलें। पहचान बने। यही चाह दबाव बढ़ा देती है। पर असर दिखावे से नहीं आता। वह सच्चाई से आता है।

जब आप यह सोचना छोड़ देते हैं कि "लोग मुझे कैसे देख रहे हैं" और यह सोचना शुरू करते हैं कि "मैं इन्हें क्या दे सकता हूँ", तो भीतर कुछ बदल जाता है।

ध्यान खुद से हटकर सामने वालों पर चला जाता है। और सेवा का भाव, असुरक्षा को शांत कर देता है।

मंच का डर दरअसल मन और अर्थ के बीच की बातचीत है। अगर मन खतरा देखता है, तो बचाव करता है। अगर मन उद्देश्य देखता है, तो साहस जगाता है।

काँपने वाला व्यक्ति और गरजकर बोलने वाला वक्ता अलग प्रजाति नहीं हैं। वे एक ही प्रतिक्रिया की अलग-अलग व्याख्या हैं। अगली बार जब मंच पर जाने से पहले हाथ काँपें, तो उसे कमजोरी मत कहिए। रुकिए। अपने दिल की धड़कन सुनिए।

वह यह नहीं कह रही — "भागो।"
वह कह रही है — "यह महत्वपूर्ण है।"

और शायद,
यही आपकी पहली दहाड़ की शुरुआत है।

2. लड़ो, भागो या जम जाओ — शरीर की पुरानी विरासत

एक युवा अधिकारी मेरे पास खड़ा था। कुछ ही क्षण बाद उसे प्रशिक्षुओं से भरे हॉल को संबोधित करना था। उसकी वर्दी बिल्कुल सजी हुई थी। पदक रोशनी में चमक रहे थे। कागज़ पर देखा जाए तो वह साहस की मिसाल था।

लेकिन जैसे ही उसने माइक्रोफोन ठीक किया, मैंने उसकी उँगलियों में हल्का-सा कंपन देखा। वह थोड़ा झुककर धीरे से बोला, "सर, मैदान में ऑपरेशन संभाले हैं। फिर यह ज़्यादा डरावना क्यों लग रहा है?" हॉल बिल्कुल शांत था। इतनी शांति कि अपनी धड़कन साफ़ सुनाई दे।

यही वह पल है, जिसे लोग खुलकर मानते नहीं — मंच कई बार असली खतरे से ज़्यादा डरावना लगता है। इसलिए नहीं कि वह खतरनाक है, बल्कि इसलिए कि वह हमारे भीतर कुछ बहुत पुराना जगा देता है।

लड़ो, भागो या जम जाओ — यह कमजोरी नहीं है। यह विरासत है।

बहुत पहले, जब न बोर्डरूम थे, न ऑडिटोरियम, तब इंसान जंगल में रहता था। झाड़ियों में सरसराहट का मतलब हो सकता था शिकारी। शरीर ने सीखा — तुरंत प्रतिक्रिया दो। दिल की गति तेज़। मांसपेशियाँ तैयार। इंद्रियाँ चौकन्नी। सोचने का समय नहीं। बहस का समय नहीं। जीवित रहना था — और तुरंत रहना था।

अब वही शरीर मंच की रोशनी के नीचे खड़ा है। आप बोलने के लिए आगे बढ़ते हैं। सामने लोग बैठे हैं। दिमाग इसे "प्रस्तुति" नहीं समझता। वह कहता है, "सबकी नज़र तुम पर है। खतरे का आकलन करो।"

एक ही पल में शरीर के भीतर रसायन दौड़ पड़ते हैं। जैसे बिना बुलाया मेहमान अचानक घर में आ जाए। हथेलियाँ पसीज जाती हैं। मुँह सूख जाता है। आवाज़ हल्की कस जाती है। जो विचार अभी साफ थे, वे चिड़ियों की तरह उड़ जाते हैं।

तीन रास्ते खुलते हैं —

लड़ो।

भागो।

या जम जाओ।

कुछ लोग बिना जाने आक्रामक हो जाते हैं। बहुत तेज़ बोलते हैं। ज़ोर से बोलते हैं। मानो आवाज़ की ताकत से घबराहट को दबा देंगे। यह "लड़ो" है। कुछ लोग आँखें मिलाने से बचते हैं। जल्दी-जल्दी स्लाइड्स पलटते हैं। भाषण छोटा कर देते हैं। मन ही मन चाहते हैं कि सेशन जल्दी खत्म हो जाए। यह "भागो" है। और कुछ लोग खड़े तो रहते हैं, पर दिमाग खाली हो जाता है। शब्द जैसे हवा में घुल जाते हैं। शरीर वहाँ है, पर सोच ठहर जाती है। यह "जम जाओ" है।

मैंने यह तीनों रूप कक्षा में, कॉन्फ्रेंस में, प्रशिक्षण हॉल में देखे हैं। दोस्तों के बीच आत्मविश्वास से बोलने वाले विद्यार्थी मंच पर चुप हो जाते हैं। करोड़ों के सौदे तय करने वाले अधिकारी अपना परिचय देते समय अटक जाते हैं। "जम जाना" किसी को नहीं छोड़ता।

सबसे उलझाने वाली बात यह है कि यह सब अपने-आप होता है। आप तय नहीं करते कि हाथ काँपेंगे।

आप तय नहीं करते कि पंक्तियाँ भूल जाएँगे। यह सब सोच आने से पहले ही शुरू हो जाता है।

और नियंत्रण न होना हमें सबसे ज़्यादा परेशान करता है।

हमें लगता है कि हम अपने ऊपर पूरा काबू रखते हैं। पर सच्चाई यह है — शरीर पहले प्रतिक्रिया देता है। दिमाग बाद में कहानी बनाता है। कई सालों तक मैं इस ऊर्जा को समस्या समझता रहा। खुद से कहता, "घबराना नहीं है।" जितना दबाता, उतना बढ़ता। जैसे स्प्रिंग को नीचे दबाओ तो वह और ज़ोर से उछलती है।

एक दिन बड़े कार्यक्रम से पहले वही सीने की कसावट महसूस हुई। इस बार मैंने खुद से पूछा, "अगर यह ऊर्जा मेरे खिलाफ नहीं, मेरे साथ हो तो?" बस, यहीं से बदलाव शुरू हुआ। लड़ो, भागो, जम जाओ — दरअसल यह सब ऊर्जा का रूप है। शरीर आपको कार्रवाई के लिए तैयार करता है। जंगल में यह जीवन बचाता था। मंच पर यह आपको असरदार बना सकता है — अगर आप इसे सही अर्थ दें।

तेज़ धड़कन घबराहट भी हो सकती है, या तीव्रता भी। जागरूकता असहजता भी हो सकती है,

या सजगता भी। शरीर आपको नुकसान नहीं पहुँचा रहा। वह तैयारी कर रहा है। असल समस्या प्रतिक्रिया नहीं है। समस्या उससे हमारा रिश्ता है।

अगर आप इस एहसास को "खतरा" कहेंगे, डर बढ़ेगा। दिमाग बोलेगा, "कुछ गलत है।" शरीर और तेज़ प्रतिक्रिया देगा। एक चक्र बन जाएगा। चिंता खुद को खिलाती रहेगी। लेकिन अगर आप कहें, "मेरा शरीर तैयार हो रहा है," तो कहानी बदल जाती है। "ठीक है, होने दो," आप खुद से कहते हैं।

मैं अपने विद्यार्थियों से कहता हूँ — अपनी धड़कन को नोटिस करो। साँस को महसूस करो। पैरों के नीचे ज़मीन का एहसास लो। उससे भागो मत। उसके साथ खड़े रहो। पहले-पहल यह उल्टा लगता है। असहजता की ओर क्यों जाएँ? क्योंकि बचना डर को मजबूत करता है। सामना करना उसे कमजोर करता है।

एक विद्यार्थी थी, जो हर प्रस्तुति से बचती थी। जब भी उसका नाम सूची में आता, वह बदलने की कोशिश करती। एक दिन मैंने धीरे से कहा, "इस बार तुम बोलोगी। इसलिए नहीं कि तुम तैयार हो। बल्कि इसलिए कि तुम्हें तैयार होना है।" वह मंच पर खड़ी हुई। आवाज़ काँप रही थी। शुरुआत में शब्द अटक रहे थे। पर बीच में कुछ बदल गया। उसे एहसास हुआ — वह गिरी नहीं। दुनिया खत्म नहीं हुई। लोग सुन रहे थे, हमला नहीं कर रहे थे। अंत में तालियाँ बहुत ज़ोरदार नहीं थीं, पर सच्ची थीं।

सबसे बड़ी बात — उसकी अंदर की कहानी बदल गई थी। जो जम गया था, वह पिघलने लगा।

दिमाग अनुभव से सीखता है। हर बार जब आप मंच पर जाते हैं और सुरक्षित लौटते हैं, भीतर की घंटी थोड़ा शांत हो जाती है। धीरे-धीरे "लड़ो" एकाग्रता बन जाता है। "भागो" प्रवाह में बदल जाता है। "जम जाओ" ठहराव में बदल सकता है।

ध्यान रहे — ठहराव और जम जाना अलग हैं। जम जाना जड़ता है। ठहराव उपस्थिति है। काँपने से गरजने तक की यात्रा शरीर को मिटाने की नहीं है। उसकी व्याख्या बदलने की है।

आज भी बड़े भाषण से पहले एक लहर-सी उठती है। छोटी, पर साफ़ महसूस होती है। फर्क इतना है कि अब मैं उसे स्वीकार करता हूँ। मैं जानता हूँ — यह मेरा तंत्रिका तंत्र है, जो मुझे उस काम के लिए तैयार कर रहा है, जो मेरे लिए मायने रखता है। यह मान लेने में विनम्रता है कि हम ऐसे ही बने हैं।

और इसे साध लेने में ताकत है।

अगली बार जब मंच पर जाने से पहले नाड़ी तेज़ हो,
यह मत पूछिए — "यह मेरे साथ क्यों हो रहा है?"
पूछिए — "मैं इसका उपयोग कैसे करूँ?"
जंगल में अब कोई शेर नहीं है। खतरा कल्पना का है। ऊर्जा असली है।
क्या आप उससे लड़ेंगे? उससे भागेंगे? उसके नीचे जम जाएँगे?
या उसे साध लेंगे?
आपका शरीर आपको तैयार कर चुका है।
अर्थ चुनना — आपके हाथ में है।

3. जजमेंट और रिजेक्शन का डर

बोलना शुरू करने से पहले जो सन्नाटा होता है, वह कभी हल्का नहीं होता। उसमें एक वजन होता है। आप खड़े होते हैं, और महसूस करते हैं कि हर नज़र आपकी तरफ उठी हुई है। उसी ठहरे हुए एक पल में भीतर से एक सवाल उठता है —"ये लोग क्या सोच रहे होंगे?"

मुझे एक युवा विद्यार्थी याद है। वाद-विवाद प्रतियोगिता के लिए उसने जी-जान लगा दी थी। तथ्य याद किए। तर्कों को तराशा। आईने के सामने खड़े होकर कई बार अभ्यास किया। चेहरे के हाव-भाव तक शब्दों से मिलाए।

लेकिन जैसे ही उसका नाम पुकारा गया, उसके चेहरे पर कुछ बदल गया।cतैयारी की कमी नहीं थी। ज्ञान की कमी नहीं थी। अचानक उसे एहसास हुआ — अब उसे परखा जाएगा।

कार्यक्रम के बाद उसने धीरे से कहा, "सर, मुझे भूलने का डर नहीं था। डर यह था कि वे सोचेंगे मैं अच्छा नहीं हूँ।" यही मंच के डर का असली दिल है।

जब हम सार्वजनिक रूप से बोलते हैं, हम सिर्फ जानकारी नहीं बाँटते। हम खुद को सामने रखते हैं। हमारे विचार, हमारी आवाज़, हमारी शख्सियत — सब पहले मंच पर पहुँच जाते हैं।

और असली डर गलती का नहीं होता। असली डर यह होता है कि लोग हमें जज करेंगे।

इंसान जुड़ाव के लिए बना है। बचपन से ही स्वीकृति हमें आकार देती है। शिक्षक की मुस्कान। माता-पिता का सिर हिलाना। सहपाठियों की तालियाँ। ये छोटी-छोटी स्वीकृतियाँ मन में अदृश्य नक्शे बना देती हैं। वे कहती हैं — "तुम स्वीकार किए गए हो।"

और स्वीकार किया जाना सुरक्षित महसूस कराता है। रिजेक्शन — जैसे किसी समूह से बाहर कर दिया जाना। जैसे निर्वासन।

मंच पर यह संभावना और बड़ी लगती है। पीछे की पंक्ति में फुसफुसाहट। किसी की उठी हुई भौंह। किसी का खाली चेहरा।

मन तुरंत फैसला सुना देता है — "वे ऊब गए हैं।" "वे सहमत नहीं हैं।" "वे प्रभावित नहीं हुए।"

अक्सर ये व्याख्याएँ सच नहीं होतीं। लेकिन महसूस बहुत सच होती हैं।

जजमेंट का डर बड़ा चालाक होता है। वह महत्वाकांक्षा के पीछे छिप जाता है। हम अच्छा करना चाहते हैं। प्रभावित करना चाहते हैं। असर छोड़ना चाहते हैं।

पर भीतर कहीं एक नाज़ुक सवाल छिपा होता है — "अगर मैं नहीं कर पाया तो?"

अपने अध्यापन के शुरुआती दिनों में मुझे अनुभवी पेशेवरों के समूह को संबोधित करने का निमंत्रण मिला। विषय मुझे आता था। आत्मविश्वास भी था।

फिर भी शुरू करने से ठीक पहले एक विचार आया — "ये सब वरिष्ठ हैं। अगर इन्हें मेरी व्याख्या में कमी दिख गई तो?"

विचार छोटा था, पर भारी था। एक पल के लिए आवाज़ हल्की बँध गई। तब समझ आया — अनुभव से डर खत्म नहीं होता। बस उसकी भाषा बदल जाती है।

जजमेंट हमेशा बाहर से नहीं आता। कई बार वह भीतर बैठा होता है।

हमारे अंदर एक अदृश्य आलोचक होता है। तेज़, कठोर, बेरहम। वह दूसरों से पहले बोल उठता है —
"तुम और बेहतर तैयारी कर सकते थे।" "तुम उतने स्पष्ट नहीं हो।" "कोई और तुमसे बेहतर बोल सकता था।" मंच उस अंदरूनी आवाज़ को बड़ा कर देता है।

जब रिजेक्शन का डर पकड़ लेता है, तो हम सच्चाई बोलने के बजाय स्वीकृति पाने के लिए बोलने लगते हैं। वाक्य के बीच में खुद को संपादित करते हैं। राय को नरम कर देते हैं। महत्वपूर्ण विचारों को जल्दी-जल्दी पार कर जाते हैं।

हम सावधान हो जाते हैं। पर असली नहीं रहते। और श्रोता इस हिचकिचाहट को महसूस कर लेते हैं।

सच्चाई में एक खिंचाव होता है। उसमें दृढ़ता होती है। जब वक्ता जजमेंट से डरता है, शब्दों की गहराई कम हो जाती है। संदेश पतला पड़ जाता है।

एक प्रतिभागी थी, जिसके पास शिक्षा सुधार पर बेहद प्रभावशाली विचार थे। बातचीत में वह स्पष्ट और जोशीली थी। पर प्रस्तुति में उसने खुद को रोक लिया। बाद में बोली, "मुझे डर था कि वे असहमत होंगे।" असहमति, रिजेक्शन नहीं होती। पर हम अक्सर उसे वैसा मान लेते हैं।

सच यह है — अगर हर कोई बिना सोचे सिर हिला दे, तो या तो विचार सामान्य हैं, या लोग जुड़े नहीं हैं। असली बोलना जोखिम लेकर आता है। सोच जगाता है। कभी-कभी विरोध भी।

रिजेक्शन, जब होता भी है, उतना विनाशकारी नहीं होता जितना मन बना देता है। भाषण पर कम तालियाँ मिल सकती हैं। तर्क को चुनौती मिल सकती है। राय पर सवाल उठ सकते हैं।

पर इनमें से कोई भी आपकी कीमत कम नहीं करता।

असल उलझन पहचान की है। जब हम अपनी पहचान को प्रदर्शन से बाँध देते हैं, तो हर आलोचना व्यक्तिगत लगती है। "उन्हें मेरा भाषण पसंद नहीं आया" बदल जाता है — "उन्हें मैं पसंद नहीं हूँ।"

इन दोनों को अलग कर पाना आज़ादी देता है।

आपका भाषण एक अभिव्यक्ति है। वह आपका पूरा अस्तित्व नहीं है।

वह उस पल की सोच है। वह सुधर सकती है। बदल सकती है। विकसित हो सकती है। पर वह आपकी कीमत तय नहीं करती।

मैंने धीरे-धीरे यह सीखा। जिन वक्ताओं को सम्मान मिला, वे वे नहीं थे जिन्होंने कभी गलती नहीं की। वे वे थे जो चुनौती मिलने पर भी स्थिर रहे। उन्होंने सुना। शांत उत्तर दिया। आलोचना में बिखरे नहीं।

आत्मविश्वास जजमेंट की अनुपस्थिति नहीं है। वह उसके बीच स्थिर रहने की क्षमता है।

एक दिन मैंने बोलते समय अपना ध्यान बदला। "लोग मुझे कैसे देख रहे हैं?" की जगह मैंने पूछा — "क्या मेरा संदेश इनकी मदद कर रहा है?" छोटा बदलाव था, पर गहरा था। रोशनी मेरे अहंकार से हटकर योगदान पर आ गई।

जब उद्देश्य, स्वयं से बड़ा हो जाता है, डर छोटा हो जाता है। अगर आपका इरादा सच्चा है — समझाना, प्रेरित करना, स्पष्ट करना — तो आलोचना भी प्रतिक्रिया बन जाती है, रिजेक्शन नहीं।

मैं अपने विद्यार्थियों से कहता हूँ — श्रोता जूरी नहीं हैं। वे अलग-अलग इंसान हैं, अपनी चिंताओं, उम्मीदों और असुरक्षाओं के साथ। वे आपको तोड़ने नहीं बैठे हैं। उनमें से कई तो चुपचाप आपकी हिम्मत की प्रशंसा कर रहे होते हैं — क्योंकि आप वहाँ खड़े हैं, जहाँ वे खड़े होने से डरते हैं। यह समझ तनाव को नरम कर देती है।

रिजेक्शन संभव है। वह मानवीय संबंध का हिस्सा है। पर चुप्पी उससे भी बड़ी कीमत माँगती है — अदृश्य हो जाना।

जब आप डर के कारण नहीं बोलते, तो आप खुद को पहले ही रिजेक्ट कर देते हैं। अपूर्ण अभिव्यक्ति भी आत्म-सम्मान का कार्य है।

हर कोई सहमत नहीं होगा। हर कोई तालियाँ नहीं बजाएगा। और यह बिल्कुल ठीक है।

सार्वजनिक बोलने का लक्ष्य सर्वसम्मति नहीं है। सार्थक संवाद है।

जब आप मंच पर कदम रखते हैं, आप दुनिया से मान्यता नहीं माँग रहे होते। आप एक दृष्टिकोण दे रहे होते हैं। कुछ लोग उसे अपनाएँगे। कुछ सवाल करेंगे। दोनों स्वाभाविक हैं।

जजमेंट का काँपना तब शांत होने लगता है, जब आप समझते हैं — आपकी आवाज़ को अस्तित्व के लिए अनुमति की ज़रूरत नहीं है।

साफ बोलिए। ईमानदारी से बोलिए। अपने शब्दों में दृढ़ता रखिए, घबराहट नहीं।

लोग जज करेंगे। कभी रिजेक्ट करेंगे। कभी सराहेंगे।

पर कम-से-कम आपने खुद को चुप नहीं किया होगा।

और कई बार, सबसे बड़ा रिजेक्शन वही होता है —
जो हम अपनी ही आवाज़ पर थोप देते हैं।

4. बुद्धिमान मन भी क्यों काँपता है

वह कक्षा का सबसे तेज़ विद्यार्थी था। ऐसा कि जब तक बाकी लोग किताब खोलते, वह पढ़ना खत्म कर चुका होता। उसके तर्क परतदार होते, सटीक होते, जैसे शल्य-चिकित्सा की धार। छोटे समूहों में चर्चा होती तो वह सहज रूप से सब पर भारी पड़ जाता।

लेकिन जिस दिन मैंने उससे कहा, “आज तुम पूरी कक्षा के सामने अपनी विश्लेषण प्रस्तुत करो,” कुछ अप्रत्याशित हुआ। वह उठा। आगे आया। अपने नोट्स ठीक किए। और फिर... सन्नाटा। इसलिए नहीं कि उसे नहीं आता था। बल्कि इसलिए कि उसे बहुत कुछ आता था।

उसकी उँगलियाँ कागज़ पर कस गईं। साँसों की लय बदल गई। कक्षा इंतज़ार करती रही। बुद्धिमान मन काँपने लगा था।

लंबे समय तक मुझे लगता रहा कि मंच का डर उन्हीं को होता है जो तैयार नहीं होते। बात तर्कसंगत लगती थी। तैयारी नहीं होगी तो झिझक होगी। ज्ञान कम होगा तो घबराहट होगी।

लेकिन वर्षों के अध्यापन ने यह धारणा तोड़ दी। मैंने देखा — सबसे अधिक पढ़े-लिखे, गहराई से सोचने वाले, बौद्धिक रूप से तेज़ लोग ही कई बार मंच पर

सबसे अधिक संघर्ष करते हैं।

क्यों?

क्योंकि बुद्धिमत्ता के साथ जागरूकता आती है। और जागरूकता जोखिम को बड़ा कर देती है। बुद्धिमान मन संभावनाएँ देखता है — यहाँ तक कि गलती की संभावना भी। वह सवालों को पहले ही सोच लेता है। विरोधी तर्कों की कल्पना कर लेता है। बोलते समय भी अपने वाक्यों का विश्लेषण करता रहता है। यह अंदरूनी टिप्पणी धीरे-धीरे शोर बन जाती है।

एक सामान्य वक्ता सोच सकता है — "उम्मीद है सब ठीक होगा।"

लेकिन बुद्धिमान मन सोचता है — "अगर मेरा आधार ही गलत हुआ तो?" "अगर तीसरे तर्क पर सवाल उठ गया तो?" "क्या मेरी भाषा सही बैठ रही है?" "क्या इसे और बेहतर ढंग से रख सकता था?"

काँपना अज्ञान से नहीं आता। अत्यधिक सजगता से आता है।

एक समय ऐसा भी था जब मैंने खुद इसे महसूस किया। एक जटिल विधिक सिद्धांत पर विस्तृत व्याख्यान तैयार किया था। बहुत पढ़ा था। संदर्भ जाँचे थे। विषय पूरी तरह समझ में था।

फिर भी बोलते समय भीतर हल्का तनाव था। मेरा एक हिस्सा सामग्री दे रहा था, और दूसरा हिस्सा उसी क्षण उसकी जाँच कर रहा था। "उदाहरण और तीखा हो सकता था।" "यह वाक्य अलग तरह से कहना चाहिए था।" "क्या श्रोता साथ चल पा रहे हैं?"

जितना अधिक मैं खुद को परखता गया, उतना ही स्वाभाविक प्रवाह टूटता गया। आवाज़ कस गई। लय बिगड़ गई। बुद्धिमान मन अपनी ही अभिव्यक्ति में बाधा बन रहा था।

परफेक्शन अक्सर बुद्धिमत्ता के भीतर छिपा होता है। जब आपको उत्कृष्टता का मानक पता हो, तो उससे थोड़ा-सा भी हटना भारी लगता है। छोटी-सी अटकन बड़ी लगती है। छोटा-सा ठहराव असफलता जैसा महसूस होता है। आप मानक इतने ऊँचे रख देते हैं कि अच्छा प्रदर्शन भी पर्याप्त नहीं लगता।

यही विरोधाभास है — जो मन चमक सकता है, वही झिझक का स्रोत बन जाता है।

बुद्धिमत्ता के साथ कल्पनाशक्ति भी आती है। और अनियंत्रित कल्पना परिणामों को बढ़ा-चढ़ाकर दिखाती है। ज़ुबान फिसली तो मन में शर्मिंदगी का दृश्य बन जाता है। एक कठिन सवाल सार्वजनिक पराजय जैसा प्रतीत होता है।

मन वास्तविकता से आगे भागता है — और डर लेकर लौटता है।

मैंने एक विश्लेषणात्मक पेशेवर से पूछा, "आप सम्मेलनों में बोलने से क्यों बचते हैं, जबकि विषय पर आपकी पकड़ मजबूत है?" उन्होंने कहा, "मैं बात को ज़्यादा सरल नहीं करना चाहता। और गलत भी नहीं कहना चाहता।"

इरादा श्रेष्ठ था। शुद्धता उनके लिए महत्वपूर्ण थी। पर सटीकता बचाते-बचाते वे उपस्थिति खो रहे थे।

मंच को पूर्णता नहीं चाहिए। उसे जुड़ाव चाहिए।

बुद्धिमान वक्ता अक्सर भूल जाते हैं कि संवाद शोध-प्रबंध की रक्षा नहीं है। यह बातचीत है। श्रोता त्रुटिरहित तर्क नहीं खोजते। वे स्पष्टता और सच्चाई चाहते हैं।

पर बुद्धिमान मन भीतर ही भीतर पॉलिश करता रहता है — और बाहर जुड़ने का अवसर निकल जाता है। इसके नीचे एक और परत होती है — पहचान।

कई बुद्धिमान लोग अपनी पहचान "ज्ञानवान" होने से जोड़ लेते हैं। "सबसे जानकार" होना उनके व्यक्तित्व का हिस्सा बन जाता है। इसलिए मंच पर दाँव ऊँचा महसूस होता है। गलती केवल गलती नहीं रहती। वह पहचान को चुनौती बन जाती है।

"अगर मैं लड़खड़ा गया, तो लोग क्या सोचेंगे?" यह सवाल भारी होता है।

मेरे लिए मोड़ तब आया, जब मैंने एक सरल सत्य स्वीकार किया — बुद्धिमत्ता को हर क्षण खुद को साबित करने की ज़रूरत नहीं है।

मैंने तरीका बदला। सबसे तराशा हुआ विचार देने के बजाय, सबसे ईमानदार विचार देने का लक्ष्य रखा। प्रभावशाली दिखने के बजाय स्पष्ट होने पर ध्यान दिया।

यदि वाक्य बहुत जटिल लगा, उसे सरल किया। अगर छोटी-सी बात भूल गया, खुद को भीतर से दंडित नहीं किया।

धीरे-धीरे कुछ बदला। काँपना इसलिए कम नहीं हुआ कि ज्ञान बढ़ गया था। बल्कि इसलिए कि उस क्षण मैंने खुद से अपेक्षा कम कर दी थी। मैंने खुद को इंसान रहने की अनुमति दी।

बुद्धिमान मन साधारण दिखने से डरता है। साधारण अभिव्यक्ति, असाधारण सोच को कम नहीं करती।

बल्कि जटिल विचार को सरल बना पाना ही असली दक्षता है।

मैंने एक प्राध्यापक के साथ काम किया। वे इतना तैयारी करते कि थक जाते। उनकी स्लाइड्स घनी होतीं। व्याख्या परतदार होती। प्रस्तुति कठोर लगती। एक दिन मैंने उनसे कहा, "आज बिना स्लाइड्स के बोलिए। केवल श्यामपट और

बातचीत।"

पहले उन्होंने संकोच किया। फिर प्रयास किया। जैसे ही पूर्णता का बोझ हटा, उनकी सहज बुद्धिमत्ता सामने आ गई। शब्द बहने लगे। हल्का हास्य उभरा। श्रोता आगे झुककर सुनने लगे।

बाद में उन्होंने कहा, "मैं जटिलता के पीछे छिप रहा था।"

बुद्धिमान मन काँपता है, क्योंकि वह वजन उठाए रहता है — अपेक्षा का वजन, विश्लेषण का वजन, आत्म-आलोचना का वजन।

पर जब बुद्धिमत्ता के साथ भरोसा जुड़ता है, वह शक्ति बन जाती है। तैयारी पर भरोसा। अनुभव पर भरोसा। इस बात पर भरोसा कि वर्षों की पढ़ाई और चिंतन आपको संभाल लेंगे, भले ही हर वाक्य निर्दोष न हो।

अत्यधिक सोचना क्षमता का संकेत है। पर अनियंत्रित हो जाए तो पिंजरा बन जाता है।

लक्ष्य बुद्धिमान मन को चुप कराना नहीं है। उसकी चिंता को शांत करना है। तैयारी के समय उसे काम करने दीजिए। विचारों को परिष्कृत करने दीजिए। लेकिन मंच पर कदम रखते समय — उपस्थिति को नेतृत्व करने दीजिए।

अपूर्णता में भी सौंदर्य होता है। हल्का ठहराव सच्चा लग सकता है। अचानक किया गया छोटा-सा परिवर्तन गर्माहट ला सकता है। सोचने का क्षण प्रभाव गहरा कर सकता है।

बुद्धिमान मन को साँस लेना सीखना होगा।

अगर आप गहराई से सोचते हैं, सवाल करते हैं, विश्लेषण करते हैं — तो यह समझिए: आपका काँपना अयोग्यता का प्रमाण नहीं है। यह इस बात का प्रमाण है कि आप अपने विचारों के साथ न्याय करना चाहते हैं।

चिंता शक्ति है। बस उसे नियंत्रण मत बनने दीजिए।

जब आप निर्दोष दिखने की ज़िद छोड़ देते हैं, आपकी बुद्धिमत्ता अधिक स्वाभाविक रूप से चमकती है। श्रोताओं को आपकी पूर्णता नहीं चाहिए। उन्हें आपका दृष्टिकोण चाहिए।

और कई बार, सबसे तेज़ दिमाग को सबसे सरल सबक सीखना पड़ता है — बोलिए, चाहे आवाज़ हल्की-सी काँपे।

आपकी गहराई काँपने से कम नहीं होती।
वह तो साहस से प्रकट होती है —
जब आप काँपते हुए भी बोलते रहते हैं।

5. डर से मेरी पहली असली भिड़ंत

मुझे आज भी चॉक की खुशबू याद है।

वह हल्की-सी हवा में तैर रही थी। पुराने लकड़ी के बेंचों की गंध उसके साथ घुली हुई थी — उन बेंचों की, जिन पर सालों से बेचैन विद्यार्थी बैठते आए थे। मैं युवा था — सिर्फ उम्र में नहीं, अनुभव में भी। यह मेरे शुरुआती दिनों में से एक था, जब मैं विद्यार्थी की जगह शिक्षक बनकर कक्षा के सामने खड़ा होने जा रहा था।

टेबल और मंच के बीच की दूरी बहुत छोटी थी। लेकिन भूमिका का फर्क बहुत बड़ा था। जैसे कोई अदृश्य रेखा पार कर रहा हूँ।

मैंने उस पल की कई बार कल्पना की थी। अपने मन में मैं शांत था। आत्मविश्वासी था। प्रभावशाली था। शब्द सहजता से बह रहे थे। विद्यार्थी ध्यान से सुन रहे थे।

वास्तविकता उतनी भव्य नहीं थी। वह अधिक शांत थी। और अधिक सच्ची।

जब मैं कक्षा के सामने की ओर बढ़ा, मुझे अपने कदमों की आहट सामान्य से ज़्यादा सुनाई दे रही थी। विद्यार्थी बस देख रहे थे — आलोचनात्मक नहीं, आक्रामक नहीं — केवल देख रहे थे।

फिर भी उनकी नज़रें अपेक्षा से भारी लगीं।

मैंने अपने नोट्स मेज़ पर रखे। उँगलियाँ कागज़ के किनारों से टकराईं। और तभी एक असहज बात महसूस हुई। वे स्थिर नहीं थीं।

विडंबना लगभग कठोर थी। मैं हमेशा बोलना चाहता था। वाद-विवाद में भाग लिया था। प्रतियोगिताएँ की थीं। खुद को स्पष्ट अभिव्यक्ति के लिए प्रशिक्षित किया था।

और फिर भी, अपने पहले पेशेवर क्षण में, भीतर कुछ ठिठक गया। मन में एक धीमी आवाज़ उठी —

“अगर तुम असफल हो गए तो?” वह चीखी नहीं। बस लगातार फुसफुसाती रही। “अगर तुम्हारी व्याख्या उतनी अच्छी न हुई जितनी तुम सोचते हो?” “अगर ये तुम्हें पर्याप्त न समझें?” “अगर शिक्षक बनने का सपना तुम्हारी क्षमता से बड़ा निकला?”

शरीर ने तर्क करने से पहले प्रतिक्रिया दे दी। दिल तेज़ धड़कने लगा। गला कस गया। जो वाक्य अकेले में सहज थे, अब दूर लगने लगे।

वह डर से मेरी पहली असली भिड़ंत थी — विद्यार्थी के रूप में अंक पाने की नहीं, बल्कि एक शिक्षक के रूप में जिम्मेदारी निभाने की।

जिम्मेदारी बढ़ती है, तो डर का रूप भी बदलता है। विद्यार्थी के रूप में गलती निजी लगती है। शिक्षक के रूप में गलती सार्वजनिक लगती है।

मुझे केवल बोलना नहीं था। मुझे मुझ पर रखे गए विश्वास को साबित करना था।

जब आप किसी भूमिका को गहराई से चाहते हैं, वही चाह दबाव को बढ़ा देती है। आप अधिक परवाह करते हैं। और जितनी अधिक परवाह करते हैं, उतना ही अधिक डरते हैं।

मैंने बोलना शुरू किया।

पहले कुछ वाक्य यांत्रिक थे। आवाज़ में हल्का तनाव साफ़ सुनाई दे रहा था। वह स्वाभाविक गर्माहट नहीं थी, जिसकी मैंने कल्पना की थी।

मेरा मन दो हिस्सों में बँट गया था — एक पढ़ा रहा था, दूसरा खुद का मूल्यांकन कर रहा था। "क्या यह पर्याप्त स्पष्ट है?" "क्या ये समझ पा रहे हैं?" "क्या मैं आत्मविश्वासी लग रहा हूँ?" यह अंदरूनी टिप्पणी ऊर्जा खींच रही थी। जितना अधिक खुद को देखता, उतना ही कम स्वाभाविक लगता।

फिर कुछ बदला — धीरे से।

दूसरी पंक्ति में बैठे एक विद्यार्थी ने हाथ उठाया। सवाल कठिन नहीं था। जिज्ञासापूर्ण था। और उसका उत्तर देते हुए मैं कुछ पल के लिए डर भूल गया। मैं स्पष्टता पर ध्यान दे रहा था। उसकी समझ पर ध्यान दे रहा था।

बातचीत असली हो गई।

उसी छोटे-से संवाद में मुझे याद आया कि मैं वहाँ खड़ा क्यों होना चाहता था। डर तब बढ़ता है, जब ध्यान भीतर अटका रहता है। वह कमज़ोर पड़ता है, जब ध्यान बाहर चला जाता है।

सेशन आगे बढ़ा। लय धीरे-धीरे मिली। काँपना पूरी तरह गया नहीं, पर नरम पड़ गया। आवाज़ स्थिर होने लगी। विचार स्वाभाविक बहने लगे।

कक्षा के अंत में जो भावना आई, वह केवल राहत नहीं थी। वह राहत थी — क्योंकि मैं भागा नहीं था।

उस दिन मैंने एक ऐसा सबक सीखा, जो किसी किताब में नहीं था। साहस डर की अनुपस्थिति नहीं है। साहस वह निर्णय है — जब डर साथ खड़ा हो, फिर भी बोलते रहना।

बाद में अकेले बैठकर सोचा, तो समझ आया — मेरी लड़ाई श्रोताओं से नहीं थी। मेरी लड़ाई उस कहानी से थी, जो मैंने मन में बना ली थी।

वह कहानी जो कहती थी — "तुम्हें निर्दोष होना ही होगा।" वह कहानी जो एक अपूर्ण व्याख्या को स्थायी अयोग्यता से जोड़ रही थी।

पूर्णता कठोर साथी है। वह शांति कम देती है।

मेरे पालन-पोषण में अनुशासन स्वाभाविक था। उत्कृष्टता अपेक्षित थी। पिता का संरचित जीवन, माता का शिक्षण के प्रति समर्पण — इन सबने मुझे तैयारी, परिश्रम और जिम्मेदारी सिखाई। ये मूल्य मुझे मजबूत बनाते थे। पर उन्होंने मेरे भीतर मानक भी ऊँचे कर दिए थे।

उस कक्षा में मैं केवल डर से नहीं लड़ रहा था। मैं अपेक्षाओं से बातचीत कर रहा था।

समय के साथ मैंने उस पहली भिड़ंत को नए अर्थ दिए। वह कमजोरी का संकेत नहीं थी। वह इस बात का प्रमाण थी कि मैं कुछ अर्थपूर्ण कर रहा था। अगर भूमिका महत्वहीन होती, तो दिल इतनी जोर से नहीं धड़कता।

हर यात्रा में एक पल आता है, जब सिद्धांत खत्म होते हैं और अनुभव शुरू होता है। मेरे लिए वह कक्षा वही पल थी। पुस्तकों ने मुझे ज्ञान दिया था। उस काँपने ने मुझे विवेक दिया।

विवेक — जो हर वक्ता को खुद कमाना पड़ता है।

उसके बाद बड़े मंच आए। बड़े श्रोता आए। अधिक आलोचनात्मक श्रोता आए। अधिकारियों को प्रशिक्षित किया। विद्यार्थियों का मार्गदर्शन किया। सम्मेलनों को संबोधित किया।

हर बार आगे बढ़ने से पहले एक हल्की-सी चमक उठती है — वही पहली भिड़ंत की याद।

अब वह डराती नहीं। वह स्थिर करती है।

वह याद दिलाती है कि बोलना केवल प्रदर्शन नहीं है। वह जिम्मेदारी है। सेवा है। नेतृत्व है।

अगर आप उस दिन का इंतज़ार कर रहे हैं जब डर पूरी तरह गायब हो जाएगा, तब आप आगे बढ़ेंगे — तो शायद आप बहुत देर तक इंतज़ार करेंगे। डर खत्म नहीं होता। वह बदलता है। और आपको भी बदलना पड़ता है।

मेरी पहली लड़ाई इसलिए जीत नहीं थी कि मैं निर्भीक था। वह विकास थी, क्योंकि मैं तैयार था।

तैयार — काँपते हुए खड़े रहने के लिए।
तैयार — शुरुआत में अपूर्ण लगने के लिए।
तैयार — कल्पना के बजाय अनुभव से सीखने के लिए।

आज पीछे मुड़कर देखता हूँ, तो उस काँपने के लिए आभारी हूँ। उसने मुझे विनम्र बनाया। सजग रखा। सिखाया कि अधिकार चुप्पी में नहीं बनता; वह असहज क्षणों को अपनाने से बनता है।

हर गरजते वक्ता के पीछे एक याद होती है —जब वह काँपा था।

फर्क प्रतिभा का नहीं होता। फर्क उस पल लिए गए निर्णय का होता है।

क्या आप पीछे हटेंगे —
या फिर भी बोलेंगे?

उस दिन मैंने बोलना चुना।
और वही चुनाव, बार-बार दोहराया गया,
मेरे आगे के हर कदम को आकार देता गया।

2

जन्मजात वक्ता होने का भ्रम

1. कोई भी निडर पैदा नहीं होता

मैं कुछ वक्ताओं को देखा करता था और मन ही मन सोचता था — क्या ये लोग अलग पैदा हुए हैं?

आप जानते हैं, किस तरह के लोग। मंच पर ऐसे चलते हैं जैसे वही उनका घर हो। न हिचकिचाहट, न काँपते हाथ। शब्द सहजता से आते हैं। ठहराव भी सोच-समझकर लिए हुए लगते हैं। हँसी भी बनावटी नहीं, बिल्कुल स्वाभाविक। श्रोता आगे झुककर सुनते हैं। तालियाँ अपने-आप बजती हैं।

दूर से सब जादू जैसा लगता है।

लंबे समय तक मुझे लगा कि कुछ लोग बस ऐसे ही बने होते हैं। आत्मविश्वास उनके भीतर जन्म से होता है। उपस्थिति उनका वरदान है। जैसे भाग्य ने उन्हें मंच के लिए चुना हो।

फिर जीवन ने मुझे परदे के पीछे झाँकने का अवसर दिया।

एक बड़े कार्यक्रम से पहले की शाम थी। हॉल बाहर से भर रहा था। हलचल थी। स्वयंसेवक कुर्सियाँ लगा रहे थे। रोशनी ठीक की जा रही थी। माइक्रोफोन जाँचे जा रहे थे। वातावरण में हल्की-सी गुनगुनाहट थी।

उसी बीच, मंच के पीछे एक कोने में मैं एक प्रसिद्ध वक्ता से मिला। वह कुछ पल अकेले खड़े थे। आँखें बंद। साँस धीमी और गहरी।

वे प्रदर्शन नहीं कर रहे थे। वे तैयारी कर रहे थे।

जब उन्होंने आँखें खोलीं, वहाँ अहंकार नहीं था। केवल एकाग्रता थी। उन्होंने एक बार अपने नोट्स देखे — इसलिए नहीं कि विषय नहीं आता था, बल्कि इसलिए कि बोलने की जिम्मेदारी को वे गंभीरता से लेते थे।

उसी क्षण मेरे मन का भ्रम पहली बार दरका। जन्मजात वक्ता निडर नहीं होते। वे अनुशासित होते हैं।

कोई भी सैकड़ों आँखों के सामने सहज होकर पैदा नहीं होता। कोई भी भीतर से एड्रेनालिन के प्रभाव से अछूता नहीं आता। बचपन में हम सब कभी न कभी झिझके हैं — कक्षा में हाथ उठाते समय, नए समूह में अपना परिचय देते समय, ऐसी राय रखते समय जिसे सब स्वीकार न करें।

डर इंसानी है। साहस साधा हुआ गुण है।

अपनी यात्रा में मैंने अपनी आवाज़ का काँपना महसूस किया है। गले का सूखना। दिल की तेज़ धड़कन। भीतर चलती बातचीत — “समय ठीक है?”, “लहजा ठीक है?”, “बात स्पष्ट है?”

अगर आपने मुझे शुरुआती दिनों में देखा होता, तो शायद “जन्मजात” नहीं कहते। “घबराया हुआ” कहते।

समय के साथ जो बदलता है, वह शरीर नहीं है। आपका उसके साथ रिश्ता बदलता है।

जन्मजात वक्ता का भ्रम आराम देता है। क्योंकि अगर आत्मविश्वास जन्म से होता है, तो हमारी झिझक स्थायी है। अगर प्रभावशाली बोलना वरदान है, तो संघर्ष हमारा भाग्य है।

पर यह सोच चुपचाप हमारी क्षमता को कैद कर देती है।

मैंने अलग-अलग पृष्ठभूमि के लोगों को प्रशिक्षित किया है। कुछ बहुत खुलकर बोलने वाले, कुछ स्वभाव से शांत। कुछ बड़े संस्थानों से, कुछ छोटे शहरों से। कुछ कई भाषाओं में सहज, कुछ मन ही मन विचारों का अनुवाद करते हुए बोलते हैं।

पर एक बात समान रही। जो आगे बढ़े, वे वे नहीं थे जो शुरुआत में निडर थे। वे वे थे जिन्होंने डर के बावजूद अभ्यास किया।

अभ्यास आकर्षक नहीं होता। वह दोहराव भरा होता है। कई बार उबाऊ। अक्सर अकेला।

ऐसी शामें रही हैं, जब मैं आईने के सामने खड़ा होकर अपने प्रतिबिंब से ऐसे बोलता था जैसे सामने श्रोता हों। मुद्रा ठीक करता। गति धीमी करता। चेहरे के भाव देखता। अनगढ़ हाव-भाव सुधारता।

कोई तालियाँ नहीं थीं। कोई रोशनी नहीं थी। बस शांत परिश्रम था।

आत्मविश्वास अनदेखे घंटों में बनता है। मंच परिणाम दिखाता है। तैयारी छिपी रहती है।

हम अंतिम प्रस्तुति की प्रशंसा करते हैं, शुरुआती लड़खड़ाहट नहीं देखते। तराशा हुआ वाक्य सुनते हैं, पर उसके पहले के मसौदे नहीं। सहज प्रवाह देखते हैं, पर उन पलों को नहीं जब शब्द उलझते थे।

जिसे लोग निडरता कहते हैं, वह अक्सर डर की अनुपस्थिति नहीं होती। वह डर से परिचय होता है।

पहली बार बोलते समय डर भारी लगता है। दसवीं बार वह संभालने योग्य लगता है। पचासवीं बार वह ऊर्जा जैसा लगता है। इसलिए नहीं कि डर खत्म हो गया, बल्कि इसलिए कि आप उससे कई बार मिल चुके हैं — और हर बार सुरक्षित लौटे हैं।

दोहराव धारणा बदल देता है।

एक और आयाम है। कई बार जो आत्मविश्वास "जन्मजात" लगता है, वह गहरे जुड़ाव का परिणाम होता है। जब वक्ता उस विषय पर बोलता है जिसे उसने जिया है, जिस पर उसने संघर्ष किया है, जो उसके लिए अर्थपूर्ण है — तो उसकी सच्चाई घबराहट पर भारी पड़ती है।

जुनून आवाज़ को स्थिर कर देता है।

जब मैंने विधि पढ़ाना शुरू किया, मैं निडर नहीं था। पर प्रतिबद्ध था। विषय मेरे लिए मायने रखता था। जिम्मेदारी मायने रखती थी। विद्यार्थी मायने रखते थे। यही उद्देश्य मुझे स्थिर करता था, जब घबराहट ध्यान भटकाने की कोशिश करती थी।

उद्देश्य डर को मिटाता नहीं। वह उसके पार जाने का कारण देता है।

मैंने परिवर्तन देखे हैं। एक विद्यार्थी जो कभी आँख मिलाने से बचता था, वही आगे चलकर सबसे पहले हाथ उठाने लगा। एक पेशेवर जो स्लाइड्स पढ़कर यांत्रिक ढंग से बोलता था, वही बाद में आत्मविश्वास और सहजता से बोलने लगा।

यह बदलाव इसलिए नहीं आया कि अचानक कोई छिपा हुआ गुण मिल गया। यह इसलिए आया कि उन्होंने अभ्यास किया। सोचा। सुधारा। उन्होंने उसे कमाया।

कमाया हुआ आत्मविश्वास, विरासत में मिले आत्मविश्वास से गहरा होता है।

जब आप किसी को सहज मंच संभालते देखते हैं और उसे "जन्मजात प्रतिभा" कह देते हैं, तो आप अपनी शुरुआत की तुलना उसके मध्य से कर रहे होते हैं। आप

उसके वर्षों के परिश्रम को अनदेखा कर देते हैं।

उसकी सहजता हमेशा से नहीं थी। हर संतुलित वक्ता के पीछे एक असहज शुरुआत होती है।

हर सशक्त आवाज़ के पीछे काँपते हुए प्रयासों की श्रृंखला होती है।

जन्मजात वक्ता का यह भ्रम असुरक्षा भी पैदा करता है। वह झिझकते व्यक्ति से कहता है — "यह तुम्हारे लिए नहीं है।" यह संदेश खतरनाक है। वह संभावित नेतृत्व को शुरू होने से पहले ही रोक देता है।

मैं अपने विद्यार्थियों से कहता हूँ — कौशल अभ्यास से बढ़ता है। मस्तिष्क ढलता है। अभिव्यक्ति की मांसपेशियाँ मजबूत होती हैं। स्पष्टता निखरती है। जो असंभव लगता था, वह परिचित हो जाता है।

आपको निडर पैदा होने की जरूरत नहीं है।
आपको तैयार रहने की जरूरत है।

तैयार — अपूर्ण प्रयास के बाद फिर खड़े होने के लिए।
तैयार — आवाज़ हल्की काँपे तब भी बोलने के लिए।
तैयार — सार्वजनिक रूप से सीखने के लिए।

दिखाई देने वाला विकास गरिमा देता है।

आज जब अपनी शुरुआती शंकाओं को याद करता हूँ, तो मुस्करा देता हूँ। अगर मैंने यह मान लिया होता कि मैं जन्म से आत्मविश्वासी नहीं हूँ, इसलिए मंच मेरे लिए नहीं है — तो शायद मैं चुप रह जाता। शायद निजी दक्षता तक सीमित रहता, सार्वजनिक योगदान से दूर।

दुनिया को केवल जन्मजात वक्ता नहीं चाहिए। उसे तैयार वक्ता चाहिए। विचारशील वक्ता चाहिए। साहसी वक्ता चाहिए।

निडरता जन्मसिद्ध अधिकार नहीं है। वह लगातार कदम उठाने का परिणाम है।

अगली बार जब आप किसी को मंच पर सहजता से बोलते देखें, तो उसे केवल प्रतिभाशाली मत कहिए। यह भी सोचिए — उस सहजता के पीछे कितने अनदेखे घंटे होंगे।

और फिर एक और सवाल पूछिए।

अगर कोई भी निडर पैदा नहीं होता, और आत्मविश्वास बनाया जा सकता है — तो आपको अपना आत्मविश्वास बनाने से क्या रोक रहा है?

अक्सर उत्तर क्षमता नहीं होता।

वह विश्वास होता है।

और विश्वास, डर की तरह, बदला जा सकता है।

2. आत्मविश्वास के पीछे का अनुशासन

लोग अक्सर आत्मविश्वास को स्वभाव समझ लेते हैं।

वे किसी वक्ता को मंच पर शांत कंधों और स्थिर आँखों के साथ आते देखते हैं और तुरंत कह देते हैं —

"ये तो ऐसे ही हैं।" जैसे संयम जन्म से मिला हो। जैसे स्पष्टता विरासत में मिली हो। जैसे सन्नाटे को बिना घबराहट के थामे रखना किसी के रक्त में लिखा हो।

जो दिखाई नहीं देता, वह है — सुबह पाँच बजे बजती अलार्म की आवाज़।

मैं हमेशा मानता रहा हूँ कि आत्मविश्वास स्वभाव से कम और अभ्यास से ज़्यादा बनता है। यह वैसे ही बनता है जैसे शरीर की मांसपेशियाँ बनती हैं — दोहराव से, मेहनत से, थकान से, फिर संभलने से, और लगातार बने रहने से।

इस प्रक्रिया में कोई चमक-दमक नहीं होती। वह शांत होती है। अक्सर अनदेखी।कई बार उबाऊ भी। पर असर करती है।

अपने शुरुआती अध्यापन के वर्षों में मैंने एक आदत बना ली थी। कक्षा में जाने से पहले थोड़ा जल्दी पहुँचता था। कुछ मिनट अकेला बैठता था। सामग्री दोहराने के लिए नहीं, बल्कि खुद को स्थिर करने के लिए।

जहाँ खड़े होकर पढ़ाना होता, वहीं खड़ा होता। स्थान को महसूस करता। कल्पना करता कि कक्ष भरा हुआ है।

दो-चार वाक्य ऊँची आवाज़ में बोलकर सुनता कि मेरी आवाज़ कैसे गूँज रही है। कोई श्रोता नहीं। कोई तालियाँ नहीं। सिर्फ अनुशासन।

आत्मविश्वास यह सोचने से नहीं आता कि सब ठीक होगा। वह इस तैयारी से आता है कि अगर सब ठीक न भी हुआ, तो भी आप संभाल लेंगे।

ऐसे दिन भी आए जब अभ्यास करने का मन नहीं था। थकान बहाने देती थी। निजी उलझनें ध्यान बाँटती थीं। पर एक बात समझ आ गई थी — असंगति, डर से भी तेज़ आत्मविश्वास को कमजोर करती है।

जब आप तैयारी छोड़ते हैं, संदेह अंदर आ जाता है। जब आप प्रयास में समझौता करते हैं, झिझक पीछे-पीछे आती है। मन पूछता है — "क्या सच में तुम तैयार हो?" और भीतर से आवाज़ आती है — "पूरी तरह नहीं।"

अनुशासन उस अंदरूनी आरोप को शांत कर देता है।

मैंने विद्यार्थियों को प्रस्तुति से ठीक पहले अंतिम क्षणों में सुझाव माँगते देखा है। वे जादुई वाक्य चाहते हैं। प्रभावशाली शुरुआत। दमदार कोट्स।

पर उन्हें जिसकी सच में जरूरत होती है, वह कम आकर्षक लेकिन अधिक शक्तिशाली चीज़ है — व्यवस्थित अभ्यास।

आईने के सामने खड़े हो जाइए। धीरे बोलिए। समय देखिए। अपनी आवाज़ रिकॉर्ड कीजिए। फिर सुनिए। सुधारिए। दोहराइए। साधारण लगता है। सचमुच साधारण है। और इसी कारण काम करता है।

आत्मविश्वास परिचय से आता है। जब आप अपने ही शब्दों से परिचित हो जाते हैं, अपने ही ठहराव से सहज हो जाते हैं, अपनी ही लय को पहचान लेते हैं — तो मंच अजनबी नहीं लगता।

अज्ञात छोटा होने लगता है।

एक बार मुझे वरिष्ठ अधिकारियों के सामने एक महत्वपूर्ण सेशन लेना था। विषय जटिल था। श्रोता अनुभवी थे। दाँव ऊँचा था।

मैंने केवल सहज ज्ञान पर भरोसा नहीं किया। सेशन को हिस्सों में बाँटा। एक हिस्से से दूसरे हिस्से तक जाने की कड़ी का अभ्यास किया। संभावित प्रश्नों का अनुमान लगाया। एक ही अवधारणा को तीन अलग तरीकों से समझाने का अभ्यास किया।

ज्ञान पर संदेह नहीं था। क्षण के महत्व का सम्मान था।

जब मैं वहाँ खड़ा हुआ, तो भीतर एक स्थिरता थी — जो मुझे खुद भी चौंका रही थी। न अहंकार। न अत्यधिक उत्साह। बस स्थिरता।

मुझे पता था कि चर्चा जिस दिशा में जाएगी, मैं संभाल लूँगा। तैयारी शांति पैदा करती है।

एक भ्रम यह भी है कि अनुशासन रचनात्मकता को बाँध देता है। सच उल्टा है। अनुशासन जगह बनाता है। जब संरचना मजबूत होती है, मन सहजता से नया जोड़ सकता है। जब आधार ठोस होता है, सहजता सुरक्षित लगती है।

अनुशासन के बिना सहजता अव्यवस्था बन जाती है।

आत्मविश्वास केवल मानसिक नहीं, शारीरिक भी है। मुद्रा मायने रखती है। साँस मायने रखती है। नींद मायने रखती है। जैसे खिलाड़ी प्रतियोगिता से पहले शरीर को साधते हैं, वैसे ही बोलना भी केवल बौद्धिक कार्य नहीं है। यह देह के साथ होता है।

आवाज़ को फेफड़ों का सहारा चाहिए। लंबे सेशन के लिए सहनशक्ति चाहिए। मंच पर टिके रहने के लिए संतुलन चाहिए।

मेरे जीवन में ऐसे चरण आए जब मैंने शरीर को मजबूत बनाने पर ध्यान दिया — केवल दिखने के लिए नहीं, बल्कि टिके रहने के लिए। लंबी कक्षाएँ सहनशक्ति

माँगती हैं। स्पष्ट उच्चारण के लिए नियंत्रित साँस चाहिए।

शरीर संदेश का आधार है।

अनुशासन केवल अभ्यास तक सीमित नहीं है। नियमित पढ़ना भी उसका हिस्सा है। गहराई से सोचना भी। विचारों को तराशना भी। रोज़ दस पन्ने पढ़ना साधारण लगता है। पर वर्षों में वही गहराई बना देता है।

गहराई चुपचाप आत्मविश्वास को मजबूत करती है।

जब आपको पता होता है कि आपके विचार अध्ययन पर टिके हैं, आपकी आवाज़ में दृढ़ता अपने-आप आ जाती है। बनावटी नहीं। स्वाभाविक।

अनुशासन का एक और महत्वपूर्ण पहलू है — प्रतिक्रिया स्वीकार करना।

सच्चा आत्मविश्वास सुधार से नहीं भागता। वह उसे खोजता है। अपने शुरुआती दिनों में मैं विश्वसनीय मार्गदर्शकों से कहता था — "देखिए और बताइए, कहाँ तेज़ हो गया? कहाँ स्पष्टता कम रही? कहाँ स्वर गिर गया?"

सुनना हमेशा आसान नहीं होता। पर सुधार वहीं से शुरू होता है।

समय के साथ अनुशासन आदत बन जाता है। फिर आप असफलता के डर से अभ्यास नहीं करते। आप उत्कृष्टता को अपना मानक बना लेते हैं। डर जो पहले प्रेरित करता था, उसकी जगह प्रतिबद्धता ले लेती है।

मैंने ऐसे लोगों को भी देखा है जो इस प्रक्रिया को छोटा करना चाहते हैं। वे केवल आकर्षण पर भरोसा करते हैं। मान लेते हैं कि प्रतिभा तैयारी की कमी पूरी कर देगी। कुछ समय तक चल सकता है। पर असंगति जल्दी पकड़ में आ जाती है।

स्थायी आत्मविश्वास तात्कालिक नहीं होता।

वह सुबह की खामोशियों में बनता है। खाली कमरों में। अपूर्ण प्रदर्शन के बाद के आत्मचिंतन में। जब कोई नहीं देख रहा होता, तब। जब आप सुविधा से ऊपर दोहराव चुनते हैं। जब आप बचाव के बजाय सुधार चुनते हैं। जब आप बिना श्रोता के भी तैयार रहते हैं।

जब कोई मुझसे कहता है, "आप तो बहुत स्वाभाविक बोलते हैं," मैं मुस्करा देता हूँ। स्वाभाविकता अक्सर लगातार अभ्यास का परिणाम होती है।

यह बात सुंदर है। क्योंकि इसका मतलब है — विकास संभव है। डर स्थायी नहीं है। आत्मविश्वास रहस्यमय उपहार नहीं है। वह कमाया जाता है।

जिस दिन आप अपनी आवाज़ को संयोग नहीं, जिम्मेदारी मान लेते हैं — उसी दिन अनुशासन शुरू होता है। और अनुशासन के साथ आत्मविश्वास धीरे-धीरे आता है। न शोर से। न नाटकीय ढंग से। बस स्थिरता से।

मंच इच्छाओं को पुरस्कृत नहीं करता। वह तैयारी को पुरस्कृत करता है।

और जब तैयारी आदत बन जाती है, आदत आत्मविश्वास बन जाती है।

सवाल यह नहीं है कि आप आत्मविश्वासी बन सकते हैं या नहीं।

सवाल यह है —

क्या आप वह शांत, लगातार काम करने को तैयार हैं,
जो आत्मविश्वास को अनिवार्य बना देता है?

3. मेरे शुरुआती अध्यापन दिनों से सीखे गए सबक

बाहर से देखने पर वह कक्षा डरावनी नहीं लगती थी। लकड़ी की कतारबद्ध मेज़ें। सालों की चॉक से हल्का धुँधला पड़ा काला पट। आधी खुली खिड़कियाँ, जिनसे दोपहर की गरम धूप भीतर आ रही थी। कमरा साधारण था।

लेकिन जिस दिन मैं पहली बार वहाँ व्याख्याता बनकर खड़ा हुआ, वह मुझे अखाड़े जैसा लगा। मैं युवा था। नई नियुक्ति। ज्ञान भी था, महत्वाकांक्षा भी। मुझे विश्वास था कि विषय की गहराई समझता हूँ। मुझे लगता था कि मैं तैयार हूँ।

पर सिद्धांत में तैयार होना और वास्तविकता में तैयार होना — दोनों अलग अनुभव हैं।

विद्यार्थी मेरी अपेक्षा से बड़े लगे। कुछ आत्मविश्वासी दिखते थे। कुछ उदासीन। कुछ जिज्ञासु। उनके चेहरे कठोर नहीं थे, पर सजग थे।

और सजग निगाहें कई बार परीक्षा जैसी लगती हैं।

मैंने बहुत सोच-समझकर तैयार किए हुए वाक्यों से शुरुआत की। हर शब्द पहले मन में दोहराया गया था। संरचना सधी हुई थी। स्वर नियंत्रित था।

फिर भी कुछ मिनटों में एक सूक्ष्म बात महसूस हुई। वे सुन तो रहे थे — पर जुड़ नहीं रहे थे।

यही मेरा पहला सबक था। केवल ज्ञान ध्यान नहीं खींचता। जुड़ाव खींचता है।

शुरुआती दिनों में मेरा ध्यान सामग्री पर बहुत अधिक रहता था। मैं सटीक होना चाहता था। विस्तारपूर्ण होना चाहता था। बौद्धिक रूप से मजबूत दिखना चाहता था। मुझे लगता था कि यदि व्याख्या पर्याप्त स्पष्ट और गहरी होगी, तो विद्यार्थी अपने-आप जुड़ जाएँगे।

लेकिन कक्षा न्यायालय नहीं होती। वह जीवित जगह होती है — अलग-अलग स्वभाव, पृष्ठभूमि, ध्यान भंग करने वाली बातें, भावनाएँ — सब साथ मौजूद होते हैं।

धीरे-धीरे समझ आया — अध्यापन यह दिखाने का मंच नहीं है कि आप कितना जानते हैं। यह उस ज्ञान को इस तरह बाँटने की कला है कि सामने वाला

उसे ग्रहण कर सके।

कई बार मैं तेज़ बोल जाता था। कई बार ऐसे शब्द प्रयोग करता था जो सुनने में प्रभावशाली लगते थे, पर स्पष्टता कम कर देते थे। मैंने खाली चेहरे देखे। भटकती निगाहें देखीं। विनम्र चुप्पी देखी।

चुप्पी धोखा दे सकती है। वह हमेशा समझ का संकेत नहीं होती।

एक दिन एक विद्यार्थी संकोच से मेरे पास आया और बोला, "सर, जब आप वास्तविक जीवन के उदाहरण देते हैं, तब हमें बेहतर समझ आता है।" वह साधारण-सा वाक्य था। पर उसने मेरा तरीका बदल दिया।

मैंने खुद को देखने की आदत डाली। कब विद्यार्थी आगे झुकते हैं? कब उनकी आँखों में चमक आती है? उत्तर मिला — भारी सिद्धांतों के दौरान नहीं, बल्कि कहानियों, तुलना और रोज़मर्रा की स्थितियों के दौरान।

जब विधि को जीवन से जोड़ा, तो वह समझने योग्य हो गई। भागीदारी बढ़ी। प्रश्न सहज आए। कक्षा जीवंत हो गई।

दूसरा सबक स्पष्ट हुआ — संवाद जटिलता से नहीं, सुलभता से मजबूत होता है।

शुरुआती वर्षों में एक और चुनौती सामने आई। हर बैच अलग था। एक संस्था में विद्यार्थी शहरी पृष्ठभूमि से थे, सहज अंग्रेज़ी बोलते थे। दूसरी जगह कई विद्यार्थी क्षेत्रीय बोलियों में अधिक सहज थे।

मैं सबको एक ही ढंग से संबोधित नहीं कर सकता था। अनुकूलन आवश्यक हो गया।

कई बार मैंने वाक्य के बीच में भाषा सरल की। स्वर बदला। समझ की दूरी पाटी। विषय को हल्का नहीं किया, पर उसे पुल दिया।

अध्यापन ने मुझे लचीलापन सिखाया। मैंने हमेशा सोचा था कि अधिकार नियंत्रण से आता है। दृढ़ खड़े रहो। दृढ़ बोलो। दूरी बनाए रखो। लेकिन एक दिन मैंने कक्षा में स्वीकार किया कि एक विशेष अवधारणा कभी मुझे भी उलझाती थी।

अजीब बात हुई। मेरी विश्वसनीयता घटी नहीं। विश्वास बढ़ा। सच्ची संवेदनशीलता नेतृत्व को कमज़ोर नहीं करती। उसे मानवीय बनाती है।

कठिन दिन भी आए। ऐसे दिन जब कक्षा की ऊर्जा कम थी। जब बाहर की परिस्थितियों ने भीतर का ध्यान प्रभावित किया। जब सेशन के बाद लगा — आज बेहतर कर सकता था।

शुरुआत में ऐसे दिन मुझे भीतर तक परेशान करते थे। मैं बार-बार सोचता। अपनी आवाज़ को याद करता। ठहराव पर प्रश्न उठाता। खुद की आलोचना करता।

फिर समझ आया — अध्यापन एक प्रस्तुति नहीं, एक यात्रा है। एक अपूर्ण दिन आपकी क्षमता तय नहीं करता। जो आपको परिभाषित करता है, वह है सुधारने की इच्छा।

मैंने छोटी-छोटी बातों पर ध्यान देना शुरू किया। कक्षा में प्रवेश कैसे करता हूँ। खड़े होने का ढंग कैसा है। मुख्य बिंदु के बाद ठहराव कैसे असर डालता है। आँखों से संपर्क कितना बनाए रखता हूँ।

मैंने सीखा — हर सन्नाटे को भरना जरूरी नहीं होता। कई बार सन्नाटा ही बात को गहरा कर देता है।

ये सुधार बड़े नहीं थे। पर धीरे-धीरे जमा होते गए।

सबसे गहरा सबक एक अप्रत्याशित क्षण में मिला। सेमेस्टर के अंत में एक शांत विद्यार्थी मेरे पास आया। बोला, "सर, पहले मुझे बोलने से डर लगता था। पर जब आपने बार-बार हमें कक्षा के सामने प्रस्तुत करने को कहा, तो कुछ बदल गया।"

वह वाक्य मेरे भीतर रह गया। आत्मविश्वास अनुभव से बढ़ता है। और अनुभव को दिशा चाहिए।

अगर मैं जन्मजात वक्ता के भ्रम पर विश्वास करता, तो शायद मान लेता कि कुछ विद्यार्थी मंच के लिए बने ही नहीं हैं।

पर मैंने उन्हें धीरे-धीरे आगे बढ़ाया। प्रस्तुतियाँ अनिवार्य कीं। चर्चा को सामान्य बनाया। बोलना विकल्प नहीं, अभ्यास बना दिया।

समय के साथ परिवर्तन दिखाई दिए। शुरुआती अध्यापन ने मुझे विनम्र बनाया। मेरी धारणाएँ तोड़ीं। मुझे बदलने के लिए मजबूर किया।

मैंने सीखा — जटिलता पर स्पष्टता भारी है। कठोरता पर संवेदनशीलता प्रभावी है। दोहराव से प्रवाह आता है। तैयारी से शांति आती है। जुड़ाव से ध्यान टिकता है।

सबसे महत्वपूर्ण — मैं भी बदल रहा था।

जो व्यक्ति पहली बार उस कक्षा में घबराकर खड़ा था, वह वही नहीं है जो आज यह लिख रहा है। डर पूरी तरह कभी गया नहीं। पर अनुभव ने उसका रूप बदल दिया।

अध्यापन ने मेरी बोलने की कला को निखारा। बोलने ने अध्यापन को गहराया। दोनों एक-दूसरे को आकार देते रहे।

आज पीछे मुड़कर देखता हूँ, तो उन शुरुआती असहजताओं के लिए आभारी हूँ। उन्होंने मुझे सजग रखा। आत्मसंतोष से बचाए रखा। याद दिलाया कि दक्षता

कोई अंतिम मंज़िल नहीं, बल्कि निरंतर सुधार है।

हर कक्षा एक प्रयोगशाला बनी। हर सेशन प्रतिक्रिया बना। हर गलती निर्देश बनी। और शायद यही सबसे मूल्यवान सबक है।

आप एक ही विजय के क्षण में शक्तिशाली वक्ता नहीं बनते। आप अनगिनत साधारण दिनों में बनते हैं — जब आप आते हैं, अभ्यास करते हैं, सुनते हैं, सुधारते हैं, और फिर से प्रयास करते हैं।

भ्रम कहता है — जन्मजात वक्ता सहज उठते हैं। मेरे शुरुआती अध्यापन दिनों ने सिखाया — विकास चुप्पी में कमाया जाता है, जहाँ कोई तालियाँ नहीं बजाता।

और यदि आप उन शांत स्थानों में पर्याप्त समय टिक जाएँ,
तो मंच अखाड़ा नहीं लगेगा —
घर जैसा लगेगा।

4. अभ्यास बनाम प्रतिभा — असली सच्चाई

हर कमरे में एक व्यक्ति ऐसा होता ही है। वह जो बिना नोट्स के बोलता है। जो सहजता से कहानियाँ सुनाता है। जो बिना प्रयास के ध्यान खींच लेता है।

लोग उसे देखकर कहते हैं — "ये तो गिफ्टेड है।" "इसमें नेचुरल टैलेंट है।"

"नेचुरल" शब्द में प्रशंसा भी होती है... और हार मान लेना भी।

मैंने प्रतियोगिताओं के बाद विद्यार्थियों को धीमे से कहते सुना है — "सर, वह तो टैलेंटेड है। मैं वैसा नहीं हूँ।" उस वाक्य में छिपी होती है — समर्पण।

अभ्यास और प्रतिभा की बहस पुरानी है। संगीत में। खेल में। कला में। और सार्वजनिक बोलने में भी। हमें प्रतिभा का विचार पसंद है, क्योंकि वह जादुई लगता है। जैसे महानता कोई दुर्लभ वरदान हो।

अभ्यास साधारण है। दोहराव की गंध आती है उससे। मेहनत माँगता है। धैर्य माँगता है।

खाली कमरे में एक ही भाषण पाँच बार बोलने में कोई चमक नहीं होती।

लेकिन कक्षाओं और मंचों पर बिताए वर्षों ने मुझे एक बात पूरे विश्वास से सिखाई है — प्रतिभा दरवाज़ा खोल सकती है, पर घर अभ्यास बनाता है।

एक बार मैंने दो विद्यार्थियों को विश्वविद्यालय स्तर की वाद-विवाद प्रतियोगिता की तैयारी करते देखा। पहला स्पष्ट रूप से प्रभावशाली था। उसकी आवाज़ स्वाभाविक रूप से गूँजती थी। हास्य सहज आता था। लोगों की नज़रें झेलने में सहज था। दूसरा अपेक्षाकृत शांत था। गहराई से सोचने वाला। समूह में बोलते समय थोड़ा हिचकता था।

पहले विद्यार्थी ने सहजता पर भरोसा किया। विषय को सरसरी तौर पर देखा। सोचा — मंच पर पहुँचकर संभाल लूँगा। दूसरे ने गहराई से अध्ययन किया। तर्कों को व्यवस्थित किया। ज़ोर से बोलकर कई बार अभ्यास किया।

प्रतियोगिता के दिन कुछ रोचक हुआ।

प्रतिभाशाली विद्यार्थी ने शुरुआत शानदार की। आत्मविश्वासी। प्रभावशाली। लेकिन बीच में जब एक अप्रत्याशित तर्क सामने आया, वह अटक गया। लय टूट गई। उत्तर सतही हो गए।

शांत विद्यार्थी ने शुरुआत थोड़ी सावधानी से की। हल्की घबराहट दिख रही थी। पर जैसे-जैसे वह अपने व्यवस्थित तर्कों में आगे बढ़ा, उसका संतुलन बढ़ता गया। प्रश्न आए — तो उसके पास सामग्री थी। आधार था।

उस दिन तालियाँ अनुशासन के पक्ष में गईं। प्रतिभा शुरुआती बढ़त देती है। अभ्यास स्थायी शक्ति देता है।

प्रतिभा पर अत्यधिक विश्वास का खतरा यह है कि वह विकास रोक देता है। अगर कोई "नेचुरल" है, तो आप मान लेते हैं कि आप "नेचुरल" नहीं हैं। कहानी स्थिर हो जाती है।

मैंने अपनी यात्रा पर कई बार विचार किया है। क्या मैं जन्म से आत्मविश्वासी था?

नहीं।

मुझे बोलने की इच्छा थी। मैं वक्ताओं को देखकर प्रेरित होता था। बड़े मंचों की कल्पना करता था। पर कल्पना क्षमता नहीं होती।

मेरी बोलने की कला को प्रतिभा से अधिक जिस चीज़ ने आकार दिया, वह था — सुधारने का निर्णय। आईने के सामने खड़ा होना। अपनी आवाज़ रिकॉर्ड करना। ठहराव का विश्लेषण करना। प्रस्तावना दोबारा लिखना। एक अपूर्ण सेशन के बाद फिर से प्रयास करना।

प्रतिभा ने रुचि दी। अभ्यास ने दक्षता दी।

एक और सच्चाई है, जो कम कही जाती है। प्रतिभा यदि अनुशासन से न जुड़ी हो, तो वह आत्मसंतोष बन जाती है। जब शुरुआत आसान होती है, तो मेहनत अनावश्यक लगती है। लेकिन सहजता की भी सीमा होती है। जैसे-जैसे स्तर ऊँचा होता है, अपेक्षाएँ बढ़ती हैं। श्रोता अधिक सजग होते हैं। वहाँ केवल प्रतिभा पर्याप्त नहीं होती।

गहराई तैयारी से आती है।

अभ्यास केवल कौशल नहीं बढ़ाता। वह भीतर भरोसा बनाता है। श्रोता का भरोसा बाद में आता है। पहले आपका अपना भरोसा आता है।

जब आप जानते हैं कि आपने पूरी तैयारी की है, तो भीतर की आवाज़ बदल जाती है। वह फुसफुसाकर डर नहीं फैलाती। वह कहती है – "तुमने मेहनत की है।"

यह आश्वासन अभिनय से नहीं आता।

मैंने ऐसे लोगों को देखा है जो शुरुआत में बहुत संघर्ष करते थे, पर समय के साथ उल्लेखनीय वक्ता बने। उन्होंने असहजता से भागना नहीं चुना। छोटे समूहों में अभ्यास किया। स्वयंसेवा की। हर अवसर को प्रशिक्षण माना।

अनुभव और दोहराव – यही विकास का सूत्र है।

इसके विपरीत, मैंने स्वाभाविक आकर्षण वाले लोगों को ठहरते हुए भी देखा है। वे सहजता पर भरोसा करते रहे। तात्कालिक बोलते रहे। कुछ समय तक सब ठीक चला। फिर जब श्रोताओं को गहराई चाहिए थी, केवल सतही ऊर्जा पर्याप्त नहीं रही।

मंच आकर्षण से अधिक गहराई माँगता है।

अभ्यास चुनने में एक विनम्रता होती है। यह स्वीकार करना कि दक्षता विरासत नहीं, अर्जन है।

मैं अक्सर बोलने की तुलना शारीरिक प्रशिक्षण से करता हूँ। कुछ लोग जन्म से तेज़ दौड़ सकते हैं। पर प्रशिक्षण के बिना गति घटती है। कुछ लोग शुरुआत में धीमे होते हैं, पर नियमित अभ्यास से आगे निकल जाते हैं।

मंच भी ऐसा ही है।

आपकी आवाज़ एक वाद्य है। प्रयोग न करें तो जड़ हो जाती है। अभ्यास करें तो मजबूत होती है। आपका विचार एक मांसपेशी है। चुनौती दें तो तीखा होता है। अनदेखा करें तो सुस्त।

अंततः यह बहस अर्थहीन हो जाती है, क्योंकि प्रतिभा भी परिपक्व होने के लिए अभ्यास माँगती है।

आज जब लोग मेरे बोलने को सहज कहते हैं, तो मैं मुस्कराता हूँ।

"नेचुरल।"

उन्हें वर्षों की तैयारी नहीं दिखती। अनगिनत सेशन नहीं दिखते। वे गलतियाँ नहीं दिखतीं जिन्होंने सुधार को मजबूर किया। वह एक घंटे का व्याख्यान नहीं दिखता, जिसके लिए कई घंटे की तैयारी हुई।

मेहनत चुपचाप जमा होती है।

अगर आप अभ्यास शुरू करने से पहले प्रतिभाशाली महसूस करने का इंतज़ार करेंगे, तो इंतज़ार लंबा होगा। अभ्यास शुरू कीजिए — प्रतिभा धीरे-धीरे दिखने लगेगी।

कभी-कभी जिसे हम प्रतिभा कहते हैं, वह केवल शुरुआती अवसर होता है। बचपन से बोलने का प्रोत्साहन मिला हो तो व्यक्ति बाद में "गिफ्टेड" दिखता है। बार-बार भागीदारी से प्रवाह आता है, जिसे लोग जन्मजात क्षमता समझ लेते हैं।

परिवेश कौशल को आकार देता है।

सवाल यह नहीं कि प्रतिभा मायने रखती है या नहीं। रखती है। किसी की आवाज़ अधिक गूँजदार हो सकती है। कोई संरचना जल्दी समझ सकता है।

पर प्रतिभा शुरुआत है। गैरंटी नहीं।

मंच पर आपको जो टिकाए रखता है, वह यह नहीं कि आप कभी कितने प्रतिभाशाली लगे थे। वह यह है कि आज आप कितने तैयार हैं।

जब बोलने से पहले डर आता है, प्रतिभा सांत्वना नहीं देती। अभ्यास देता है। क्योंकि अभ्यास याद दिलाता है — "तुम पहले भी यहाँ खड़े हुए हो।" "तुम पहले भी संभले हो।" "तुम दोहराव से मजबूत हुए हो।"

अंततः अनुभव ही बहस का निर्णय करता है। जो नियमित अभ्यास करते हैं, वे उन लोगों से आगे निकलते हैं जो केवल प्रतिभा पर निर्भर रहते हैं।

तो अगली बार जब कोई कहे — "वह तो नेचुरली कॉन्फिडेंट है," ध्यान से सुनिए।

अक्सर वे जिस चीज़ को देख रहे होते हैं, वह वर्षों के अनुशासित प्रयास का संचित परिणाम होता है।

मंच संभावनाओं को नहीं, तैयारी को पुरस्कृत करता है।

और यदि आप रोज़ अभ्यास में निवेश करने को तैयार हैं — चाहे कोई देखे या न देखे — एक दिन आप किसी कमरे में प्रवेश करेंगे और स्थिरता से बोलेंगे।

लोग उसे प्रतिभा कहेंगे।

उन्हें कहने दीजिए।

आप सच्चाई जानते होंगे।

5. एक वक्ता का निर्माण

जब आप किसी तैयार मूर्ति को देखते हैं, तो शायद ही कभी हथौड़े के बारे में सोचते हैं।

आप उसकी आकृति देखते हैं। उसकी चिकनाहट। पत्थर में उकेरी गई भावनाएँ। आप यह नहीं सोचते कि उस रूप के पीछे कितनी बार चोट लगी होगी।

कितनी धूल उड़ी होगी। कितने टुकड़े टूटकर गिरे होंगे।

पर बिना उन चोटों के, कोई आकार नहीं बनता। वक्ता भी कुछ ऐसा ही बनता है।

लोग अंतिम रूप देखते हैं — स्थिर आवाज़, संतुलित देह-भाषा, मापा हुआ ठहराव — और मान लेते हैं कि यह हमेशा से ऐसा ही था। उन्हें पहले के रूप नहीं दिखते। असमान वाक्य। जल्दी-जल्दी बोल देना। रातों की आत्म-संशय से भरी बेचैनी।

वक्ता बनना नाटकीय नहीं होता। धीरे-धीरे होता है।

मैं एक प्रतियोगिता या एक व्याख्यान में “तैयार” नहीं हुआ। मुझे छोटे-छोटे, लगभग अदृश्य क्षणों ने आकार दिया। एक चर्चा जहाँ मैं अटका, पर रुका नहीं। एक वाद-विवाद जहाँ मैं हारा, पर सीखा। एक सेशन जहाँ प्रतिक्रिया ने विनम्र बनाया। आईने के सामने खड़ा वह व्यक्ति, जो केवल चेहरा नहीं, अपनी झिझक भी देख रहा था।

विकास दोहराव में छिपा होता है।

जब अपनी यात्रा पीछे मुड़कर देखता हूँ, तो परतें जुड़ती दिखती हैं। पहले इच्छा आई — बोलने की, अभिव्यक्त करने की, प्रभाव डालने की। फिर अवसर आए — ऐसे मंच जो मेरी सहजता से बड़े थे। फिर सुधार आया — क्या काम किया, क्या नहीं किया। फिर अनुशासन आया — संरचना सँवारना, गति नियंत्रित करना, साँस मजबूत करना।

हर चरण अगले पर टिका।

शुरुआत में मैं सामग्री पर बहुत केंद्रित था। सोचता था — जितना अधिक जानूँगा, उतना कम डरूँगा। ज्ञान ने मदद की, पर पर्याप्त नहीं था। धीरे-धीरे समझ आया — बोलना केवल बौद्धिक नहीं, भावनात्मक और शारीरिक भी है। मेरा खड़ा होना मायने रखता है। मेरी नज़र मायने रखती है। वाक्यों के बीच का सन्नाटा मायने रखता है।

मैंने खुद को केवल विचारक नहीं, संवादक की तरह देखना शुरू किया।

मैंने देखा — घबराहट में मेरे कंधे सख्त हो जाते हैं। चिंता में गति तेज़ हो जाती है। महत्वपूर्ण बिंदु के बाद आवाज़ धीमी हो जाती है। जागरूकता मेरी छेनी बन गई।

फिर आया सोफिस्टिकेशन।

ऐसी शामें थीं जब मैं विचारों के बीच के संक्रमण को बार-बार अभ्यास करता था, ताकि प्रवाह सहज हो। ठहराव के साथ प्रयोग किया। स्वर को जानबूझकर

बदला। सीखा — अधिकार ऊँची आवाज़ से नहीं, नियंत्रित आवाज़ से आता है।

वक्ता का निर्माण आत्म-निरीक्षण से होता है।

आप अपनी कमजोरियों को बिना शर्म के देखते हैं। सुधार करते हैं, बिना खुद पर आक्रमण किए। लगातार बने रहते हैं, बिना तत्काल परिणाम की अपेक्षा के। सुधार अक्सर सूक्ष्म होता है। एक दिन महसूस होता है — हाथ पहले जितना नहीं काँप रहे। दूसरे दिन — प्रश्न का उत्तर सहजता से निकल गया।

परिवर्तन घोषणा नहीं करता। धीरे-धीरे जमा होता है।

कुछ असहज क्षणों ने मुझे गहराई से गढ़ा। ऐसे अवसर जब श्रोता अपेक्षा के अनुसार नहीं जुड़े। जब उदाहरण असर नहीं कर पाया। जब एक प्रश्न ने स्पष्टता की कमी दिखा दी। वे क्षण कभी-कभी शर्मिंदगी भी लाए। पर वे आवश्यक थे।

ईमानदारी से देखी गई असफलता, विकास को तेज़ करती है।

मैंने पीछे हटने के बजाय विश्लेषण करना चुना। कहाँ कमी थी? संरचना कमजोर थी? उदाहरण अप्रासंगिक था? गति अधिक थी? विचार बहुत अमूर्त थे? हर आत्म-चिंतन ने दृष्टिकोण तीखा किया।

हर मंच कक्षा बन गया। हर श्रोता शिक्षक बन गया।

मार्गदर्शन ने भी भूमिका निभाई। अनुभवी लोगों ने सोच को चुनौती दी। स्पष्ट होने को कहा। याद दिलाया कि बोलना प्रदर्शन नहीं, सेवा है। उस स्मरण ने दृष्टि को उद्देश्य से जोड़ा।

क्योंकि अंततः वक्ता का निर्माण तालियों से नहीं, योगदान से होता है।

जब आपका लक्ष्य प्रभावित करना नहीं, बल्कि असर डालना हो जाता है, तो प्रस्तुति बदल जाती है। आवाज़ स्थिर हो जाती है। शब्दों में सच्चाई आ जाती है। अभिनय कम होता है, जुड़ाव बढ़ता है।

एक और परत थी — पढ़ना। नियमित पढ़ना। गहराई से सोचना। शब्दावली का विस्तार। तर्कों को पैना करना। बिना सामग्री वाला वक्ता थोड़ी देर चमक सकता है। गहराई ही अधिकार को टिकाती है।

पुस्तकें मौन गुरु बनीं।

धीरे-धीरे एक पैटर्न स्पष्ट हुआ। आत्मविश्वास को मैंने सीधे नहीं खोजा। वह तैयारी, अवसर, आत्म-चिंतन और उद्देश्य का परिणाम बनकर आया।

वह अर्जित लगा।

वक्ता के निर्माण में सहनशीलता भी शामिल है। जीवन रुकता नहीं क्योंकि आपका सेशन तय है। ऐसे दिन आते हैं जब मन भारी होता है। निजी चुनौतियाँ चल रही होती हैं। फिर भी मंच उपस्थिति माँगता है। भीतर की हलचल के बावजूद

खड़े रहना — एक अलग तरह की शक्ति बनाता है।

चमकदार नहीं। शांत शक्ति।

समय के साथ समझ आता है — निर्माण कभी समाप्त नहीं होता। आज भी महत्वपूर्ण संबोधन से पहले मैं परिष्कार करता हूँ। मानसिक अभ्यास करता हूँ। विकास सतत है। आत्मसंतोष जोखिम है।

वक्ता एक बड़े क्षण में नहीं बनता। निरंतरता में बनता है। निरंतरता — अभ्यास में, जब प्रगति धीमी लगे। निरंतरता — सीखने में, जब प्रशंसा मिलने लगे। निरंतरता — आत्म-चिंतन में, जब सब ठीक चल रहा हो।

वक्ता सार्वजनिक पहचान से पहले एकांत में बनता है।

यदि आप यात्रा की शुरुआत में हैं, तो तुलना से निराश मत होइए। आप किसी और की शुरुआत नहीं देख रहे। आप उनके वर्षों के प्रयास का परिणाम देख रहे हैं।

वक्ता बनने की प्रक्रिया धैर्य माँगती है। विनम्रता माँगती है। अपनी सीमाओं से सामना करने का साहस माँगती है। पर बदले में देती है — परिवर्तन।

आप झिझक से शुरू करते हैं। योगदान तक पहुँचते हैं। रोशनी से डरने से लेकर उसे उद्देश्यपूर्ण उपयोग करने तक की यात्रा तय करते हैं।

यह प्रक्रिया भले चमकदार न हो, पर गहराई से संतोष देती है। मूर्ति हथौड़े से नाराज़ नहीं होती। वह उसी से अपना रूप पाती है। उसी तरह, हर अभ्यास, हर सुधार, हर असहज मंच क्षण आपको आकार देता है।

आप वक्ता बनकर पैदा नहीं होते।

आप बनते हैं।

और जिस क्षण आप सच में,

उस बनने की प्रक्रिया के प्रति प्रतिबद्ध हो जाते हैं — उसी क्षण निर्माण शुरू हो जाता है।

3

चुप्पी की कीमत

1. चुप रह जाने से खोए अवसर

बैठक लगभग समाप्त होने वाली थी, जब वह आखिरकार थोड़ा आगे झुका।

करीब एक घंटे से वह वहीं बैठा था — सजग, सोच में डूबा हुआ, पूरी तरह जुड़ा हुआ। उसकी आँखों से साफ़ दिख रहा था कि वह ध्यान से सुन रहा है। वह भटका हुआ नहीं था। वह विचार बना रहा था। दो बार उसने अपनी बैठने की मुद्रा बदली, जैसे अभी बोलेगा। दो बार उसने खुद को रोक लिया।

जब तक उसने हिम्मत जुटाई, अध्यक्ष चर्चा समेट चुके थे। "कोई अंतिम टिप्पणी?" अध्यक्ष ने सहजता से पूछा। एक छोटा-सा विराम आया। जैसे आधा खुला दरवाज़ा।

उसने साँस ली। पर तभी किसी और ने बोलना शुरू कर दिया। दरवाज़ा बंद हो गया।

बैठक के बाद, जब लोग उठकर जा रहे थे, वह मेरे पास आया और धीरे से बोला, "सर, मेरे पास बेहतर समाधान था। बस समय पर कह नहीं पाया।"

वह वाक्य मेरे भीतर रह गया।

अवसर शोर मचाकर नहीं आते। वे छोटे-छोटे खुलने में आते हैं — एक प्रश्न के रूप में, बातचीत में आए विराम के रूप में, सुझाव माँगने के क्षण में। और कई बार आगे बढ़ने वालों और वहीं रह जाने वालों के बीच अंतर ज्ञान का नहीं होता, योग्यता का नहीं होता।

वह होता है — अभिव्यक्ति का।

चुप्पी गरिमामय हो सकती है। समझदारी भी हो सकती है। कई बार आवश्यक भी। पर जब चुप्पी डर से जन्म लेती है, तब वह महँगी हो जाती है।

कक्षा में मैंने देखा है — तेज़, तैयार विद्यार्थी चुप रह जाते हैं, और कम तैयार, पर अधिक मुखर विद्यार्थी चर्चा पर हावी हो जाते हैं। कार्यस्थलों में सक्षम लोग बार-बार सोचते रहते हैं — "अगली बार बोलूँगा।"

पर पहचान अक्सर दृश्यता से जुड़ती है। और दृश्यता अभिव्यक्ति से।

आपका मन विचारों से भरा हो सकता है। पर दुनिया उसी पर प्रतिक्रिया देती है, जो वह सुनती है।

अपने करियर के शुरुआती दौर में एक बात मुझे भीतर से खटकती थी। संकाय बैठकों में पाठ्यक्रम सुधार पर चर्चा होती थी। छात्रों के साथ प्रत्यक्ष अनुभव के कारण मेरे पास स्पष्ट सुझाव होते थे। मुझे पता होता था कि कहाँ बदलाव ज़रूरी है।

फिर भी कभी-कभी मैं चुप रह जाता था। क्यों? इसलिए नहीं कि विश्वास नहीं था। बल्कि इसलिए कि समय, लहजा और प्रतिक्रिया को लेकर मन में प्रश्न उठते थे। "कहीं यह आलोचना जैसा न लगे?" "कहीं गलत समझ लिया गया तो?" "कहीं वरिष्ठ सदस्य असहमत हो गए तो?" उन क्षणों में चुप रहना सुरक्षित लगता था।

पर सुरक्षा की भी कीमत होती है।

जब निर्णय तय हो जाते, तो भीतर हल्की-सी खिन्नता उठती। दूसरों से नहीं — खुद से। "तुम्हारे पास मूल्यवान बात थी। तुमने कही क्यों नहीं?"

अक्सर पछतावा वही होता है — जो कहा नहीं गया।

जब डर के कारण बार-बार चुप्पी चुनी जाती है, तो वह धीरे-धीरे पहचान बदल देती है। आप खुद को देखने लगते हैं — एक ऐसे व्यक्ति के रूप में जो केवल देखता है, दिशा नहीं देता। जो समर्थन करता है, नेतृत्व नहीं। और समय के साथ, लोग भी आपको उसी रूप में देखने लगते हैं।

धारणा भागीदारी से बनती है।

इसका अर्थ यह नहीं कि हर समय बोलना चाहिए। इसका अर्थ है — जब ज़रूरी हो, तब बोलना चाहिए।

अवसर केवल पेशेवर नहीं होते। वे व्यक्तिगत भी होते हैं। किसी को आभार कहने का अवसर। गलतफ़हमी स्पष्ट करने का अवसर। सीमा तय करने का अवसर। दिशा बदल सकने वाले विचार को साझा करने का अवसर।

कितने रिश्ते इसलिए उलझते हैं, क्योंकि महत्वपूर्ण बात कभी कही ही नहीं गई? कितनी गलतफ़हमियाँ गहरी हो जाती हैं, क्योंकि सच बोलने का साहस नहीं जुटा?

चुप्पी सुविधा बचा सकती है। पर विकास नहीं।

मैंने ऐसे लोगों से मुलाकात की है जो वर्षों बाद कहते हैं — "मुझे पहले बोलना चाहिए था।"

उनके पास दृष्टि थी। महत्वाकांक्षा थी। विचार थे। पर झिझक ने अभिव्यक्ति को टाल दिया। प्रतिस्पर्धी वातावरण में देरी, कई बार स्थान खो देने के बराबर होती है।

चुप रहने की एक सूक्ष्म कीमत होती है। हर बार जब आप खुद को रोकते हैं, भीतर भरोसा थोड़ा घटता है। एक छोटा हिस्सा सीखता है — "मेरी आवाज़ वैकल्पिक है।"

वह वैकल्पिक नहीं है।

मेरी यात्रा में एक गहरा बोध यह था — मंच केवल वह नहीं जहाँ रोशनी लगी हो। मंच हर वह स्थान है जहाँ आपकी आवाज़ असर डाल सकती है। बैठक कक्ष। कक्षा। मंडल चर्चा। छोटा समूह।

बार-बार चुप रहना, प्रभाव छोड़ना है।

मुझे एक युवा पेशेवर याद है, जो अपनी बातों को हमेशा छोटा कर देता था। अभ्यास सत्रों में उसके विचार सुसंगठित और गहरे होते थे। पर वास्तविक चर्चा में वह उन्हें आधे वाक्य में, लगभग क्षमायाचना के भाव से कहता था।

मैंने उससे पूछा, "तुम अपने विचारों को खुद क्यों छोटा कर देते हो?" वह बोला, "मैं अधिक आत्मविश्वासी नहीं दिखना चाहता।"

विनम्रता अच्छी है। पर स्वयं को मिटा देना नहीं।

स्पष्टता अहंकार नहीं होती। दृढ़ता दूसरों को छोटा नहीं करती। वह संवाद में योगदान करती है।

धीरे-धीरे मैंने उसे तैयारी करने की सलाह दी। बैठक से पहले मुख्य बिंदु लिखो। वाक्य गढ़ो। तय करो कि कम-से-कम एक बार बोलोगे।

समय के साथ बदलाव आया। आवाज़ स्थिर हुई। विचार विस्तृत हुए। उपस्थिति मजबूत हुई। अवसर ने प्रतिक्रिया दी।

चुप्पी कई बार धैर्य का रूप ले लेती है।

"सही समय आने पर बोलूँगा।" पर सही समय शायद ही कभी पूर्ण लगता है। साहस आराम के साथ नहीं आता।

कई बार आपको क्षण में कदम रखकर उसे बनाना पड़ता है।

और एक गहरी बात भी है — अभिव्यक्ति आत्म-सम्मान का रूप है। जब आप बार-बार अपने विचार दबाते हैं, तो धीरे-धीरे अपने ही विश्वास से दूर होने लगते हैं। भीतर की आवाज़ कमजोर नहीं होती, पर रास्ता न मिलने से धीमी हो जाती है।

अभिव्यक्ति पहचान को स्पष्ट करती है।

जितना आप अपने विचार व्यक्त करते हैं, उतना वे निखरते हैं। संवाद सोच को पैना करता है। चुप्पी विचारों को अनपरीक्षित छोड़ देती है।

मैंने देखा है — कई नेता केवल इसलिए उभरे, क्योंकि उन्होंने उस क्षण बोलने का निर्णय लिया, जब बाकी झिझक रहे थे। वे कमरे के सबसे बुद्धिमान नहीं थे। पर वे सबसे दृश्यमान थे।

दृश्यता जिम्मेदारी लाती है। जिम्मेदारी विकास लाती है।

चुप्पी की कीमत तुरंत नहीं दिखती। वह धीरे-धीरे जमा होती है। यहाँ एक सुझाव छूटा। वहाँ एक विचार दबा। कहीं एक बातचीत टली।

फिर एक दिन आप समझते हैं — आपको रोका आपकी अक्षमता ने नहीं, आपकी झिझक ने।

आपकी आवाज़ में वजन है — चाहे आप मानें या नहीं।

सवाल यह नहीं कि आपके पास कहने लायक कुछ है या नहीं।
सवाल यह है — क्या आप उसे कहने का जोखिम उठाएँगे?

अवसर साहस का अनंत इंतज़ार नहीं करते। वे कमरे में आते हैं, थोड़ी देर ठहरते हैं, और आगे बढ़ जाते हैं।

अगली बार जब भीतर से एक हल्की-सी प्रेरणा उठे —
"अब बोलो" —
तो ध्यान से सुनिए।

उस क्षण चुप रहना सुरक्षित लग सकता है।

पर अभिव्यक्ति ही दिशा तय करती है।

2. नेतृत्व को आवाज़ चाहिए

कमरे में सक्षम लोगों की कमी नहीं थी।

वरिष्ठ अधिकारी थे। अनुभवी पेशेवर थे। ऐसे लोग थे जिन्होंने वर्षों तक जिम्मेदारियों को संभाला था। चर्चा एक ऐसे नीतिगत निर्णय पर हो रही थी जिसका प्रभाव उस कमरे की दीवारों से बहुत दूर तक जाने वाला था।

विचार सामने आ रहे थे। कुछ गहरे थे। कुछ सावधानी भरे। कुछ बस वही दोहरा रहे थे जो पहले कहा जा चुका था। फिर भी कमरे में एक अजीब-सी झिझक तैर रही थी।

सबको महसूस हो रहा था कि बातचीत को दिशा चाहिए। लेकिन कोई भी आगे बढ़कर वह दिशा देने को तैयार नहीं था। कागज़ों की हल्की आवाज़। कलम का मेज़ पर धीरे-धीरे टकराना। नज़रें एक से दूसरे व्यक्ति की ओर घूमना। सब इंतज़ार

कर रहे थे कि कोई और जिम्मेदारी उठाए।

नेतृत्व अक्सर ऐसे ही क्षणों में जन्म लेता है।

न पद से। न पदनाम से। बल्कि उस आवाज़ से जो तब उठती है जब चुप रहना आसान लग रहा हो।

वर्षों तक विद्यार्थियों, अधिकारियों और पेशेवरों के साथ काम करते हुए मैंने एक बात बार-बार देखी है। बहुत से लोग मानते हैं कि नेतृत्व अधिकार से आता है। पद से आता है। कुर्सी से आता है।

लेकिन सच इससे बहुत पहले प्रकट हो जाता है।

नेतृत्व सबसे पहले अभिव्यक्ति का साहस है।

नेता वह होता है जो तब बोलता है जब स्पष्टता की जरूरत हो।

समस्या यह है कि बोलना जोखिम लेकर आता है। जैसे ही आप किसी विचार को आवाज़ देते हैं, प्रतिक्रिया भी आती है। सहमति। असहमति। जाँच-पड़ताल। कुछ लोग निरीक्षक बने रहना पसंद करते हैं। वे स्थिति को चुपचाप देखते हैं। विश्लेषण करते हैं। इंतज़ार करते हैं। हिसाब लगाते हैं।

पर नेतृत्व झिझक को पुरस्कार नहीं देता।

मुझे एक प्रशिक्षण सत्र याद है। प्रतिभागियों से कहा गया कि एक जटिल समस्या का समाधान सुझाएँ। कमरे में बुद्धिमान लोग थे। पर चर्चा गोल-गोल घूम रही थी। लोग आधे-अधूरे वाक्य बोलते और फिर खुद ही पीछे हट जाते। कोई भी अधिक दृढ़ नहीं दिखना चाहता था।

आखिरकार एक प्रतिभागी थोड़ा आगे झुका और एक व्यवस्थित सुझाव रखा। वह पूर्ण नहीं था। उसमें सुधार की गुंजाइश थी। पर उसने एक महत्वपूर्ण काम किया। उसने दिशा दी।

और जैसे ही दिशा मिली, बातचीत बदल गई। दूसरे लोग उसी विचार पर आगे बोलने लगे। किसी ने उसमें सुधार जोड़ा। किसी ने सवाल किया। किसी ने उदाहरण दिया। चर्चा में गति आ गई।

क्यों?

क्योंकि किसी ने शुरुआत की थी। यही आवाज़ की शांत शक्ति है।

नेतृत्व का अर्थ पूर्ण होना नहीं है। नेतृत्व का अर्थ तैयार होना है।

बहुत से लोग तब तक बोलने का इंतज़ार करते हैं जब तक उन्हें पूरा भरोसा न हो जाए। उन्हें लगता है कि नेता हमेशा पूरी तरह तैयार उत्तर देते हैं। लेकिन वास्तविकता अलग है।

नेता अक्सर एक विचार की शुरुआत करते हैं। एक संभावना सामने रखते हैं। एक ढाँचा देते हैं जिस पर बाकी लोग काम कर सकें।

आवाज़ के बिना विचार अदृश्य रह जाता है।

अपने शुरुआती अध्यापन के वर्षों में मुझे धीरे-धीरे एक बात समझ आई। विद्यार्थी केवल जानकारी नहीं सुनते थे। वे विश्वास को भी देखते थे।

वे देखते थे कि मैं प्रश्नों का उत्तर कैसे देता हूँ। असहमति को कैसे समझाता हूँ। अनिश्चितता को कैसे संभालता हूँ।

कक्षा में अधिकार केवल ज्ञान से नहीं आता था। वह स्पष्ट संवाद से आता था।

कई बार मुझे ऐसे क्षणों का सामना करना पड़ा जब दृढ़ता आवश्यक थी। अपेक्षाएँ स्पष्ट करनी थीं। चर्चा को दिशा देनी थी। गलतफहमियाँ दूर करनी थीं।

अगर उन क्षणों में मैं चुप रहता, तो भ्रम बढ़ता। शब्दों ने दिशा दी।

नेतृत्व संवाद करता है।

जब नेता चुप रहते हैं, तो समूह भटकने लगता है। जब विचार नहीं बोले जाते, तो प्रगति धीमी हो जाती है। जब चिंताएँ छिप जाती हैं, तो समस्याएँ चुपचाप बढ़ने लगती हैं।

आवाज़ केवल ध्वनि नहीं है। वह जिम्मेदारी है।

एक और महत्वपूर्ण बात मैंने सीखी है — लोग संकेत खोजते हैं। वे स्वर देखते हैं। शब्दों का चुनाव देखते हैं। मुद्रा देखते हैं।

जब कोई व्यक्ति सम्मानजनक और स्पष्ट तरीके से अपनी बात रखता है, तो दूसरे लोगों को भी खुलकर बोलने का साहस मिलता है।

अभिव्यक्ति वातावरण बनाती है।

उन नेताओं के बारे में सोचिए जिन्होंने आपको प्रभावित किया है। केवल वे नहीं जिनके पास शक्ति थी, बल्कि वे जिन्होंने आपकी सोच को दिशा दी।

अधिकतर वे लोग होंगे जिनकी बातों में दृढ़ता थी। ऊँची आवाज़ नहीं — स्पष्टता।

स्पष्टता ध्यान खींचती है।

नेतृत्व में साहस भी शामिल है। कई बार आपको ऐसे कमरे में बोलना पड़ता है जहाँ लोग अनिश्चित होते हैं।

कभी आपका विचार चुनौती झेलेगा। कभी गलत समझा जाएगा। कभी असफल भी हो सकता है।

लेकिन नेतृत्व का काम आलोचना से बचना नहीं है।

उसका काम बातचीत को आगे बढ़ाना है।

एक प्रशिक्षण कार्यक्रम में एक युवा अधिकारी ने मुझसे धीरे से कहा, "सर, बैठकों में मेरे पास भी विचार होते हैं। पर वरिष्ठ अधिकारी मौजूद होते हैं। इसलिए मैं झिझक जाता हूँ।" उसकी झिझक स्वाभाविक थी।

पदानुक्रम कई बार अदृश्य दीवार बना देता है।

लेकिन नेतृत्व उस दीवार का इंतज़ार नहीं करता कि वह हटे। वह सम्मानजनक भागीदारी से बढ़ता है।

मैंने उससे कहा — छोटी शुरुआत करो।

अपने विचार पहले से व्यवस्थित करो। सम्मान के साथ बोलो। दूसरों को प्रभावित करने की कोशिश मत करो, योगदान देने की कोशिश करो।

कुछ महीनों बाद उसने मुझे बताया,
"सर, पहली बार जब मैंने बोला, मेरी आवाज़ थोड़ी कसी हुई थी। पर जब मैंने अपनी बात खत्म की, तो कमरे ने सच में सुना।"

वह क्षण महत्वपूर्ण होता है। जब आपको महसूस होता है कि आपकी आवाज़ असर डाल सकती है, तब झिझक धीरे-धीरे कम होने लगती है।

नेतृत्व का मतलब यह नहीं कि आप चर्चा पर हावी हो जाएँ। नेतृत्व का मतलब है — चर्चा को दिशा देना।

अच्छा नेता गहराई से सुनता है और उद्देश्य के साथ बोलता है।

कभी नेतृत्व का मतलब होता है कठिन सच कहना। कभी दूसरों को प्रोत्साहित करना। कभी ऐसा दृष्टिकोण रखना जिसे बाकी लोग अभी स्पष्ट नहीं देख पा रहे। इन सभी स्थितियों में चुप्पी असफल होगी।

एक मौन नेता प्रेरित नहीं कर सकता। एक मौन नेता दिशा नहीं बदल सकता। एक मौन नेता मूल्यों की रक्षा नहीं कर सकता।

आवाज़ वह माध्यम है जिसके माध्यम से नेतृत्व चलता है।

और जब नेता सच्चाई के साथ बोलते हैं, तो वातावरण बदलने लगता है। लोग भी खुलकर बोलने लगते हैं। विचार सहजता से आने लगते हैं। सहयोग बढ़ता है।

सिर्फ इसलिए कि किसी ने बोलना चुना।

इसके विपरीत, जहाँ चुप्पी हावी हो जाती है, वहाँ ऊर्जा धीरे-धीरे घटने लगती है। लोग सावधान हो जाते हैं। रचनात्मकता सिकुड़ जाती है। प्रगति धीमी हो जाती है।

नेतृत्व इस दूरी को पाटता है — विचार और कार्रवाई के बीच।

मैं अपने विद्यार्थियों से हमेशा कहता हूँ — बोलना केवल प्रस्तुति की कला नहीं है। यह प्रभाव की शक्ति है। आप अपने विचारों को जितनी स्पष्टता से व्यक्त

कर सकते हैं, उतनी ही संभावना है कि वे दुनिया को आकार दें।

नेतृत्व को आवाज़ इसलिए चाहिए क्योंकि जिम्मेदारी अभिव्यक्ति माँगती है।

दुनिया मौन सहमति से नहीं बदलती। वह बदलती है जब कोई दिशा को शब्द देता है।

अगली बार जब आप किसी कमरे में बैठें जहाँ निर्णय बन रहे हों, तो ध्यान से देखिए। वह क्षण पहचानिए जब बातचीत को स्पष्टता चाहिए।

वही क्षण निमंत्रण है।

आपको चिल्लाने की जरूरत नहीं है। आपको चर्चा पर हावी होने की जरूरत नहीं है।

बस सोच-समझकर और ईमानदारी से बोलना है।

क्योंकि नेतृत्व का सार यही है —
जब कुछ कहना आवश्यक हो, तब उसे आवाज़ देने का साहस।

3. "जो शब्द बेचता है, वह दुनिया खरीद लेता है"

कमरा शांत था। लेकिन जो व्यक्ति बोल रहा था, उसने सबको आगे झुककर सुनने पर मजबूर कर दिया था। उसकी शक्ल-सूरत में कोई विशेष नाटकीयता नहीं थी। न कोई बड़े-बड़े हाथों के इशारे।
न कोई ऊँची गूँजती हुई आवाज़।

फिर भी उसकी हर पंक्ति में वजन था। जब वह रुकता, लोग इंतज़ार करते। जब वह आगे बोलता, लोग और ध्यान से सुनते।

उसी क्षण मेरे मन में एक बात गहराई से उतर गई— प्रभाव हमेशा शक्ति से शुरू नहीं होता। वह शब्दों से शुरू होता है।

शब्द... जब स्पष्टता और विश्वास के साथ बोले जाएँ, तो वे हमारी कल्पना से कहीं अधिक दूर तक जाते हैं। वे कमरे पार करते हैं। लोगों की सोच को बदलते हैं। निर्णयों को प्रभावित करते हैं। और कभी-कभी जीवन की दिशा भी बदल देते हैं।

मैं हमेशा एक सरल लेकिन गहरी बात मानता आया हूँ—

जो शब्द बेच सकता है, वह दुनिया खरीद सकता है।

यह वाक्य किसी चालाकी या छल की बात नहीं करता। यह उस क्षमता की बात करता है जिसमें कोई व्यक्ति अपने विचार को इतना साफ़ और प्रभावशाली ढंग से व्यक्त करता है कि दूसरे लोग भी वही देखने लगते हैं जो वह देख रहा है।

दुनिया दरअसल विचारों से चलती है।

लेकिन विचार तब तक वास्तविक नहीं बनते, जब तक वे शब्दों में सामने नहीं आते। ज़रा सोचिए।

हर बड़ा आंदोलन... हर नई खोज... हर सामाजिक सुधार... सबसे पहले किसी एक व्यक्ति के मन में विचार के रूप में जन्मे थे।

लेकिन केवल विचार होने से कुछ नहीं बदला। उसे शब्द चाहिए थे। उसे समझाने की ताकत चाहिए थी।

उसे एक ऐसी आवाज़ चाहिए थी जो संदेह के सामने खड़ी होकर कह सके—

"एक संभावना है... और हमें उसे देखना चाहिए।" उस आवाज़ के बिना, सबसे प्रतिभाशाली विचार भी अदृश्य रह जाते हैं।

मैंने यह बात कई बार देखी है – विद्यार्थियों और पेशेवरों को मार्गदर्शन देते समय। कुछ लोग अद्भुत समझ रखते हैं। उनकी सोच गहरी होती है। उनकी दृष्टि तेज़ होती है।

लेकिन जब उन्हें अपने विचार व्यक्त करने होते हैं, तो वे झिझक जाते हैं। वाक्य धीमे कर देते हैं। स्पष्टीकरण जल्दी खत्म कर देते हैं। महत्वपूर्ण बिंदु अधूरे छोड़ देते हैं।

और उसी समय कोई दूसरा व्यक्ति – जो शायद कम जानता हो – केवल आत्मविश्वास से बात रखकर सबका ध्यान खींच लेता है।

संचार ही धारणा बनाता है।

केवल जानना पर्याप्त नहीं है। दूसरों को भी दिखाना पड़ता है कि आप क्या देख रहे हैं।

अपने शुरुआती अध्यापन के वर्षों में यह बात मुझे बहुत रोचक लगी। कक्षा की चर्चाओं में जो विद्यार्थी अपनी बात स्पष्ट ढंग से समझा देते थे, वही बहस की दिशा बदल देते थे। उनके शब्द उन विचारों को आकार दे देते थे जिन्हें बाकी लोग अभी चुपचाप सोच रहे होते थे।

जब कोई एक व्यक्ति स्पष्टता से बोलता है, तो पूरा कमरा उसी स्पष्टता के चारों ओर व्यवस्थित होने लगता है।

इसीलिए संवाद केवल कौशल नहीं है। यह नेतृत्व का एक रूप है।

नेता केवल अलग तरह से सोचते नहीं हैं। वे अपने विचार इस तरह व्यक्त करते हैं कि दूसरे लोग उन्हें समझ सकें, प्रश्न कर सकें और धीरे-धीरे उन्हें अपनाने लगें।

मुझे एक प्रशिक्षण कार्यक्रम का एक दृश्य याद आता है। प्रतिभागी एक जटिल समस्या पर चर्चा कर रहे थे। सबके पास कुछ-न-कुछ विचार थे। लेकिन चर्चा बिखरी हुई थी।

फिर एक व्यक्ति खड़ा हुआ। उसने पहले सभी के विचारों को संक्षेप में जोड़ा। फिर उन्हें एक क्रम में रखा।
और अंत में एक स्पष्ट दिशा सुझाई। कुछ भी जादुई नहीं हुआ था। विचार पहले से कमरे में मौजूद थे।

लेकिन उसके शब्दों ने बिखरे विचारों को स्पष्टता दे दी। और तुरंत माहौल बदल गया। लोग सिर हिलाने लगे। प्रश्न सटीक होने लगे। और बातचीत दिशा पकड़ने लगी।

यही अभिव्यक्ति की शक्ति है।

"शब्द बेचना" का मतलब लोगों को दबाव से मनाना नहीं है। इसका अर्थ है — विचार को इतनी स्पष्टता से प्रस्तुत करना कि विरोध अपने-आप कम होने लगे। जब तर्क, भावना और ईमानदारी साथ आ जाते हैं, तब शब्द दो दिमागों के बीच पुल बन जाते हैं।

जब मैं कहता हूँ कि जो शब्द बेच सकता है वह दुनिया खरीद सकता है, तो मैं प्रभाव की बात कर रहा हूँ।

व्यवसाय इसलिए बढ़ते हैं क्योंकि किसी ने एक दृष्टि को स्पष्टता से समझाया। कानून इसलिए बदलते हैं क्योंकि किसी ने अन्याय को शब्दों में रखा। आंदोलन इसलिए उठते हैं क्योंकि किसी ने सामूहिक पीड़ा को भाषा दी।

इतिहास ऐसी भाषणों से भरा पड़ा है जिन्होंने समाज बदल दिया। लेकिन शब्दों की शक्ति केवल बड़े मंचों तक सीमित नहीं है। यह रोज़मर्रा की ज़िंदगी में भी मौजूद है।

एक शिक्षक जब किसी डरे हुए विद्यार्थी से कहता है — "तुम कर सकते हो।" एक नेता जब अपनी टीम से कहता है — "चलो, यह कठिन काम हम साथ मिलकर करेंगे।" एक मार्गदर्शक जब किसी को उसकी क्षमता दिखा देता है।

कभी-कभी एक वाक्य पूरी ज़िंदगी की दिशा बदल देता है।

लेकिन ऐसे वाक्य अचानक पैदा नहीं होते। वे गहरे विचार से आते हैं। पढ़ने से आते हैं। समझने से आते हैं।

इसीलिए मैं हमेशा पढ़ने की आदत पर ज़ोर देता हूँ।

शब्द मन को समृद्ध करते हैं। वे केवल शब्दावली नहीं बढ़ाते, वे दृष्टिकोण बढ़ाते हैं। जो वक्ता अधिक पढ़ता है, वह एक ही विचार को कई तरीकों से समझा सकता है।

गहराई, प्रभाव को मजबूत करती है।

लेकिन यहाँ एक नैतिक पक्ष भी है। अगर शब्द लोगों के मन को प्रभावित कर सकते हैं, तो उनका उपयोग जिम्मेदारी से होना चाहिए।

संवाद का उद्देश्य हर कीमत पर बहस जीतना नहीं है। संवाद का उद्देश्य है — ईमानदारी से समझ पैदा करना।

बिना सत्यनिष्ठा के बोला गया शब्द थोड़े समय तक प्रभाव डाल सकता है। लेकिन सच्चाई के साथ बोला गया शब्द भरोसा पैदा करता है।

और प्रभाव की असली मुद्रा भरोसा ही है।

वर्षों के अनुभव के बाद मैंने एक बात और समझी है— हर व्यक्ति के भीतर विचारों की एक शांत लाइब्रेरी होती है। अनुभव। निरीक्षण। समझ। लेकिन अगर वे व्यक्त नहीं होते, तो वह लाइब्रेरी बंद ही रहती है।

आपकी आवाज़ उसकी चाबी है।

जब आप स्पष्टता से बोलते हैं, तो लोग आपके विचारों की दुनिया में प्रवेश करते हैं। आप जुड़ाव बनाते हैं। आप उन विचारों को आकार देते हैं जो शायद बिना शब्दों के गायब हो जाते।

इसके विपरीत, चुप्पी क्षमता को छिपा देती है। दुनिया में अनगिनत लोग ऐसे हैं जिनके पास ऐसे विचार हैं जो संस्थाओं, समाजों, यहाँ तक कि देशों को बेहतर बना सकते हैं।

लेकिन उनकी आवाज़ नहीं सुनी जाती। क्योंकि वे संवाद की शक्ति को कम आँकते हैं।

वे सोचते हैं— "मेरा काम खुद बोल देगा।" काम महत्वपूर्ण है। लेकिन पहचान अक्सर समझाने से आती है।

दुनिया उन लोगों के लिए तेज़ी से चलती है जो स्पष्टता से बोलना जानते हैं। इसका मतलब यह नहीं कि हर किसी को नाटकीय होना पड़े।

प्रामाणिकता शैली से अधिक महत्वपूर्ण है।

एक शांत आवाज़, जिसमें स्पष्ट तर्क हो, कई बार ऊँची आवाज़ से कहीं अधिक प्रभावशाली होती है।

महत्वपूर्ण हैं तीन बातें— स्पष्टता। विश्वास। ईमानदारी। जब ये तीनों साथ आते हैं, तब शब्द शक्तिशाली उपकरण बन जाते हैं।

मैं अपने विद्यार्थियों से अक्सर कहता हूँ— सार्वजनिक भाषण केवल मंच पर बोलने की कला नहीं है। यह प्रभाव की कला है। आप अपने विचारों को जितनी स्पष्टता से व्यक्त कर सकते हैं, वे उतनी दूर तक जाते हैं।

आपके विचार आपके मन में जन्म लेते हैं। लेकिन उनका प्रभाव आपके शब्दों से शुरू होता है।

इसलिए जब भी आप किसी महत्वपूर्ण बात को कहने से पहले झिझकें, तो यह याद रखिए— चुप्पी आराम को बचाती है। लेकिन शब्द अवसर बनाते हैं।

जो लोग अपने विचारों को स्पष्ट और प्रभावशाली ढंग से व्यक्त करना सीख लेते हैं, वे अक्सर देखते हैं कि कई दरवाज़े अपने-आप खुलने लगते हैं।

क्योंकि अंत में दुनिया केवल इस पर प्रतिक्रिया नहीं देती कि आप क्या जानते हैं। वह इस पर भी प्रतिक्रिया देती है कि आप उसे कैसे व्यक्त करते हैं।

और जो व्यक्ति शब्दों को,
ईमानदारी, स्पष्टता और शक्ति के साथ,
कहना सीख लेता है—
दुनिया धीरे-धीरे उसे सुनना शुरू कर देती है।

4. बदले हुए विद्यार्थियों की कहानियाँ

हर कक्षा अपने भीतर एक शांत रहस्य छिपाए होती है।

आप सामने बैठे विद्यार्थियों के समूह को देखते हैं। बाहर से सब लगभग एक जैसे लगते हैं — वही मेज़ें, वही पाठ्यक्रम, वही वातावरण। लेकिन हर विद्यार्थी के भीतर एक अलग कहानी चल रही होती है। अलग डर। अलग क्षमताएँ, जो सही समय का इंतज़ार कर रही होती हैं।

कुछ विद्यार्थी आसानी से बोलते हैं। कुछ चुप रहते हैं। लेकिन अक्सर उनकी चुप्पी का कारण यह नहीं होता कि उनके पास कहने के लिए कुछ नहीं है।

असल कारण यह होता है कि उनके भीतर कुछ उनकी आवाज़ को रोक रहा होता है।

वर्षों के अध्यापन में मैंने उस चुप्पी को टूटते देखा है। एकदम अचानक नहीं। कोई बड़ा नाटकीय क्षण नहीं। बल्कि धीरे-धीरे... जैसे लंबी रात के बाद सूर्योदय होता है।

एक विद्यार्थी मुझे हमेशा याद आता है जब मैं परिवर्तन की बात सोचता हूँ। वह हमेशा कक्षा की आख़िरी पंक्ति में बैठता था। शांत। ध्यान से देखने वाला।

वह हर चर्चा को गहराई से सुनता था। उसकी आँखों से साफ़ दिखता था कि वह सोच रहा है। उसके मन में तर्क बन रहे हैं। लेकिन जब भी मैं प्रश्न पूछता, उसकी नज़र तुरंत मेज़ पर झुक जाती।

एक दिन कक्षा के बाद मैंने उससे साधारण सा प्रश्न पूछा— "विषय समझ में आया?" उसने सिर हिलाया। "हाँ सर।" मैंने फिर पूछा, "तो कक्षा में बोलते क्यों

नहीं?”

वह कुछ पल चुप रहा। फिर धीरे से बोला— “सर... डर लगता है कि कहीं गलत न बोल दूँ।”

यह डर जितना सामान्य है, उतना ही छिपा हुआ भी है।

बहुत से विद्यार्थी मानते हैं कि बोलने के लिए पूर्णता चाहिए। हर वाक्य सही होना चाहिए। हर तर्क बिल्कुल सटीक होना चाहिए। और अगर कहीं गलती हो गई तो? यही सोच उन्हें रोक देती है। और फिर वे चुप रहना चुन लेते हैं।

अगले सप्ताह मैंने कक्षा में एक छोटा-सा अभ्यास शुरू किया। हर विद्यार्थी को सामने आकर दो मिनट तक एक अवधारणा समझानी थी। न कोई बड़ा भाषण। न कोई जटिल प्रस्तुति। बस सरल समझाना।

जब उसकी बारी आई, वह धीरे-धीरे सामने आया। उसके हाथ में नोट्स थे, जैसे ढाल पकड़ी हो। शुरुआत में उसकी आवाज़ काँप रही थी। कुछ शब्द लड़खड़ा गए।

लेकिन लगभग तीस सेकंड बाद कुछ बदल गया। उसका ज्ञान बोलने लगा। डर पूरी तरह नहीं गया था, लेकिन समझ ने उसकी आवाज़ को दिशा दे दी।

जब उसने समाप्त किया, तो कक्षा ने हल्की तालियाँ बजाईं। जोरदार नहीं। लेकिन सच्ची।

वह एक छोटा क्षण था। लेकिन उस क्षण में कुछ बदल गया था।

कुछ सप्ताह बाद वही विद्यार्थी वाद-विवाद के दौरान स्वयं बोलने के लिए खड़ा हुआ। अब उसकी आवाज़ में वही झिझक नहीं थी। वाक्य अधिक स्पष्ट थे। उसकी आँखें श्रोताओं से मिल रही थीं।

महीने गुजर गए। सत्र के अंत तक वह केवल बोल ही नहीं रहा था, बल्कि अभ्यास सत्रों में अपने जूनियर्स की मदद भी कर रहा था।

आत्मविश्वास अचानक नहीं आया था। वह अभ्यास और अवसर से धीरे-धीरे बना था।

मुझे एक और घटना याद आती है। एक प्रशिक्षण कार्यक्रम में एक युवती शामिल हुई थी। समूह में कई सक्षम प्रतिभागी थे। लेकिन शुरुआती सत्रों में वह लगभग कुछ नहीं बोलती थी। चर्चा चलती रहती, लोग विचार रखते, लेकिन वह शांत बैठी रहती।

एक दिन कार्यशाला के दौरान सभी को एक सामाजिक विषय पर अपने विचार रखने थे। जब उसकी बारी आई, वह कुछ पल चुप रही। कमरे में सन्नाटा था। फिर उसने बोलना शुरू किया। उसकी आवाज़ ऊँची नहीं थी। लेकिन उसमें सच्चाई थी।

उसने अपने समुदाय के अनुभव साझा किए। ऐसे अनुभव जिनके बारे में कमरे में मौजूद कई लोगों ने कभी सोचा भी नहीं था।

जब वह बोलकर रुकी, तो कमरे में जो चुप्पी थी, वह पहले जैसी नहीं थी। वह झिझक की चुप्पी नहीं थी।

वह सोच की चुप्पी थी।

बाद में एक व्यक्ति मेरे पास आया और धीरे से बोला— "सर, मुझे नहीं पता था कि उसके पास इतनी गहरी समझ है।" उस वाक्य में एक महत्वपूर्ण सत्य छिपा था। शांत लोग अक्सर कम आंके जाते हैं।

चुप्पी कई बार गहराई को छिपा देती है।

समय के साथ वही युवती उस समूह की सबसे विचारशील वक्ताओं में से एक बन गई। उसने किसी और की शैली की नकल नहीं की।

उसने केवल अपनी दृष्टि पर भरोसा करना शुरू किया।

अभिव्यक्ति ने आत्मविश्वास दिया। और आत्मविश्वास ने अभिव्यक्ति को मजबूत किया।

एक और विद्यार्थी मुझे याद आता है जिसकी प्रगति अचानक नहीं हुई। वह बार-बार प्रयास करता था। हर प्रस्तुति में उसका डर सामने आ जाता था। शब्द तेज़ी से निकलते। विचार उलझ जाते।

एक दिन प्रस्तुति के बाद वह स्पष्ट रूप से निराश दिखाई दिया। लेकिन उसने पीछे हटने के बजाय कहा— "सर, क्या मैं फिर से कोशिश कर सकता हूँ?" फिर एक और बार। फिर एक और बार।

हर बार थोड़ा सुधार हुआ। साँस स्थिर हुई। बोलने की गति धीमी हुई। नज़रें श्रोताओं से मिलने लगीं।

सत्र के अंत में मूट कोर्ट के दौरान वही विद्यार्थी पूरे आत्मविश्वास से अपनी दलील रख रहा था।

उसे देखते हुए मुझे एक गहरी बात समझ आई— परिवर्तन अक्सर नाटकीय नहीं होता।

वह धीरे-धीरे होता है। जो विद्यार्थी कभी मंच से दूर भागता था, वही मंच की ओर चलने लगता है। काँपती आवाज़ स्थिर हो जाती है। शांत दर्शक सक्रिय भागीदार बन जाता है। ऐसे परिवर्तन मुझे हमेशा भावुक कर देते हैं।

क्योंकि हर आत्मविश्वासी वक्ता के पीछे कभी एक झिझक भरा क्षण होता है। एक पहला प्रयास जो असहज लगा था। एक डर जिसने कहा था— "चुप रहो।"

अंतर इस बात से आता है कि उसके बाद क्या होता है। कुछ लोग उस डर को स्वीकार कर लेते हैं और हमेशा के लिए चुप हो जाते हैं। कुछ लोग उसे धीरे-धीरे चुनौती देते हैं।

एक छोटा कदम। फिर दूसरा।

शिक्षण ने मुझे उन कदमों को देखने का अवसर दिया है।

सबसे संतोषजनक क्षण वह नहीं होता जब कोई विद्यार्थी एकदम परिपूर्ण भाषण देता है। सबसे संतोषजनक क्षण वह होता है जब कोई विद्यार्थी, जो कभी कहता था— “मैं बोल नहीं सकता।” अचानक समझ जाता है— “मैं बोल सकता हूँ।”

और वह समझ केवल उसकी आवाज़ नहीं बदलती। वह उसकी पहचान बदल देती है। वह चर्चाओं में भाग लेने लगता है। वह अपने विचार रखने लगता है। वह प्रश्न पूछने लगता है। उसकी चाल में आत्मविश्वास आ जाता है।

कक्षा में मिली आवाज़ अक्सर जीवन के बहुत दूर तक सुनाई देती है।

जब भी मैं चुप्पी की कीमत के बारे में सोचता हूँ, मुझे ऐसे ही विद्यार्थी याद आते हैं। उनकी यात्रा यह याद दिलाती है कि डर स्थायी नहीं होता।

उसे केवल एक चुनौती चाहिए। कभी वह चुनौती प्रोत्साहन से आती है। कभी अवसर से।

और कभी बस एक छोटे से वाक्य से— “एक बार और कोशिश करो।”

और जब वह कोशिश थोड़ी-सी भी सफल होती है, तो एक अद्भुत बदलाव शुरू हो जाता है। जो चुप्पी कभी सुरक्षित लगती थी, वही अनावश्यक लगने लगती है।

क्योंकि एक बार जब कोई व्यक्ति अपने विचार खुलकर व्यक्त करने की शक्ति महसूस कर लेता है, तो पुराना डर धीरे-धीरे अपना अधिकार खो देता है।

मैंने यह परिवर्तन कई बार देखा है। और हर बार मुझे वही सरल सत्य याद आता है—

हर शांत विद्यार्थी के भीतर एक वक्ता बैठा होता है।

बस उसे बाहर आने के लिए एक साहसी क्षण चाहिए।

एक छोटा कदम...

चुप्पी से आवाज़ तक की यात्रा शुरू करने के लिए।

5. अभिव्यक्ति ही शक्ति है

किसी भी कमरे का सबसे शक्तिशाली क्षण हमेशा वह नहीं होता जब कोई बोल रहा हो। कई बार वह क्षण उससे ठीक पहले होता है। वह क्षण जब किसी व्यक्ति के मन में एक विचार उठता है... और होंठों तक आकर ठहर जाता है।

विचार साफ़ होता है। शब्द लगभग तैयार होते हैं। लेकिन तभी कुछ अदृश्य सामने आ जाता है — संदेह, झिझक, यह डर कि लोग क्या सोचेंगे। और फिर वह विचार वापस लौट जाता है। कमरा आगे बढ़ जाता है। ज्यादातर लोग यह नहीं समझते कि उस छोटे-से क्षण में एक छिपी हुई शक्ति होती है। कोई शोर मचाने वाली शक्ति नहीं। कोई दबाव वाली शक्ति नहीं।

बल्कि एक शांत शक्ति — **अभिव्यक्ति की शक्ति**। मैंने कई बार देखा है कि एक ही वाक्य पूरे कमरे का माहौल बदल देता है।

कई वर्ष पहले विद्यार्थियों के बीच एक चर्चा चल रही थी। बहस हो रही थी। कई आवाज़ें बोल रही थीं। लेकिन चर्चा आगे नहीं बढ़ रही थी। वही तर्क बार-बार घूमकर वापस आ रहे थे।

तभी एक विद्यार्थी, जो पूरे समय चुप बैठा था, उसने हाथ उठाया। जब उसने बोलना शुरू किया, तो कमरे का माहौल बदल गया। उसने कोई जटिल बात नहीं कही। बस एक सरल और स्पष्ट बात कही।

उसने उन विचारों को जोड़ दिया जिन्हें बाकी लोग अलग-अलग कह रहे थे। कुछ ही वाक्यों में उसने पूरी चर्चा को नए ढंग से समझा दिया। और अचानक सबको विषय अलग नज़र आने लगा। कोई चमत्कार नहीं हुआ था।

बुद्धिमत्ता तो पहले से ही कमरे में मौजूद थी। लेकिन उसे खोलने के लिए अभिव्यक्ति चाहिए थी। यही वह शांत सत्य है जिसे लोग अक्सर कम आँकते हैं—

विचार तब तक शक्तिशाली नहीं होता, जब तक वह व्यक्त न हो।

मन के भीतर विचार बहुत जीवंत लगते हैं। महत्वपूर्ण लगते हैं। लेकिन दुनिया उस पर प्रतिक्रिया नहीं दे सकती जिसे वह सुन ही नहीं सकती।

अभिव्यक्ति विचार को प्रभाव में बदल देती है।

वर्षों के अनुभव में मैंने कई ऐसे लोगों को देखा है जिनके पास अद्भुत समझ होती है। वे गहराई से सोचते हैं। ध्यान से देखते हैं। अक्सर कमरे के सबसे तेज़ दिमागों में होते हैं।

लेकिन फिर भी वे चुप रहते हैं। वे सही समय का इंतज़ार करते हैं। सही वाक्य का इंतज़ार करते हैं।

पूरे आत्मविश्वास का इंतज़ार करते हैं। और इंतज़ार करते-करते क्षण निकल जाता है।

चुप्पी आराम देती है। लेकिन वह क्षमता को छिपा देती है।

मुझे एक प्रशिक्षण कार्यक्रम का एक प्रतिभागी याद है। चर्चा के दौरान वह बहुत ध्यान से सुनता था। उसकी आँखें हर तर्क का पीछा करती थीं। कभी-कभी

वह हल्का-सा सिर हिलाता, जैसे किसी बात से सहमत हो। लेकिन वह बहुत कम बोलता था।

एक दिन मैंने सीधे उससे पूछा— "इस विषय पर तुम्हारी क्या राय है?" वह कुछ क्षण चुप रहा।

फिर उसने जो कहा, उसने पूरे कमरे को चौंका दिया। उसका विश्लेषण गहरा था। स्पष्ट था।

कई प्रतिभागी बाद में उसके पास आए और उससे चर्चा आगे बढ़ाने लगे। उसके विचार सच में लोगों को प्रभावित कर गए थे।

सत्र के बाद मैंने उससे पूछा— "अगर मैं तुमसे न पूछता, तो क्या तुम यह विचार खुद रखते?" वह हल्का-सा मुस्कुराया और सिर हिला दिया। "नहीं सर।"

उस क्षण ने मुझे एक गहरी बात समझाई। बहुत से लोग अपनी आवाज़ की कीमत को कम आँकते हैं। उन्हें लगता है कि उनका विचार सामान्य है।

उन्हें लगता है कि कमरे में कोई और उनसे ज़्यादा जानता है... ज़्यादा समझता है... और वही बोलने के योग्य है।

लेकिन शक्ति हमेशा सबसे अधिक जानने वाले के पास नहीं होती। शक्ति उस व्यक्ति के पास होती है जो विचार को स्पष्टता और विश्वास के साथ कह सके।

अभिव्यक्ति उपस्थिति बनाती है।

जब आप सोच-समझकर बोलते हैं, तो लोग आपकी आवाज़ को समझ से जोड़ने लगते हैं। अगली बार वे और ध्यान से सुनते हैं। धीरे-धीरे आपकी भागीदारी सामान्य हो जाती है।

और समय के साथ अभिव्यक्ति भरोसा बना देती है।

इसीलिए संवाद और नेतृत्व एक-दूसरे से गहराई से जुड़े हैं। नेता केवल परिस्थिति को देखते नहीं हैं। वे उसे समझाते हैं।

शब्द उनके उपकरण होते हैं — दिशा देने के लिए, प्रेरित करने के लिए, और कभी-कभी चुनौती देने के लिए।

अभिव्यक्ति के बिना नेतृत्व अदृश्य रह जाता है।

मैंने कई ऐसे लोगों को देखा है जिनकी योग्यता बहुत मजबूत थी, लेकिन वे कम बोलते थे। परिणाम यह हुआ कि लोग उन्हें कम नोटिस करते थे।

दूसरी ओर कुछ लोग, जिनकी विशेषज्ञता औसत थी, लेकिन संवाद की क्षमता मजबूत थी — वे चर्चाओं में प्रभावशाली आवाज़ बन गए।

अंतर ज्ञान का नहीं था। अंतर अभिव्यक्ति का था।

जब कोई व्यक्ति अपनी आवाज़ पर भरोसा करना शुरू करता है, तो उसके भीतर एक बदलाव आता है। उसकी मुद्रा बदलती है। उसकी आँखों में स्थिरता आती है। उसके विचार और स्पष्ट होने लगते हैं।

बोलना सोच को भी तेज़ करता है।

यह अभिव्यक्ति का एक और पहलू है जिसे लोग अक्सर नहीं समझते। जब आप नियमित रूप से बोलते हैं, तो आपका मन विचारों को व्यवस्थित करना सीख जाता है। जो विचार पहले उलझे हुए लगते थे, वे स्पष्ट वाक्यों में ढलने लगते हैं। तर्क मजबूत होने लगते हैं।

अभिव्यक्ति मन को अनुशासित करती है।

यहाँ पढ़ना बहुत मदद करता है।

किताबें हमें अलग-अलग सोचने के तरीके सिखाती हैं। अलग-अलग दृष्टिकोण देती हैं। जब वे अनुभव के साथ मिलती हैं, तो विचारों की भाषा समृद्ध हो जाती है। शब्द बाधा नहीं रहते। वे उपकरण बन जाते हैं।

लेकिन सबसे बड़ा बदलाव भीतर होता है। पहली बार जब आप किसी विचार को आत्मविश्वास से कहते हैं और देखते हैं कि लोग उसे गंभीरता से सुन रहे हैं, तब भीतर कुछ बदल जाता है।

आपको एहसास होता है— **मेरी आवाज़ का भी वजन है।**

और यही एहसास शक्तिशाली होता है। वह भ्रम टूट जाता है कि बोलने का अधिकार केवल कुछ लोगों के पास है।

मैंने यह परिवर्तन कई बार देखा है। एक विद्यार्थी जो पहले हाथ उठाने से बचता था, धीरे-धीरे चर्चा का सक्रिय हिस्सा बन जाता है। एक पेशेवर जो बैठकों में चुप रहता था, धीरे-धीरे अपने विचार स्पष्ट रूप से रखने लगता है। बुद्धिमत्ता नहीं बदली होती। सिर्फ साहस बदलता है।

अभिव्यक्ति साहस का काम है।

क्योंकि जब आप बोलते हैं, तो आप अपने विचार दुनिया के सामने रखते हैं। लोग उन्हें परख सकते हैं।
प्रश्न कर सकते हैं। असहमत हो सकते हैं।

लेकिन यही खुलापन प्रभाव पैदा करता है। जो विचार चुप्पी में छिपा रहता है, वह कुछ भी नहीं बदल सकता। जब आप ईमानदारी से बोलते हैं, तो गति पैदा होती है। विचार फैलने लगते हैं। दृष्टिकोण बदलने लगते हैं। निर्णय प्रभावित होने लगते हैं।

आपके शब्द वास्तविकता को आकार देने वाली बातचीत का हिस्सा बन जाते हैं। इसका अर्थ यह नहीं कि हर वाक्य नाटकीय होना चाहिए।

प्रामाणिकता पूर्णता से अधिक महत्वपूर्ण है।

एक शांत आवाज़, जिसमें स्पष्ट विचार हो, कई बार ऊँची लेकिन उलझी हुई आवाज़ से अधिक दूर तक जाती है।

अभिव्यक्ति की शक्ति तीन चीज़ों से आती है— स्पष्टता। विश्वास। ईमानदारी।

मैं अक्सर विद्यार्थियों से कहता हूँ— दुनिया इसलिए नहीं बदलती कि किसी के मन में विचार आया। दुनिया इसलिए बदलती है क्योंकि किसी ने उस विचार को कहने का साहस किया।

अगली बार जब चर्चा के दौरान आपके मन में कोई विचार आए, तो उसे चुप्पी में खोने से पहले एक क्षण रुककर सोचिए। अपने आप से पूछिए—

क्या यह विचार सुना जाना चाहिए?

क्योंकि शायद उसी अनकहे वाक्य में वह दृष्टिकोण छिपा हो जो पूरी बातचीत को बदल सकता है। और जब वह विचार आखिरकार आवाज़ पा लेता है— तो एक अद्भुत बदलाव होता है।

झिझक...
शक्ति में बदल जाती है।

और अभिव्यक्ति —
सच्ची ताकत बन जाती है।

4

अपने ईश्वर-प्रदत्त उपहार को पहचानिए

1. अपनी स्वाभाविक शक्ति को पहचानना

हर व्यक्ति के जीवन में एक ऐसा क्षण आता है, जब वह अपने भीतर एक शांत-सा पैटर्न पहचानने लगता है। यह क्षण अचानक नहीं आता। कोई ढोल नहीं बजता। कोई प्रमाणपत्र यह घोषित नहीं करता कि "यही तुम्हारी शक्ति है।"

यह धीरे-धीरे आता है। कभी किसी बातचीत में, जब आप बोलते हैं और लोग थोड़ा ज़्यादा ध्यान से सुनते हैं। कभी किसी परिस्थिति में, जब लोग आपकी ओर मुड़कर कहते हैं— "ज़रा आप समझा दीजिए।"

कभी कोई काम ऐसा होता है, जो आपको बहुत सहज लगता है... लेकिन वही काम दूसरों को कठिन दिखाई देता है। शुरुआत में ये क्षण सामान्य लगते हैं। जैसे कोई छोटी-सी संयोग भरी घटना।

लेकिन समय के साथ वे एक पैटर्न बनाने लगते हैं। और वही पैटर्न अक्सर पहली झलक होता है उस चीज़ का जिसे मैं ईश्वर का उपहार — *ईश्वर-प्रदत्त क्षमता* — कहता हूँ।

एक ऐसी स्वाभाविक शक्ति जो पहले से आपके भीतर मौजूद होती है... बस पहचाने जाने का इंतज़ार कर रही होती है।

बहुत से लोग वर्षों तक अपनी क्षमता बाहर खोजते रहते हैं। वे नई-नई चीज़ें सीखते हैं, नए रास्ते तलाशते हैं। लेकिन उन्हें यह पता ही नहीं चलता कि उनकी सबसे बड़ी शक्ति तो चुपचाप उनके भीतर काम कर रही थी।

मुझे अपने शुरुआती वर्षों की यात्रा आज भी बहुत स्पष्ट याद है। जैसे हर युवा व्यक्ति करता है, मैंने भी सीखने के कई रास्तों को आज़माया। मेरी औपचारिक शिक्षा ने मुझे विज्ञान से गुज़ारा... फिर विधि तक... फिर शोध तक।

हर चरण ने मेरी सोच को तेज़ किया। हर चरण ने समझ को थोड़ा और गहरा किया।

लेकिन उन सबके नीचे एक और प्रक्रिया चल रही थी — जिसे मैं उस समय समझ नहीं पा रहा था। जब भी मुझे किसी को कुछ समझाने का अवसर मिलता था, मेरे भीतर कुछ जाग जाता था।

कभी छोटे समूह में चर्चा होती। कभी कक्षा के बाद अनौपचारिक बातचीत होती। और हर बार मुझे एक अजीब-सा अनुभव होता।

जो बातें किताबों में जटिल लगती थीं, वे बोलते समय सरल हो जाती थीं। विचार अपने-आप क्रम में आने लगते थे। और लोगों के प्रश्न मुझे थकाते नहीं थे — वे मुझे और उत्साहित कर देते थे।

शुरुआत में मैंने इसे कोई विशेष क्षमता नहीं माना। बस लगा कि मुझे यह काम अच्छा लगता है।

लेकिन कई बार जो काम हमें सबसे ज़्यादा आनंद देता है, वही हमारी स्वाभाविक शक्ति का संकेत होता है।

जब आप अपनी स्वाभाविक शक्ति के भीतर काम करते हैं, तो मेहनत का अनुभव अलग होता है। आप मेहनत करते हैं। तैयारी करते हैं। लेकिन फिर भी एक प्रवाह महसूस होता है। जैसे आपका मन, आपकी आवाज़ और आपका उद्‌देश्य एक ही दिशा में चल रहे हों।

धीरे-धीरे मैंने एक और बात नोटिस की। कुछ चर्चाओं या कक्षाओं के बाद लोग मेरे पास आकर कहते— “आपने जिस तरह समझाया, उससे बात बहुत आसान हो गई।”

ये शब्द मेरे मन में टिक जाते थे। मैं सोचने लगा— समझाना इतना स्वाभाविक क्यों लगता है?
विचारों पर बोलना मुझे ऊर्जा क्यों देता है? धीरे-धीरे उत्तर स्पष्ट होने लगा।

हर व्यक्ति के भीतर शक्तियों का एक अनोखा संयोजन होता है।

किसी के पास विश्लेषण की अद्‌भुत क्षमता होती है। किसी के पास रचनात्मकता का वरदान होता है। किसी के पास लोगों से सहज संबंध बनाने की कला होती है।

और कुछ लोगों की सबसे बड़ी शक्ति होती है— विचारों को स्पष्ट शब्दों में बदल देने की क्षमता।

मेरे लिए यही क्षमता धीरे-धीरे अनुभव के माध्यम से सामने आई।

लेकिन किसी शक्ति को पहचान लेना और उस पर विश्वास करना — ये दो अलग बातें हैं।

बीच-बीच में संदेह भी आता है। तुलना का स्वर भी सुनाई देता है। दूसरे लोग अधिक आत्मविश्वासी लगते हैं। अधिक परिष्कृत। अधिक अनुभवी।

जब आप किसी और के तैयार प्रदर्शन को देखते हैं, तो अपनी क्षमता को कम आँकना आसान हो जाता है।

लेकिन स्वाभाविक शक्ति कभी भी पूरी तरह तैयार रूप में सामने नहीं आती। वह धीरे-धीरे उपयोग से विकसित होती है।

बीज एक दिन में वृक्ष नहीं बनता। उसे समय चाहिए। धूप चाहिए। धैर्य चाहिए। आपके ईश्वर-प्रदत्त उपहार के साथ भी यही होता है।

उसे पहचानने का पहला कदम है — जागरूकता।

ध्यान दीजिए— कौन-सा काम करते समय आपको समय का पता नहीं चलता? लोग बार-बार किस काम में आपकी मदद माँगते हैं? कौन-सी जिम्मेदारी आपको सहज लगती है, जबकि वही दूसरों के लिए कठिन होती है? ये संकेत संयोग नहीं होते।

एक बार मैंने विद्यार्थियों के समूह से एक प्रश्न पूछा— “लोग जब आपके पास मदद के लिए आते हैं, तो वे किस बात के लिए आते हैं?” कुछ ने कहा — “तकनीकी समस्या हल कराने।” कुछ ने कहा — “कार्यक्रम आयोजित कराने।” कुछ ने कहा — “दोस्तों के बीच झगड़ा सुलझाने।” और कुछ ने कहा — “जब कोई उलझन में होता है, तो सलाह लेने।” उनके उत्तरों में ही उनकी पहचान के बीज छिपे हुए थे।

आपकी स्वाभाविक शक्ति कई बार इस बात से दिखाई देती है कि लोग आपको किस रूप में देखते हैं।

लेकिन एक दूसरा कदम भी है जिसे बहुत लोग भूल जाते हैं। पहचान के बाद प्रतिबद्धता ज़रूरी है। कोई भी उपहार अगर इस्तेमाल न किया जाए, तो वह धीरे-धीरे क्षमता बनकर रह जाता है — वास्तविकता नहीं बनता।

जब मुझे यह स्पष्ट हुआ कि विचारों को समझाकर बोलना मेरी शक्ति है, तो मैंने एक शांत निर्णय लिया। मैं इसे जानबूझकर विकसित करूँगा। मैंने पढ़ना शुरू किया। अनुभवी वक्ताओं को ध्यान से देखना शुरू किया। विचारों को क्रम में रखने का अभ्यास किया।

और सबसे महत्वपूर्ण— प्रश्नों को ध्यान से सुनना सीखा। क्योंकि सही उत्तर वही होता है जो वास्तविक प्रश्न को समझकर दिया जाए।

शक्ति अभ्यास से बढ़ती है।

धीरे-धीरे वह आनंद अनुशासन में बदल गया। अब बोलना केवल पसंद का काम नहीं था। वह एक जिम्मेदारी बन गया था। एक कला जिसे लगातार निखारना चाहिए।

अपनी स्वाभाविक शक्ति को पहचानने में एक सुंदरता होती है। यह आपके प्रयास की दिशा बदल देती है। आप हर चीज़ में औसत बनने की कोशिश नहीं करते। आप उस क्षेत्र में गहराई से निवेश करने लगते हैं जहाँ आपकी ऊर्जा कई गुना बढ़ जाती है। और परिणाम केवल सुधार नहीं होता।

परिणाम होता है — **संतुलन और सामंजस्य।**

जब आपका काम आपकी स्वाभाविक शक्ति से जुड़ जाता है, तो प्रभाव गहरा हो जाता है। लोग आपकी बातों में सच्चाई महसूस करते हैं। आपकी आवाज़ में विश्वास आता है। क्योंकि वह नकल से नहीं... वास्तविक क्षमता से निकल रही होती है।

मैंने कई लोगों को बदलते देखा है जब उन्होंने अपने ईश्वर-प्रदत्त उपहार को पहचाना। एक शांत विद्यार्थी अचानक लेखन की शक्ति खोज लेता है और अपने शब्दों से लोगों को प्रभावित करने लगता है। एक शांत स्वभाव का पेशेवर जटिल समस्याओं का विश्लेषण करने की अपनी क्षमता पहचान लेता है और कठिन निर्णयों में सबका मार्गदर्शक बन जाता है।

पहचान क्षमता का द्वार खोल देती है। लेकिन यह यात्रा का अंत नहीं है। यह शुरुआत है। क्योंकि कोई भी उपहार अगर उपयोग में न आए, तो वह किसी के काम नहीं आता।

असली शक्ति तब आती है जब आप उसे विकसित करने का निर्णय लेते हैं। जब आप अभ्यास करते हैं...
जब आप अपनी क्षमता को निखारते हैं... जब आप उसे केवल प्रभाव दिखाने के लिए नहीं, बल्कि दूसरों की सहायता के लिए उपयोग करते हैं।

तब एक अद्भुत परिवर्तन होता है। आपका उपहार प्रभाव बन जाता है। और प्रभाव, जब ईमानदारी से जुड़ता है, तो नेतृत्व बन जाता है।

आज पीछे मुड़कर देखता हूँ तो सोचता हूँ— अगर मैंने उन शुरुआती क्षणों को नज़रअंदाज़ कर दिया होता... अगर मैंने समझाने में मिलने वाले आनंद को गंभीरता से न लिया होता... अगर मैंने अपने भीतर उठने वाली बोलने की इच्छा

को दबा दिया होता... तो शायद मेरी यात्रा बिल्कुल अलग होती। लेकिन मैंने उस शांत संकेत पर भरोसा किया।

आपके जीवन में भी ऐसे संकेत मौजूद हैं। आपके रोज़मर्रा के अनुभवों में कहीं न कहीं एक ऐसी क्षमता छिपी है जो आपको स्वाभाविक लगती है।

एक ऐसी शक्ति जो बार-बार सामने आती है जब आप किसी के लिए कुछ उपयोगी करते हैं।

उस पर ध्यान दीजिए।

क्योंकि संभव है—

उसी स्वाभाविक शक्ति के भीतर वह आवाज़ छिपी हो,
जो आपके भविष्य को आकार देने वाली है।

2. आवाज़, तर्क और भावनात्मक समझ

किसी वक्ता की असली शक्ति आपको पहली बार कब महसूस होती है? अक्सर वह केवल शब्दों की वजह से नहीं होती। उसके पीछे कुछ और गहरा काम कर रहा होता है।

कल्पना कीजिए— आप एक बड़े सभागार में बैठे हैं। चारों ओर सैकड़ों लोग हैं। हल्की-हल्की बातचीत चल रही है। कुछ लोग अपने फ़ोन देख रहे हैं।

तभी वक्ता मंच पर आता है। वह माइक्रोफ़ोन ठीक करता है... और एक साधारण-सा वाक्य बोलता है। लेकिन कुछ ही क्षणों में पूरा कमरा शांत हो जाता है।

बातचीत रुक जाती है। फ़ोन नीचे रख दिए जाते हैं। सबकी नज़र मंच की ओर उठ जाती है। ऐसा क्यों होता है? सिर्फ़ शब्दों की वजह से नहीं।

वहाँ तीन अदृश्य शक्तियाँ साथ काम कर रही होती हैं— **आवाज़, तर्क और भावनात्मक समझ।**

जो वक्ता इन तीनों को संतुलित कर लेता है, वह केवल बोलता नहीं। वह लोगों से जुड़ जाता है।

मुझे एक प्रशिक्षण सत्र का एक दृश्य बहुत स्पष्ट याद है। एक युवा प्रतिभागी अपने विचार प्रस्तुत कर रहा था। उसकी तैयारी अच्छी थी। उसके तर्क बुद्धिमत्तापूर्ण थे। लेकिन कमरे में कुछ कमी महसूस हो रही थी। लोग सुन तो रहे थे... लेकिन जुड़ नहीं रहे थे।

कुछ देर बाद एक दूसरी प्रतिभागी खड़ी हुई। उसके तर्क पहले वक्ता से अधिक जटिल नहीं थे। फिर भी वातावरण तुरंत बदल गया। लोग आगे झुककर सुनने लगे। कुछ सिर हिलाने लगे। कुछ चेहरों पर हल्की मुस्कान आ गई।

अंतर क्या था? पहले वक्ता के पास जानकारी थी। दूसरे वक्ता के पास **आवाज़, तर्क और भावनात्मक समझ का संतुलन** था।

सबसे पहले लोग आवाज़ को महसूस करते हैं। आवाज़ आपके विचारों की लय लेकर चलती है। एक शांत, नियंत्रित और जीवंत आवाज़ लोगों को सुनने के लिए आमंत्रित करती है। लेकिन अगर आवाज़ बहुत तेज़ी से भागती हो, या बिल्कुल सपाट हो, तो मजबूत विचार भी कमजोर लगने लगते हैं।

फिर भी आवाज़ अकेले श्रोताओं का ध्यान लंबे समय तक नहीं रख सकती। उसे तर्क का सहारा चाहिए। तर्क आपके भाषण की अदृश्य संरचना है। वही धागा है जो एक विचार को दूसरे से जोड़ता है।

अगर तर्क न हो, तो भाषण बिखरा हुआ लगने लगता है। श्रोता उत्साह तो महसूस कर सकते हैं... लेकिन संदेश समझ नहीं पाते।

लेकिन जब तर्क मौजूद होता है, तो सुनने वाले का मन सहज हो जाता है। विचार एक-एक करके आगे बढ़ते हैं... जैसे नदी पार करने के लिए पत्थरों की सीढ़ियाँ। हर वाक्य अगले वाक्य का रास्ता बनाता है।

फिर भी एक तीसरी शक्ति बाकी रहती है। **भावनात्मक समझ।**

कोई वक्ता शानदार आवाज़ और मजबूत तर्क रख सकता है। लेकिन अगर वह श्रोताओं की भावनाओं को समझ नहीं पा रहा, तो जुड़ाव अधूरा रह जाता है। भावनात्मक समझ का अर्थ है— कमरे के वातावरण को महसूस करना।

यह समझना कि इस समय श्रोताओं को क्या चाहिए। कभी उन्हें प्रोत्साहन चाहिए। कभी स्पष्टता चाहिए। कभी हल्की मुस्कान की जरूरत होती है। यह केवल लोगों से बात करना नहीं है। यह लोगों को महसूस करना है।

वर्षों में मैंने देखा है कि कई बुद्धिमान लोग सार्वजनिक बोलने में इसलिए संघर्ष करते हैं क्योंकि वे इन तीनों में से केवल एक पर निर्भर हो जाते हैं।

कुछ लोग केवल आँकड़ों और तथ्यों पर ध्यान देते हैं। वे जानकारी तो देते हैं... लेकिन भावनात्मक जुड़ाव नहीं बना पाते। कुछ लोग बहुत जोश से बोलते हैं... लेकिन बिना संरचना के।

परिणाम यह होता है कि श्रोता प्रेरित तो होते हैं, लेकिन स्पष्ट समझ नहीं बना पाते। इसलिए संतुलन सबसे बड़ा रहस्य है।

आवाज़ उपस्थिति बनाती है।
तर्क समझ बनाता है।
भावनात्मक समझ जुड़ाव बनाती है।

ये तीनों मिलकर संवाद की एक शक्तिशाली त्रिकोण रचना बनाते हैं।

मैं इसे कक्षा में एक छोटे अभ्यास से समझाता हूँ।

एक बार मैंने एक विद्यार्थी से कहा कि वह एक परिचित विषय को दो तरीकों से समझाए। पहली बार उसने जल्दी-जल्दी अपने नोट्स पढ़ते हुए समझाया। जानकारी सही थी। लेकिन कमरे में दूरी महसूस हो रही थी।

फिर मैंने उससे कहा— "अब वही बात फिर से समझाओ। धीरे बोलो। लोगों की ओर देखो। और अपने तर्क को कदम-दर-कदम समझाओ।"

अचानक सब कुछ बदल गया। वही जानकारी अब जीवंत लग रही थी। कुछ विद्यार्थी सिर हिलाने लगे।

कुछ उदाहरणों पर मुस्कुराने लगे। कमरा अब व्याख्यान जैसा नहीं लग रहा था। वह बातचीत जैसा लगने लगा था।

कुछ भी बदला नहीं था— सिवाय आवाज़, तर्क और भावनात्मक समझ के संतुलन के।

यही संवाद की सुंदरता है। वह जानकारी को अनुभव में बदल देता है।

बहुत से लोग बोलते समय भावनात्मक समझ की भूमिका को कम आँकते हैं। वे मानते हैं कि सार्वजनिक बोलना केवल ज्ञान देने का काम है।लेकिन श्रोता केवल जानकारी याद नहीं रखते।

वे यह याद रखते हैं कि वक्ता ने उन्हें कैसा महसूस कराया। सोचिए— आपको वर्षों पहले सुने हुए कुछ भाषण आज भी क्यों याद हैं? शायद आपको हर आँकड़ा याद नहीं होगा।

लेकिन आपको उस वक्ता का स्वर याद होगा। उसका विश्वास याद होगा। वह क्षण याद होगा जब उसकी बात दिल को छू गई थी।

भावना स्मृति को मजबूत करती है।

इसका मतलब यह नहीं कि वक्ता को भावनाओं का नाटक करना चाहिए। सच्चाई हमेशा सबसे महत्वपूर्ण रहती है। भावनात्मक समझ का अर्थ है यह समझना कि संवाद केवल दिमाग से नहीं होता— वह इंसानी जुड़ाव से भी होता है।

एक अच्छा वक्ता दिमाग से बात करता है। एक महान वक्ता दिमाग और दिल दोनों से बात करता है। जब आवाज़, तर्क और भावनात्मक समझ साथ काम करते हैं, तो वे एक-दूसरे को मजबूत बनाते हैं।

स्पष्ट तर्क विश्वास पैदा करता है। भावनात्मक समझ भरोसा पैदा करती है। और आत्मविश्वासी आवाज़ दोनों को प्रभाव देती है।

श्रोता उस सामंजस्य को महसूस करते हैं। धीरे-धीरे यह संतुलन वक्ता की पहचान बन जाता है। लोग केवल आपके विचार नहीं पहचानते। वे आपकी प्रस्तुति

को पहचानते हैं। आपकी आवाज़ स्पष्टता से जुड़ जाती है। आपका तर्क भरोसे से जुड़ जाता है। आपकी उपस्थिति सच्चाई से जुड़ जाती है। यहीं से प्रभाव बढ़ना शुरू होता है।

प्रभाव शोर से नहीं बनता। वह भरोसे से बनता है। और भरोसा तब बनता है जब लोग महसूस करते हैं कि आपके शब्दों में बुद्धि भी है और संवेदना भी।

वर्षों के अनुभव के बाद मैंने एक और बात समझी है। बहुत से लोग रोज़मर्रा की बातचीत में इन तीनों गुणों का उपयोग करते हैं। वे दोस्तों से स्वाभाविक रूप से बात करते हैं। विचार स्पष्ट समझाते हैं।
दूसरों की भावनाओं को समझते हैं। समस्या तब आती है जब वे मंच पर खड़े होते हैं।

अचानक वे अपनी स्वाभाविक शैली भूल जाते हैं। वे ज़रूरत से ज़्यादा औपचारिक बनने लगते हैं। किसी और की शैली की नकल करने लगते हैं। आवाज़ कठोर हो जाती है। भावनात्मक जुड़ाव गायब हो जाता है। सार्वजनिक बोलने का लक्ष्य किसी और जैसा बनना नहीं है।

उसका लक्ष्य है— **अपने स्वाभाविक गुणों को बड़े मंच पर ले जाना।**

जब आप मंच पर उसी स्पष्टता, तर्क और भावनात्मक समझ के साथ बोलते हैं जो आप सच्ची बातचीत में इस्तेमाल करते हैं, तो एक अद्भुत बदलाव होता है।

श्रोता आपको एक दूर खड़े वक्ता के रूप में नहीं देखते। वे आपको एक इंसान के रूप में देखते हैं... जो अपने अनुभव और समझ साझा कर रहा है। और वही बदलाव सब कुछ बदल देता है।

क्योंकि हर शक्तिशाली भाषण के केंद्र में एक सरल सत्य होता है— लोग परिपूर्ण वाक्यों से नहीं जुड़ते।

वे जुड़ते हैं सच्ची आवाज़ से...सोच-समझ से...और संवेदनशील दिल से।

और जब ये तीनों एक साथ आते हैं—

आवाज़, तर्क और भावनात्मक समझ

तब मंच डराने वाली जगह नहीं रह जाता।

वह एक ऐसी जगह बन जाता है जहाँ विचार साँस लेते हैं, भावनाएँ गूँजती हैं, और हर बोले गए शब्द के साथ इंसानी समझ थोड़ी और गहरी हो जाती है।

3. दिल से बोलना

भाषण के दौरान कुछ ऐसे क्षण आते हैं जब कुछ अदृश्य-सा घटित होता है। श्रोता केवल सुनना बंद कर देते हैं... और महसूस करना शुरू कर देते हैं। आप उस क्षण को लगभग महसूस कर सकते हैं।

कमरे की हवा थोड़ी स्थिर हो जाती है। लोग थोड़ा आगे झुककर बैठते हैं। फ़ोन से नज़र उठकर मंच की ओर आ जाती है। अब शब्द केवल माइक्रोफ़ोन से निकलने वाली आवाज़ नहीं रहते।

उनमें भावना होती है... सच्चाई होती है... और एक ऐसी ईमानदारी होती है जो तर्क से भी गहराई तक पहुँच जाती है। वह क्षण तब आता है जब वक्ता अभिनय करना बंद कर देता है और दिल से बोलना शुरू कर देता है।

मैंने अपने जीवन में यह बदलाव कई बार देखा है— अपने अनुभवों में भी और उन विद्यार्थियों में भी जो अपनी आवाज़ खोजने की कोशिश कर रहे थे। याद से बोलने और दिल से बोलने में फर्क बहुत सूक्ष्म होता है, लेकिन पहचानना आसान होता है।

एक दोपहर का दृश्य मुझे आज भी याद है। एक प्रशिक्षण सेशन में एक विद्यार्थी मंच पर खड़ा होकर अपना तैयार किया हुआ भाषण दे रहा था। उसने अपने शब्द अच्छी तरह याद किए थे।
संरचना भी सही थी। प्रारंभ ठीक से मुख्य भाग में गया... और निष्कर्ष ठीक वहीं आया जहाँ उसे आना चाहिए था।

तकनीकी रूप से सब कुछ सही था। लेकिन फिर भी कुछ कमी थी। कमरा विनम्र तो था... पर जुड़ा हुआ नहीं था। भाषण ऐसा लग रहा था जैसे कोई पाठ पढ़ा जा रहा हो, न कि कोई अनुभव साझा किया जा रहा हो।

जब वह समाप्त हुआ, मैंने उससे एक साधारण-सा प्रश्न पूछा— "तुमने यह विषय क्यों चुना?" वह कुछ क्षण चुप रहा। फिर उसने बताना शुरू किया कि यह विषय उसके अपने जीवन के एक अनुभव से जुड़ा है— एक ऐसा समय जब वह आत्म-संदेह से जूझ रहा था और धीरे-धीरे उससे बाहर आया।

जैसे ही उसने उस अनुभव के बारे में बोलना शुरू किया, उसकी आवाज़ बदल गई। स्वर थोड़ा कोमल हो गया। बोलने की गति धीमी हो गई। उसकी नज़र अब उस कागज़ पर नहीं थी जिसे वह पहले पढ़ रहा था। वह लोगों की ओर देख रहा था। और अचानक कमरा बदल गया।

जो विद्यार्थी पहले सहज बैठे थे, वे अब थोड़ा आगे झुक गए। कुछ लोग हल्के से सिर हिला रहे थे। वह भाषण अब तैयार किया हुआ भाषण नहीं रह गया था। वह एक साझा मानवीय अनुभव बन गया था।

जब उसने बोलना समाप्त किया, तो जो तालियाँ बजीं, वे अलग थीं। ज़्यादा मज़बूत... ज़्यादा गर्मजोशी भरी... और पूरी तरह सच्ची।

उसी क्षण उसने एक महत्वपूर्ण बात समझी— उसके भाषण का सबसे शक्तिशाली हिस्सा याद किया हुआ हिस्सा नहीं था। सबसे प्रभावशाली क्षण वह था जब उसने अपने अनुभव को ईमानदारी से साझा किया।

यही दिल से बोलने का सार है।

इसका अर्थ यह नहीं है कि तैयारी छोड़ दी जाए या संरचना को अनदेखा किया जाए। तैयारी आपके विचारों को स्पष्ट बनाती है। संरचना श्रोताओं को आपकी बात समझने में मदद करती है।

लेकिन दिल... दिल शब्दों को जीवन देता है। उसके बिना सबसे चमकदार भाषण भी खाली महसूस हो सकता है। मनुष्य सच्चाई को बहुत जल्दी पहचान लेते हैं। हम तुरंत महसूस कर लेते हैं कि कोई व्यक्ति ईमानदारी से बोल रहा है या केवल संवाद बोल रहा है।

कभी-कभी हम यह समझा नहीं पाते कि फर्क क्या है, लेकिन हम उसे महसूस ज़रूर करते हैं। ज़रा सोचिए— आपको वर्षों पहले की कौन-सी बातें याद हैं? शायद किसी शिक्षक ने कठिन समय में आपको प्रोत्साहित किया हो। शायद किसी मार्गदर्शक ने आपसे पूरी ईमानदारी से बात की हो। शायद किसी ने एक कहानी सुनाई हो जो आपकी अपनी यात्रा से मिलती-जुलती थी। उन शब्दों को यादगार बनाने वाली चीज़ भाषा की जटिलता नहीं थी। वह भावना थी जो उन शब्दों के पीछे थी।

दिल से बोलने के लिए साहस चाहिए। इसका मतलब है सुरक्षित, याद किए हुए वाक्यों से बाहर आना

और अपनी असली सोच को आवाज़ देना। मंच पर यह थोड़ा असहज लग सकता है। लेकिन यही असहजता जुड़ाव पैदा करती है।

जो वक्ता केवल दिमाग से बोलता है, वह लोगों को प्रभावित कर सकता है। लेकिन जो दिल से बोलता है... वह लोगों को छू लेता है।

प्रभावशाली संवाद में बुद्धि और भावना का सुंदर संतुलन होता है।

तर्क लोगों को विचार समझने में मदद करता है। भावना उन्हें उसे याद रखने में मदद करती है। जब दोनों साथ काम करते हैं, तो संदेश अविस्मरणीय बन जाता है।

अपने शुरुआती शिक्षण वर्षों में मैं मानता था कि जानकारी को स्पष्ट देना ही वक्ता का सबसे बड़ा कर्तव्य है। समय के साथ अनुभव ने मुझे एक गहरी सच्चाई सिखाई। जानकारी दिमाग को प्रभावित करती है।

लेकिन सच्चाई उस इंसान को छूती है जो उस दिमाग के पीछे बैठा है।

विद्यार्थी अक्सर केवल यह याद नहीं रखते कि आपने क्या पढ़ाया। वे यह भी याद रखते हैं कि आपने पढ़ाते समय उन्हें कैसा महसूस कराया।

इसीलिए कहानियाँ संवाद में इतनी शक्तिशाली होती हैं। कहानियाँ दिल को बातचीत में शामिल कर देती हैं। वे अमूर्त विचारों को वास्तविक अनुभव बना देती हैं।

जब कोई वक्ता सच्ची कहानी साझा करता है, तो श्रोता उसे केवल सुनते नहीं— वे उसे अपनी कल्पना में देखना शुरू कर देते हैं।

मैंने एक बार एक व्याख्यान में भाग लिया। वक्ता ने बहुत सारे आँकड़े और शोध प्रस्तुत किए। तर्क मजबूत थे। लेकिन सत्र समाप्त होते ही लोग जल्दी-जल्दी कमरे से बाहर निकल गए।

कुछ ही देर बाद उसी समूह को एक दूसरे वक्ता ने संबोधित किया। उसने कम आँकड़े बताए। लेकिन उसने शुरुआत एक व्यक्तिगत अनुभव से की। कुछ ही मिनटों में कमरा पूरी तरह जुड़ गया। लोग ध्यान से सुनने लगे। कुछ मुस्कुरा रहे थे... कुछ सिर हिला रहे थे।

जब उसने समाप्त किया, तो तालियाँ केवल शिष्टाचार नहीं थीं। वे आभार जैसी लग रही थीं। उस दिन मुझे फिर एक सरल सत्य याद आया— लोग वही याद रखते हैं जो उनकी इंसानियत को छू ले।

दिल से बोलने के लिए नाटकीय कहानी या बनावटी भावना की आवश्यकता नहीं होती। सिर्फ़ ईमानदारी चाहिए। जब आपके शब्द आपके सच्चे विश्वास को दर्शाते हैं, तो उनमें एक स्वाभाविक शक्ति आ जाती है।

यह सच्चाई आत्मविश्वास भी देती है। जब आप उस विषय पर बोलते हैं जिस पर आप सचमुच विश्वास करते हैं, तो आपकी आवाज़ अपने आप स्थिर हो जाती है। आपका शरीर सहज हो जाता है। आपकी नज़र श्रोताओं से सहजता से मिलती है।

आप प्रभावशाली लगने की कोशिश नहीं कर रहे होते। आप केवल कुछ अर्थपूर्ण साझा कर रहे होते हैं।

और यही सच्चाई दूर तक जाती है।

समय के साथ श्रोता ऐसे वक्ताओं पर भरोसा करने लगते हैं जो लगातार ईमानदारी से बोलते हैं। उन्हें महसूस होता है कि यह शब्द केवल प्रभावित करने के लिए नहीं हैं। वे किसी सच्चे विचार की अभिव्यक्ति हैं। ऐसे क्षणों में भरोसा धीरे-धीरे बनता है।

जब आप अपने वक्तृत्व को विकसित कर रहे हों, तो याद रखें कि तकनीक और तैयारी हमेशा महत्वपूर्ण रहेंगी। वे आपके संदेश को स्पष्ट और व्यवस्थित रखती हैं।

लेकिन तकनीक को कभी भी सच्चाई की जगह मत लेने दीजिए। आपके श्रोताओं को पूर्णता की आवश्यकता नहीं है।

उन्हें सच्चाई चाहिए। आपके अनुभवों में... आपकी संघर्षों में... आपके विचारों में...

कहीं न कहीं एक ऐसी दृष्टि छिपी है जिसे केवल आप ही साझा कर सकते हैं।

जब आप उस दृष्टि को अपनी आवाज़ में आने देते हैं, तो आपके भाषण केवल प्रस्तुति नहीं रहते।

वे मनुष्यों के बीच संवाद बन जाते हैं।

और उन क्षणों में—

जब विचार भावना से मिलते हैं

और सच्चाई अभिव्यक्ति से मिलती है—

तब बोलना प्रदर्शन नहीं रह जाता।

वह कुछ और अधिक शक्तिशाली बन जाता है।

वह बन जाता है—

दिल से बोलती हुई आवाज़।

4. अपनी शक्ति का पूरा उपयोग करना

जीवन में एक ऐसा क्षण आता है जब इंसान अपने बारे में एक गहरी बात समझता है। यह कोई बहुत बड़ा नाटकीय पल नहीं होता। न कोई तालियाँ बजती हैं... न कोई प्रमाण पत्र मिलता है।

यह अक्सर एक साधारण-सी जगह पर होता है— किसी कक्षा में, किसी बैठक में, या किसी बातचीत के दौरान। जहाँ अचानक आप महसूस करते हैं कि जो काम आप स्वाभाविक रूप से करते हैं... उसका असर दूसरों पर पड़ रहा है। लोग सुन रहे हैं। वे प्रतिक्रिया दे रहे हैं। और वे उस बात को याद भी रख रहे हैं।

यही वह क्षण होता है जब आपकी प्राकृतिक शक्ति धीरे-धीरे अपना परिचय देती है। लेकिन एक शक्ति को पहचानना और उसका पूरा उपयोग करना— ये दो अलग यात्राएँ हैं। बहुत से लोग समझ तो लेते हैं कि वे किस चीज़ में अच्छे हैं, लेकिन उसे पूरी तरह विकसित नहीं कर पाते।

वह क्षमता एक बीज की तरह रह जाती है। उपजाऊ मिट्टी में पड़ी हुई... लेकिन पानी न मिलने के कारण कभी पेड़ नहीं बन पाती। समय बीतता रहता है।

जिम्मेदारियाँ बढ़ती जाती हैं। और वह बीज जमीन के भीतर ही छिपा रह जाता है।

प्रशिक्षण सेशन के दौरान मैं अपने विद्यार्थियों से अक्सर एक सरल प्रश्न पूछता हूँ। “ऐसी कौन-सी एक चीज़ है जो आप आसानी से कर लेते हैं, लेकिन दूसरों को कठिन लगती है?” अक्सर कमरे में अचानक शांति छा जाती है। कुछ लोग हल्की मुस्कान के साथ चुप हो जाते हैं। कुछ कंधे उचकाकर कहते हैं—“पता नहीं।”

यह झिझक एक महत्वपूर्ण सच्चाई बताती है। अधिकतर लोग अपना जीवन अपनी कमजोरियों पर ध्यान देते हुए बिताते हैं। अपनी शक्तियों को पहचानने में नहीं। दुनिया भी हमें अक्सर यही सिखाती है।

स्कूल में हमें बताया जाता है कि जिन विषयों में हम कमजोर हैं, उन्हें सुधारो। पेशेवर जीवन में भी हम अपनी सीमाओं को ठीक करने की कोशिश करते रहते हैं। सुधार करना महत्वपूर्ण है। लेकिन जब कोई व्यक्ति अपनी प्राकृतिक शक्ति में ऊर्जा लगाता है, तो एक अद्भुत चीज़ होती है। विकास बहुत तेज़ हो जाता है।

कल्पना कीजिए कि पहाड़ से एक नदी नीचे की ओर बह रही है। अगर आप उसका रास्ता रोकने की कोशिश करेंगे, तो पानी रुक-रुककर संघर्ष करेगा। लेकिन अगर आप उसकी दिशा को सही मार्ग दे दें,
तो वही पानी बेहद शक्तिशाली धारा बन जाता है।

मानव शक्तियाँ भी ठीक इसी तरह काम करती हैं। जब इंसान अपने प्रयास को अपनी प्राकृतिक क्षमता के साथ जोड़ देता है, तो प्रगति तेज़ भी होती है और गहरी भी।

मुझे अपने एक कार्यशाला का एक प्रतिभागी याद आता है। उसकी सोचने की क्षमता बहुत स्पष्ट थी। जब भी चर्चा शुरू होती, वह विषय को बहुत ध्यान से समझता और अपने तर्क को बेहद साफ़ ढंग से व्यक्त करता। उसकी बातों में व्यवस्था होती थी। तर्क स्पष्ट होते थे। और यह सब उसके लिए लगभग सहज था।

लेकिन आश्चर्य की बात यह थी कि उसे खुद अपनी इस शक्ति का अंदाज़ा नहीं था। एक दिन सत्र समाप्त होने के बाद मैंने उससे पूछा— “क्या तुमने कभी सोचा है कि बोलने की कला को गंभीरता से विकसित करो?”

वह थोड़ा चौंक गया। उसने कहा— “सर, मैं तो बस वही समझाता हूँ जैसा मैं समझता हूँ।” यही तो उसकी ताकत थी। उसके लिए स्पष्टता स्वाभाविक थी।

जहाँ कई लोग अपने विचारों को व्यवस्थित करने में संघर्ष करते थे, वह सहज रूप से उन्हें स्पष्ट तर्कों में बदल देता था। जब उसने बोलने का अभ्यास सचेत रूप से शुरू किया, तो वही स्पष्टता धीरे-धीरे प्रभाव में बदलने लगी।

एक वर्ष के भीतर वह आत्मविश्वास के साथ सेमिनार और चर्चाओं में अपने विचार प्रस्तुत करने लगा। उसकी शक्ति पहले से ही मौजूद थी। बदला केवल एक निर्णय था— उसे विकसित करने का। अपनी शक्ति का पूरा उपयोग करना जागरूकता से शुरू होता है, लेकिन अनुशासन से परिपक्व होता है।

प्रतिभा बिना अनुशासन के धीरे-धीरे कमजोर हो जाती है। अनुशासन बिना प्रतिभा के मेहनत तो पैदा कर सकता है, लेकिन उत्कृष्टता नहीं। लेकिन जब दोनों साथ आते हैं— तो कुछ असाधारण बनता है।

जरा खिलाड़ियों के बारे में सोचिए। अगर किसी धावक को स्वाभाविक गति का उपहार मिला है, तो वह केवल उसी पर निर्भर नहीं रहता। वह लगातार अभ्यास करता है। अपने कदमों को सुधारता है। सहनशक्ति बढ़ाता है। तकनीक को निखारता है।

ठीक यही सिद्धांत बोलने की कला पर भी लागू होता है। अगर आपकी शक्ति कहानी कहने में है, तो ऐसी कहानियाँ गढ़ने का अभ्यास कीजिए जो समझ और प्रेरणा दोनों दें। अगर आपकी शक्ति तार्किक समझाने में है, तो अपने तर्कों की स्पष्टता को और निखारिए। अगर आपकी शक्ति भावनात्मक जुड़ाव में है, तो मानवीय अनुभवों को और गहराई से समझिए। शक्ति उपयोग से बढ़ती है।

अपने शुरुआती शिक्षण वर्षों में मैंने धीरे-धीरे महसूस किया कि कठिन विचारों को सरल भाषा में समझाना मुझे ऊर्जा देता है। कानून... नेतृत्व... मानव व्यवहार... ये विषय कभी-कभी विद्यार्थियों को कठिन लगते थे। लेकिन उदाहरणों और कहानियों के माध्यम से समझाने पर वही विषय सरल हो जाते थे। जितना मैंने इस तरीके का अभ्यास किया, उतना ही वह प्रभावी होता गया।

धीरे-धीरे मुझे समझ आया कि पढ़ाना और बोलना केवल पेशे नहीं हैं। वे मेरी प्राकृतिक शक्ति का विस्तार हैं।

लेकिन अपनी शक्ति का उपयोग करने के लिए साहस भी चाहिए। ऐसे क्षण आएँगे जब संदेह सामने आएगा। कुछ लोग आपके रास्ते पर प्रश्न उठाएँगे। कुछ आपको अधिक सुरक्षित रास्ता चुनने की सलाह देंगे। उस समय अपने भीतर की दिशा को पहचानना महत्वपूर्ण होता है। आपकी प्राकृतिक शक्ति अक्सर वही दिशा दिखाती है जहाँ आपका सबसे अर्थपूर्ण योगदान छिपा होता है।

उस दिशा को अनदेखा करना आपको आराम तो दे सकता है, लेकिन संतोष नहीं। अपनी शक्ति का उपयोग करने का एक और महत्वपूर्ण पहलू है— उसे दूसरों के साथ साझा करना। जब आपकी क्षमता दूसरों की मदद करती है, तो वह और मजबूत हो जाती है।

जब आपकी योग्यता लोगों को विचार समझने में मदद करती है... समस्याएँ सुलझाने में मदद करती है... या उन्हें अपनी क्षमता पहचानने में मदद करती है... तब उसका प्रभाव कई गुना बढ़ जाता है।

सेवा के माध्यम से प्रभाव धीरे-धीरे फैलता है। समय के साथ एक रोचक परिवर्तन होता है। जो क्षमता कभी साधारण और अनदेखी लगती थी, वही आपकी पहचान बन जाती है।

लोग आपको उसी शक्ति से जोड़ने लगते हैं। वे आपकी राय चाहते हैं। आपको आमंत्रित करते हैं। आपकी बात को महत्व देते हैं।

बीज अब एक पेड़ बन चुका होता है। लेकिन जैसे-जैसे वह पेड़ बढ़ता है, उसे पोषण देते रहना भी उतना ही जरूरी होता है। शक्ति को निरंतर विकसित होना चाहिए।

जो वक्ता सीखना बंद कर देता है, वह दोहराव में फँस जाता है। जो शिक्षक चिंतन करना छोड़ देता है, उसकी ताज़गी समाप्त हो जाती है। विकास शक्ति को जीवित रखता है। इसीलिए पढ़ना, देखना और अभ्यास करना वर्षों के अनुभव के बाद भी उतना ही आवश्यक रहता है।

हर श्रोता कुछ नया सिखाता है। हर भाषण सुधार का अवसर देता है। हर बातचीत एक नया दृष्टिकोण देती है। अपनी शक्ति का उपयोग करना कोई अंतिम मंज़िल नहीं है। यह जीवन भर चलने वाली यात्रा है।

कभी-कभी विद्यार्थी मुझसे पूछते हैं— “सर, हमें अपने भविष्य की दिशा कैसे समझनी चाहिए?” मैं उन्हें एक ही बात कहता हूँ। उन क्षणों पर ध्यान दीजिए जब आपकी क्षमता स्वाभाविक रूप से दूसरों की मदद करती है। अक्सर वही क्षण आपके जीवन के उद्देश्य की ओर संकेत करते हैं।

जब आपकी शक्ति सेवा के साथ जुड़ जाती है, तो काम केवल काम नहीं रहता। वह अर्थपूर्ण बन जाता है।

सार्वजनिक भाषण इसका एक सुंदर उदाहरण है। जो वक्ता अपनी संवाद क्षमता का सही उपयोग करता है, वह विचारों को प्रभावित कर सकता है... लोगों को प्रेरित कर सकता है... और जटिल परिस्थितियों में दिशा दे सकता है।

शब्द तब पुल बन जाते हैं— दिमागों को जोड़ने वाले पुल। और इन पुलों की शुरुआत एक सरल समझ से होती है— आपके भीतर कुछ मूल्यवान है।

प्रश्न यह नहीं है कि आपके पास शक्ति है या नहीं।

प्रश्न यह है कि—

क्या आप उसे विकसित करने के लिए तैयार हैं?

क्योंकि उसी शक्ति के भीतर शायद वह आवाज़ छिपी हो
जो आपके जीवन की दिशा तय कर सकती है...

और शायद कई और लोगों के जीवन को भी प्रभावित कर सकती है।

5. चाणक्य सिद्धांत

कुछ शिक्षक केवल पाठ पढ़ाते हैं... और कुछ शिक्षक भाग्य गढ़ते हैं। इतिहास दूसरे प्रकार के शिक्षकों को याद रखता है। कई शताब्दियों पहले भारत की प्राचीन भूमि पर एक महान विद्वान हुए—**चाणक्य।**

वे राजा नहीं थे। उनके सिर पर कोई मुकुट नहीं था। उनके पास कोई सेना भी नहीं थी। फिर भी उनका प्रभाव इतना गहरा था कि उन्होंने एक पूरे साम्राज्य की दिशा बदल दी। चाणक्य को इतिहास **राजनिर्माता** के रूप में याद करता है।

उन्होंने स्वयं सिंहासन पाने की कोशिश नहीं की। उन्होंने किसी और में क्षमता पहचानी। वह युवक था—
चंद्रगुप्त मौर्य। जहाँ बहुत से लोगों को वह एक साधारण लड़का दिखाई देता था, वहीं चाणक्य ने उसमें भविष्य का नेतृत्व देखा।

जहाँ दूसरों को सीमाएँ दिखाई देती थीं, वहाँ उन्हें संभावनाएँ दिखाई दीं। और फिर उन्होंने एक असाधारण काम किया। उन्होंने उस संभावना को **संजोया और विकसित किया।**

उन्होंने चंद्रगुप्त को रणनीति सिखाई। अनुशासन सिखाया। दूरदृष्टि सिखाई। उन्होंने उसकी सोच को तेज किया। उसके चरित्र को मजबूत किया। और उसे उन जिम्मेदारियों के लिए तैयार किया जो एक दिन पूरे राष्ट्र का भविष्य तय करने वाली थीं।

यह कहानी हमें मानव क्षमता के बारे में एक गहरी बात सिखाती है। महानता अक्सर तब जन्म लेती है जब कोई व्यक्ति किसी छिपी हुई शक्ति को पहचान कर उसे विकसित करता है।

जब मैं विद्यार्थियों या युवा पेशेवरों के साथ काम करता हूँ, तो अक्सर मुझे चाणक्य का यह सिद्धांत याद आता है। कक्षा में... सेमिनार में... या किसी प्रशिक्षण **सेशन** में...

कभी-कभी मुझे ऐसे लोग दिखाई देते हैं जिन्होंने अभी तक अपनी असली क्षमता को पहचाना नहीं है। उनकी आवाज़ थोड़ी झिझक भरी होती है। आत्मविश्वास अभी नाजुक होता है। लेकिन उस झिझक के पीछे कुछ अनमोल छिपा होता है। एक चिंगारी।

चाणक्य सिद्धांत बहुत सरल है, लेकिन बहुत गहरा भी। **संभावना को पहचानिए... और उसे बढ़ने में मदद कीजिए।**

यह शुरुआत होती है ध्यान से देखने से। एक शिक्षक या मार्गदर्शक ध्यान से देखता है। वह उन छोटी-छोटी शक्तियों को पहचानता है जिन्हें अक्सर दूसरे लोग अनदेखा कर देते हैं।

कोई विद्यार्थी विचारों को असाधारण स्पष्टता से समझाता है। किसी में बोलते समय गहरी संवेदनशीलता होती है। कोई और व्यक्ति साहस के साथ ऐसे विचार व्यक्त करता है जो लोकप्रिय न हों लेकिन सोचने पर मजबूर करते हों।

शुरुआत में ये गुण बहुत शांत होते हैं। लेकिन सही मार्गदर्शन मिलने पर वे बढ़ने लगते हैं।

मुझे वर्षों पहले की एक कक्षा याद है। एक विद्यार्थी ने प्रस्तुति दी। पहली नज़र में वह साधारण लग रही थी। उसकी आवाज़ थोड़ी काँप रही थी। वह धीरे-धीरे बोल रहा था। लेकिन उसकी बातों में कुछ खास था। उसके तर्क गहरे थे। उसकी सोच परतदार थी।

जब सेशन समाप्त हुआ, मैंने उससे पूछा— “तुम कब से बोलने का अभ्यास कर रहे हो?” वह हल्के से मुस्कुराया और बोला— “ज़्यादा नहीं, सर।” उसका उत्तर सुनकर मुझे वही बात याद आई जो चाणक्य सदियों पहले समझ चुके थे।

कच्ची क्षमता कभी शोर नहीं करती। वह चुपचाप दिखाई देती है।

वह इंतज़ार करती है कि कोई उसे पहचाने। प्रोत्साहन ऐसे लोगों की दिशा बदल सकता है।

जब कोई व्यक्ति अपनी क्षमता पर विश्वास करना शुरू करता है, तो उसकी ऊर्जा बदल जाती है। झिझकती हुई आवाज़ स्थिर हो जाती है।

विचार स्पष्ट होने लगते हैं। धीरे-धीरे आत्मविश्वास संदेह की जगह ले लेता है। यह परिवर्तन एक दिन में नहीं होता।

चाणक्य ने भी एक दिन में सम्राट नहीं बनाया था। उसके लिए धैर्य चाहिए था। अनुशासन चाहिए था। और महानता की संभावना पर अटूट विश्वास चाहिए था।

यही सिद्धांत संवाद की दुनिया में भी लागू होता है। सार्वजनिक भाषण केवल तकनीक सीखने का नाम नहीं है। यह उस क्षमता को खोलने की प्रक्रिया है जिससे आपके विचार दूसरों को प्रभावित कर सकते हैं।

जब कोई व्यक्ति समझता है कि उसकी आवाज़ का अर्थ है, तो उसका प्रभाव मंच से बहुत आगे तक जाता है। आत्मविश्वास जीवन के अन्य क्षेत्रों में भी फैलने लगता है।

मैंने ऐसे विद्यार्थियों को देखा है जो पहले समूह के सामने बोलने से डरते थे। धीरे-धीरे वही विद्यार्थी चर्चाओं के नेता बन गए। वे कार्यक्रमों का आयोजन करने लगे। छोटे विद्यार्थियों का मार्गदर्शन करने लगे।

यह परिवर्तन अक्सर एक ही समझ से शुरू होता है— **मेरी आवाज़ महत्वपूर्ण है।**

यह समझ बहुत शक्तिशाली होती है। यह बदल देती है कि आप कमरे में कैसे प्रवेश करते हैं। यह बदल देती है कि आप चुनौतियों को कैसे देखते हैं। यह आपके अपने बारे में सोचने के तरीके को भी बदल देती है।

चाणक्य सिद्धांत हमें एक और बात सिखाता है। मानव विकास अकेले नहीं होता। सबसे प्रतिभाशाली व्यक्ति को भी मार्गदर्शन की आवश्यकता होती है।

एक मार्गदर्शक शक्तियों को निखारता है, कमज़ोरियों को सुधारता है, और उन संभावनाओं को दिखाता है जो शायद खुद व्यक्ति को दिखाई नहीं देतीं।

लेकिन इस सिद्धांत का एक और पहलू भी है। किसी समय हर विद्यार्थी स्वयं मार्गदर्शक बन सकता है। जिस तरह चाणक्य ने चंद्रगुप्त की क्षमता पहचानी, उसी तरह एक प्रेरित विद्यार्थी भी आगे चलकर किसी और को प्रेरित कर सकता है।

ज्ञान और प्रोत्साहन पीढ़ियों के माध्यम से आगे बढ़ते रहते हैं। प्रभाव बढ़ता जाता है। यही कारण है कि संवाद नेतृत्व का एक महत्वपूर्ण हिस्सा है।

एक नेता जब स्पष्टता और सच्चाई के साथ बोलता है, तो वह केवल विचार साझा नहीं करता। वह आत्मविश्वास जगाता है। उसके शब्द लोगों को अपनी क्षमता पहचानने में मदद करते हैं। उस क्षण वह एक आधुनिक चाणक्य बन जाता है। वह महानता को आदेश नहीं देता। वह उसे विकसित करता है।

कभी-कभी मैं विद्यार्थियों से एक कल्पना करने को कहता हूँ। अगर चाणक्य ने युवा चंद्रगुप्त को अनदेखा कर दिया होता तो क्या होता? अगर उन्होंने उसे एक साधारण छात्र समझकर छोड़ दिया होता? शायद इतिहास की दिशा ही बदल जाती।

यही संभावना हमारे रोज़मर्रा के जीवन में भी मौजूद है। हर कक्षा... हर बैठक... हर बातचीत... ऐसे लोगों से भरी होती है जिनकी क्षमता अभी खुल रही होती है।

किसी का एक प्रोत्साहन भरा वाक्य... किसी की एक सच्ची सलाह... या किसी की शक्ति की ईमानदार पहचान... एक बड़ा परिवर्तन शुरू कर सकती है।

मनुष्य तब बढ़ता है जब कोई उस पर विश्वास करता है।

सार्वजनिक भाषण हमें चाणक्य सिद्धांत को जीने का एक अद्भुत अवसर देता है।

जब आप मंच पर खड़े होते हैं, तो आपके शब्द लोगों को अपने बारे में अलग तरह से सोचने के लिए प्रेरित कर सकते हैं। आप जिज्ञासा जगा सकते हैं। आत्मविश्वास बढ़ा सकते हैं। और लोगों को उन विचारों पर काम करने के लिए प्रेरित कर सकते हैं जिन पर वे पहले संदेह करते थे।

तब वक्ता केवल संवादक नहीं रहता। वह परिवर्तन का उत्प्रेरक बन जाता है।

संवाद की कला में महारत हासिल करने की यात्रा इसलिए केवल व्यक्तिगत सफलता की यात्रा नहीं है। यह प्रभाव के उस दायरे को बढ़ाने की यात्रा है जो दूसरों को भी ऊपर उठाए।

एक शक्तिशाली वक्ता केवल ज्ञान नहीं दिखाता। वह अपनी आवाज़ से दूसरों की क्षमता जगाता है।

यही चाणक्य सिद्धांत का गहरा अर्थ है। सच्ची महानता केवल स्वयं ऊपर उठने में नहीं है। सच्ची महानता है— **दूसरों को भी ऊपर उठने में मदद करना।**

जब आप अपने ईश्वर-प्रदत्त उपहार को पहचानते हैं और उसे अनुशासन से विकसित करते हैं, तो आपके पास विचारों को प्रभावित करने और भविष्य गढ़ने की क्षमता आ जाती है।

और जब आप उस क्षमता का उपयोग -
दूसरों को मार्गदर्शन देने,
प्रोत्साहित करने और
प्रेरित करने में करते हैं—
तो कुछ असाधारण होता है।
आपकी आवाज़ केवल ध्वनि नहीं रहती।
वह किसी और की महानता की यात्रा की शुरुआत बन जाती है।

5

मन की दृढ़ता, मनोदशा से ऊपर

1. दबाव के बीच प्रदर्शन करना

कुछ दिन ऐसे होते हैं जब सब कुछ बिल्कुल ठीक लगता है। मन तेज़ होता है। ऊर्जा भरपूर होती है। आवाज़ सहजता से बहती है।

ऐसे दिनों में बोलना बहुत स्वाभाविक लगता है। जैसे मंच आपका स्वागत कर रहा हो... और शब्द अपने आप सही समय पर आ रहे हों।

लेकिन जीवन हमेशा आदर्श परिस्थितियों का इंतज़ार नहीं करता। अक्सर वह क्षण, जब आपको बोलना होता है, ऐसे दिन आता है जब कुछ न कुछ थोड़ा असहज होता है। कभी गला थोड़ा सूखा लगता है। कभी नींद पूरी नहीं होती। कभी दिन में हुई कोई बातचीत मन में गूंजती रहती है।

फिर भी— श्रोता इंतज़ार कर रहे होते हैं। माइक्रोफ़ोन तैयार होता है। और वह क्षण आपके मूड का इंतज़ार नहीं करता।

यह बात मैंने अपने शिक्षक और वक्ता बनने की यात्रा के शुरुआती वर्षों में सीखी। एक दिन का अनुभव आज भी मुझे बहुत स्पष्ट याद है। उस दिन मुझे विद्यार्थियों को संबोधित करना था।

यह सेशन कई सप्ताह पहले से तय था। लेकिन उसी सुबह शरीर कुछ भारी-सा लग रहा था। रात में हल्का बुखार आ गया था। गला भी थोड़ा बैठा हुआ था। एक घंटे तक खड़े होकर बोलने का विचार उस समय आराम करने से कहीं ज़्यादा कठिन लग रहा था।

लेकिन जब मैं पहुँचा, तो कमरा पहले से भरा हुआ था। विद्यार्थी वहाँ बैठे थे। वे मार्गदर्शन की उम्मीद लेकर आए थे। उनकी आँखों में एक शांत उत्सुकता थी।

मंच के पीछे खड़े होकर मेरे मन में एक छोटा-सा संघर्ष शुरू हुआ। एक आवाज़ कह रही थी— "आज का सेशन टाल दो।" दूसरी आवाज़ कह रही थी— "यह जिम्मेदारी है।"

एक वक्ता हमेशा परिस्थितियाँ नहीं चुन सकता। लेकिन वह अपनी प्रतिक्रिया ज़रूर चुन सकता है।

जब मैं उस दिन मंच पर पहुँचा, तो एक दिलचस्प बात हुई। असुविधा तुरंत गायब नहीं हुई। लेकिन ध्यान बदल गया।

जैसे ही श्रोताओं के साथ संवाद शुरू हुआ, मन उद्देश्य के साथ जुड़ गया। शब्द धीरे-धीरे बहने लगे।

शरीर ने भी साथ देना शुरू कर दिया। ऊर्जा धीरे-धीरे वापस आने लगी— सिर्फ़ शरीर से नहीं, बल्कि श्रोताओं से बने संवाद से। जब सेशन समाप्त हुआ, तो सुबह की झिझक पूरी तरह गायब हो चुकी थी।

उस अनुभव ने मुझे एक गहरी सच्चाई सिखाई। अच्छा प्रदर्शन हमेशा अच्छे मूड पर निर्भर नहीं करता। वह प्रतिबद्धता पर निर्भर करता है।

मानसिक दृढ़ता वहीं शुरू होती है— जहाँ आप समझते हैं कि आपकी भावनाएँ बदल सकती हैं, लेकिन आपकी जिम्मेदारी स्थिर रहती है।

कई नए वक्ता सोचते हैं कि मंच पर जाने से पहले आत्मविश्वास महसूस होना चाहिए। उन्हें लगता है कि अनुभवी वक्ता हमेशा शांत और पूरी तरह तैयार महसूस करते होंगे। लेकिन सच्चाई कहीं अधिक मानवीय है।

अनुभवी वक्ताओं को भी घबराहट होती है। आत्मविश्वासी लोग भी ऐसे दिन देखते हैं जब उनके विचार थोड़ा बिखरे हुए लगते हैं या ऊर्जा कम महसूस होती है। अंतर केवल इतना होता है— वे दबाव के बावजूद आगे बढ़ना सीख लेते हैं।

असल में दबाव हमेशा दुश्मन नहीं होता। कई बार वह इस बात का संकेत होता है कि कुछ महत्वपूर्ण होने वाला है। मन अधिक सजग हो जाता है। इंद्रियाँ तेज़ हो जाती हैं। ध्यान पूरी तरह उस काम पर केंद्रित हो जाता है।

संतुलित मात्रा में दबाव ऊर्जा का स्रोत बन सकता है। खिलाड़ी इस सिद्धांत को बहुत अच्छी तरह समझते हैं। महत्वपूर्ण प्रतियोगिता से पहले उनकी धड़कन तेज़ हो जाती है। साँसें बदल जाती हैं। मन पूरी तरह केंद्रित हो जाता है। यही अवस्था उन्हें प्रदर्शन के लिए तैयार करती है। वक्ता भी कुछ ऐसा ही अनुभव करते हैं।

मुख्य बात है संतुलन।

बहुत अधिक चिंता सोच को धुंधला कर देती है। बहुत कम ऊर्जा बोलने को फीका बना देती है। इन दोनों के बीच एक सुंदर संतुलन होता है— जहाँ उत्साह और शांति साथ रहते हैं। वहीं शब्दों में स्पष्टता और जीवंतता दोनों आते हैं। इस संतुलन को बनाए रखने का एक सरल तरीका है— सचेत साँस लेना।

किसी महत्वपूर्ण भाषण से पहले मैं कभी-कभी कुछ क्षण रुककर धीमी साँसें लेता हूँ। साँस मन के लिए एक आधार बन जाती है। धीरे-धीरे साँस अंदर जाती है... धीरे-धीरे बाहर आती है... तनाव थोड़ा नरम पड़ जाता है। सोच की गति भी संतुलित हो जाती है। शरीर फिर से सहयोग करने लगता है। यह छोटा-सा अभ्यास मन को याद दिलाता है— घबराहट भागने का संकेत नहीं है। वह ध्यान केंद्रित करने का संकेत है।

दबाव को संभालने में तैयारी भी बहुत महत्वपूर्ण भूमिका निभाती है। जब वक्ता विषय को गहराई से समझता है, तो भूल जाने का डर कम हो जाता है। जब विचार स्पष्ट रूप से व्यवस्थित होते हैं, तो मन को खुद पर भरोसा होने लगता है। तैयारी अनिश्चितता को परिचित बना देती है।

मैं अक्सर विद्यार्थियों से कहता हूँ कि बोलने से पहले का डर तीन शांत चिंताओं में छिपा होता है।

पहली— असफल होने का डर। दूसरी— महत्वपूर्ण क्षण पर शब्द भूल जाने का डर। तीसरी—
लोगों द्वारा आंका जाने या हँसे जाने का डर।

जब तैयारी कम होती है, तो ये डर बहुत शक्तिशाली लगते हैं। लेकिन तैयारी धीरे-धीरे इन्हें कमजोर कर देती है। जब आप अपने विचारों का अभ्यास करते हैं... जब आप अपने संदेश को समझते हैं, केवल याद नहीं करते... तो भाषण लचीला हो जाता है।

अगर एक वाक्य भूल भी जाए, तो दूसरा स्वाभाविक रूप से आ जाता है। मन शब्दों को याद रखने में नहीं फँसता। वह अर्थ से जुड़ा रहता है। यही लचीलापन वक्ता को दबाव के बीच भी बोलने में सक्षम बनाता है।

समय के साथ एक रोचक परिवर्तन होता है। दबाव डरावना लगना बंद हो जाता है। वह परिचित लगने लगता है— जैसे कोई संकेत कि अब कुछ महत्वपूर्ण होने वाला है। आप समझने लगते हैं कि श्रोता पूर्णता का इंतज़ार नहीं कर रहे। वे सच्चाई का इंतज़ार कर रहे हैं। उन्हें स्पष्टता चाहिए। उन्हें ईमानदारी चाहिए। उन्हें जुड़ाव चाहिए। और ये सब आदर्श भावनात्मक स्थिति पर निर्भर नहीं करते। ये उद्देश्य पर निर्भर करते हैं।

मैंने कई सुंदर क्षण देखे हैं जब लोग अपनी झिझक के बावजूद आगे बढ़े। एक विद्यार्थी जो शुरुआत में डर रहा था, भाषण के बीच में महसूस करता है कि लोग ध्यान से सुन रहे हैं। एक पेशेवर जो मीटिंग में बोल रहा होता है, महसूस करता है कि पहले की घबराहट अब ऊर्जा बन चुकी है।

दबाव गति में बदल जाता है। यह परिवर्तन अक्सर मंच पर जाने से पहले नहीं होता। यह बोलते समय होता है। जैसे ही श्रोताओं के साथ संवाद शुरू होता है— मन समायोजित हो जाता है। विचार व्यवस्थित हो जाते हैं। आत्मविश्वास वाक्य-दर-वाक्य बढ़ता जाता है।

प्रदर्शन आत्मविश्वास पैदा करता है। आत्मविश्वास प्रदर्शन पैदा नहीं करता।

इसीलिए संवाद की दुनिया में मानसिक दृढ़ता इतनी महत्वपूर्ण है। यह आपको तब भी आगे बढ़ने की क्षमता देती है जब परिस्थितियाँ आदर्श न हों। यह आपको मूड के बजाय उद्देश्य पर ध्यान देना सिखाती है।

मूड हर दिन बदलता है। लेकिन उद्देश्य स्थिर रहता है। जैसे-जैसे वक्ता अनुभव से आगे बढ़ते हैं, वे इस अंतर को स्पष्ट रूप से समझने लगते हैं।

वे आदर्श भावनाओं का इंतज़ार करना छोड़ देते हैं। वे तैयारी करते हैं। शांत साँस लेते हैं। और जब क्षण आता है— वे आगे बढ़ जाते हैं। और तब एक अद्भुत परिवर्तन होता है।

जो मंच कभी डरावना लगता था, वही अभिव्यक्ति की जगह बन जाता है। दबाव ऊर्जा बन जाता है। घबराहट ध्यान में बदल जाती है। आवाज़ स्थिर हो जाती है। विचार बहने लगते हैं। और संदेश श्रोताओं के मन तक पहुँच जाता है।

क्योंकि सच्चा आत्मविश्वास दबाव की अनुपस्थिति नहीं है।

सच्चा आत्मविश्वास है—

दबाव के बावजूद उद्देश्य के साथ प्रदर्शन करने का निर्णय।

2. भावना से ऊपर अनुशासन

कुछ सुबहें ऐसी होती हैं जब मन बहुत साफ़ और तैयार महसूस करता है। विचार आसानी से बनने लगते हैं। शब्द अपने आप जुड़ते चले जाते हैं। ऊर्जा शरीर में एक शांत धारा की तरह बहती रहती है। ऐसे दिनों में बोलना बहुत सहज लगता है। मंच मानो आपके विचारों का स्वाभाविक विस्तार बन जाता है।

लेकिन हर सुबह ऐसी नहीं होती। कुछ सुबहें अलग होती हैं। ऐसी सुबहें जब मन कई अधूरे विचारों से भरा हुआ होता है। जब रात की नींद पूरी नहीं हुई होती। जब दिन की शुरुआत ही किसी छोटी-सी असहज घटना से हुई होती है। कभी घर में कोई छोटी-सी बहस हो जाती है। कभी कोई परेशान करने वाली खबर सुनने को

मिल जाती है। कभी जिम्मेदारियों का भार चुपचाप मन पर बैठ जाता है।

लेकिन एक चीज़ नहीं बदलती— समय। कार्यक्रम तय है। श्रोता इंतज़ार कर रहे हैं। यहीं से वक्ता के जीवन में **अनुशासन** प्रवेश करता है।

मुझे एक दिन बहुत स्पष्ट याद है। मुझे एक प्रशिक्षण **सेशन** में बोलना था। यह कार्यक्रम पहले से तय था। विषय भी महत्वपूर्ण था। लोग अलग-अलग स्थानों से उस **सेशन** में भाग लेने आए थे।

लेकिन उस सुबह मेरा मन थोड़ा भारी था। किसी व्यक्तिगत बात ने मेरे विचारों को विचलित कर दिया था।

कुछ क्षणों के लिए मन में एक विचार आया— "आज का **सेशन** टाल दिया जाए।" यह करना आसान होता। लेकिन नेतृत्व भावनात्मक आराम का इंतज़ार नहीं करता।

जब मैं हॉल की ओर चल रहा था, तो मैंने खुद को एक सरल बात याद दिलाई। श्रोता मेरे मूड से मिलने नहीं आए हैं। वे एक संदेश सुनने आए हैं। उन्होंने समय निकाला है। वे उम्मीद लेकर आए हैं। उनके प्रयास का सम्मान होना चाहिए।

जब मैं मंच पर पहुँचा, तो भीतर की भावनाएँ तुरंत गायब नहीं हुईं। लेकिन कुछ मिनटों के भीतर एक दिलचस्प परिवर्तन हुआ। जैसे ही श्रोताओं के साथ संवाद शुरू हुआ, मन धीरे-धीरे उस क्षण के उद्देश्य से जुड़ गया। व्यक्तिगत भावनाएँ पीछे चली गईं। ध्यान सामने बैठे लोगों पर केंद्रित हो गया। और जब **सेशन** समाप्त हुआ, तो पहले की बेचैनी पूरी तरह समाप्त हो चुकी थी।

उस अनुभव ने मुझे एक महत्वपूर्ण सिद्धांत सिखाया— **जहाँ भावना झिझकती है, वहाँ अनुशासन आगे बढ़ता है।** मानवीय भावनाएँ शक्तिशाली होती हैं। लेकिन वे स्थिर नहीं होतीं। वे मौसम की तरह बदलती रहती हैं। कभी उत्साह... कभी थकान... कभी प्रेरणा... कभी संदेह।

अगर हमारे कार्य केवल हमारे मूड पर निर्भर हों, तो निरंतरता असंभव हो जाएगी। जो वक्ता केवल तब बोलता है जब उसका मूड बिल्कुल सही हो— वह बहुत कम बोलेगा।

अनुशासन इस स्थिति को बदल देता है। अनुशासन का अर्थ है— क्षणिक भावनाओं के बावजूद अपने दायित्व को निभाना।

इसका अर्थ है— तैयारी करना... अभ्यास करना... और अपना संदेश देना... यहाँ तक कि उन दिनों में भी जब उत्साह कम महसूस हो।

कई मायनों में अनुशासन ही आत्मविश्वास की शांत रीढ़ है।

विद्यार्थी अक्सर सोचते हैं कि अनुभवी वक्ताओं को भावनात्मक रूप से कोई विशेष लाभ होता है। उन्हें लगता है कि अनुभवी वक्ता हमेशा तैयार, ऊर्जावान और प्रेरित महसूस करते होंगे।

लेकिन सच्चाई इससे कहीं अधिक मानवीय है। अनुभवी वक्ताओं को भी कभी-कभी झिझक होती है। अंतर केवल इतना है कि वे उस झिझक के आगे रुकते नहीं।

भावना कहती है— "शायद आज सही दिन नहीं है।" अनुशासन कहता है— "श्रोता इंतज़ार कर रहे हैं।"

जब अनुशासन आगे बढ़ता है, तो कार्य अपने आप शुरू हो जाता है।

समय के साथ एक अद्भुत परिवर्तन होने लगता है। मन धीरे-धीरे सीख जाता है कि मूड आपके कार्यों का मालिक नहीं है। उद्देश्य आपका मार्गदर्शक बन जाता है। भावनाएँ बदलती रहती हैं, लेकिन संदेश देने की प्रतिबद्धता स्थिर रहती है।

यह स्थिरता विश्वास पैदा करती है। दूसरों के मन में भी... और आपके अपने भीतर भी।

मैं विद्यार्थियों से अक्सर कहता हूँ— अनुशासन का अर्थ भावनाओं को दबाना नहीं है। अनुशासन का अर्थ है उन्हें सही स्थान देना।

भावनाएँ संकेत होती हैं, आदेश नहीं। वे बताती हैं कि हम कैसा महसूस कर रहे हैं। लेकिन वे हमेशा यह नहीं बतातीं कि हमें क्या करना चाहिए।

एक शिक्षक थका होने पर भी पढ़ाता है। एक चिकित्सक कठिन दिन के बाद भी मरीजों का इलाज करता है। एक नेता निर्णय की घड़ी में बोलता है। जिम्मेदारी प्राथमिकताएँ बदल देती है।

सार्वजनिक बोलने में अनुशासन कई छोटे-छोटे व्यवहारों में दिखाई देता है। जब वक्ता लंबा दिन होने के बाद भी भाषण का अभ्यास करता है। जब वह ध्यान भटकाने वाली चीज़ों के बावजूद तैयारी जारी रखता है। जब वह श्रोताओं को समझने के लिए समय देता है। जब वह अपने संदेश को सुधारता हैऔर प्रस्तुति का अभ्यास करता है।

ये छोटे-छोटे कदम चुपचाप जमा होते रहते हैं। श्रोता इन प्रयासों को नहीं देखते। वे केवल अंतिम भाषण देखते हैं। लेकिन हर आत्मविश्वासी प्रस्तुति के पीछे अनुशासन के कई शांत निर्णय छिपे होते हैं।

अनुशासन का एक गहरा मानसिक प्रभाव भी होता है। हर बार जब आप भावनात्मक प्रतिरोध के बावजूद मंच पर जाते हैं, तो आपका मन मजबूत बनता है।

अगली चुनौती थोड़ी आसान लगती है। अगला भाषण थोड़ा अधिक सहज लगता है। आत्मविश्वास अभ्यास से बढ़ता है।

मैंने विद्यार्थियों में यह परिवर्तन कई बार देखा है। शुरुआत में वे प्रेरणा पर निर्भर रहते हैं। अगर प्रेरणा हो तो वे अच्छा बोलते हैं। अगर आत्मविश्वास कम हो तो पीछे हट जाते हैं। लेकिन जब वे नियमित अभ्यास करते हैं, तो धीरे-धीरे बदलाव आता है।

वे उन दिनों में भी तैयार होकर आते हैं जब उन्हें थोड़ा कम आत्मविश्वास महसूस होता है। वे अपने मूड पर नहीं, अपनी तैयारी पर भरोसा करना सीखते हैं। उनकी वाणी स्थिर होने लगती है। उनकी उपस्थिति संतुलित हो जाती है।

धीरे-धीरे बोलना उनके पेशेवर व्यक्तित्व का हिस्सा बन जाता है।

यह है अनुशासन की शांत शक्ति। यह अस्थिर भावनाओं पर निर्भरता को हटाकर विश्वसनीयता को स्थापित करता है।

जब आपको पता होता है कि आप परिस्थितियों के बावजूद बोलेंगे, तो मंच का डर धीरे-धीरे कम होने लगता है।

मंच परिचित जगह बन जाता है। इस प्रक्रिया के भीतर एक सरल सच्चाई छिपी है।

भावना यात्रा की शुरुआत कर सकती है। लेकिन उसे जारी अनुशासन ही रखता है।

उत्साह रुचि जगा सकता है। लेकिन प्रतिबद्धता ही निपुणता बनाती है।

अनुशासन के बिना क्षमता बिखर जाती है।

अनुशासन के साथ साधारण क्षमता भी असाधारण कौशल बन सकती है।

हर बार जब आप झिझक के बावजूद मंच पर जाते हैं, तो आपका अनुशासन मजबूत होता है।

हर बार जब आप प्रेरणा कम होने के बावजूद तैयारी करते हैं, तो उत्कृष्टता के प्रति आपकी प्रतिबद्धता गहरी होती है।

धीरे-धीरे एक परिवर्तन दिखाई देने लगता है। आवाज़ स्थिर हो जाती है। मन स्पष्ट हो जाता है। और मंच चुनौती नहीं लगता— बल्कि एक जिम्मेदारी लगता है जिसे निभाने के लिए आप तैयार हैं।

क्योंकि जब अनुशासन आपके कार्यों का मार्गदर्शन करता है,
तो भावना आपके प्रदर्शन को नियंत्रित नहीं करती।

वह केवल आकाश में गुजरते बादल की तरह आती है और चली जाती है—

जबकि आपका उद्देश्य आगे बढ़ता रहता है।

3. "फिर भी प्रदर्शन करो" सिद्धांत

मंच पर जाने से ठीक पहले एक बहुत शांत क्षण आता है। यह क्षण केवल कुछ सेकंड का होता है। श्रोता अपनी जगह पर बैठ रहे होते हैं। माइक्रोफोन तैयार खड़ा होता है। और वक्ता का मन अपने अंतिम विचारों से गुजर रहा होता है।

उस छोटे-से ठहराव में एक गहरी बात सामने आती है—

क्या आप बोलेंगे... या झिझकेंगे?

बहुत से लोग मानते हैं कि सार्वजनिक भाषण केवल आत्मविश्वास का खेल है। लेकिन जो व्यक्ति सच में किसी मंच पर खड़ा हुआ है, वह जानता है कि आत्मविश्वास हर बार साथ नहीं आता।

कभी शरीर थका हुआ होता है। कभी मन बिखरा हुआ होता है। कभी मंच के बाहर की कोई घटना आपके भावनात्मक संतुलन को हिला चुकी होती है।

लेकिन श्रोता इन अंदरूनी संघर्षों को नहीं देखते। वे केवल वक्ता को देखते हैं।

सालों के अनुभव में मैंने एक शांत सिद्धांत को पहचाना है, जो कभी-कभी बोलने वालों और लगातार प्रभावशाली बोलने वालों के बीच फर्क पैदा करता है।

मैं इसे कहता हूँ— **"फिर भी प्रदर्शन करो" सिद्धांत।**

यह विचार बहुत सरल है। लेकिन इसकी शक्ति बहुत गहरी है।

फिर भी बोलो।

दिन लंबा हो तो भी बोलो। आवाज़ थोड़ी भारी हो तो भी बोलो। मन में थोड़ी शंका हो तो भी मंच पर स्थिर खड़े रहो। क्योंकि मंच आपके मूड का इंतज़ार नहीं करता।

मंच आपके **समर्पण** का इंतज़ार करता है।

मुझे कई साल पहले का एक प्रशिक्षण **सेशन** याद है। यह कार्यक्रम उन विद्यार्थियों के लिए आयोजित किया गया था जो प्रतिस्पर्धी पेशेवर भूमिकाओं की तैयारी कर रहे थे।

कमरा उम्मीद से भरा हुआ था। ये युवा मन उत्सुक थे। जिज्ञासु थे। और सीखने के लिए पूरी तरह तैयार थे।

लेकिन उस दिन की सुबह मेरे लिए थोड़ी कठिन थी। हल्की-सी तबीयत खराब थी। शरीर कमजोर लग रहा था। गला भी थोड़ा भारी महसूस हो रहा था।

एक क्षण के लिए मन में विचार आया— "आज का **सेशन** थोड़ा छोटा कर दिया जाए।" लेकिन जब मैं हॉल में पहुँचा और उन विद्यार्थियों को ध्यान से बैठा देखा, तो मेरे भीतर कुछ बदल गया।

उनकी ऊर्जा ने मुझे याद दिलाया— यह **सेशन** क्यों है।

और उसी क्षण मन ने एक शांत निर्णय लिया—**फिर भी प्रदर्शन करो।**

पहले कुछ मिनट थोड़े कठिन थे। आवाज़ थोड़ी अलग लग रही थी। लय भी पूरी तरह सहज नहीं थी। लेकिन धीरे-धीरे एक दिलचस्प परिवर्तन हुआ। जैसे-जैसे श्रोताओं के साथ संवाद गहरा हुआ, वैसे-वैसे पहले की असुविधा कम होने लगी। ऊर्जा वापस आने लगी। विचार खुलकर बहने लगे। और सेशन के अंत तक पूरा कमरा चर्चा और जिज्ञासा से जीवंत हो चुका था। पहले की झिझक पूरी तरह गायब हो चुकी थी।

उस दिन एक बहुत महत्वपूर्ण बात स्पष्ट हुई— **ऊर्जा अक्सर प्रदर्शन से पैदा होती है, उसका इंतज़ार करने से नहीं।**

अधिकतर लोग सोचते हैं कि पहले उन्हें पूरी तरह तैयार महसूस करना चाहिए। लेकिन वास्तविकता अक्सर उलटी होती है। तैयारी का अनुभव अक्सर **कार्य शुरू होने के बाद** आता है।

जब मन देखता है कि आप प्रतिबद्ध हैं, तो वह खुद को कार्य के अनुसार ढाल लेता है।

जीवन के हर क्षेत्र में यह सिद्धांत दिखाई देता है। एक संगीतकार मंच पर जाने से पहले पूरी तरह प्रेरित महसूस नहीं करता, लेकिन जैसे ही संगीत शुरू होता है, लय अपने आप बहने लगती है। एक शिक्षक थकान के साथ कक्षा में प्रवेश करता है, लेकिन विद्यार्थियों के साथ संवाद धीरे-धीरे उत्साह को फिर जगा देता है।

कार्य क्षमता को जगाता है।

सार्वजनिक भाषण में भी यही होता है। जो लोग सही भावनात्मक क्षण का इंतज़ार करते रहते हैं,

उनके अवसर धीरे-धीरे निकल जाते हैं।

भाषण के निमंत्रण टल जाते हैं। प्रस्तुतियाँ आगे बढ़ती रहती हैं। और विचार मन के भीतर ही बंद रह जाते हैं।

लेकिन जो वक्ता "**फिर भी प्रदर्शन करो**" सिद्धांत अपनाता है, उसका मंच से रिश्ता बदल जाता है। उसके लिए बोलना केवल भावना का खेल नहीं रहता। वह एक जिम्मेदारी बन जाता है।

तैयारी हो चुकी है। संदेश स्पष्ट है। श्रोता इंतज़ार कर रहे हैं।

ऐसी स्थिति में झिझक की शक्ति कम हो जाती है। आप बोलते हैं।

इस सिद्धांत का एक और महत्वपूर्ण प्रभाव है— यह भय को कमजोर कर देता है। भय देरी में पनपता है। जितनी देर मन सोचता रहता है कि बोलना चाहिए या नहीं, उतनी ही चिंता बढ़ती जाती है।

लेकिन जैसे ही आप आगे बढ़कर बोलना शुरू करते हैं, भय की पकड़ ढीली पड़ने लगती है।

शुरुआत में आवाज़ थोड़ी काँप सकती है। दिल की धड़कन थोड़ी तेज लग सकती है। लेकिन जैसे ही वाक्य बनने लगते हैं और श्रोता सुनने लगते हैं,
मन एक बात समझ जाता है— जिस स्थिति से आप डर रहे थे... वह अभी हो रही है... और आप फिर भी खड़े हैं। यहीं भ्रम टूट जाता है।

मैंने विद्यार्थियों में यह परिवर्तन कई बार देखा है। पहले भाषण से पहले वे बहुत तनाव में दिखाई देते हैं। लेकिन जैसे ही वे कुछ वाक्य बोल लेते हैं, उनके शरीर में बदलाव दिखाई देता है। कंधे थोड़े ढीले हो जाते हैं। आँखें श्रोताओं से जुड़ने लगती हैं। मंच दुश्मन जैसा नहीं लगता। वह अभिव्यक्ति की जगह बन जाता है।

"फिर भी प्रदर्शन करो" सिद्धांत केवल आत्मविश्वास ही नहीं बनाता। यह स्वयं पर विश्वास भी बनाता है। हर बार जब आप असुविधा के बावजूद बोलते हैं, तो आपका मन उस अनुभव को याद रखता है।

उसे समझ में आता है— आप वह व्यक्ति हैं जो ज़रूरत पड़ने पर सामने आता है। और यही आंतरिक विश्वास, सच्चे आत्मविश्वास की नींव बनता है।

आत्मविश्वास का अर्थ भय का पूरी तरह समाप्त हो जाना नहीं है। आत्मविश्वास का अर्थ है— भय होने के बावजूद कार्य करने की क्षमता।

मैं विद्यार्थियों से अक्सर कहता हूँ— साहस का मतलब घबराहट का खत्म होना नहीं है। साहस का मतलब है यह तय करना कि--**संदेश घबराहट से अधिक महत्वपूर्ण है।**

जब यह समझ मन में बैठ जाती है, तो मंच परीक्षा जैसा नहीं लगता। वह अवसर बन जाता है।

बेशक, "फिर भी प्रदर्शन करो" का अर्थ यह नहीं है कि तैयारी को नज़रअंदाज़ किया जाए। इसका अर्थ है— व्यावसायिक जिम्मेदारी के साथ अपने वचन का सम्मान करना। क्योंकि श्रोता जिज्ञासा और उम्मीद लेकर आए हैं। वे ईमानदारी, स्पष्टता और उपस्थिति के हकदार हैं। और दिलचस्प बात यह है कि श्रोता अक्सर ऐसे वक्ताओं को अधिक पसंद करते हैं--जो सच्चे प्रयास के साथ बोलते हैं। उन्हें वास्तविकता महसूस होती है। उन्हें पता चलता है कि वक्ता पूरी निष्ठा से उपस्थित है।

मानव स्वभाव दृढ़ता की सराहना करता है। समय के साथ यह दृष्टिकोण पूरे बोलने के सफर को बदल देता है। मंच कम डरावना लगने लगता है। क्योंकि वह अब नाजुक भावनाओं पर निर्भर नहीं रहता। बोलना एक अभ्यास बन जाता है।

मूड बदल सकता है। परिस्थितियाँ बदल सकती हैं। लेकिन प्रतिबद्धता स्थिर रहती है। **फिर भी प्रदर्शन करो।** झिझकने के कारण हमेशा मिलेंगे।

मन हमेशा कभी-कभी फुसफुसाएगा— "शायद आज सही दिन नहीं है।"

लेकिन जो वक्ता उस फुसफुसाहट से ऊपर उठना सीख जाता है,

वह एक अद्भुत अनुभव करता है।

मंच घर जैसा महसूस होने लगता है।

और जब ऐसा हो जाता है—तो आपकी आवाज़,

परिस्थितियों का इंतज़ार नहीं करती।

वह बस बोलती है।

4. व्यक्तिगत कठिनाइयाँ, पेशेवर मानक

कुछ दिन ऐसे आते हैं जब जीवन चुपचाप आपकी पेशेवर निष्ठा की परीक्षा लेता है। यह परीक्षा किसी बड़े शोर के साथ नहीं आती। यह साधारण परिस्थितियों में सामने आती है— कभी एक अधूरी नींद के बाद, कभी किसी परेशान करने वाली फ़ोन कॉल के बाद, कभी घर की किसी अचानक समस्या के बाद।

मन कई ऐसे विचारों से भर जाता है.. जिनका उस काम से कोई संबंध नहीं होता .जो आपके सामने आने वाला है। लेकिन दुनिया बाहर रुकती नहीं।

कक्षा अभी भी शिक्षक का इंतज़ार कर रही होती है। मीटिंग अभी भी वक्ता का इंतज़ार कर रही होती है। और श्रोता अभी भी संदेश का इंतज़ार कर रहे होते हैं।

ऐसे क्षणों में हर पेशेवर के भीतर एक शांत प्रश्न उठता है— **क्या आज दिन को व्यक्तिगत भावनाएँ चलाएँगी... या पेशेवर जिम्मेदारी आगे बढ़ेगी?**

मुझे एक सुबह बहुत स्पष्ट रूप से याद है जब यह प्रश्न मेरे सामने खड़ा था। दिन की शुरुआत में ही एक व्यक्तिगत बात ने मेरे मन को विचलित कर दिया था। वह ऐसी स्थिति थी जो बार-बार विचारों में लौट आती है।

आप कुछ और करने की कोशिश करते हैं, लेकिन मन फिर उसी तरफ लौट जाता है।

उसी दोपहर मुझे एक प्रशिक्षण सेशन में बोलना था। विषय पहले से तय था। तैयारी भी पूरी थी। लोग भी दूर-दूर से उस सेशन में आने वाले थे। लेकिन जैसे-जैसे समय करीब आ रहा था, सुबह की घटना का भावनात्मक भार अभी भी मन में बना हुआ था।

मन धीरे-धीरे तर्क करने लगा। "शायद आज सेशन थोड़ा छोटा कर दिया जाए।" "शायद चर्चा किसी और दिन रखी जा सकती है।"

लेकिन जब मैं कार्यक्रम स्थल पहुँचा और लोगों को इकट्ठा होते देखा, तो एक गहरी समझ सामने आई। ये लोग अपनी उम्मीदों के साथ आए हैं। इनमें से कुछ दूर से यात्रा करके आए हैं। कुछ ने अपने कार्यक्रम बदलकर समय निकाला है।

उन्हें मेरी व्यक्तिगत कठिनाइयों के बारे में पता नहीं है। और सच कहें तो— उन्हें उसका भार उठाने की ज़रूरत भी नहीं है।

उसी क्षण मेरे भीतर एक शांत परिवर्तन हुआ। व्यक्तिगत समस्या गायब नहीं हुई। लेकिन उसका स्थान बदल गया। वह मुख्य विचार नहीं रही। वह केवल पृष्ठभूमि बन गई।

और सामने आ गया— **कर्तव्य।**

जब सेशन शुरू हुआ, तो मैंने अपना पूरा ध्यान श्रोताओं के साथ चल रहे संवाद पर केंद्रित कर दिया। धीरे-धीरे सुबह की बेचैनी कम होने लगी। श्रोताओं के प्रश्न आने लगे। विचार खुलने लगे। कमरा एक शांत लेकिन जीवंत ऊर्जा से भर गया। और जब सेशन समाप्त हुआ, तो एक दिलचस्प बात हुई— सुबह का भावनात्मक भार हल्का हो चुका था।

उस दिन एक गहरा सिद्धांत स्पष्ट हुआ— **व्यक्तिगत कठिनाइयाँ जीवन में आती रहेंगी, लेकिन पेशेवर मानक हमारे कार्यों का मार्गदर्शन करते रहने चाहिए।**

जीवन शायद ही कभी आदर्श परिस्थितियाँ देता है।

अगर हम हर जिम्मेदारी निभाने से पहले पूरी भावनात्मक स्थिरता का इंतज़ार करें, तो हम जीवन का बड़ा हिस्सा इंतज़ार में ही बिता देंगे।

मनुष्य निराशा भी महसूस करता है। हताशा भी महसूस करता है। थकान भी महसूस करता है। ये सब जीवन का हिस्सा हैं।

लेकिन पेशेवर जीवन हमसे एक अलग अपेक्षा रखता है। वह कहता है— उपस्थित रहो।

वह कहता है— दूसरों की अपेक्षाओं का सम्मान करो। विशेष रूप से तब जब लोग आपके योगदान पर निर्भर हों।

एक शिक्षक कठिन दिन के कारण कक्षा नहीं छोड़ सकता। एक नेता बेचैन मन के कारण मीटिंग से गायब नहीं हो सकता।

श्रोता आपके सर्वश्रेष्ठ प्रयास के हकदार हैं— आपकी पूरी तरह सही भावनात्मक स्थिति के नहीं।

इसका अर्थ यह नहीं है कि हम अपनी भावनाओं को पूरी तरह दबा दें।

व्यक्तिगत अनुभव हमें आकार देते हैं। वे हमें दुनिया को समझने में मदद करते हैं।

कई बार संवाद की सबसे गहरी समझ, कठिन अनुभवों से ही आती है।

लेकिन एक अंतर होता है— भावनाओं से सीखने और भावनाओं को अपने व्यवहार पर नियंत्रण देने के बीच।

पहला चरित्र को मजबूत करता है। दूसरा विश्वसनीयता को कमजोर करता है।

मैंने वर्षों में देखा है कि सबसे सम्मानित पेशेवरों में एक शांत स्थिरता होती है। वे भी वही चुनौतियाँ झेलते हैं जो हर व्यक्ति झेलता है— परिवार की चिंता, स्वास्थ्य की समस्या, अचानक दबाव।

लेकिन जब वे अपने पेशेवर स्थान पर खड़े होते हैं, तो उस क्षण की जिम्मेदारी का सम्मान करते हैं।

उनकी यह स्थिरता विश्वास पैदा करती है।

विद्यार्थी ऐसे शिक्षक पर भरोसा करते हैं जो हर दिन तैयार और उपस्थित दिखाई देता है। सहकर्मी ऐसे नेता पर भरोसा करते हैं जो कठिन परिस्थितियों में भी संतुलित रहता है। और श्रोता ऐसे वक्ता पर भरोसा करते हैं जो ईमानदारी और ध्यान के साथ विचार प्रस्तुत करता है।

विश्वास धीरे-धीरे बनता है। लेकिन जब बनता है, तो बहुत शक्तिशाली होता है।

सार्वजनिक भाषण में यह स्थिरता विशेष रूप से आवश्यक है।

जब आप मंच पर खड़े होते हैं, तो आपकी उपस्थिति पूरे कमरे के वातावरण को प्रभावित करती है।

अगर आपका मन बिखरा हुआ हो या ऊर्जा अस्थिर हो, तो श्रोता तुरंत महसूस कर लेते हैं।

लेकिन जब आप स्पष्टता और संतुलन के साथ बोलते हैं, तो पूरा कमरा उसी ऊर्जा के साथ जुड़ जाता है।

पेशेवर मानक स्थिरता पैदा करते हैं।

मैं विद्यार्थियों से अक्सर कहता हूँ— मंच पर जाना किसी भूमिका में प्रवेश करने जैसा है।

कोई नकली पहचान नहीं, बल्कि अपने ही व्यक्तित्व का अनुशासित रूप।

एक ऐसा रूप--जो तैयारी, जिम्मेदारी और श्रोताओं के सम्मान को महत्व देता है।

उस भूमिका में आपका उद्देश्य स्पष्ट होता है— मूल्य देना।

श्रोता पूर्णता की उम्मीद नहीं करते।

वे ईमानदारी और प्रयास की उम्मीद करते हैं। वे चाहते हैं कि आप विचार साझा करें। ज्ञान बाँटें। और उन्हें विषय को बेहतर ढंग से समझने में मदद करें।

जब व्यक्तिगत समस्याएँ आपके मन को विचलित करने की कोशिश करें, तो इसी उद्देश्य की ओर लौटना, अक्सर मन को स्थिर कर देता है।

उद्देश्य मन को स्थिर करता है।

कठिन परिस्थितियों में भी पेशेवर मानकों को बनाए रखने का एक और प्रभाव होता है— आंतरिक शक्ति का विकास।

हर बार जब आप भावनात्मक कठिनाई के बावजूद अपनी जिम्मेदारी निभाते हैं, तो आपकी दृढ़ता बढ़ती है।

अगली चुनौती थोड़ी छोटी लगती है। अगला कठिन दिन थोड़ा आसान हो जाता है। आत्मविश्वास चुपचाप बढ़ने लगता है।

समय के साथ यह अनुशासन..काम और जीवन दोनों के प्रति आपके दृष्टिकोण को बदल देता है।

आप परिस्थितियों से नियंत्रित नहीं होते। आप अपनी प्रतिक्रिया स्वयं तय करते हैं।

आपके कार्य मूड से नहीं, प्रतिबद्धता से तय होते हैं।

चुनौतियाँ खत्म नहीं होतीं। लेकिन आप उनका सामना अलग तरीके से करने लगते हैं।

और दिलचस्प बात यह है— ऐसे समय में मंच कई बार नई ऊर्जा का स्रोत बन जाता है। जब आप श्रोताओं के साथ विचार साझा करते हैं, संवाद करते हैं, और उनकी आँखों में जिज्ञासा देखते हैं—

तो भीतर कुछ फिर से जाग जाता है।

बोलने का कार्य थकाने वाला नहीं लगता। वह ऊर्जा देने वाला बन जाता है। शायद यही संवाद का एक छिपा हुआ उपहार है।

यह हमें याद दिलाता है— कि जीवन चाहे थोड़ी देर के लिए कठिन क्यों न लगे, हमारे शब्द अभी भी लोगों को जोड़ सकते हैं। अंत में पेशेवर निष्ठा आसान दिनों में नहीं मापी जाती। वह तब दिखाई देती है जब परिस्थितियाँ आपकी एकाग्रता और प्रतिबद्धता की परीक्षा लेती हैं।

जब सब कुछ ठीक हो,
तो हर कोई अच्छा प्रदर्शन कर सकता है।

लेकिन जो वक्ता व्यक्तिगत कठिनाइयों के बावजूद
अपने मानकों को बनाए रखता है—

वह एक बहुत मूल्यवान गुण दिखाता है।

विश्वसनीयता।

और विश्वसनीयता ही सच्चे नेतृत्व की शांत नींव है।

5. भीतर की इस्पाती मजबूती बनाना

हर महत्वपूर्ण भाषण से पहले एक क्षण ऐसा आता है जब कमरा अचानक बहुत शांत हो जाता है। श्रोता अपनी जगह पर बैठ जाते हैं। कागज़ों की सरसराहट रुक जाती है। धीमी-धीमी बातचीत भी फुसफुसाहट में बदल जाती है। मंच के सामने कहीं एक माइक्रोफ़ोन चुपचाप इंतज़ार कर रहा होता है।

और पहले शब्द के बोले जाने से ठीक पहले वक्ता के भीतर कुछ होता है— जिसे पूरी तरह शब्दों में समझाना मुश्किल है। सीने में हल्का-सा कसाव। साँसों की गति थोड़ी तेज़। और यह एहसास कि कुछ ही क्षणों में कई आँखें एक व्यक्ति की ओर उठने वाली हैं।

वह क्षण केवल ज्ञान की परीक्षा नहीं लेता। वह भीतरी शक्ति की परीक्षा लेता है।

अधिकतर लोग मानते हैं कि आत्मविश्वासी वक्ता जन्म से अलग होते हैं।

जैसे उनमें कोई प्राकृतिक साहस होता है जो दूसरों में नहीं होता।

लेकिन अनुभव एक अलग सच्चाई बताता है।

मंच पर दिखाई देने वाला आत्मविश्वास अक्सर जन्म से मिला उपहार नहीं होता।

वह धीरे-धीरे बनता है— डर का सामना करते हुए, बार-बार मंच पर खड़े होते हुए, हर अनुभव से थोड़ा मजबूत बनते हुए।

जिसे हम आत्मविश्वास कहते हैं, वह अक्सर केवल भीतर की इस्पाती मजबूती का परिणाम होता है।

इस्पात भी तो जन्म से मजबूत नहीं होता। वह शुरू में एक साधारण धातु होता है— नरम, लचीला। लेकिन जब वह तीव्र गर्मी और दबाव से गुजरता है, तभी वह मजबूत बनता है। वह प्रक्रिया कठिन होती है। लेकिन उसी से स्थायित्व पैदा होता है।

मनुष्य का चरित्र भी कुछ इसी तरह बनता है।

मैंने कई विद्यार्थियों को पहली बार मंच पर खड़े होते देखा है। उनकी आवाज़ हल्की-सी काँपती है। हाथ थोड़े अस्थिर रहते हैं। पहले कुछ वाक्य अपेक्षा से अधिक भारी लगते हैं। जैसे हर शब्द झिझक को पार करके बाहर आ रहा हो।

लेकिन उन क्षणों में उनके भीतर कुछ बन रहा होता है।

शुरुआत में मन घबराहट को कमजोरी समझता है। तेज़ धड़कन असफलता जैसी लगती है। काँपते हाथ शर्मिंदगी जैसे लगते हैं।

और बहुत से लोग सोच लेते हैं— "शायद मंच मेरे लिए नहीं है।" लेकिन सच यह है कि मंच उन्हें अस्वीकार नहीं कर रहा होता। वह उन्हें **तैयार** कर रहा होता है।

हर बार जब कोई व्यक्ति उस घबराहट के बावजूद मंच पर खड़ा होता है, तो उसका मन थोड़ा मजबूत हो जाता है। अगला भाषण थोड़ा कम डरावना लगता है। आवाज़ थोड़ी जल्दी स्थिर हो जाती है। विचार थोड़े अधिक व्यवस्थित हो जाते हैं। इस्पात धीरे-धीरे बनता रहता है।

मुझे एक विद्यार्थी की घटना याद आती है। उसका पहला भाषण उसे बहुत असहज लगा। वह जल्दी-जल्दी बोल रहा था। आँखें श्रोताओं से नहीं मिला पा रहा था। और सेशन खत्म होते ही उसके चेहरे पर राहत साफ दिखाई दे रही थी।

बाद में वह मेरे पास आया और बोला— "सर, मुझे लगता है कि सार्वजनिक भाषण मेरे लिए नहीं है।" उसकी भावना समझ में आती थी। अनुभव कठिन था। लेकिन उसके प्रयास में कुछ ऐसा था जो एक अलग संभावना दिखा रहा था।

मैंने उसे अगली बार फिर कोशिश करने को कहा। दूसरा भाषण भी परिपूर्ण नहीं था। घबराहट अभी भी दिखाई दे रही थी।

लेकिन कुछ बदल चुका था। वह मंच पर थोड़ा अधिक समय तक खड़ा रहा। आवाज़ थोड़ी मजबूत थी।

चौथे या पाँचवें भाषण तक परिवर्तन पूरे कमरे को दिखाई देने लगा।

झिझक धीरे-धीरे कम हो रही थी। विचार अधिक स्पष्टता से आ रहे थे।

जो विद्यार्थी कभी मंच से बचना चाहता था, वही अब स्वयं बोलने के लिए आगे आने लगा।

कोई चमत्कार नहीं हुआ था।

वह बस इतना देर तक मंच पर बना रहा, कि उसके भीतर इस्पात बनने लगा।

यही मानसिक दृढ़ता की सच्चाई है। भीतरी शक्ति अचानक नहीं आती।

वह धीरे-धीरे बनती है— उन चुनौतियों का सामना करते हुए जो कभी बहुत कठिन लगती थीं।

हर चुनौती आपके भीतर मजबूती की एक नई परत छोड़ जाती है।

जो लोग असुविधा से पूरी तरह बचते रहते हैं, उनके भीतर यह प्रक्रिया शुरू ही नहीं होती।

मन कमजोर बना रहता है क्योंकि उसे कभी यह अनुभव नहीं मिलता कि कठिन क्षण भी पार किए जा सकते हैं। लेकिन जो लोग उन क्षणों का सामना करते

हैं, उनके साथ एक अद्भुत परिवर्तन होता है।

जो डर पहले बहुत बड़ा लगता था, वह धीरे-धीरे छोटा होने लगता है।

शरीर समझ जाता है कि घबराहट प्रदर्शन को नष्ट नहीं करती।

मन समझ जाता है कि गलती होने पर भी सीख जारी रहती है।

मजबूती परिचित बन जाती है।

सार्वजनिक भाषण में यह मजबूती केवल स्पष्ट बोलने में ही नहीं दिखाई देती।

यह तब भी दिखाई देती है जब अचानक कोई कठिन परिस्थिति आ जाए।

माइक्रोफ़ोन अचानक बंद हो सकता है। कोई प्रश्न आपके तर्क को चुनौती दे सकता है।

कभी-कभी कोई वाक्य अचानक भूल भी सकते हैं।

लेकिन जिन वक्ताओं के भीतर इस्पात बन चुका होता है—

वे घबराते नहीं। वे रुकते हैं। साँस लेते हैं। और फिर आगे बोलते हैं।

उनकी शक्ति कठिनाई से बचने में नहीं होती।

उनकी शक्ति कठिनाई आने पर शांत रहने में होती है।

धीरे-धीरे मंच स्वयं जीवन का प्रशिक्षण-स्थल बन जाता है।

मंच पर खड़े होने का अनुशासन जीवन के अन्य क्षेत्रों को भी मजबूत करता है।

धैर्य बढ़ता है। एकाग्रता तेज़ होती है।

भावनात्मक संतुलन गहरा होता है।

वक्ता वही संतुलन मीटिंगों में, बातचीत में, और निर्णय के क्षणों में भी लेकर चलता है।

इसीलिए काँपने से दहाड़ने तक की यात्रा केवल कौशल की यात्रा नहीं है।

यह मानसिकता की यात्रा है।

भीतर की इस्पाती मजबूती आपको अनिश्चितता का सामना करने की शक्ति देती है।

वह आपको याद दिलाती है कि घबराहट केवल ऊर्जा है जिसे सही दिशा देने की आवश्यकता है।

वह आपको आगे बढ़ने के लिए प्रेरित करती है भले ही आत्मविश्वास अभी पूरी तरह न आया हो।

और हर बार जब आप ऐसा करते हैं, इस्पात थोड़ा और मजबूत हो जाता है।

इस प्रक्रिया का एक और सुंदर पहलू है।

जैसे-जैसे वक्ता मजबूत होते हैं, उन्हें पता चलता है कि श्रोता उतने कठोर नहीं होते जितना हम सोचते हैं। अधिकतर श्रोता सहयोगी होते हैं। वे प्रयास की सराहना

करते हैं। वे सच्चाई को सम्मान देते हैं।

निर्णय का डर धीरे-धीरे कम हो जाता है जब उसकी जगह सच्चा संवाद ले लेता है।

धीरे-धीरे मंच दबाव की जगह नहीं रहता। वह अभिव्यक्ति की जगह बन जाता है।

शब्द अधिक स्पष्ट हो जाते हैं। हाव-भाव स्वाभाविक हो जाते हैं।

विचार अधिक प्रभावशाली हो जाते हैं।

लेकिन यह सब तुरंत नहीं होता। इस्पात बार-बार की गर्मी से बनता है।

आत्मविश्वास बार-बार के साहस से बनता है। जब आप बार-बार मंच पर जाते हैं— घबराहट के बावजूद,

झिझक के बावजूद— तो आप एक शांत परिवर्तन का हिस्सा बनते हैं।

हर भाषण आपके चरित्र में मजबूती की एक नई परत जोड़ देता है।

और फिर एक दिन ऐसा आता है— जब आप माइक्रोफ़ोन की ओर बढ़ते हैं और कुछ अलग महसूस करते हैं।

घबराहट अभी भी होती है। लेकिन वह आपको नियंत्रित नहीं करती। साँसें स्थिर रहती हैं। विचार स्पष्ट रहते हैं।

आपकी उपस्थिति संतुलित महसूस होती है। क्योंकि आपके भीतर इस्पात आकार ले चुका होता है।

और उसी क्षण आप एक गहरी सच्चाई समझते हैं—

जिस साहस को आप बाहर खोज रहे थे,

वह कहीं बाहर आपका इंतज़ार नहीं कर रहा था।

6

30-मिनट मिरर मेथड

1. दैनिक मिरर अभ्यास प्रणाली

अधिकतर लोग सोचते हैं कि महान वक्ता बड़े मंचों पर बनते हैं।

वे चमकती रोशनी की कल्पना करते हैं... बड़ी भीड़ की... और गूंजती हुई आवाज़ की, जिसे तालियों की गड़गड़ाहट मिल रही हो।

बाहर से देखने पर ऐसा लगता है कि शक्तिशाली वक्ता बस मंच पर आते हैं और स्वाभाविक आत्मविश्वास के साथ बोलना शुरू कर देते हैं।

लेकिन सच्चाई इससे कहीं अधिक शांत होती है। तालियों से बहुत पहले... श्रोताओं से पहले... माइक्रोफ़ोन से पहले... अक्सर एक छोटा-सा कमरा होता है।

एक शांत कोना। एक आईना। और एक व्यक्ति... जो स्वयं से बात कर रहा होता है।

दुनिया के कई प्रभावशाली वक्ताओं ने मंच पर जाने से बहुत पहले घंटों आईने के सामने अभ्यास किया है। आईना वह काम करता है जो कोई भी श्रोता नहीं कर सकता। वह सब कुछ सच्चाई से दिखा देता है। आपकी मुद्रा। आपकी झिझक। आपका आत्मविश्वास। आपकी अनिश्चितता।

आईना खुशामद नहीं करता। वह सच दिखाता है।

मैं अक्सर अपने विद्यार्थियों से कहता हूँ— वक्ता का पहला श्रोता आईना होना चाहिए।

यही सबसे सुरक्षित जगह है शुरुआत करने की... और यही सबसे ईमानदार जगह है सुधार करने की।

कई साल पहले एक प्रशिक्षण सेशन में एक विद्यार्थी मेरे पास आया। वह थोड़ा निराश था। उसके पास अच्छे विचार थे। विषय की समझ भी अच्छी थी। लेकिन

जैसे ही वह लोगों के सामने खड़ा होता, उसका आत्मविश्वास टूट जाता। आवाज़ तेज़ हो जाती। हाथ अजीब ढंग से हिलने लगते। और विचारों की संरचना अचानक बिखर जाती।

उसे लगा समस्या आत्मविश्वास की है। लेकिन असली समस्या आत्मविश्वास नहीं थी।

असली समस्या थी— **अभ्यास की कमी।**

सार्वजनिक भाषण एक प्रदर्शन है। और हर प्रदर्शन के लिए अभ्यास ज़रूरी होता है।

संगीतकार अभ्यास करते हैं। खिलाड़ी अभ्यास करते हैं। अभिनेता अभ्यास करते हैं।

लेकिन बहुत से लोग भाषण देने से पहले एक बार भी उसे ज़ोर से बोलकर अभ्यास नहीं करते।

मिरर अभ्यास प्रणाली इस गलती को पूरी तरह बदल देती है।

इसकी शुरुआत बहुत सरल है। आईने के सामने खड़े हो जाइए... और बोलिए। चुपचाप नहीं। सिर्फ मन में नहीं।

ज़ोर से बोलिए।

ऐसे बोलिए जैसे श्रोता सामने बैठे हों। शुरुआत में यह थोड़ा अजीब लगता है। अपनी ही आवाज़ को कमरे में गूंजते हुए सुनना असहज महसूस कराता है। आपके हाव-भाव आपको बढ़े-चढ़े लग सकते हैं। आपके चेहरे के भाव भी आपको नए लग सकते हैं।

कई लोग पहली बार अभ्यास करते हुए हल्का-सा मुस्कुरा देते हैं या खुद ही हँस पड़ते हैं।

यह स्वाभाविक है।

आप पहली बार यह देख रहे होते हैं कि बोलते समय आप कैसे दिखाई देते हैं।

कुछ मिनट बाद एक दिलचस्प बदलाव होता है। असहजता धीरे-धीरे कम होने लगती है। आपका ध्यान शर्म से हटकर **निरीक्षण** पर चला जाता है। आप छोटे-छोटे विवरण देखने लगते हैं जो सामान्य तैयारी में दिखाई नहीं देते। आप देखते हैं कि आपके कंधे कैसे हिलते हैं।

आप समझते हैं कि आपकी आँखों का संपर्क आत्मविश्वासी लगता है या नहीं। आप देखते हैं कि किसी महत्वपूर्ण बात पर ज़ोर देते समय आपके हाथ कैसे चलते हैं।

आईना आपका शिक्षक बन जाता है।

तब आपको एहसास होता है— संवाद केवल शब्दों का खेल नहीं है। यह उपस्थिति का भी खेल है।

आपका शरीर जिस तरह संदेश को प्रस्तुत करता है, वह भी उतना ही महत्वपूर्ण है जितना संदेश स्वयं।

मेरी अपनी वक्तृत्व यात्रा के शुरुआती वर्षों में मैंने इस विधि का कई बार उपयोग किया।

आईने के सामने खड़ा होना शुरू में थोड़ा अजीब लगता था। लेकिन धीरे-धीरे यह तैयारी का एक आवश्यक हिस्सा बन गया। आईने ने मुझे कई छोटी आदतें दिखाईं जो श्रोताओं का ध्यान भटका सकती थीं— अनावश्यक हरकतें... बहुत तेज़ बोलना... या ऐसे क्षण जब आँखें नीचे झुक जाती थीं।

हर निरीक्षण सुधार का अवसर बन गया।

मिरर अभ्यास का एक और बड़ा लाभ है— यह आपकी आवाज़ को प्रशिक्षित करता है। जब आप बार-बार ज़ोर से बोलते हैं, तो शब्द अपनी स्वाभाविक लय खोजने लगते हैं।

कठिन वाक्य आसान हो जाते हैं। जो वाक्य पहले उलझे हुए लगते थे, वे धीरे-धीरे सहज हो जाते हैं।

मन और आवाज़ साथ-साथ काम करने लगते हैं।

बहुत से वक्ताओं को अभ्यास के दौरान पता चलता है कि कुछ शब्द बोलने में अजीब लगते हैं।

कभी वाक्य बहुत जटिल होता है। कभी भाषा थोड़ी कृत्रिम लगती है।

आईना इन चीज़ों को पहले ही पकड़ने में मदद करता है— ताकि मंच पर जाने से पहले ही सुधार हो सके।

इस तरह आईना आपको अनावश्यक गलतियों से बचा लेता है।

समय का अभ्यास भी इस विधि का एक बड़ा लाभ है।

अगर भाषण के लिए समय सीमा तय हो— जैसे पाँच मिनट या दस मिनट— तो यह जानना जरूरी है कि वास्तव में बोलने में कितना समय लगता है।

मन में अभ्यास करने पर अक्सर भ्रम हो जाता है।

क्योंकि विचार मन में तेज़ चलते हैं, लेकिन शब्द हवा में धीरे चलते हैं।

मिरर अभ्यास इस भ्रम को ठीक करता है।

जब आप वास्तविक समय में बोलते हैं, तो आपको पता चलता है कि विचारों को किस गति से रखना है। कहाँ रुकना है। कहाँ थोड़ा ठहराव देना है। कौन-सा भाग विस्तार माँगता है और कौन-सा भाग जल्दी आगे बढ़ सकता है।

धीरे-धीरे भाषण में स्वाभाविक लय आने लगती है।

मैं विद्यार्थियों को सलाह देता हूँ कि वे रोज़ थोड़ा समय इस अभ्यास के लिए निकालें।

दिन में पंद्रह या बीस मिनट भी काफी होते हैं।

समय से अधिक महत्वपूर्ण है— निरंतरता।

हर दिन थोड़ा अभ्यास करने से अपनी ही आवाज़ से परिचय बढ़ता है। और परिचय से आत्मविश्वास जन्म लेता है।

इस प्रक्रिया में एक मनोवैज्ञानिक परिवर्तन भी होता है। आईना धीरे-धीरे देखे जाने के डर को कम कर देता है। जब आप खुद को बोलते हुए देखने के आदी हो जाते हैं, तो श्रोताओं की निगाहें उतनी डरावनी नहीं लगतीं।

आईना मन को ध्यान का आदी बना देता है।

कुछ समय बाद एक और रोचक परिवर्तन होता है। आपको ऐसा महसूस नहीं होता कि आप आईने के सामने अभ्यास कर रहे हैं। आप कल्पना करने लगते हैं कि आईने के पीछे श्रोता बैठे हैं। आपके चेहरे के भाव अधिक उद्देश्यपूर्ण हो जाते हैं। हाव-भाव अधिक स्वाभाविक हो जाते हैं।

कमरा अभ्यास का मंच बन जाता है। धीरे-धीरे मिरर अभ्यास तैयारी और प्रदर्शन के बीच एक पुल बना देता है।

जब वास्तविक मंच पर बोलने का दिन आता है, तो अनुभव नया नहीं लगता।

शरीर को मुद्रा याद रहती है। आवाज़ को लय याद रहती है। मन को विचारों का प्रवाह याद रहता है।

मंच अनजान जगह नहीं लगता। वह जगह लगती है जहाँ आप पहले भी कई बार जा चुके हैं।

बेशक मिरर अभ्यास का उद्देश्य पूर्णता नहीं है।

कोई भी वक्ता हर वाक्य पूरी तरह सही नहीं बोलता।

उद्देश्य केवल इतना है— कि आप अपने विचारों को स्पष्टता और आत्मविश्वास के साथ व्यक्त कर सकें। आईना आपको यही अवसर देता है। वह आपके संदेश को निखारने में मदद करता है। आपकी प्रस्तुति को मजबूत बनाता है। और आपको यह समझने में मदद करता है कि एक संवादक के रूप में आपकी उपस्थिति कैसी है।

वह तैयारी को केवल सोचने से बदलकर सक्रिय अभ्यास बना देता है।

और शायद सबसे महत्वपूर्ण बात यह है—

आईना हमें याद दिलाता है कि शक्तिशाली भाषण श्रोताओं से शुरू नहीं होते।

वे शुरू होते हैं उस शांत साहस से
जब आप अपने ही प्रतिबिंब के सामने खड़े होकर कहते हैं—
“चलो... एक बार फिर कोशिश करते हैं।”
वह तो शुरू से ही
आपके भीतर बन रहा था।

2. बॉडी लैंग्वेज को सुधारना

हर वक्ता के जीवन में एक क्षण ऐसा आता है जिसे वह हमेशा याद रखता है। हो सकता है आपको अपने भाषण के सभी शब्द याद न हों। हो सकता है आपको हर वाक्य याद न रहे।

लेकिन आपको वह एहसास ज़रूर याद रहता है— जब आप लोगों के सामने खड़े थे... और कई आँखें आपको देख रही थीं।

सार्वजनिक भाषण पहला शब्द बोलने से पहले ही शुरू हो जाता है। श्रोता आपको सुनने से पहले देखते हैं। मंच तक आपका चलकर जाना... माइक्रोफ़ोन को ठीक करते समय आपके हाथों की हरकत... कंधों की स्थिति... ये सब चुपचाप एक संदेश देना शुरू कर देते हैं।

आपकी आवाज़ बोलने से पहले ही आपका शरीर बोल चुका होता है।

मुझे एक राष्ट्रीय सेमिनार की घटना याद है। उस कार्यक्रम में एक प्रतिष्ठित अतिथि को समापन भाषण देने के लिए आमंत्रित किया गया था। हॉल में शिक्षक, विद्‌यार्थी और पेशेवर लोग बैठे थे। सब लोग शांत उत्सुकता के साथ वक्ता का इंतज़ार कर रहे थे।

उस दिन जिसने मुझे सबसे अधिक प्रभावित किया, वह केवल उनका भाषण नहीं था— बल्कि उनका खड़े होने का तरीका था। वे धीरे-धीरे और शांत चाल से मंच पर आए। उन्होंने बिना जल्दबाज़ी के अपने नोट्स रखे। फिर बोलने से पहले एक क्षण के लिए रुके। उनकी मुद्रा सीधी लेकिन सहज थी।

उनकी आँखें धीरे-धीरे पूरे हॉल में घूम रही थीं जैसे वे श्रोताओं की उपस्थिति को स्वीकार कर रहे हों। कुछ भी नाटकीय नहीं था। लेकिन पूरा कमरा तुरंत ध्यान से भर गया। बाद में उनका भाषण बहुत विचारपूर्ण था।

लेकिन जिसने शुरुआत से ही सबको बाँध लिया था, वह था उनका प्रेज़ेन्स। उनकी बॉडी लैंग्वेज पहले ही आत्मविश्वास का संदेश दे चुकी थी।

उस दिन एक सरल लेकिन गहरी बात स्पष्ट हुई— संवाद केवल शब्दों से नहीं होता।

हमारा शरीर भी लगातार संदेश देता रहता है।

विद्यार्थी अक्सर सोचते हैं कि सार्वजनिक भाषण का अर्थ केवल सही शब्द ढूँढना है।

शब्द निश्चित रूप से महत्वपूर्ण हैं। वे विचारों को आकार देते हैं।

लेकिन शब्द एक बड़े संकेत-तंत्र का हिस्सा होते हैं— आप कैसे खड़े होते हैं... आपकी आँखें कैसे जुड़ती हैं... आपके हाव-भाव की लय कैसी है।

ये संकेत श्रोता अक्सर बिना सोचे समझ लेते हैं।

अगर बॉडी लैंग्वेज तनावपूर्ण या अस्थिर दिखाई दे, तो श्रोता तुरंत महसूस कर लेते हैं। अगर वक्ता बार-बार एक पैर से दूसरे पैर पर भार बदलता रहे... कागज़ों से खेलता रहे... या आँखें मिलाने से बचता रहे— तो यह असहजता का संकेत देता है।

चाहे शब्द कितने ही अच्छे क्यों न हों, संदेश कमजोर पड़ जाता है।

बॉडी लैंग्वेज सुधारने की शुरुआत जागरूकता से होती है। कई वक्ताओं को यह पता ही नहीं होता कि बोलते समय उनका शरीर क्या संकेत दे रहा है। जब पूरा ध्यान अगले वाक्य को याद रखने पर होता है, तो शरीर अपनी आदतों के अनुसार चलता रहता है। हाथ बेचैन हो जाते हैं। कंधे कठोर हो जाते हैं। आँखें नीचे झुक जाती हैं।

यहीं आईना एक महत्वपूर्ण शिक्षक बन जाता है। जब आप मिरर अभ्यास करते हैं, तो ये आदतें तुरंत दिखाई देने लगती हैं। आप देख सकते हैं— क्या आप थोड़ा झुककर खड़े होते हैं जैसे जगह घेरने के लिए माफी मांग रहे हों। या आपके हाथ बहुत तेज़ी से चल रहे हैं जो संदेश से ध्यान हटा रहे हैं।

आईना आलोचना नहीं करता। वह केवल सच दिखाता है।

जब ये आदतें दिखाई देने लगती हैं, तो उन्हें धैर्य से सुधारा जा सकता है।

सबसे पहले आती है **मुद्रा**। संतुलित मुद्रा स्थिरता का संदेश देती है। अपने पैरों को आराम से थोड़ी दूरी पर रखें। रीढ़ सीधी रखें, लेकिन कठोर नहीं। कंधे ढीले रखें। यह स्थिति आपकी साँस को स्वाभाविक रखती है और आपकी आवाज़ को अधिक स्पष्ट बनाती है। जब शरीर स्थिर महसूस करता है, तो मन भी स्थिर होने लगता है।

दूसरा महत्वपूर्ण तत्व है **आँखों का संपर्क**।

श्रोता उन वक्ताओं से तुरंत जुड़ जाते हैं जो उन्हें देखकर बोलते हैं। जब आपकी आँखें धीरे-धीरे पूरे कमरे में घूमती हैं, तो श्रोताओं को लगता है कि वे बातचीत का हिस्सा हैं।

लेकिन आँखों का संपर्क स्वाभाविक होना चाहिए। किसी एक व्यक्ति को घूरना उद्देश्य नहीं है। बस अपनी नज़र को कमरे के अलग-अलग हिस्सों में थोड़ी देर के

लिए ठहरने दीजिए। धीरे-धीरे अजनबियों से भरा कमरा संवाद से भरा कमरा बन जाता है।

हाथों के हाव-भाव भी महत्वपूर्ण होते हैं। हाथ संदेश को मजबूत भी कर सकते हैं और उससे ध्यान भटका भी सकते हैं। कुछ वक्ता हाथों को बिल्कुल स्थिर रखते हैं। कुछ लोग उन्हें लगातार हिलाते रहते हैं। दोनों स्थितियाँ प्रभाव को कम कर देती हैं।

अच्छे हाव-भाव विचारों से स्वाभाविक रूप से निकलते हैं। जब कोई महत्वपूर्ण बात कहनी हो, तो हल्का-सा हाथ का संकेत उसे स्पष्ट बना सकता है।

जब किसी विचार को समझाना हो, तो एक संतुलित इशारा उसे दृश्य रूप दे सकता है। लेकिन हाव-भाव भाषण की साँस के साथ चलने चाहिए।

वे विचारों का स्वाभाविक विस्तार लगने चाहिए— कोई बनावटी अभिनय नहीं।

मुझे एक कार्यशाला की घटना याद है। एक प्रतिभागी नेतृत्व पर बहुत अच्छा भाषण दे रहा था। उसके तर्क स्पष्ट और प्रभावशाली थे। लेकिन कुछ असहज-सा महसूस हो रहा था।

जब बाद में हमने उस सेशन की समीक्षा की, तो उसे एक दिलचस्प बात पता चली। पूरा भाषण देते समय उसके हाथ कई बार छाती के सामने क्रॉस हो रहे थे। उसे इसका पता भी नहीं था। यह मुद्रा अनजाने में श्रोताओं और उसके बीच एक दीवार बना रही थी।

जब उसने फिर अभ्यास किया और हाथों को खुला और सहज रखा— तो अंतर तुरंत दिखाई दिया। वही विचार अब अधिक आत्मविश्वासी और स्वागतपूर्ण लग रहे थे। यही बॉडी लैंग्वेज की सूक्ष्म शक्ति है। यह कमरे के भावनात्मक वातावरण को बदल देती है।

एक और महत्वपूर्ण पहलू है मूवमेंट। कुछ वक्ता पूरे समय मंच के पीछे स्थिर खड़े रहते हैं। कुछ लोग लगातार चलते रहते हैं। दोनों स्थितियाँ भाषण को कमजोर कर सकती हैं। मूवमेंट उद्देश्य के साथ होना चाहिए।

महत्वपूर्ण बात कहते समय थोड़ा आगे बढ़ना ज़ोर को दर्शा सकता है। किसी विचार के बाद एक शांत ठहराव श्रोताओं को सोचने का समय दे सकता है। सोचा-समझा मूवमेंट प्रस्तुति में लय लाता है।

और सही समय की स्थिरता, कई बार किसी भी हरकत से अधिक प्रभावशाली होती है।

बॉडी लैंग्वेज सुधारने का उद्देश्य नाटकीय प्रदर्शन करना नहीं है। उद्देश्य केवल इतना है— कि अनावश्यक विचलन हट जाएँ ताकि संदेश स्पष्ट रूप से चमक सके।

श्रोताओं को आपके विचार याद रहने चाहिए, आपकी घबराई हुई आदतें नहीं।

अभ्यास के साथ शरीर एक नई भाषा सीखने लगता है। कंधे ढीले हो जाते हैं। हाव-भाव उद्देश्यपूर्ण हो जाते हैं। आँखों का संपर्क सहज महसूस होने लगता है।

आत्मविश्वास केवल आवाज़ में नहीं, मुद्रा और चाल में भी दिखाई देने लगता है।

यह परिवर्तन एक दिन में नहीं होता। यह धीरे-धीरे बनता है—

निरीक्षण से... सुधार से... और अभ्यास से।

आईने के सामने हर अभ्यास जागरूकता बढ़ाता है।

हर भाषण अनुभव बढ़ाता है।

और एक दिन आप मंच की ओर बढ़ते हैं और महसूस करते हैं— अब आपका शरीर बाधा नहीं है। वह आपका साथी बन चुका है।

आपकी मुद्रा आपकी आवाज़ को सहारा देती है।

आपके हाव-भाव विचारों को स्पष्ट करते हैं।

आपकी उपस्थिति पूरे कमरे में स्वाभाविक रूप से फैल जाती है।

और उस क्षण संवाद केवल शब्द नहीं रहता।

आपका पूरा व्यक्तित्व बोलने लगता है।

3. आई कॉन्टैक्ट प्रशिक्षण

हर कमरे में एक **मौन संवाद** शुरू हो जाता है, बहुत पहले... जब शब्द अपना पूरा असर दिखाना शुरू करते हैं। यह संवाद शुरू होता है—**आँखों से।**

एक वक्ता ने चाहे कितने ही अच्छे विचार तैयार किए हों। तर्कों को सावधानी से व्यवस्थित किया हो। हर वाक्य की लय का अभ्यास किया हो।

लेकिन अगर उसकी आँखें नोट्स पर ही टिकी रहें... या फ़र्श पर झुकी रहें... या श्रोताओं के पीछे की दीवार को देखती रहें... तो कुछ बहुत महत्वपूर्ण चीज़ खो जाती है।

संदेश माइक्रोफ़ोन से होकर तो निकल जाता है, लेकिन लोगों तक सच में पहुँच नहीं पाता। क्योंकि इंसान सबसे गहराई से उसी को सुनता है जो **उसे देखकर बोलता है।**

आई कॉन्टैक्ट संवाद का सबसे शक्तिशाली और फिर भी सबसे कम समझा जाने वाला हिस्सा है। दिखने में यह बहुत सरल लगता है। लेकिन इसका प्रभाव

बहुत गहरा होता है। एक छोटी-सी नज़र भी आत्मविश्वास, अपनापन, अधिकार या झिझक— सब कुछ बता सकती है। कई बार शब्दों से भी अधिक स्पष्ट।

मुझे एक सम्मेलन की घटना याद है। एक प्रतिष्ठित विद्वान नेतृत्व और प्रशासन पर मुख्य भाषण दे रहे थे। उनके विचार गहरे थे। उनका शोध भी प्रभावशाली था।

लेकिन जिसने श्रोताओं को बाँधे रखा, वह केवल उनका ज्ञान नहीं था। वह था— **लोगों को देखकर बोलने का उनका तरीका**। हर कुछ वाक्यों के बाद उनकी नज़र धीरे-धीरे पूरे हॉल में घूमती थी।

वे किसी को घूरते नहीं थे। न ही वे घबराहट में जल्दी-जल्दी इधर-उधर देखते थे। बल्कि उनकी आँखें कुछ क्षण के लिए कमरे के अलग-अलग हिस्सों पर ठहरती थीं— जैसे वे हर समूह के श्रोताओं को व्यक्तिगत रूप से स्वीकार कर रहे हों।

परिणाम अद्भुत था। इतने बड़े ऑडिटोरियम में भी लोगों को लगा कि वे बातचीत का हिस्सा हैं। भाषण एक व्याख्यान नहीं लग रहा था। वह संवाद जैसा महसूस हो रहा था। यही आई कॉन्टैक्ट की शांत शक्ति है।

जब वक्ता श्रोताओं की ओर देखने से बचता है, तो श्रोता दूरी महसूस करते हैं। संदेश सुनाई तो देता है, लेकिन जुड़ाव कमजोर हो जाता है। वह संवाद नहीं रह जाता— वह केवल प्रसारण बन जाता है।

नए वक्ताओं को इस कौशल में अक्सर कठिनाई होती है। कारण बहुत सरल है। लोगों की आँखों में देखकर बोलना पहले-पहल थोड़ा डरावना लगता है।

जब आप पहली बार लोगों के सामने खड़े होते हैं, तो आपको अचानक महसूस होता है— कई आँखें आपको देख रही हैं।

मन की पहली प्रतिक्रिया होती है— उस ध्यान से बच निकलना।

आँखें नोट्स की ओर झुक जाती हैं। कभी छत की रोशनी की ओर चली जाती हैं। या कहीं दूर देखने लगती हैं जहाँ कोई चेहरा दिखाई न दे। ऐसा करना सुरक्षित लगता है।

लेकिन भाषण में सुरक्षा संबंध नहीं बनाती।

श्रोता पूर्णता की अपेक्षा नहीं करते। लेकिन वे **उपस्थिति** की अपेक्षा करते हैं। वे महसूस करना चाहते हैं कि वक्ता उन्हें देख रहा है। कि उनका सुनना महत्वपूर्ण है।

आई कॉन्टैक्ट सम्मान का संकेत देता है।

इस कौशल को विकसित करने की शुरुआत जागरूकता से होती है। जब आप मिरर अभ्यास करते हैं,

तो ध्यान दीजिए कि आपकी आँखें कहाँ जाती हैं। क्या वे सामने टिकती हैं? या कठिन वाक्य आते ही इधर-उधर भटकने लगती हैं?

आईना ये पैटर्न साफ दिखा देता है।

लेकिन असली प्रशिक्षण आईने से आगे बढ़कर होता है। यह धीरे-धीरे लोगों की ओर देखकर बोलने की आदत से बनता है। इसका अभ्यास आप छोटी-छोटी बातचीत में कर सकते हैं। जब आप किसी सहकर्मी को कोई विचार समझा रहे हों... या किसी बैठक में प्रश्न का उत्तर दे रहे हों... तो जानबूझकर अपनी नज़र सामने रखें। आप देखेंगे कि बातचीत अधिक जीवंत हो जाती है।

धीरे-धीरे यह आदत स्वाभाविक हो जाती है।

एक और उपयोगी तरीका है— श्रोताओं को भीड़ की तरह नहीं, बल्कि समूहों में बैठे व्यक्तियों की तरह देखना। सबको एक साथ देखने की कोशिश मत कीजिए। अपनी नज़र धीरे-धीरे कमरे के अलग-अलग हिस्सों में ले जाइए।

मान लीजिए पहले बाईं ओर बैठे किसी व्यक्ति की ओर देखिए। एक वाक्य ऐसे बोलिए जैसे आप उसी से बात कर रहे हों। फिर धीरे से अपनी नज़र कमरे के बीच की ओर ले जाइए। फिर दाईं ओर। धीरे-धीरे पूरा कमरा संवाद का घेरा बन जाता है।

यहाँ महत्वपूर्ण है नज़र की अवधि नहीं— उसकी सच्चाई। कुछ सेकंड का सच्चा आई कॉन्टैक्ट भी
गहरा जुड़ाव बना सकता है।

जब श्रोता महसूस करते हैं कि उन्हें देखा जा रहा है, तो वे अधिक ध्यान देने लगते हैं। उनकी मुद्रा बदलती है। उनके चेहरे आपके शब्दों पर प्रतिक्रिया देने लगते हैं।

संवाद जीवंत हो जाता है।

आई कॉन्टैक्ट का एक भावनात्मक पक्ष भी है। आँखों में ऊर्जा होती है।

वे वक्ता के भीतर के आत्मविश्वास, उत्साह या झिझक को दिखा देती हैं। जब आपकी आँखों में जिज्ञासा और उत्साह होता है, तो श्रोता तुरंत महसूस कर लेते हैं।

कई बार आँखें ही आवाज़ का नेतृत्व करती हैं।

मैंने कार्यशालाओं में यह कई बार देखा है। कुछ प्रतिभागी शुरुआत में नोट्स पर नज़र गड़ाकर बोलते हैं। उनके शब्द स्पष्ट होते हैं, लेकिन श्रोता शांत और दूर बने रहते हैं।

फिर अचानक एक बदलाव होता है। वक्ता अपनी नज़र उठाता है। सीधे लोगों की ओर देखकर बोलना शुरू करता है। कमरे का वातावरण तुरंत बदल जाता है।

लोग सिर हिलाने लगते हैं। मुस्कान दिखाई देने लगती है। कोई प्रश्न पूछने के लिए हाथ उठाता है। भाषण साझा अनुभव बन जाता है।

बेशक, अच्छा आई कॉन्टैक्ट किसी को घूरने का नाम नहीं है। ऐसा करने से श्रोता असहज हो सकते हैं। उद्देश्य केवल यह है कि आपकी नज़र कुछ सेकंड के लिए किसी से मिले, फिर स्वाभाविक रूप से आगे बढ़ जाए। यह गति उतनी ही स्वाभाविक होनी चाहिए जितनी बातचीत में होती है।

बहुत बड़े श्रोताओं के सामने थोड़ी अलग विधि अपनानी होती है।

जब सैकड़ों लोग बैठे हों, तो हर व्यक्ति को साफ देख पाना संभव नहीं होता। ऐसे में व्यक्तियों के बजाय कमरे के अलग-अलग हिस्सों पर ध्यान दीजिए। अपनी नज़र धीरे-धीरे पूरे हॉल में घुमाइए। हर हिस्से में बैठे लोगों को लगेगा कि वे शामिल हैं।

समय के साथ आई कॉन्टैक्ट भाषण का सबसे भरोसेमंद हिस्सा बन जाता है।

श्रोताओं से डरने के बजाय आप उनसे ऊर्जा लेने लगते हैं। उनके चेहरे आपकी गति तय करते हैं। उनकी प्रतिक्रियाएँ आपके शब्दों की दिशा तय करती हैं।

तब आपको समझ में आता है— भाषण का अर्थ अकेले खड़े होकर बोलना नहीं है। यह मन से मन का जुड़ाव है। और यह जुड़ाव शुरू होता है एक बहुत साधारण मानवीय क्रिया से— उन लोगों को देखकर बोलना जो आपको सुनने आए हैं।

जब यह कौशल विकसित हो जाता है, तो मंच दीवार नहीं रह जाता। वह मिलन स्थल बन जाता है। जहाँ विचार स्वतंत्र रूप से दोनों दिशाओं में चलते हैं।

शब्द अर्थ लेकर चलते हैं।

आवाज़ भावना लेकर चलती है।

लेकिन आँखें भरोसा लेकर चलती हैं।

और जब किसी कमरे में भरोसा जन्म लेता है,
तो संवाद केवल भाषण नहीं रह जाता।

वह इंसानों के बीच
एक सच्ची बातचीत बन जाता है।

4. स्वयं का अवलोकन और फीडबैक

एक अजीब-सा क्षण लगभग हर वक्ता के साथ होता है... जब वह पहली बार खुद को बोलते हुए वीडियो में देखता है। शुरुआत में जिज्ञासा होती है।

मन सोचता है— चलो देखें मैं कैसा दिख रहा था... मेरी आवाज़ कैसी लग रही थी... श्रोताओं को मैं कैसा दिखाई दिया होगा।

लेकिन कुछ ही सेकंड बाद कुछ अप्रत्याशित होता है। थोड़ी असहजता महसूस होने लगती है। आवाज़ थोड़ी अजनबी लगती है। हाव-भाव कुछ ज़्यादा ही बड़े दिखाई देते हैं। रुकने के पल उम्मीद से ज़्यादा लंबे लगते हैं।

और कई लोग जल्दी से वीडियो बंद कर देते हैं— जैसे उन्होंने दूर से गलती से खुद को सुन लिया हो। यह प्रतिक्रिया बिल्कुल सामान्य है।

हम पूरी ज़िंदगी बोलते रहते हैं, लेकिन बोलते समय खुद को देखते बहुत कम हैं। हमारे मन में हमारी आवाज़ की एक छवि होती है— हम सोचते हैं कि हम ऐसे बोलते हैं। लेकिन दुनिया हमें थोड़ा अलग तरीके से सुनती और देखती है।

और जब हम खुद को वस्तुनिष्ठ रूप से देखते हैं, तो यह अंतर साफ दिखाई देता है। यही क्षण—
चाहे थोड़ा असहज क्यों न हो— एक वक्ता के लिए सबसे शक्तिशाली सीख बन सकता है। क्योंकि सुधार की शुरुआत ईमानदार अवलोकन से होती है।

कई साल पहले एक संचार कौशल कार्यशाला में मैंने प्रतिभागियों से छोटे-छोटे भाषण देने को कहा। कोई बड़ा विषय नहीं। बस अपने पसंद के विषय पर कुछ मिनट बोलना था। एक-एक करके सब लोग खड़े हुए
और अपने विचार साझा करने लगे। कमरे के पीछे एक साधारण कैमरा रखा गया था। हर प्रस्तुति चुपचाप रिकॉर्ड हो रही थी।

सेशन समाप्त होने के बाद हम सब मिलकर उन रिकॉर्डिंग्स को देखने बैठे। कमरे का माहौल थोड़ा उत्सुक था और थोड़ा घबराया हुआ भी। कुछ लोग खुद को देखने के लिए उत्साहित थे। कुछ लोग थोड़ा हिचक रहे थे।

एक प्रतिभागी हल्का-सा हँसते हुए बोला— "सर, मुझे डर लग रहा है कि मैं कैसा दिख रहा होऊँगा।" जब उसका वीडियो शुरू हुआ तो कमरा शांत हो गया।

वह खुद को ध्यान से देखने लगा। उसके शब्द स्पष्ट थे। विचार अच्छी तरह व्यवस्थित थे। लेकिन कुछ ही क्षणों में उसे एक आदत दिखाई दी जिसका उसे पहले कभी पता नहीं था। हर कुछ सेकंड में वह सिर नीचे झुकाकर अपने नोट्स को अनावश्यक रूप से ठीक कर रहा था।

आदत बहुत छोटी थी। लेकिन एक बार दिखाई देने के बाद उसे नज़रअंदाज़ करना असंभव हो गया।

वीडियो खत्म होने पर वह मुस्कुराया। उसने कहा— "मुझे पता ही नहीं था कि मैं ऐसा कर रहा हूँ।" यही छोटी-सी खोज उसकी अगली प्रस्तुति को पूरी तरह बदल गई।

अब वह उस आदत को पहचान चुका था। और इसलिए उसे सुधार भी सका।

स्वयं का अवलोकन इसी तरह काम करता है। यह उन पैटर्न्स पर हल्की रोशनी डाल देता है जो बोलते समय हमें दिखाई नहीं देते।

कई वक्ता सोचते हैं कि फीडबैक केवल दूसरों से मिल सकता है— शिक्षक से... मेंटोर से... सहकर्मियों से। दूसरों का फीडबैक निश्चित रूप से महत्वपूर्ण होता है।

लेकिन एक और प्रकार का फीडबैक है जो उतना ही शक्तिशाली है। जो हम **स्वयं को देते हैं।**

जब आप अपनी प्रस्तुति को ध्यान से देखते हैं, तो कई सूक्ष्म बातें दिखाई देने लगती हैं। शायद किसी महत्वपूर्ण बिंदु पर आपकी आवाज़ तेज़ हो जाती है। शायद आपके हाव-भाव बार-बार दोहराए जाते हैं। शायद आपके ठहराव उतने स्पष्ट नहीं होते जितना आप सोचते थे।

ये अवलोकन आलोचना नहीं होते। ये खोज होते हैं। और हर खोज एक सुधार का अवसर बन जाती है। थोड़ी-सी गति में बदलाव... महत्वपूर्ण वाक्य के बाद स्पष्ट ठहराव... थोड़ी अधिक सहज मुद्रा... ये छोटे-छोटे परिवर्तन धीरे-धीरे भाषण की गुणवत्ता बदल देते हैं।

स्वयं के फीडबैक की खूबसूरती उसकी ईमानदारी में है।

जब हम खुद को देखते हैं, तो अनुमान लगाने की ज़रूरत नहीं रहती। सब कुछ सामने होता है। हमारी ताकतें भी स्पष्ट दिखती हैं। और सुधार की ज़रूरत भी। लेकिन इस प्रक्रिया में धैर्य चाहिए।

शुरुआत में कई वक्ता केवल अपनी गलतियों पर ध्यान देते हैं। मन तुरंत कमियाँ ढूँढ लेता है। लेकिन अच्छा आत्म-अवलोकन ताकतों को भी पहचानता है।

शायद आपकी शुरुआत बहुत प्रभावशाली थी। शायद आपने कठिन विचार को बहुत सरल तरीके से समझाया। शायद आपका समापन भावनात्मक रूप से प्रभावी था। इन ताकतों को पहचानना भी जरूरी है। ताकि आत्मविश्वास बना रहे।

संतुलित फीडबैक विकास को प्रेरित करता है बिना हतोत्साहित किए।

आज तकनीक ने यह प्रक्रिया बहुत आसान बना दी है।

एक साधारण मोबाइल फोन भी आपका अभ्यास रिकॉर्ड कर सकता है। बाद में उसे देखना आपको ऐसी बातें दिखा देता है जो केवल सोचने से कभी दिखाई नहीं देतीं।

कैमरा इस यात्रा में एक ईमानदार साथी बन जाता है।

लेकिन स्वयं के अवलोकन का एक और पहलू भी है— **अपनी आवाज़ को ध्यान से सुनना।**

कभी-कभी रिकॉर्डिंग सुनते समय पता चलता है— आपकी आवाज़ लंबी व्याख्या में एक-सी हो जाती है। या कुछ शब्द बार-बार भराव के रूप में आ जाते हैं। जैसे— “मतलब...” “तो...” “असल में...” जब ये पैटर्न स्पष्ट सुनाई देने लगते हैं, तो उन्हें सुधारा भी जा सकता है।

स्वयं का फीडबैक खुद को कठोरता से जज करना नहीं है।

यह केवल जागरूक होना है। और जागरूकता अचेतन आदतों को सचेत विकल्पों में बदल देती है। और सचेत विकल्प निपुणता की ओर ले जाते हैं।

एक नेतृत्व सेमिनार में मैंने एक प्रतिभागी को देखा जो इस अभ्यास को बहुत अनुशासन से अपनाता था। हर प्रस्तुति के बाद वह खुद से तीन प्रश्न पूछता था— क्या अच्छा हुआ? कहाँ और स्पष्टता हो सकती थी? अगली बार मैं क्या अलग करूँगा?

ये तीन प्रश्न उसका निजी फीडबैक सिस्टम बन गए। धीरे-धीरे उसका बोलने का तरीका बदलने लगा। उसकी व्याख्या अधिक स्पष्ट हो गई। उसके ठहराव अधिक प्रभावशाली हो गए। उसकी उपस्थिति अधिक आत्मविश्वासी हो गई।

यह बदलाव अचानक नहीं हुआ। यह लगातार अवलोकन से हुआ।

इस अभ्यास के लिए थोड़ा साहस चाहिए।

खुद को ईमानदारी से देखना और यह स्वीकार करना कि अभी भी सीखना बाकी है— इसके लिए विनम्रता चाहिए। लेकिन यही विनम्रता उत्कृष्टता की नींव बनती है।

महान वक्ता वे नहीं होते जो सोचते हैं कि अब उन्हें कुछ सीखना बाकी नहीं।

महान वक्ता वे होते हैं जो अपने संवाद को लेकर हमेशा जिज्ञासु रहते हैं।

जब आप खुद को ध्यान से देखते हैं, तो बोलना कोई रहस्यमय प्रतिभा नहीं लगता।

यह एक कला बन जाती है— जिसे धैर्य और अभ्यास से निखारा जा सकता है।

हर अभ्यास एक प्रयोगशाला बन जाता है। हर रिकॉर्डिंग एक आईना बन जाती है।

हर चिंतन एक कदम आगे ले जाता है। धीरे-धीरे , इरादे और प्रस्तुति के बीच की दूरी कम होने लगती है।

जिस तरह आप अपने संदेश की कल्पना करते हैं, वह उसी तरह श्रोताओं तक पहुँचने लगता है। और यही मेल संवाद को शक्तिशाली बना देता है। क्योंकि जब एक वक्ता वक्ता भी बन जाता है और पर्यवेक्षक भी— तो विकास अवश्यंभावी हो जाता है।

मंच श्रोताओं का होता है।

लेकिन निपुणता की यात्रा शुरू होती है
एक शांत और ईमानदार क्षण से—

जब वक्ता रुकता है...
खुद को ध्यान से देखता है...
और धीरे से खुद से पूछता है—

"अगली बार मैं और बेहतर कैसे बोल सकता हूँ?"

5. निरंतरता आत्मविश्वास बनाती है

आत्मविश्वास कभी भी किसी नाटकीय घोषणा के साथ नहीं आता।

वह एक सुबह दरवाज़ा खटखटाकर यह नहीं कहता— "अब तुम तैयार हो।" वह चुपचाप बढ़ता है। धीरे-धीरे... लगभग अनदेखे तरीके से... हर दिन के छोटे-छोटे निर्णयों के साथ— जब कोई हमें देख नहीं रहा होता।

बहुत से लोग सोचते हैं कि पहले आत्मविश्वास आता है और फिर कार्य। वे कल्पना करते हैं कि जब वे पर्याप्त साहसी महसूस करेंगे, तब वे मंच पर जाएंगे और स्पष्ट रूप से बोलेंगे। लेकिन जीवन अक्सर इस तरह काम नहीं करता।

अक्सर कार्य पहले आता है। और आत्मविश्वास धीरे-धीरे उसके पीछे चलता हुआ आता है।

मुझे एक कार्यशाला की घटना याद है। समापन सेशन में एक युवा प्रतिभागी को छोटी-सी प्रस्तुति देने के लिए आमंत्रित किया गया। कार्यक्रम में अलग-अलग संस्थानों के पेशेवर लोग आए थे। हॉल में वही परिचित वातावरण था— थोड़ी उत्सुकता... थोड़ी अपेक्षा।

जब उसका नाम पुकारा गया, तो वह सावधानी से मंच की ओर बढ़ा। उसके नोट्स सलीके से व्यवस्थित थे। आवाज़ शांत थी, लेकिन थोड़ी संयमित।

सेशन समाप्त होने के बाद हमने थोड़ी बातचीत की। वह हल्की मुस्कान के साथ बोला— "सर, यह मेरी पहली रिहर्सल नहीं थी।"

कार्यशाला से पहले कई दिनों तक वह हर शाम अपने कमरे में इन्हीं विचारों को ज़ोर से बोलकर अभ्यास करता था। कभी पंद्रह मिनट। कभी तीस मिनट।

वह आईने के सामने खड़ा होता। अपनी मुद्रा ठीक करता। कठिन वाक्यों को दोहराता। और फिर से कोशिश करता। उन क्षणों में कोई श्रोता नहीं था। केवल एक वक्ता था जो अपनी ही आवाज़ पर भरोसा करना सीख रहा था।

जब वह उस कार्यशाला में मंच पर खड़ा हुआ, तो भाषण उसे नया नहीं लगा। उसका शरीर शब्दों की लय पहचान चुका था। उसकी आवाज़ ठहराव का

अभ्यास कर चुकी थी। उसके हाव-भाव भी स्वाभाविक हो चुके थे। श्रोताओं को आत्मविश्वास दिखाई दिया।

लेकिन वास्तव में वे जिस चीज़ को देख रहे थे, वह थी— निरंतरता।

आत्मविश्वास को अक्सर एक व्यक्तित्व गुण समझ लिया जाता है। लोग सोचते हैं कि कुछ लोगों में यह स्वाभाविक रूप से होता है और बाकी लोगों को इसके बिना संघर्ष करना पड़ता है।

लेकिन वास्तव में आत्मविश्वास एक कौशल की तरह काम करता है। उपयोग से मजबूत होता है। उपेक्षा से कमजोर। जैसे मांसपेशियाँ बार-बार अभ्यास से मजबूत होती हैं, वैसे ही आत्मविश्वास से बोलने की क्षमता बार-बार अभ्यास से विकसित होती है।

मिरर अभ्यास प्रणाली इसलिए प्रभावी है क्योंकि यह निरंतरता पैदा करती है। हर दिन कुछ मिनट बोलने का अभ्यास धीरे-धीरे मन और शरीर को अभिव्यक्ति के साथ सहज बना देता है।

शुरुआत में परिवर्तन बहुत छोटा लगता है। वाक्य अभी भी अटक सकते हैं। हाव-भाव अभी भी अनिश्चित लग सकते हैं।

लेकिन दोहराव धीरे-धीरे परिचय बनाता है। और जब कोई चीज़ परिचित हो जाती है, तो डर कम होने लगता है।

मैंने एक और अद्‌भुत परिवर्तन एक फैकल्टी डेवलपमेंट प्रोग्राम में देखा। कई शिक्षकों को अपने शोध विचार प्रस्तुत करने के लिए आमंत्रित किया गया था। उनमें एक प्रोफेसर थे जिन्होंने पहले ही दिन स्वीकार किया— सार्वजनिक भाषण उन्हें हमेशा असहज लगता है।

उनका विषय ज्ञान शानदार था। लेकिन उसे ज़ोर से प्रस्तुत करना उन्हें हिचकिचाहट देता था। अवसर से बचने के बजाय उन्होंने अलग रास्ता चुना।

अगले कई दिनों तक वे हर सुबह घर से निकलने से पहले अपने भाषण का अभ्यास करते रहे। वे विचारों को ज़ोर से बोलते। व्याख्या को सुधारते। गति को संतुलित करते। और अपनी प्रस्तुति का निरीक्षण करते। हर अभ्यास अनिश्चितता की एक छोटी परत हटा देता।

जब अंतिम प्रस्तुति का दिन आया, तो कुछ बदल चुका था। उनका भाषण सहजता से बह रहा था। व्याख्या स्पष्ट और आरामदायक लग रही थी। श्रोताओं के प्रश्नों का उत्तर वे शांत आत्मविश्वास से दे रहे थे। यह कोई जादू नहीं था। यह निरंतरता का परिणाम था।

मन बार-बार के अनुभवों के साथ जल्दी ढल जाता है। जब आप नियमित रूप से ज़ोर से बोलते हैं, तो आपका मस्तिष्क इस गतिविधि को खतरे के बजाय सामान्य मानने लगता है।

जो तनाव पहले हर भाषण से पहले आता था, वह धीरे-धीरे कम होने लगता है। आपकी आवाज़ अपनी ही शक्ति को पहचानने लगती है।

इस प्रक्रिया में एक गहरा मनोवैज्ञानिक परिवर्तन भी होता है। नियमित अभ्यास वक्ता के भीतर एक शांत विश्वास पैदा करता है— कि तैयारी हो चुकी है। और जब तैयारी होती है, तो डर की शक्ति बहुत कम हो जाती है।

इसका अर्थ यह नहीं कि हर भाषण पूर्ण हो जाएगा। अनुभवी वक्ताओं के साथ भी कभी-कभी ऐसा होता है— कोई वाक्य थोड़ा उलझ जाए... या कोई अप्रत्याशित प्रश्न सामने आ जाए।

लेकिन निरंतर तैयारी लचीलापन देती है। आप जानते हैं कि आप यह रास्ता पहले भी तय कर चुके हैं। निरंतरता धैर्य भी सिखाती है।

सार्वजनिक भाषण एक दिन में नहीं सीखा जाता। यह धीरे-धीरे बनता है— छोटे-छोटे सुधारों से।

हर अभ्यास कुछ नया दिखाता है— एक स्पष्ट वाक्य... एक बेहतर ठहराव... एक हाव-भाव जो विचार को मजबूत करता है। ये छोटे सुधार धीरे-धीरे जमा होते जाते हैं। सप्ताहों और महीनों में अंतर स्पष्ट दिखाई देने लगता है।

कई लोग अभ्यास जल्दी छोड़ देते हैं क्योंकि वे तुरंत परिवर्तन चाहते हैं। वे एक-दो बार अभ्यास करते हैं
और निराश हो जाते हैं कि आत्मविश्वास तुरंत क्यों नहीं आया।

लेकिन आत्मविश्वास एक पेड़ की तरह बढ़ता है। उसे नियमित पोषण चाहिए। हर बार जब आप ज़ोर से बोलने का अभ्यास करते हैं, तो विचार और आवाज़ के बीच का संबंध मजबूत होता है।

हर बार जब आप आईने के सामने खड़े होकर बोलते हैं, तो आप अपने मन को सिखाते हैं— कि विचार व्यक्त करते समय शांत रहना संभव है।

हर दोहराव, नींव में एक और ईंट जोड़ देता है।

धीरे-धीरे वह ढाँचा इतना मजबूत हो जाता है कि बड़े श्रोताओं और कठिन परिस्थितियों को भी संभाल सके। इस प्रक्रिया में एक सुंदरता है। जो मंच पहले डरावना लगता था, वह धीरे-धीरे परिचित जगह बन जाता है। जो माइक्रोफ़ोन पहले डराता था, वह केवल संवाद का एक साधन बन जाता है।

आपका ध्यान खुद पर कम और अपने विचारों पर अधिक होने लगता है।

आत्मविश्वास भावना नहीं रहता। वह एक आदत बन जाता है।

सबसे शक्तिशाली वक्ता वे नहीं होते जिन्होंने बोलना शुरू करने से पहले आत्मविश्वास का इंतज़ार किया। वे वे लोग होते हैं जिन्होंने बोलना शुरू किया जब आत्मविश्वास अभी भी नाज़ुक था। दिन प्रतिदिन... अभ्यास दर अभ्यास... उनकी आवाज़ मजबूत होती गई।

और एक दिन उन्हें एहसास हुआ— जो डर कभी बहुत बड़ा लगता था, वह चुपचाप गायब हो चुका है। उन्होंने उससे सीधे लड़ाई नहीं की। उन्होंने उसे एक मजबूत चीज़ से बदल दिया— **निरंतरता।**

क्योंकि आत्मविश्वास अचानक साहस के क्षणों में पैदा नहीं होता।

वह धैर्य से बनता है—

हर दिन उपस्थित होने के अनुशासन से...
शब्दों को ज़ोर से बोलने से...
संदेश को निखारने से...

और इस विश्वास से
कि हर छोटा प्रयास
आपको उस वक्ता के थोड़ा और करीब ले जा रहा है
जो आप बनना चाहते हैं।

7

संरचना भावना से अधिक प्रभावी होती है

1. विचारों को स्पष्ट रूप से व्यवस्थित करना

सार्वजनिक भाषण में घबराहट का सबसे आम क्षण भाषण शुरू होने से पहले नहीं आता। वह अक्सर बीच में आता है। वक्ता बोलना शुरू कर चुका होता है। पहले कुछ वाक्य कहे जा चुके होते हैं।

श्रोता ध्यान से सुन रहे होते हैं। और अचानक... एक विचार से दूसरे विचार के बीच मन थोड़ी देर के लिए रुक जाता है। मन के अंदर एक सवाल उठता है— "अब अगला बिंदु क्या था?" आवाज़ थोड़ी धीमी हो जाती है। नज़र कुछ क्षण के लिए ऊपर उठ जाती है— जैसे विचार छत के पास कहीं तैर रहा हो और उसे ढूँढना पड़ रहा हो।

कुछ भराव शब्द आ जाते हैं— "तो..." "असल में..." "मतलब..." कुछ सेकंड बाद वक्ता संभल जाता है। लेकिन भाषण की लय थोड़ी टूट चुकी होती है। बहुत लोग मान लेते हैं कि यह घबराहट की वजह से हुआ।

लेकिन अक्सर इसका कारण कुछ और होता है। **संरचना का अभाव।** जिस भाषण में संरचना नहीं होती वह बिना नक्शे की यात्रा जैसा होता है।

वक्ता को पता होता है कि उसे कहाँ पहुँचना है। लेकिन विचारों के बीच का रास्ता स्पष्ट नहीं होता। विचार आपस में टकराने लगते हैं। महत्वपूर्ण बिंदु गलत क्रम में आ जाते हैं। और श्रोता वक्ता से पहले ही उस अनिश्चितता को महसूस कर लेते हैं।

संरचना एक शक्तिशाली काम करती है। वह बिखरे हुए विचारों को एक साफ रास्ते में बदल देती है।

मुझे एक राष्ट्रीय सम्मेलन की घटना याद है। दो वक्ता लगभग एक ही विषय पर बोल रहे थे— शिक्षा और नेतृत्व। दोनों के पास ज्ञान था।

दोनों अनुभवी थे। लेकिन उनके भाषण का प्रभाव पूरी तरह अलग था।

पहले वक्ता बहुत उत्साह से बोल रहे थे। लेकिन उनके विचार बिना किसी स्पष्ट क्रम के एक से दूसरे विषय पर जाते रहे। एक क्षण वे छात्र प्रेरणा की बात कर रहे थे। अगले ही पल संस्थागत नीतियों की। फिर अचानक अपने निजी अनुभवों पर। हर विचार महत्वपूर्ण था। लेकिन श्रोताओं को उन्हें जोड़ने में कठिनाई हो रही थी।

दोपहर बाद दूसरी वक्ता मंच पर आईं। उन्होंने शुरुआत में एक सरल वाक्य कहा— “आज मैं तीन बातें साझा करना चाहती हूँ जो हर शिक्षक को याद रखनी चाहिए।” इन कुछ शब्दों ने सब कुछ बदल दिया। अब श्रोताओं को संरचना समझ आ गई।

तीन विचार। तीन स्पष्ट बिंदु। हर बिंदु समझाया जाएगा फिर अगले पर जाया जाएगा। जैसे-जैसे वह बोलती गईं श्रोताओं के लिए समझना आसान होता गया। दूसरा बिंदु आते ही लोग पहचान गए। तीसरा बिंदु आते ही उत्सुकता बढ़ गई। भाषण सुनना सरल हो गया।

संरचना रचनात्मकता को सीमित नहीं करती। वह उसे मजबूत बनाती है।

जब विचार स्पष्ट रूप से व्यवस्थित होते हैं तो वक्ता को यह सोचने की जरूरत नहीं रहती कि आगे क्या कहना है।

मन अभिव्यक्ति पर ध्यान दे सकता है। कहानी कहने पर। श्रोताओं से जुड़ने पर। भ्रम की जगह स्पष्टता आ जाती है।

कानून पढ़ाते समय मुझे यह पाठ कई बार सीखने को मिला। कानून स्वयं संरचना पर आधारित होता है। कानूनी तर्क इधर-उधर भटक नहीं सकता। उसे क्रम में चलना पड़ता है— तर्क... कारण... और निष्कर्ष।

सार्वजनिक भाषण में भी यही अनुशासन काम करता है। भाषण से पहले एक सरल प्रश्न पूछना उपयोगी होता है— “श्रोता कौन-सा मुख्य विचार याद रखें?”

हर भाषण एक केंद्रीय विचार के आसपास घूमता है। यही उसका एंकर होता है। इसी एंकर के आसपास बाकी विचार व्यवस्थित होते हैं।

छोटे भाषण के लिए अक्सर तीन स्पष्ट बिंदु काफी होते हैं। हर बिंदु उस केंद्रीय विचार का एक स्तंभ बन जाता है। कहानियाँ... तथ्य... उदाहरण... इन स्तंभों को

मजबूत बनाते हैं।

लेकिन श्रोता हमेशा जानते रहते हैं कि वे यात्रा के किस हिस्से में हैं।

मन स्वाभाविक रूप से पैटर्न में जानकारी को समझता है।

जब वक्ता कहता है— "मैं तीन बातें बताना चाहता हूँ..." तो श्रोता तुरंत तैयार हो जाते हैं उन तीन विचारों को सुनने के लिए।

उनका ध्यान केंद्रित हो जाता है। यही कारण है कि स्पष्ट सोच स्पष्ट भाषण से पहले आती है।

कई वक्ता तैयारी की शुरुआत लंबे पैराग्राफ लिखकर करते हैं। या पूरे वाक्य याद करने लगते हैं। लेकिन असली तैयारी उससे पहले शुरू होती है। जब विचारों को सरल क्रम में रखा जाता है। पहला विचार क्या होगा? उसके बाद कौन-सा? और अंत में कौन-सा विचार संदेश को पूरा करेगा? जब इन प्रश्नों के उत्तर मिल जाते हैं तो भाषण देना बहुत आसान हो जाता है।

संरचना का एक और लाभ है। यह दबाव के समय वक्ता की रक्षा करती है। अगर कोई वाक्य भूल जाए या कोई उदाहरण याद न आए— तो भी पूरी संरचना बनी रहती है। आप रास्ता जानते हैं।

एक नेतृत्व कार्यशाला में एक प्रतिभागी को पाँच मिनट बोलने के लिए कहा गया। विषय था— टीमवर्क। वह आत्मविश्वास से शुरू हुआ। लेकिन कुछ देर बाद उसके विचार बेतरतीब आने लगे।

सेशन के बाद उसने एक रोचक बात कही— "मुझे पता था कि क्या कहना है, लेकिन मैंने विचारों को व्यवस्थित नहीं किया था।" इस छोटी-सी समझ ने उसकी तैयारी बदल दी।

अब वह विचारों को स्पष्ट बिंदुओं में व्यवस्थित करने लगा। अंतर तुरंत दिखाई देने लगा। उसके भाषण शांत हो गए। स्पष्ट हो गए। और श्रोताओं के लिए समझना आसान हो गया।

विचारों को व्यवस्थित करना मशीन की तरह बोलने के लिए नहीं है। उद्देश्य यह नहीं है कि आप केवल गिनती वाले बिंदु बोलें।

संरचना पर्दे के पीछे काम करती है। वह संवाद के स्वाभाविक प्रवाह को दिशा देती है। श्रोता शायद ढाँचा न देखें। लेकिन वे उसकी उपस्थिति महसूस करते हैं। वे स्पष्टता महसूस करते हैं। इस सिद्धांत में एक सुंदर सादगी है।

भावना भाषण को प्रेरित कर सकती है। लेकिन संरचना उसे टिकाऊ बनाती है। उत्साह विचारों को जन्म देता है। लेकिन संगठन उन्हें एक मन से दूसरे मन तक पहुँचाता है।

अच्छी संरचना वाला भाषण सुनने में आसान होता है। क्योंकि श्रोता कभी रास्ता नहीं खोते। वे वक्ता के साथ एक विचार से दूसरे विचार तक चलते रहते हैं।

और वक्ता... बिखरे विचारों से जूझने के बजाय एक स्पष्ट ढाँचे के भीतर खड़ा होता है जो हर शब्द को सहारा देता है।

अंततः स्पष्टता केवल श्रोता के लिए उपहार नहीं है।

यह वक्ता के लिए भी उपहार है।

क्योंकि जब विचार सावधानी से व्यवस्थित होते हैं—

तो मन शांत हो जाता है।

आवाज़ स्थिर हो जाती है।

और संदेश ठीक वहीं पहुँचता है
जहाँ उसे पहुँचना था।

2. लॉ-स्टाइल लॉजिकल प्रेज़ेन्टेशन

अदालत के कमरें में एक खास तरह की खामोशी उतरती है, जब कोई वकील अपना तर्क स्पष्ट ढंग से रखना शुरू करता है। यह ऊब की खामोशी नहीं होती। यह **ध्यान की खामोशी** होती है।

न्यायाधीश थोड़ा आगे झुक जाते हैं। पीछे बैठे लोग फुसफुसाना बंद कर देते हैं। नोटबुक पर चलती कलम कुछ क्षण के लिए रुक जाती है। ऐसा लगता है जैसे पूरा कमरा उस तर्क के साथ चलने के लिए तैयार हो गया हो।

वक्ता केवल बोल नहीं रहा होता। वह श्रोता को विचारों के एक रास्ते पर लेकर चल रहा होता है।

कई वर्ष पहले, जब मैं विधि शिक्षा के क्षेत्र में था, तब मुझे **मूट कोर्ट सेशन** में कई अनुभवी वकीलों के तर्क सुनने का अवसर मिला। मूट कोर्ट असली अदालत जैसा ही माहौल बनाता है, हालाँकि वह शैक्षणिक अभ्यास होता है। विद्यार्थियों ने अपने मुकदमे की तैयारी की होती है और हर कोई अपनी दलील प्रस्तुत करने के लिए तैयार रहता है।

एक विद्यार्थी बहुत उत्साह के साथ बोलना शुरू हुआ। उसकी आवाज़ में ऊर्जा थी। आत्मविश्वास भी दिख रहा था। लेकिन कुछ ही मिनटों में उसके तर्क बिखरने लगे। वह एक साथ कई बिंदु उठाने लगा।

एक कानूनी सिद्धांत से दूसरे पर कूद गया। फिर अचानक किसी और विचार की ओर चला गया। उसकी हर बात में बुद्धिमत्ता थी। लेकिन क्रम नहीं था।

न्यायाधीश इसलिए असहमत नहीं हुए कि तर्क कमजोर था। वे इसलिए असहमत हुए क्योंकि तर्क अव्यवस्थित था।

कुछ देर बाद एक और विद्यार्थी मंच पर आई। उसकी आवाज़ अपेक्षाकृत धीमी थी। लेकिन उसने शुरुआत में एक वाक्य कहा— "माननीय पीठ के समक्ष मेरा तर्क दो सरल आधारों पर आधारित है।" इन कुछ शब्दों ने पूरे माहौल को बदल दिया।

अब सबको समझ आ गया कि तर्क का ढाँचा क्या है। दो आधार। दो स्पष्ट स्तंभ। हर स्तंभ को अलग-अलग समझाया जाएगा।

पहला आधार सामने आया। उसने कानूनी सिद्धांत बताया। फिर उसका समर्थन पूर्व निर्णयों से किया। फिर उसे मामले के तथ्यों से जोड़ा। फिर वह थोड़ी देर रुकी। और दूसरा आधार शुरू किया। तर्क ऐसे आगे बढ़ रहा था जैसे कोई मजबूत पुल बनाया जा रहा हो।

जब उसकी प्रस्तुति समाप्त हुईvतो न्यायाधीशों ने केवल उसकी बात सुनी नहीं थी।vवे उसके तर्क के साथvचल भी चुके थे।

यही है **लॉ-स्टाइल लॉजिकल प्रेज़ेन्टेशन**। यह जोर से बोलने का कौशल नहीं है। यह विचारों को ऐसे क्रम में रखने की कला है जिसे श्रोता आसानी से समझ सके।

कानून हमें सोचने का अनुशासन सिखाता है। अदालत में बोलने से पहले एक वकील अपने तर्क को कई स्तरों पर व्यवस्थित करता है। मुख्य दावा क्या है? कौन-सा सिद्धांत उसे समर्थन देता है? कौन-सा प्रमाण उसे मजबूत करता है? और अंत में कौन-सा निष्कर्ष स्वाभाविक रूप से निकलता है?

हर चरण एक दूसरे से जुड़ा होना चाहिए।

सार्वजनिक भाषण में भी यही अनुशासन बहुत उपयोगी होता है। कई वक्ता पूरी तरह भावना पर निर्भर करते हैं। वे उत्साह से बोलना शुरू करते हैं और उम्मीद करते हैं कि विचार रास्ते में अपना आकार ले लेंगे। कभी-कभी यह काम कर जाता है। लेकिन अधिकतर समय श्रोता दिशा खोजते रह जाते हैं।

भावना भाषण को ऊर्जा दे सकती है। लेकिन दिशा तर्क देता है।

जब वक्ता लॉ-स्टाइल प्रस्तुति अपनाता है तो उसका मुख्य उद्देश्य स्पष्टता बन जाता है। श्रोता को यह अनुमान नहीं लगाना पड़ता कि आगे क्या आने वाला है।

हर विचार अगले विचार की ओर ले जाता है। और हर कदम के साथ भाषण की गति मजबूत होती जाती है। श्रोता को लगता है कि उसे मार्गदर्शन मिल रहा है।

एक प्रशासन और नीति पर आयोजित अकादमिक सम्मेलन में मैंने यह सिद्धांत बहुत सुंदर ढंग से लागू होते देखा।

वक्ता का विषय था— प्रशासनिक सुधार। विषय जटिल था। लेकिन उन्होंने शुरुआत में एक सरल नक्शा बना दिया। उन्होंने कहा— "मैं इस विषय को तीन प्रश्नों के माध्यम से समझाना चाहता हूँ।" पहला प्रश्न— समस्या क्या है? दूसरा प्रश्न— यह समस्या क्यों है? तीसरा प्रश्न— हम इसका समाधान कैसे कर सकते हैं?

अब श्रोताओं को पूरी यात्रा समझ आ गई। जैसे-जैसे भाषण आगे बढ़ा हर भाग एक प्रश्न का उत्तर देता गया। जब दूसरा प्रश्न आया तो लोगों ने तुरंत पहचान लिया। जब तीसरा आया तो चर्चा स्वाभाविक रूप से समाधान की ओर बढ़ गई। विषय जटिल ही था। लेकिन संरचना ने उसे समझने योग्य बना दिया।

लॉ-स्टाइल सोच हमें एक और महत्वपूर्ण बात सिखाती है— **निष्कर्ष थोपे नहीं** जाते। वे तर्क से निकलते हैं। कानूनी तर्क में निष्कर्ष अचानक नहीं आता। वह पहले के तर्कों से स्वाभाविक रूप से जन्म लेता है। श्रोता उसी क्षण निष्कर्ष तक पहुँचते हैं जब वक्ता पहुँचता है।

सार्वजनिक भाषण में भी यह तकनीक बहुत प्रभावी होती है। सीधे निष्कर्ष बताने के बजाय वक्ता श्रोता को धीरे-धीरे वहाँ तक ले जाता है। यह किसी को यह बताने जैसा नहीं है कि क्या मानना चाहिए। यह उसे यह दिखाने जैसा है कि वह बात सही क्यों है।

कानूनी तर्क का एक और महत्वपूर्ण पहलू है— **प्रमाण**। कानून में हर दावा समर्थन माँगता है। पूर्व निर्णय... तथ्य... तर्क... ये सब मिलकर दलील को मजबूत बनाते हैं।

सार्वजनिक भाषण में भी यही नियम लागू होता है। जब वक्ता कोई विचार प्रस्तुत करता है तो श्रोता के मन में कुछ मौन प्रश्न उठते हैं— मैं इसे क्यों मानूँ? इसका आधार क्या है? इसका प्रमाण क्या है? कहानियाँ... आँकड़े... अनुभव... उदाहरण... ये सब भाषण के प्रमाण बनते हैं। वे अमूर्त विचारों को विश्वसनीय बनाते हैं।

लेकिन प्रमाण भी संरचना में होने चाहिए। अगर तथ्य बिना क्रम के आते हैं तो वे स्पष्टता नहीं, शोर पैदा करते हैं। लॉ-स्टाइल प्रस्तुति यह सुनिश्चित करती है कि हर जानकारी का उद्देश्य हो। हर कहानी किसी बिंदु को मजबूत करे। हर उदाहरण किसी सिद्धांत को स्पष्ट करे। हर आँकड़ा मुख्य संदेश को समर्थन दे। कुछ भी बिना कारण न आए।

धीरे-धीरे यह तरीका बौद्धिक विश्वसनीयता पैदा करता है। श्रोता केवल इस वजह से भरोसा नहीं करते कि वक्ता क्या कह रहा है। वे इस वजह से भरोसा करते

हैं कि वह **कैसे** कह रहा है। क्रम विश्वसनीयता का संकेत देता है।

जब विचार तार्किक रूप से बहते हैं तो वक्ता विचारशील, तैयार और विश्वसनीय दिखाई देता है। श्रोता महसूस करते हैं कि यह संदेश सोच-समझकर तैयार किया गया है। और यही भरोसा प्रभाव पैदा करता है।

इसका अर्थ यह नहीं है कि भावना को पूरी तरह हटा दिया जाए। भावना अभी भी विचारों में जीवन भरती है। उत्साह शब्दों को ऊर्जा देता है। लेकिन संरचना यह सुनिश्चित करती है कि उत्साह अराजकता में न बदल जाए।

संरचना वह ढाँचा है जिस पर अभिव्यक्ति की मांसपेशियाँ चलती हैं।

जब तर्क और भावना साथ काम करते हैं तो संवाद शक्तिशाली बन जाता है। वक्ता स्पष्टता से बोलता है। श्रोता विश्वास से सुनते हैं। और संदेश एक मन से दूसरे मन तक सहजता से पहुँचता है— ठीक वैसे ही जैसे अदालत में एक मजबूत तर्क शांत ध्यान के बीच आगे बढ़ता है।

क्योंकि अंत में
चाहे अदालत हो या सार्वजनिक मंच—
एक ही सिद्धांत प्रभावी संवाद को नियंत्रित करता है।

विचार सबसे अधिक प्रभावशाली तब होते हैं
जब वे सही क्रम में आते हैं।

3. परिचय – मुख्य भाग – निष्कर्ष का सूत्र

हर भाषण पहला शब्द बोलने से पहले ही शुरू हो जाता है।

एक क्षण ऐसा होता है जब वक्ता मंच की ओर बढ़ता है... माइक्रोफ़ोन ठीक करता है... और श्रोताओं की ओर देखता है। उस शांत क्षण में कमरे में बैठे लोग अभी यह तय नहीं कर रहे होते कि वक्ता कितना विद्वान है।

वे केवल एक बात तय कर रहे होते हैं— **"क्या मुझे इसे ध्यान से सुनना चाहिए?"** और यह निर्णय अक्सर कुछ ही सेकंड में हो जाता है।

मुझे एक सेमिनार की घटना याद है। पहले वक्ता पूरे आत्मविश्वास के साथ मंच पर आए। हॉल में विद्यार्थी, शिक्षक और आमंत्रित अतिथि बैठे थे। लोगों की बातचीत धीरे-धीरे थम ही रही थी कि उन्होंने बोलना शुरू कर दिया।

उनका पहला वाक्य सामान्य था— कार्यक्रम की समय-सारिणी के बारे में। श्रोता विनम्रता से सुन रहे थे। लेकिन कमरे में भावनात्मक जुड़ाव नहीं बना।

थोड़ी देर बाद उसी सेमिनार में एक दूसरी वक्ता मंच पर आईं। उन्होंने कुछ क्षण रुककर पूरे हॉल को देखा। फिर उन्होंने एक छोटी-सी कहानी से शुरुआत की— एक विद्यार्थी की कहानी जिसने कभी व्याख्यान के दौरान एक कठिन प्रश्न पूछा

था।

कुछ ही सेकंड में कमरे का माहौल बदल गया। लोग थोड़ा आगे झुक गए। कुछ मुस्कानें दिखाई दीं। श्रोता कहानी में खिंच गए— और उन्हें पता भी नहीं चला कि भाषण कब शुरू हो गया।

यह छोटा-सा अंतर सार्वजनिक भाषण के एक बड़े सिद्धांत को दिखाता है— **संरचना ध्यान को नियंत्रित करती है।** भाषण केवल विचारों का संग्रह नहीं है। वह एक यात्रा है।

और हर अर्थपूर्ण यात्रा की तरह उसमें तीन स्पष्ट हिस्से होने चाहिए— **शुरुआत, मध्य और अंत।** यही सरल ढाँचा— परिचय, मुख्य भाग और निष्कर्ष— सदियों से प्रभावी संवाद का आधार रहा है।

परिचय – जहाँ जुड़ाव शुरू होता है परिचय वह दरवाज़ा है जिससे श्रोता आपके विचारों की दुनिया में प्रवेश करते हैं।अगर यह दरवाज़ा उबाऊ या उलझन भरा हो तो कई लोग अंदर प्रवेश ही नहीं करते।उनका ध्यान भटक जाता है मुख्य विचार आने से पहले ही।

लेकिन अगर शुरुआत में उत्सुकता हो... ऊर्जा हो... या श्रोताओं के जीवन से जुड़ाव हो... तो ध्यान तुरंत जाग जाता है। शुरुआत नाटकीय होना ज़रूरी नहीं। बस वह बातचीत का निमंत्रण होनी चाहिए।

कभी शुरुआत एक छोटी कहानी से होती है। कभी एक चौंकाने वाले तथ्य से। कभी एक प्रश्न से जो श्रोता के मन को चुनौती दे। कभी कोई प्रभावशाली उद्धरण शुरुआत को गहराई दे देता है। कभी किसी हाल की घटना या रोज़मर्रा की जिंदगी का एक रोचक अवलोकन ध्यान खींच लेता है।

उद्देश्य प्रभावित करना नहीं है। उद्देश्य है— **जिज्ञासा जगाना।** और जब जिज्ञासा जाग जाती है तो श्रोता भाषण के मुख्य भाग के लिए तैयार हो जाते हैं।

मुख्य भाग – जहाँ विचार जीवित होते हैं यहीं भाषण का हृदय होता है।यहीं विचारों को समझाया जाता है।यहीं तर्क प्रस्तुत होते हैं।यहीं कहानियाँ अमूर्त विचारों को जीवन देती हैं।

यह भाषण का सबसे लंबा हिस्सा होता है। लेकिन सबसे संवेदनशील भी।

अगर यहाँ संरचना न हो तो भाषण जल्दी बिखर सकता है। विचार बेतरतीब आने लगते हैं। उदाहरण मुख्य संदेश को मजबूत करने के बजाय उसे बाधित करने लगते हैं। और श्रोता सोचने लगते हैं— यह भाषण जा कहाँ रहा है?

स्पष्टता इस भ्रम को रोकती है। एक व्यवस्थित मुख्य भाग अक्सर कुछ महत्वपूर्ण बिंदुओं के आसपास बनता है। बहुत लंबी सूची की आवश्यकता नहीं

होती। तीन या चार मुख्य विचार अक्सर पर्याप्त होते हैं।

हर विचार मुख्य संदेश का एक स्तंभ बन जाता है। तथ्य... कहानियाँ... आँकड़े... अनुभव... इन स्तंभों को मजबूत बनाते हैं।

श्रोता महसूस करते हैं कि हर विचार पिछले विचार से स्वाभाविक रूप से निकल रहा है।

वक्ता कभी-कभी श्रोताओं को यह भी याद दिला सकता है कि वे यात्रा में कहाँ हैं। जैसे— "अब मैं दूसरा कारण साझा करना चाहता हूँ..." या "अंतिम बिंदु जिस पर मैं जोर देना चाहता हूँ..."

ऐसे छोटे वाक्य श्रोताओं को दिशा देते हैं। और श्रोता इस मार्गदर्शन की काफी सराहना करते हैं। विशेष रूप से अकादमिक कार्यक्रमों में— जैसे सम्मेलन या व्याख्यान— यह स्पष्टता बहुत उपयोगी होती है।

जब जटिल विचार क्रम में प्रस्तुत होते हैं तो श्रोता संघर्ष नहीं करते। वे वक्ता के साथ कदम दर कदम चलते हैं।

संरचना बौद्धिक सहजता पैदा करती है।

निष्कर्ष – जहाँ संदेश स्मृति बनता है हर यात्रा अंत तक पहुँचती है।भाषण भी।लेकिन कई वक्ता इस हिस्से को कम महत्व देते हैं।वे जल्दी-जल्दी अंतिम वाक्य बोलते हैं और अचानक कह देते हैं—"धन्यवाद।"

लेकिन भाषण का अंतिम भाग बहुत शक्तिशाली होता है। मनोवैज्ञानिक इसे **रिकेन्सी प्रभाव** कहते हैं। जो बात हम अंत में सुनते हैं वह अक्सर सबसे स्पष्ट याद रहती है। निष्कर्ष वह अंतिम छाप है जो श्रोता के मन में रह जाती है।

एक अच्छा निष्कर्ष कोई नया तर्क शुरू नहीं करता। वह पूरे भाषण के सार को स्पष्ट रूप में प्रस्तुत करता है। कभी वह मुख्य विचारों का संक्षिप्त पुनरावलोकन होता है। कभी वह उसी कहानी या प्रश्न पर लौटता है जिससे भाषण शुरू हुआ था। इससे एक सुंदर पूर्णता का अनुभव होता है।

कभी वक्ता श्रोताओं को प्रेरित करता है— सोचने के लिए... कुछ करने के लिए... या किसी विषय पर मनन करने के लिए।

समापन जानबूझकर किया हुआ महसूस होना चाहिए। जैसे संगीत की अंतिम धुन धीरे-धीरे हवा में ठहर जाती है।

मुझे एक नेतृत्व कार्यशाला का समापन याद है। वक्ता ने अपना भाषण एक बहुत सरल वाक्य से समाप्त किया। उन्होंने थोड़ा रुककर पूरे कमरे को देखा। और धीरे से कहा— "नेतृत्व करने वालों और प्रतीक्षा करने वालों के बीच अक्सर केवल एक निर्णय का अंतर होता है— बोलने का निर्णय।"

कमरा कुछ क्षण शांत रहा। फिर तालियाँ गूँज उठीं। यही एक अच्छे निष्कर्ष की शक्ति है। वह श्रोताओं के मन में भाषण के बाद भी जीवित रहता है।

जब परिचय, मुख्य भाग और निष्कर्ष एक साथ काम करते हैं— तो भाषण केवल शब्दों का समूह नहीं रहता। वह एक अनुभव बन जाता है। श्रोता जिज्ञासा के साथ प्रवेश करते हैं। विचारों के साथ यात्रा करते हैं। और अंत में एक संदेश लेकर लौटते हैं।

भावना भाषण की इच्छा जगा सकती है। लेकिन संरचना यह सुनिश्चित करती है कि संदेश स्पष्ट रूप से पहुँचे।

और जब भाषण की यात्रा,
पहले क्षण से अंतिम पंक्ति तक,
सावधानी से बनाई जाती है— तो श्रोता रास्ता नहीं खोते।
वे वक्ता के साथ
कदम दर कदम चलते हैं।
जब तक अंतिम विचार
उनकी अपनी समझ में
अपनी जगह न बना ले।

4. विराम का रणनीतिक उपयोग

हर प्रभावशाली भाषण में एक ऐसा क्षण आता है जब कुछ भी नहीं कहा जाता। न कोई शब्द। न कोई तर्क। न कोई व्याख्या। सिर्फ़... **मौन**। और आश्चर्य की बात यह है कि कई बार वही मौन पूरे भाषण का सबसे यादगार हिस्सा बन जाता है।

कई वक्ता मौन से डरते हैं। उन्हें लगता है कि भाषण का हर सेकंड शब्दों से भरा होना चाहिए। अगर आवाज़ कुछ क्षण के लिए रुक जाए तो उन्हें डर लगता है कि श्रोता सोचेंगे — कुछ गड़बड़ हो गई है। इसलिए वे जल्दी-जल्दी बोलते हैं। वाक्य एक-दूसरे से टकराने लगते हैं।

विचार बिना रुके आगे बढ़ते जाते हैं। नतीजा स्पष्टता नहीं होता। नतीजा होता है — **थकान**। श्रोता कुछ देर सुनते हैं लेकिन धीरे-धीरे उनका मन साथ नहीं दे पाता।

महत्वपूर्ण विचार बहुत तेज़ी से निकल जाते हैं। प्रभावशाली वाक्य अगले वाक्य में घुल जाते हैं उससे पहले कि कोई उन्हें महसूस कर सके। भाषण... शोर बन जाता है।

लेकिन प्रभावशाली वक्ता एक अलग बात समझते हैं। वे समझते हैं कि शब्दों की ताकत तब बढ़ती है जब उनके आसपास मौन होता है। विराम खालीपन नहीं

है। विराम अर्थ के लिए जगह है।

मुझे एक नेतृत्व सम्मेलन की घटना याद है। मुख्य वक्ता अपने ज्ञान के साथ-साथ पूरे हॉल पर नियंत्रण के लिए भी प्रसिद्ध थे। उनकी आवाज़ बहुत तेज़ नहीं थी। उनकी भाषा भी अत्यधिक नाटकीय नहीं थी। फिर भी उनका हर वाक्य असाधारण स्पष्टता के साथ श्रोताओं तक पहुँचता था।

भाषण के बीच में उन्होंने अपने करियर के शुरुआती दिनों की एक कठिन घटना सुनाई। एक युवा अधिकारी को एक कठिन नैतिक निर्णय लेना था। कहानी धीरे-धीरे आगे बढ़ी। श्रोता उस स्थिति को महसूस करने लगे।

और फिर... वक्ता अचानक चुप हो गए। कुछ सेकंड तक पूरा हॉल शांत रहा। कोई शब्द नहीं। लेकिन उसी मौन में श्रोता खुद उस निर्णय का भार महसूस करने लगे।

जब उन्होंने फिर बोलना शुरू किया तो उनका वाक्य बहुत सरल था— "नेतृत्व ऐसे ही क्षणों में जन्म लेता है।" उस वाक्य से पहले का मौन सबसे शक्तिशाली हिस्सा था।

मौन ने श्रोताओं के मन को उस विचार के लिए तैयार कर दिया था।

विराम इसलिए काम करता है क्योंकि मन को लय चाहिए। जैसे संगीत में सुरों के बीच ठहराव होता है, वैसे ही भाषण में भी ठहराव चाहिए। अगर विराम न हों तो सबसे अच्छे विचार भी भारी लगने लगते हैं।

रणनीतिक मौन श्रोताओं को सोचने का समय देता है। यह बताता है कि अभी जो कहा गया है वह महत्वपूर्ण है। कई मायनों में विराम बोलने की भाषा का विराम चिन्ह है।

महत्वपूर्ण वाक्य के बाद छोटा विराम पूर्ण विराम की तरह काम करता है। थोड़ा लंबा विराम नए विचार की शुरुआत का संकेत देता है। और किसी बड़े विचार से पहले का विराम उत्सुकता पैदा करता है।

श्रोता हल्का सा आगे झुक जाते हैं। उन्हें महसूस होता है कि अब कुछ महत्वपूर्ण आने वाला है। यह कोई चालाकी नहीं है। यह लय है।

सार्वजनिक भाषण केवल सामग्री नहीं है। यह गति भी है।

विचार समय के साथ कैसे खुलते हैं यह उतना ही महत्वपूर्ण है। अगर हर वाक्य बिना रुके आगे बढ़े

तो भाषण समझना कठिन हो जाता है। लेकिन जब सही जगह पर मौन आता है तो विचार स्वाभाविक रूप से बैठ जाते हैं।

मुझे एक वर्कशॉप की घटना याद है। एक प्रतिभागी टीमवर्क पर बोल रहा था। उसके विचार अच्छे थे
लेकिन उसकी गति बहुत तेज़ थी। हर वाक्य तुरंत अगले वाक्य से जुड़ रहा था। श्रोताओं को सोचने का समय ही नहीं मिल रहा था।

हमने एक छोटा सा प्रयोग किया। अगली बार उसने हर महत्वपूर्ण बिंदु के बाद कुछ सेकंड का विराम लिया। बस... एक छोटा सा ठहराव। परिणाम अद्‌भुत था। वही विचार अचानक ज्यादा प्रभावशाली लगे। श्रोताओं को सोचने का समय मिला। भाषण शांत और स्पष्ट लगने लगा। विराम ने स्पष्टता पैदा कर दी।

रणनीतिक मौन का एक और लाभ है। यह वक्ता की **विश्वसनीयता और नियंत्रण** बढ़ाता है। जब कोई व्यक्ति घबराकर तेज़ बोलता है तो श्रोता असुरक्षा महसूस करते हैं।

लेकिन जब वक्ता शांत होकर ठहराव के साथ बोलता है तो आत्मविश्वास दिखाई देता है।

आत्मविश्वास कहता है— "मुझे मौन से डर नहीं लगता।"

वास्तव में विराम ही नियंत्रण बन जाता है।

अब वक्ता भाषण के पीछे नहीं भाग रहा। भाषण वक्ता की गति से चल रहा है।

विराम तीन जगह सबसे प्रभावी होते हैं।

पहला — **महत्वपूर्ण विचार के बाद**। ताकि वह विचार श्रोताओं के मन में गूँज सके।

दूसरा — **महत्वपूर्ण विचार से पहले**। ताकि उत्सुकता बने।

तीसरा —
विचार बदलते समय। ताकि श्रोता समझ सकें कि बातचीत अब नई दिशा में जा रही है।

इस तरह विराम श्रोताओं को भाषण की यात्रा में मार्ग दिखाते हैं। लेकिन विराम का उपयोग स्वाभाविक होना चाहिए। अगर वक्ता हर विराम को गिनकर लेने लगे तो लय कृत्रिम लगने लगती है।

उद्‌देश्य केवल इतना है— जहाँ अर्थ को जगह चाहिए वहाँ जगह देना।

अनुभवी वक्ता धीरे-धीरे इन क्षणों को महसूस करने लगते हैं। भाषण की लय पढ़ने जैसी नहीं रहती। वह बातचीत जैसी हो जाती है।

शब्द आते हैं। फिर मौन आता है। फिर शब्द लौटते हैं।

बिल्कुल... साँस लेने की तरह।

विराम का एक भावनात्मक पक्ष भी है। जब वक्ता कोई व्यक्तिगत अनुभव या गहरी भावना साझा करता है तो मौन श्रोताओं को उस भावना से जुड़ने का समय देता है।

अगर वह जगह न हो तो भावनात्मक प्रभाव जल्दी खत्म हो जाता है।

मौन बुद्धि और भावना के बीच पुल बन जाता है।

सार्वजनिक भाषण की सबसे सुंदर बात यह है कि वह मानव सोच की लय जैसा ही होता है।

हमारा मन लगातार शब्दों में नहीं सोचता।

हम रुकते हैं। सोचते हैं। महसूस करते हैं।

सर्वश्रेष्ठ वक्ता इसी लय का सम्मान करते हैं।

वे जानते हैं कि संवाद हर क्षण को शब्दों से भरना नहीं है।

संवाद है — ध्यान को उद्देश्य के साथ दिशा देना।

कभी वक्ता का सबसे शक्तिशाली काम होता है बोलना।

और कभी वक्ता का सबसे शक्तिशाली काम होता है रुक जाना।

क्योंकि उसी शांत क्षण में
जब पूरा कमरा स्थिर हो जाता है
और श्रोता साँस रोके सुन रहे होते हैं—

तब संदेश
सबसे गहराई से
मन में उतर जाता है।

5. बौद्धिक अधिकार के साथ बोलना

किसी भी कमरे में एक ऐसा क्षण आता है जब श्रोता धीरे-धीरे वक्ता पर भरोसा करने लगते हैं। यह क्षण तब नहीं आता जब वक्ता अपनी आवाज़ ऊँची कर देता है। यह तब भी नहीं आता जब वह बहुत कठिन शब्दों का प्रयोग करता है या नाटकीय हाव-भाव दिखाता है।

यह क्षण बहुत शांति से आता है। श्रोता बस यह महसूस करने लगते हैं कि मंच पर खड़ा व्यक्ति वास्तव में समझता है कि वह क्या कह रहा है।

यही भावना... यही शांत पहचान... **बौद्धिक अधिकार** कहलाती है।

मुझे कई वर्ष पहले का एक अकादमिक कॉन्फ्रेंस याद है। एक बड़ा हॉल था। देश के कई विद्वान अपने शोध प्रस्तुत कर रहे थे। एक वरिष्ठ प्रोफ़ेसर मंच पर आए जो संवैधानिक कानून के लिए प्रसिद्ध थे। वे धीरे-धीरे मंच तक पहुँचे। उनके हाथ में केवल कुछ पन्ने थे। उनकी उपस्थिति में कोई नाटकीयता नहीं थी। उन्होंने

बहुत शांत स्वर में बोलना शुरू किया।

पहले उन्होंने एक कानूनी सिद्धांत समझाया। फिर उसे एक वास्तविक केस से जोड़ा। फिर उस विचार को आगे बढ़ाकर बताया कि वह सार्वजनिक नीति को कैसे प्रभावित करता है।

हर वाक्य सोच-समझकर बोला हुआ लग रहा था। न कोई जल्दबाज़ी। न कोई अतिशयोक्ति।

कुछ ही मिनटों में पूरा हॉल गहरी एकाग्रता से सुनने लगा। लोग सिर्फ़ सुन नहीं रहे थे।

वे समझ रहे थे... और ग्रहण कर रहे थे।

उस भाषण का प्रभाव आवाज़ की ऊँचाई से नहीं आया था। उसका प्रभाव आया था **विचारों की स्पष्टता से**। हर विचार समझ पर आधारित था। जब कोई वक्ता सचमुच किसी विषय को समझता है तो श्रोता तुरंत महसूस कर लेते हैं।

बौद्धिक अधिकार भाषण से बहुत पहले शुरू हो जाता है। यह पढ़ने से पैदा होता है। सोचने से पैदा होता है। विचारों के प्रति सच्ची जिज्ञासा से पैदा होता है।

जो व्यक्ति ज्ञान को गंभीरता से खोजता है उसके शब्दों में एक शांत गहराई आ जाती है। उसके शब्द वज़न लेकर चलते हैं।

मैं अक्सर अपने प्रशिक्षण सेशन में प्रतिभागियों से कहता हूँ— सार्वजनिक भाषण केवल इस बात पर निर्भर नहीं करता कि आप कैसे बोलते हैं। यह इस पर भी निर्भर करता है कि आपने बोलने से पहले क्या पढ़ा है... क्या समझा है... और जीवन से क्या सीखा है।

जिस भाषण में गहराई नहीं होती वह कुछ मिनटों तक ऊर्जावान लग सकता है। लेकिन वह लंबे समय तक याद नहीं रहता।

विचारों को किसी ठोस आधार पर खड़ा होना चाहिए।

बौद्धिक अधिकार विकसित करने का एक प्रभावी तरीका है— संरचित सोच। जब विचार तार्किक ढंग से व्यवस्थित होते हैं तो वक्ता आत्मविश्वासी दिखाई देता है।

इसलिए नहीं कि वह आत्मविश्वास दिखा रहा है। बल्कि इसलिए कि उसका मन जानता है कि तर्क कहाँ जा रहा है। संरचना बौद्धिक विश्वसनीयता पैदा करती है।

एक नेतृत्व सेमिनार में एक युवा प्रतिभागी को नैतिक निर्णय-निर्माण पर बोलने के लिए कहा गया। वह बहुत विनम्रता के साथ मंच पर आया। उसने कहा— “नेतृत्व के निर्णय अक्सर जटिल होते हैं।”

फिर उसने एक सरल लेकिन प्रभावशाली काम किया। उसने पूरे विषय को तीन प्रश्नों में बाँट दिया। पहला प्रश्न — **सही क्या है?** दूसरा प्रश्न — **व्यावहारिक क्या है?** तीसरा प्रश्न — **साहसिक क्या है?**

हर प्रश्न ने विषय का नया आयाम खोल दिया। उसने वास्तविक उदाहरणों के साथ समझाया।

श्रोता धीरे-धीरे उसके तर्क के साथ चलते गए।

जब उसका भाषण समाप्त हुआ तो लोग केवल उसके आत्मविश्वास से प्रभावित नहीं थे। वे उसकी **सोच की स्पष्टता** से प्रभावित थे।

बौद्धिक अधिकार ध्यान की माँग नहीं करता। वह **ध्यान अर्जित करता है।**

इसका एक और महत्वपूर्ण तत्व है — **विनम्रता।** आश्चर्य की बात है कि सबसे सम्मानित वक्ता अक्सर यह स्वीकार करते हैं कि किसी विषय में जटिलता भी होती है। वे यह दिखाने की कोशिश नहीं करते कि उन्हें सब कुछ पता है। यही ईमानदारी विश्वास पैदा करती है।

जब कोई वक्ता यह स्वीकार करता है कि कुछ प्रश्नों पर और अध्ययन की आवश्यकता है या अलग-अलग दृष्टिकोण भी हो सकते हैं— तो श्रोता उसकी बौद्धिक ईमानदारी को पहचान लेते हैं।

बौद्धिक अधिकार का मतलब पूर्णता का दावा करना नहीं है। इसका मतलब है **ज्ञान के प्रति जिम्मेदारी दिखाना।**

कक्षा में और अकादमिक चर्चाओं में मैंने अक्सर दो प्रकार के वक्ताओं को देखा है।

पहला प्रकार — जो कठिन और भारी शब्दों का प्रयोग करके श्रोताओं को प्रभावित करने की कोशिश करता है। उसे लगता है कि जटिल भाषा विशेषज्ञता की छवि बना देगी।

दूसरा प्रकार — जो विचारों को स्पष्ट और धैर्य से समझाता है। अधिकांश समय दूसरे प्रकार का वक्ता
ज़्यादा सम्मान प्राप्त करता है।

सच्चा बौद्धिक अधिकार जटिलता को सरल बनाता है बिना उसकी गहराई खोए। वह श्रोता को कुछ नया समझने में मदद करता है। केवल शब्दों से प्रभावित करने की कोशिश नहीं करता।

स्पष्टता ही महारत का संकेत बन जाती है।

कहानियाँ और उदाहरण भी बौद्धिक अधिकार को मजबूत बनाते हैं।

जब कोई विचार वास्तविक अनुभव से जुड़ता है तो वह याद रखने में भी आसान हो जाता है और विश्वसनीय भी लगता है। विचार वास्तविकता से जुड़ जाते हैं।

एक पेशेवर नैतिकता पर आयोजित वर्कशॉप में एक वरिष्ठ प्रशासक ने अपने जीवन की एक घटना सुनाई। एक संकट के समय उन्हें एक कठिन निर्णय लेना पड़ा था।

उन्होंने उस घटना को किसी उपलब्धि की तरह प्रस्तुत नहीं किया। उन्होंने ईमानदारी से बताया

कि उस समय उन्हें कितनी उलझन हुई थी और उन्होंने निर्णय तक पहुँचने के लिए कैसे सोचा। उस ईमानदारी ने पूरा कमरा प्रभावित कर दिया।

वहाँ अधिकार अहंकार से नहीं बल्कि चिंतन से पैदा हुआ था।

श्रोताओं ने महसूस किया— वास्तविक बुद्धिमत्ता अनुभव और सोच से पैदा होती है।

बौद्धिक अधिकार का एक और पहलू है— **सुनने की क्षमता।**

जो वक्ता प्रश्नों को ध्यान से सुनते हैं और सोच-समझकर उत्तर देते हैं वे श्रोताओं की बुद्धिमत्ता का सम्मान करते हैं। जल्दी-जल्दी या उपेक्षा के साथ दिया गया उत्तर विश्वसनीयता को कम कर देता है।

लेकिन जब वक्ता रुककर प्रश्न को समझता है और स्पष्ट उत्तर देता है— तो श्रोता उसकी बौद्धिक अनुशासन को महसूस करते हैं।

संवाद... संवाद बन जाता है।

समय के साथ ऐसे वक्ता केवल यह प्रभावित नहीं करते कि लोग क्या सुनते हैं। वे यह भी प्रभावित करते हैं कि लोग **कैसे सोचते हैं**। उनके विचार कमरे से बाहर भी यात्रा करते हैं।

भाषण समाप्त होने के बाद भी लोग उन पर विचार करते रहते हैं।

यह प्रभाव शांत होता है लेकिन बहुत शक्तिशाली होता है।

यह तैयारी से बनता है। जिज्ञासा से बनता है। और विषय को समझने की सच्ची प्रतिबद्धता से बनता है। सार्वजनिक भाषण में अक्सर ऊर्जा और करिश्मा की चर्चा होती है।

लेकिन बौद्धिक अधिकार हमें याद दिलाता है— **सार अब भी सबसे** महत्वपूर्ण है।

आत्मविश्वास भरी आवाज़ ध्यान खींच सकती है। लेकिन गहराई भरा विचार ध्यान को बनाए रखता है।

जब ज्ञान, स्पष्टता और सच्ची अभिव्यक्ति एक साथ मिलते हैं— तो परिणाम केवल तालियाँ नहीं होता। परिणाम होता है — **विश्वास।**

और जब श्रोता किसी वक्ता की सोच पर विश्वास करने लगते हैं ,

तो उसके हर शब्द का अर्थ गहरा हो जाता है।

क्योंकि तब श्रोता
सिर्फ़ एक आवाज़ नहीं सुन रहे होते।

वे एक सोचते हुए मन को सुन रहे होते हैं।

8

ऐसी आवाज़ जो ध्यान आकर्षित करे

1. टोन, पिच और मॉड्यूलेशन

मानव आवाज़ के बारे में एक अजीब सा विरोधाभास है।

दो लोग बिल्कुल एक ही वाक्य बोल सकते हैं। ठीक वही शब्द। ठीक वही वाक्य।

लेकिन उसका असर पूरी तरह अलग हो सकता है।

एक आवाज़ प्रेरणादायक लग सकती है। आत्मविश्वास से भरी हुई। विश्वसनीय।

और दूसरी आवाज़... सपाट, झिझक भरीऔर लगभग भुला देने वाली।

शब्द वही हैं। बदला है — **आवाज़ का अंदाज़।**

सार्वजनिक भाषण को अक्सर भाषा की कला समझा जाता है। लेकिन जिसने भी महान वक्ताओं को ध्यान से सुना है वह एक गहरी बात समझता है। शब्द जानकारी देते हैं। लेकिन आवाज़ भावना देती है।

आवाज़ श्रोताओं को यह बताती है कि संदेश के बारे में कैसा महसूस करना चाहिए उससे पहले कि वे उसे पूरी तरह समझें।

एक प्रशिक्षित आवाज़ सिर्फ़ बोलती नहीं।

वह **ध्यान आकर्षित करती है।**

मुझे एक राष्ट्रीय सेमिनार का समापन समारोह याद है। एक वरिष्ठ प्रशासक को समापन भाषण देने के लिए आमंत्रित किया गया था। उनका भाषण बहुत लंबा नहीं था। शायद दस मिनट। लेकिन जिस तरह से उन्होंने बोला उसने पूरे हॉल को

शांत ध्यान में बाँध लिया।

यह ऊँची आवाज़ नहीं थी। यह **नियंत्रण** था। उनकी आवाज़ में हल्का-हल्का बदलाव आता रहा। जब वे संस्थानों के सामने आने वाली गंभीर चुनौतियों की बात कर रहे थे तो आवाज़ थोड़ी गहरी और धीमी हो गई।

जब उन्होंने विद्यार्थियों और शिक्षकों की उपलब्धियों की सराहना की तो आवाज़ नरम हो गई— लगभग गर्व की भावना के साथ।

कुछ जगहों पर वे रुके भी। पिछले वाक्य को हवा में ठहरने दिया फिर आगे बढ़े।

पूरा हॉल बिना किसी व्यवधान के सुन रहा था।

वह केवल भाषण नहीं था। वह एक ऐसा संवाद था जो एक संतुलित वाद्य यंत्र की तरह चल रहा था।

मानव आवाज़ वास्तव में एक वाद्य यंत्र ही है। जैसे संगीत के वाद्य में कई आयाम होते हैं वैसे ही आवाज़ में भी होते हैं— टोन, पिच, गति और मॉड्यूलेशन।

अगर ये सब स्थिर रहें तो भाषण नीरस हो जाता है। लेकिन अगर ये उद्देश्य के साथ बदलते रहें
तो आवाज़ में जीवन आ जाता है।

टोन – आवाज़ का वह भावनात्मक रंग है जो आवाज़ में दिखाई देता है।यह बताता है कि वक्ता संदेश के बारे में कैसा महसूस करता है और श्रोताओं के प्रति उसका दृष्टिकोण क्या है।सम्मानपूर्ण टोन ईमानदारी दिखाता है।प्रोत्साहित करने वाला टोन गरमाहट पैदा करता है।दृढ़ टोन
अधिकार दिखाता है।

श्रोता अक्सर यह भूल सकते हैं कि आपने कौन से शब्द कहे थे। लेकिन वे याद रखते हैं कि उन शब्दों ने उन्हें कैसा महसूस कराया।

शिक्षण के वातावरण में टोन की भूमिका और भी महत्वपूर्ण हो जाती है। अगर शिक्षक किसी कठिन विचार को धैर्य और उत्साह के साथ समझाता है तो छात्र समझने के लिए तैयार हो जाते हैं।

लेकिन वही बात अगर अधीरता के साथ कही जाए तो छात्रों का मन तुरंत बंद हो सकता है।

टोन माहौल बनाता है।

पिच – आवाज़ का उतार-चढ़ाव--पिच वह स्तर है जहाँ आवाज़ ऊपर या नीचे जाती है।कई नए वक्ता
एक ही पिच में बोलते रहते हैं।न आवाज़ ऊपर जाती है न नीचे।नतीजा यह होता है

कि आवाज़ मशीन जैसी लगने लगती है।

श्रोता जानकारी तो सुनते हैं लेकिन उनका ध्यान भटकने लगता है। क्योंकि आवाज़ में कोई बदलाव नहीं है। लेकिन प्राकृतिक बातचीत ऐसी नहीं होती।

जब हम अपने मित्रों को कहानी सुनाते हैं तो उत्साह के समय आवाज़ ऊपर जाती है। और सोचने के समय आवाज़ धीमी और नरम हो जाती है।

भावना अपने आप पिच बदल देती है।

सार्वजनिक भाषण में बस यही स्वाभाविक बदलाव बड़े मंच पर लाना होता है।

एक बार एक वर्कशॉप में एक प्रतिभागी शिक्षा में नवाचार पर बोल रहा था। उसके विचार बहुत अच्छे थे। लेकिन भाषण थोड़ा दूर-दूर सा लग रहा था। बाद में चर्चा में उसे एक बात समझ आई। पूरे भाषण के दौरान उसकी आवाज़ लगभग एक ही पिच पर रही थी।

संदेश सही था। लेकिन आवाज़ का संगीत गायब था।

जब उसने दोबारा अभ्यास किया और उत्साह वाले हिस्सों में पिच को थोड़ा ऊपर और गंभीर हिस्सों में थोड़ा नीचे जाने दिया— तो भाषण बदल गया।

श्रोताओं को विचारों की भावनात्मक यात्रा महसूस होने लगी।

पिच ने भाषण में आयाम जोड़ दिया।

अब आती है मॉड्यूलेशन की बात। मॉड्यूलेशन का मतलब है आवाज़ को जानबूझकर आकार देना।यही वह कला है जिससे वक्ता कुछ शब्दों पर जोर देता है कुछ वाक्यों को धीमा करता है और पूरे भाषण में लय बनाता है।

यही पढ़ने और बोलने के बीच का अंतर है।

मान लीजिए एक वाक्य है— "यह निर्णय हमारे संस्थान का भविष्य तय करेगा।" अगर इसे सपाट तरीके से बोला जाए तो वाक्य जल्दी निकल जाएगा।

लेकिन अगर थोड़ा जोर देकर बोला जाए— "यह **निर्णय**... हमारे संस्थान का **भविष्य** तय करेगा।"

तो उसका प्रभाव बदल जाता है। एक छोटा सा विराम... एक शब्द पर जोर... और संदेश यादगार बन जाता है।

मॉड्यूलेशन ध्यान को दिशा देता है।

जैसे थिएटर में रोशनी दर्शकों का ध्यान मंच के एक हिस्से पर ले जाती है— वैसे ही आवाज़ श्रोताओं का ध्यान महत्वपूर्ण शब्दों पर ले जाती है।

गति – आवाज़ की चाल- आवाज़ की एक और महत्वपूर्ण विशेषता है— गति।कुछ वक्ता इतनी तेजी से बोलते हैं जैसे अपने ही विचारों के पीछे भाग रहे हों।कुछ जानबूझकर धीरे बोलते हैं ताकि हर वाक्य बैठ सके।सही गति संदेश पर

निर्भर करती है।

जटिल विचारों को धीरे बोलना पड़ता है ताकि श्रोता समझ सकें।

कहानियाँ थोड़ी तेज़ गति से भी चल सकती हैं।

गति में बदलाव श्रोताओं को मानसिक रूप से सक्रिय रखता है।

एक समान गति आराम देती है। लेकिन बहुत अधिक समानता उबाऊ बन जाती है।

एक प्रभावशाली आवाज़ नदी की तरह बहती है।

कभी तेज़। कभी मोड़ पर धीमी। लेकिन हमेशा श्रोता को आगे ले जाती हुई।

एक कॉन्फ्रेंस चर्चा के दौरान एक वक्ता ने एक दिलचस्प बात कही थी। उन्होंने कहा— "आपकी आवाज़ ऐसी नहीं लगनी चाहिए जैसे कोई मशीन किताब पढ़ रही हो। आपकी आवाज़ ऐसी लगनी चाहिए जैसे कोई मन सोचते हुए बोल रहा हो।" यही आवाज़ के मॉड्यूलेशन का सार है।

जब आवाज़ में विचार, भावना और विश्वास दिखाई देते हैं तो श्रोता वक्ता के भीतर की दुनिया से जुड़ जाते हैं। ऐसा नियंत्रण अभ्यास से आता है।

ज़ोर से पढ़ना आवाज़ के उतार-चढ़ाव को समझने में मदद करता है।

अपनी आवाज़ रिकॉर्ड करना ऐसे पैटर्न दिखाता है जो सामान्यतः दिखाई नहीं देते।

धीरे-धीरे आवाज़ ज्यादा संवेदनशील और अभिव्यक्तिपूर्ण हो जाती है।

उद्‌देश्य नाटकीय अभिनय करना नहीं है।

उद्‌देश्य है — **स्वाभाविक रहना।**

आवाज़ प्राकृतिक होनी चाहिए। लेकिन उसमें हल्का सा जीवन होना चाहिए।

इतना बदलाव कि ध्यान बना रहे और भावना व्यक्त हो सके।

जब टोन, पिच और मॉड्यूलेशन एक साथ काम करने लगते हैं तो एक अद्‌भुत चीज़ होती है।

आवाज़ केवल शब्दों का माध्यम नहीं रहती।

वह कमरे में एक **उपस्थिति** बन जाती है। लोग अपने फोन देखना बंद कर देते हैं। फुसफुसाहटें शांत हो जाती हैं। भाषण की लय श्रोताओं के ध्यान की लय बन जाती है।

उस क्षण आवाज़ पूरे स्थान को नियंत्रित करती है। और श्रोता समझ जाते हैं— वे केवल जानकारी नहीं सुन रहे। वे संवाद के सबसे मानवीय रूप का अनुभव कर रहे हैं।

जहाँ विचार
सिर्फ़ शब्दों से नहीं
बल्कि आवाज़ के जीवंत संगीत के साथ
उन तक पहुँच रहे हैं।

2. अधिकार के साथ धीरे बोलना

घबराए हुए वक्ता की पहली प्रवृत्ति होती है — तेज़ बोलना। शब्द सोच से आगे भागने लगते हैं। वाक्य एक-दूसरे के पीछे गिरते चले जाते हैं। ऐसा लगता है जैसे वक्ता मंच से जल्दी निकल जाना चाहता हो इससे पहले कि कोई उसकी घबराहट पहचान ले।

भाषण दस मिनट का हो सकता है, लेकिन वक्ता उसे ऐसे बोलता है मानो कोई अदृश्य घड़ी उसका पीछा कर रही हो। कई लोग सोचते हैं कि तेज़ बोलने से घबराहट छिप जाती है। असल में... वह और स्पष्ट हो जाती है।

मुझे कई साल पहले एक विश्वविद्यालय सेमिनार की घटना याद है। एक युवा शोधकर्ता अपने कई महीनों के शोध पर प्रस्तुति देने के लिए खड़ा हुआ। उसकी स्लाइड्स अच्छी तरह तैयार थीं। विचार गहरे थे। उत्साह भी साफ़ दिखाई दे रहा था।

लेकिन जैसे ही उसने बोलना शुरू किया शब्द तेजी से बाहर आने लगे। सिर्फ़ तीन मिनट में वह लगभग दस मिनट की सामग्री बोल चुका था।

महत्वपूर्ण विचार श्रोताओं के समझने से पहले ही निकल जाते थे। जितनी तेजी से वह बोलता गया उसकी सांस उतनी ही तेज़ और छोटी होती गई।

जब प्रस्तुति समाप्त हुई तो श्रोताओं ने शिष्टाचार के साथ तालियाँ बजाईं। लेकिन कुछ खो गया था। ज्ञान नहीं...**स्पष्टता।**

बाद में जब थोड़ी बातचीत हुई तो मैंने उससे एक सरल सवाल पूछा। “तुम इतनी जल्दी में क्यों थे?” वह थोड़ा झेंपते हुए हँस पड़ा। उसने कहा— “मुझे लगा अगर मैं धीरे बोलूँगा तो शायद अगली बात भूल जाऊँगा।” यह ईमानदार जवाब था। और बहुत आम भी।

कई वक्ता इसलिए जल्दी बोलते हैं क्योंकि उन्हें मौन से डर लगता है। उन्हें लगता है कि अगर वे थोड़ा धीमे हुए तो उनकी अनिश्चितता सामने आ जाएगी। लेकिन सच्चाई बिल्कुल उलटी है।

अधिकार धीरे बोलता है। जब कोई व्यक्ति शांत गति से बोलता है तो श्रोता अपने आप महसूस करते हैं कि वक्ता विषय के साथ सहज है। आवाज़ में आत्मविश्वास इसलिए होता है क्योंकि वह खत्म करने की जल्दी में नहीं होती।

हर वाक्य एक उद्देश्य के साथ आता है।

मुझे एक नीति सम्मेलन की घटना याद है। एक वरिष्ठ प्रशासनिक अधिकारी शासन और सार्वजनिक जिम्मेदारी पर मुख्य भाषण दे रहे थे। उनकी आवाज़ नाटकीय नहीं थी। भाषा भी अत्यधिक सजावटी नहीं थी।

लेकिन उनकी गति... अद्भुत थी। वे धीरे बोल रहे थे। न बहुत खींचकर। न कृत्रिम तरीके से। बल्कि एक सोच-समझकर बनाई गई लय में।

जब वे कोई महत्वपूर्ण वाक्य कहते तो उसके बाद थोड़ा रुकते। मानो श्रोताओं को सोचने का निमंत्रण दे रहे हों। पूरा हॉल गहरी एकाग्रता से सुन रहा था।

किसी को बोरियत नहीं हुई। बल्कि धीमी गति ने कमरे में गंभीरता का वातावरण बना दिया। श्रोताओं को महसूस हुआ कि ये विचार ध्यान से सुनने योग्य हैं।

धीरे बोलने का मतलब हर शब्द को खींचना नहीं है। इसका मतलब है— विचारों को समझ की गति से खुलने देना, घबराहट की गति से नहीं।

मानव मस्तिष्क को विचार समझने के लिए समय चाहिए।

जब वक्ता बहुत तेज़ बोलता है तो श्रोता जानकारी को ठीक से ग्रहण नहीं कर पाते। महत्वपूर्ण बिंदु समझ में आने से पहले ही आगे बढ़ जाते हैं। लेकिन जब आवाज़ सोच-समझकर चलती है तो श्रोता मार्गदर्शन महसूस करते हैं। भाषण समझना आसान हो जाता है।

धीरे बोलना वक्ता को स्वाभाविक रूप से सांस लेने में भी मदद करता है।

सांस आवाज़ के नियंत्रण में महत्वपूर्ण भूमिका निभाती है। जब वाक्य बहुत तेज़ बोले जाते हैं तो सांस उथली और अनियमित हो जाती है। आवाज़ कमजोर होने लगती है। लेकिन जब गति धीमी होती है तो सांस गहरी हो जाती है। और आवाज़ स्थिर हो जाती है।

कई अनुभवी वक्ता महत्वपूर्ण वाक्य बोलने से पहले एक छोटी सी सांस लेते हैं। वही सांस एक स्वाभाविक विराम बनाती है। और वाक्य को ज्यादा प्रभाव देती है। श्रोता तुरंत बदलाव महसूस करते हैं।

धीरे बोलने का एक और लाभ है— जोर देना। अगर शब्द बहुत तेज़ी से निकलते हैं तो हर वाक्य समान लगता है। लेकिन जब गति बदलती है तो कुछ विचार अलग दिखाई देते हैं।

वक्ता महत्वपूर्ण विचार से पहले थोड़ा धीमा हो सकता है। श्रोता शब्द आने से पहले ही उसकी महत्ता महसूस कर लेते हैं। ध्यान तीक्ष्ण हो जाता है।

एक नेतृत्व कार्यशाला में एक प्रतिभागी से पूछा गया कि वह अपने संगठन में संवाद को कैसे सुधारना चाहता है। पहले प्रयास में उसकी बात थोड़ी जल्दबाज़ी में लगी।

विचार अच्छे थे लेकिन समझना कठिन था।

हमने एक छोटा सा प्रयोग किया। मैंने उससे कहा— "बस धीरे बोलो। ऐसे समझाओ जैसे किसी करीबी सहकर्मी को समझा रहे हो।"

अंतर तुरंत दिखाई दिया। उसकी आवाज़ शांत हो गई। वाक्य स्पष्ट हो गए। कुछ जगहों पर स्वाभाविक विराम भी आने लगे।

श्रोताओं की प्रतिक्रिया भी बदल गई। लोग सिर हिलाने लगे। कुछ लोग महत्वपूर्ण बिंदु नोट करने लगे। संदेश वही था। बदली थी — गति।

धीरे बोलना श्रोताओं के प्रति सम्मान भी दिखाता है। जब वक्ता बहुत जल्दी बोलता है तो अनजाने में ऐसा लगता है कि प्रदर्शन समझ से अधिक महत्वपूर्ण है।

लेकिन जब विचार शांत और स्पष्ट रूप से आते हैं तो श्रोता सोच की प्रक्रिया में शामिल महसूस करते हैं।

भाषण साझा अनुभव बन जाता है।

धीरे बोलने से वक्ता के मन में भी बदलाव आता है। जब आप खुद को धीमे बोलने की अनुमति देते हैं तो मंच कम डरावना लगने लगता है। आवाज़ की लय मन को शांत करने लगती है।

अब आप भाषण से बचने की कोशिश नहीं कर रहे होते। आप उसे नेतृत्व दे रहे होते हैं।

आत्मविश्वास धीरे-धीरे उसी लय में जन्म लेता है। बेशक, धीरे बोलना एकरसता नहीं बनना चाहिए। भिन्नता अभी भी आवश्यक है।

कहानी के समय गति थोड़ी तेज़ हो सकती है। विचारशील क्षणों में फिर से धीमी हो सकती है।

भाषण की लय स्वाभाविक बातचीत जैसी लगनी चाहिए। लेकिन उसी लय के भीतर अधिकार शांत गति में रहता है।

महान वक्ता शायद ही कभी जल्दी में लगते हैं। वे जानते हैं कि उनका काम केवल जानकारी देना नहीं है। उनका काम है श्रोताओं को विचारों की यात्रा पर ले जाना।

नेतृत्व के लिए संयम चाहिए। और संयम अक्सर एक बहुत सरल चीज़ से शुरू होता है—शब्दों को समझ की गति से चलने देना।

जब वक्ता धीरे, सोच-समझकर और संतुलित लय में बोलता है तो कमरे में एक सूक्ष्म परिवर्तन होता है।

श्रोता शब्द पकड़ने की कोशिश बंद कर देते हैं। वे अर्थ सुनना शुरू कर देते हैं।

और उसी शांत परिवर्तन में— तेज़ी से स्पष्टता की ओर—

आवाज़ एक ऐसा अधिकार प्राप्त कर लेती है
जिसे मजबूर करके नहीं बनाया जा सकता।

वह बस प्रकट होता है।

एक शांत, स्थिर
और आत्मविश्वासी मन की लय के साथ।

3. फालतू शब्दों को हटाना

बोलते समय एक छोटी-सी आवाज़ अक्सर चुपचाप घुस आती है। "उम्म..." "मतलब..." "आप जानते हैं..." शुरू में यह बहुत मामूली लगती है। लगभग दिखाई भी नहीं देती।

वक्ता बोलता रहता है। श्रोता सुनते रहते हैं। और बातचीत आगे बढ़ती रहती है। लेकिन धीरे-धीरे ये छोटे-छोटे शब्द खिड़की पर जमी धूल की तरह जमा होने लगते हैं।

संदेश तो मौजूद रहता है। लेकिन उसकी स्पष्टता थोड़ी धुंधली हो जाती है।

कई वक्ताओं को यह पता ही नहीं चलता कि उनके भाषण में ये भराव शब्द कितनी बार आते हैं।

दिमाग अगला विचार खोज रहा होता है, और उसी छोटे से पल में मुँह कोई आवाज़ पैदा कर देता है ताकि मौन न आए। वक्ता को लगता है यह स्वाभाविक है। लेकिन श्रोता कुछ और सुनते हैं। झिझक।

मुझे एक प्रोफेशनल डेवलपमेंट वर्कशॉप याद है। कई प्रतिभागियों को अपने काम के बारे में छोटा-सा प्रस्तुतीकरण देना था। एक वक्ता बहुत ज्ञानवान था। अपने विषय के प्रति गहरी लगन भी थी। उसके विचार अच्छे और उपयोगी थे।

लेकिन भाषण के दौरान ध्यान पूरी तरह टिक नहीं पा रहा था। हर कुछ सेकंड बाद विचारों के बीच छोटे-छोटे शब्द आ जाते थे— "उम्म... तो... मतलब... आप जानते हैं..." इन शब्दों से कोई अर्थ नहीं जुड़ता था। वे बस खाली जगह भर रहे थे।

सेशन खत्म होने के बाद उस वक्ता ने प्रतिक्रिया माँगी। जब रिकॉर्डिंग देखी गई तो उसने अपनी आवाज़ ध्यान से सुनी। पहली बार उसे एहसास हुआ कि लगभग हर वाक्य के बीच ये छोटे-छोटे शब्द आ रहे थे। वह हैरान रह गया।

उसने कहा— "मुझे तो पता ही नहीं था कि मैं ऐसा कर रहा हूँ।"

यही जागरूकता सुधार की शुरुआत होती है। फालतू शब्द सिर्फ़ इच्छा-शक्ति से नहीं हटते।

वे जागरूकता से हटते हैं।

पहले दिमाग को उन्हें पहचानना पड़ता है।

असल में ये शब्द इसलिए आते हैं क्योंकि दिमाग और आवाज़ थोड़ी अलग गति से चलते हैं। दिमाग अगला विचार बना रहा होता है, लेकिन आवाज़ पिछला वाक्य पूरा कर चुकी होती है। उस छोटे से अंतर में वक्ता मौन आने नहीं देता। मुँह तुरंत कोई भराव शब्द बोल देता है। वक्ता को लगता है कि भाषण बिना रुके चलना चाहिए।

लेकिन सच यह है— उस समय मौन ज्यादा उपयोगी होता है। मौन में गरिमा होती है। जब वक्ता फालतू शब्दों की जगह कुछ क्षण रुकता है, तो श्रोता उसे कमजोरी नहीं समझते।

बल्कि उल्टा। सोच-समझकर लिया गया विराम विचारशीलता दिखाता है। यह बताता है कि वक्ता अगली बात सोचकर कह रहा है। कई बार अधिकार वाक्यों के बीच के शांत मौन में सुनाई देता है।

एक अकादमिक कॉन्फ्रेंस में मैंने यह अंतर साफ़ देखा। एक वक्ता हर विराम में कोई न कोई भराव शब्द जोड़ देता था। भाषण लगातार चलता रहा लेकिन उसकी लय बेचैन लग रही थी।

थोड़ी देर बाद दूसरे वक्ता माइक्रोफ़ोन के पास आए। उन्होंने शांत स्वर में बोलना शुरू किया। जब अगला वाक्य सोचने का समय आया तो उन्होंने बस रुककर सोचा।

आँखें स्थिर रहीं। शरीर शांत रहा। लगभग दो सेकंड का मौन।

फिर अगला वाक्य आया। उन छोटे विरामों ने पूरे भाषण को संतुलित बना दिया। श्रोता ध्यान से सुनते रहे क्योंकि लय स्वाभाविक थी।

फालतू शब्द जोर को भी कमजोर कर देते हैं। जब किसी महत्वपूर्ण विचार के आसपास अनावश्यक शब्द आ जाते हैं तो उसका प्रभाव कम हो जाता है।

जैसे— “उम्म... मेरा मतलब... असल में... सबसे महत्वपूर्ण बात साहस है।” वाक्य पहुँचने के लिए संघर्ष करता है। लेकिन अगर भराव शब्द हटा दिए जाएँ— “सबसे महत्वपूर्ण बात है — साहस।” अब संदेश सीधा खड़ा है। यह केवल भाषा का अंतर नहीं है।

यह मनोवैज्ञानिक अंतर है।

स्पष्टता आत्मविश्वास पैदा करती है। फालतू शब्द हटाने का मतलब पूर्णता प्राप्त करना नहीं है। कभी-कभी हल्की झिझक मानवीय बातचीत का हिस्सा होती है। उद्देश्य बस इतना है— अनावश्यक शब्दों को कम करना ताकि विचार साफ़-साफ़ श्रोताओं तक पहुँच सकें।

इसके लिए कुछ अभ्यास बहुत उपयोगी होते हैं।

सबसे प्रभावी तरीका है अपनी आवाज़ रिकॉर्ड करना। अभ्यास के दौरान बोलिए और बाद में सुनिए।

ध्यान दीजिए फालतू शब्द कहाँ आते हैं। अक्सर वे कुछ खास जगहों पर आते हैं— जैसे नए विचार पर जाते समय या उदाहरण याद करते समय।

जब ये जगहें पहचान में आ जाएँ तो वहाँ एक और शक्तिशाली चीज़ रखी जा सकती है— विराम।

विराम दिमाग को आवाज़ के साथ चलने का समय देता है। अगला विचार बनने का अवसर देता है। धीरे-धीरे भराव शब्दों की आदत विराम की आदत में बदल जाती है।

एक और मददगार तरीका है सचेत साँस लेना। कई बार फालतू शब्द इसलिए आते हैं क्योंकि वक्ता जल्दी में महसूस करता है। एक गहरी साँस वाक्य की लय को संतुलित कर देती है।

आवाज़ स्थिर हो जाती है।

और एक दिलचस्प मानसिक बदलाव भी आता है। जब वक्ता मौन से डरना छोड़ देता है तो विराम गलती नहीं लगता।

वह उपकरण बन जाता है। ज़ोर देने का उपकरण। सोचने का उपकरण। स्पष्टता का उपकरण।

श्रोता मौन से परेशान नहीं होते। वे भ्रम से परेशान होते हैं। स्पष्ट भाषण श्रोता के ध्यान का सम्मान करता है।

मैं अक्सर अपने प्रशिक्षण सेशन में कहता हूँ— संवाद कोई दौड़ नहीं है। यह विचारों को दिशा देने की प्रक्रिया है। हर वाक्य एक विचार लेकर आता है और उस विचार को समझने के लिए जगह चाहिए।

जब फालतू शब्द हट जाते हैं तो संदेश खुलकर साँस लेने लगता है।

शब्द अपनी ताकत पर खड़े हो जाते हैं।

एक सुंदर बात और होती है— वक्ता अधिक सजग और दृढ़ सुनाई देने लगता है।

साधारण वाक्य भी बिना झिझक के बोले जाएँ तो मजबूत लगते हैं।

आत्मविश्वास सुनाई देने लगता है।

समय के साथ श्रोता शायद जानबूझकर यह न पहचानें कि भराव शब्द कम हो गए हैं। लेकिन वे अंतर जरूर महसूस करेंगे। भाषण अधिक सहज लगेगा। विचार अधिक स्पष्ट होंगे। लय अधिक शांत होगी।

वक्ता संयमित दिखाई देगा।

और उसी संयम में
एक सूक्ष्म अधिकार छिपा होता है। ऐसा अधिकार जो विचारों को बिना अव्यवस्था के सामने लाता है।

सार्वजनिक भाषण केवल नई चीज़ें जोड़ने की कला नहीं है।

कभी-कभी यह अनावश्यक चीज़ों को हटाने की कला भी है।

जब फालतू आवाज़ें हट जाती हैं तो जो बचता है वह है— आपकी अपनी आवाज़।

स्पष्ट।
उद्देश्यपूर्ण।
और इतनी मजबूत
कि अर्थ को ठीक वहीं पहुँचा सके
जहाँ उसे पहुँचना है।

4. साँस को नियंत्रित करने की तकनीक

किसी भी शब्द के बोलने से पहले एक बहुत शांत प्रक्रिया होती है। हवा धीरे-धीरे फेफड़ों के भीतर जाती है। सीना थोड़ा फैलता है... शरीर स्थिर होता है... और उसी शांत क्षण में हर भाषण की असली शुरुआत छिपी होती है।

शब्दों से पहले साँस आती है। वह आवाज़ को तैयार करती है उससे पहले कि श्रोता पहला शब्द सुनें। अधिकांश लोग इस बात पर कभी ध्यान नहीं देते। साँस लेना तो स्वाभाविक लगता है। जैसे शरीर खुद ही संभाल लेता है।

लेकिन सार्वजनिक भाषण में साँस ही चुपचाप तय करती है— आवाज़ कितनी मजबूत होगी, कितनी स्थिर होगी, और कितनी प्रभावशाली लगेगी। जब साँस उथली या तेज़ हो जाती है तो आवाज़ भी वैसी ही हो जाती है। शब्द तेजी से बाहर आने लगते हैं। वाक्य जल्दबाज़ी में निकलते हैं। और कभी-कभी आवाज़ हल्की काँपती हुई भी महसूस होती है।

सच्चाई यह है— **आवाज़ शरीर से अलग नहीं है।** वह साँस पर सवार होकर चलती है।

मुझे एक प्रशिक्षण कार्यशाला की घटना याद है। एक युवा प्रतिभागी ने नेतृत्व पर छोटा सा भाषण देने के लिए हाथ उठाया। उसके विचार अच्छे थे। तैयारी भी साफ दिखाई दे रही थी।

लेकिन जैसे ही उसने बोलना शुरू किया कुछ अजीब सा हुआ। कुछ ही वाक्यों के बाद उसकी आवाज़ थोड़ी कसी हुई और हाँफती सी लगने लगी। वह थोड़ी देर रुका... जल्दी से साँस ली... फिर बोलना शुरू किया। लेकिन वही क्रम दोबारा हो गया। शब्द तेज़ी से निकलने लगे मानो उसकी आवाज़ फेफड़ों से निकलती हवा का पीछा कर रही हो।

सेशन के बाद हम थोड़ी देर बात करने लगे। उसने कहा— "मुझे ऐसा लगा जैसे बोलते समय कमरा छोटा हो गया हो।" यह अनुभव बहुत से वक्ताओं के साथ होता है।

जब मन दबाव महसूस करता है तो साँस उथली हो जाती है।

शरीर शांत संवाद के लिए नहीं बल्कि जल्दबाज़ी के लिए तैयार हो जाता है। और यही उथली साँस
आवाज़ को कमजोर कर देती है।

समाधान बहुत कठिन नहीं है।

यह जागरूकता से शुरू होता है। साँस को नियंत्रित करना शरीर को मजबूर करना नहीं है। बल्कि गहरी और स्वाभाविक साँस की लय में लौटना है। जब साँस छाती के ऊपर ही न रुककर फेफड़ों के भीतर गहराई तक जाती है तो आवाज़ स्थिर हो जाती है।

हवा आवाज़ का सहारा बन जाती है। इस नियंत्रण के लिए एक बहुत सरल अभ्यास है— **बोलने से पहले का छोटा विराम।**

जब कोई वक्ता मंच पर आता है तो अक्सर तुरंत बोलना शुरू कर देता है। मन जल्दी शुरू करना चाहता है। लेकिन पहले शब्द से पहले एक छोटा सा शांत क्षण सब कुछ बदल सकता है।

धीरे से साँस अंदर लें। फिर धीरे से बाहर छोड़ें। बस कुछ सेकंड।

यह छोटा सा क्षण शरीर को संकेत देता है— स्थिति खतरनाक नहीं है। सब कुछ शांत है। कंधे ढीले हो जाते हैं। आवाज़ स्थिर हो जाती है।

और पहला वाक्य अधिक स्पष्टता के साथ निकलता है। श्रोता साँस को नहीं देखते। लेकिन उससे पैदा होने वाला संयम ज़रूर महसूस करते हैं।

साँस भाषण की लय भी तय करती है।

जब वक्ता हर वाक्य के बाद स्वाभाविक रूप से साँस लेता है तो गति संतुलित हो जाती है।

विचार स्पष्ट रूप से खुलते हैं बिना भागे।

हर साँस एक अदृश्य विराम चिन्ह बन जाती है।

एक सम्मेलन चर्चा में मैंने एक वरिष्ठ वक्ता को ऐसा करते देखा। वह शासन और प्रशासन जैसे जटिल विषय पर बोल रहे थे। उनके वाक्य विचारपूर्ण थे और कई परतों वाले भी। फिर भी भाषण कभी जल्दी में नहीं लगा।

हर महत्वपूर्ण बिंदु के बाद वे हल्का सा रुकते और धीरे से साँस लेते। फिर अगला विचार शुरू करते। साँस दिखाई नहीं देती थी। लेकिन वही भाषण की लय बना रही थी। उनकी आवाज़ प्रभावशाली इसलिए थी क्योंकि उसे सहारा मिल रहा था।

साँस शब्दों का भार उठा रही थी।

एक और उपयोगी अभ्यास है— धीरे-धीरे ज़ोर से पढ़ना।

किसी अनुच्छेद को पढ़ते समय ध्यान दीजिए कि स्वाभाविक विराम कहाँ आते हैं। अक्सर वहीं

साँस भी स्वाभाविक रूप से बदलती है। धीरे-धीरे साँस और आवाज़ का संबंध मजबूत होने लगता है।

आवाज़ पर दबाव कम महसूस होता है।

कुछ वक्ताओं को भाषण से पहले छोटे साँस अभ्यास भी मदद करते हैं। दो-तीन मिनट शांत खड़े होकर

नाक से धीरे साँस लेना और मुँह से धीरे छोड़ना। इतना सा अभ्यास भी नर्वस सिस्टम को शांत कर देता है।

मन शांत हो जाता है। और उसी शांति में आवाज़ अधिक स्पष्ट हो जाती है।

साँस का सही उपयोग लंबे भाषणों में भी आवाज़ की रक्षा करता है।

अगर साँस सही न हो तो आवाज़ जल्दी थक जाती है। गला भारी होने लगता है। लेकिन जब साँस लगातार सहारा देती है तो लंबे समय तक बोलना आसान हो जाता है।

ऊर्जा स्वाभाविक रूप से बहती रहती है।

साँस का एक मनोवैज्ञानिक प्रभाव भी होता है।

जब वक्ता अपनी साँस पर ध्यान देता है तो ध्यान डर से हटकर वर्तमान क्षण पर आ जाता है।

मन भागना बंद कर देता है।

भाषण परीक्षा जैसा नहीं लगता।

वह बातचीत जैसा महसूस होने लगता है।

असल में साँस वक्ता को संवाद की स्वाभाविक लय से जोड़ देती है।

रोज़मर्रा की बातचीत में हम शांत साँस लेते हुए बोलते हैं। हम रुकते हैं। फिर बोलते हैं।

सार्वजनिक भाषण में बस उसी स्वाभाविक स्थिति में लौटना होता है।

कुछ भी कृत्रिम नहीं चाहिए। सिर्फ़ जागरूकता।

दुनिया के कई प्रभावशाली वक्ताओं की आवाज़ बहुत सहज और स्थिर लगती है। लेकिन उस स्थिरता के पीछे एक बहुत सरल चीज़ होती है— स्वाभाविक साँस।

हर वाक्य उसी पर टिका होता है। हर विराम उसे नया करता है। हर विचार उसी हवा की धारा पर
श्रोताओं तक पहुँचता है।

श्रोता आवाज़ सुनते हैं। लेकिन आवाज़ के भीतर साँस चल रही होती है— शांत... स्थिर...
धैर्यपूर्ण। और जब साँस स्थिर रहती है तो आवाज़ कमरे पर अधिकार जमाने लगती है। ज़ोर से नहीं... उपस्थिति से।

क्योंकि सार्वजनिक भाषण की सबसे प्रभावशाली आवाज़ें ध्यान के लिए संघर्ष नहीं करतीं।

वे बस साँस लेती हैं...
बोलती हैं...
रुकती हैं...
और आगे बढ़ती हैं।

उसी शांत लय के साथ
जिसने मानव अभिव्यक्ति को
पहले शब्द बोले जाने के समय से ही सहारा दिया है।

5. मौन की शक्ति

कमरा भरा हुआ था... लेकिन अजीब तरह से बेचैन भी।

हमारी रिहायशी सोसायटी की एक बैठक चल रही थी। विषय बहुत साधारण था— सुरक्षा व्यवस्था में कुछ सुधार करना। शाम की हल्की पीली रोशनी के नीचे प्लास्टिक की कुर्सियाँ लगी थीं।

लोग बैठे थे... पर सचमुच मौजूद नहीं थे।

कुछ लोग अपने पड़ोसी से धीरे-धीरे बात कर रहे थे। कुछ अपने मोबाइल फोन देख रहे थे। सोसायटी के सचिव बोल रहे थे... लेकिन उनके शब्द ऐसे उड़ रहे थे जैसे हवा में बिखरे काग़ज़। कोई वास्तव में ध्यान नहीं दे रहा था।

तभी एक बुज़ुर्ग सज्जन खड़े हुए। उन्होंने तुरंत बोलना शुरू नहीं किया। वे धीरे-धीरे आगे आए... मेज़ पर अपने दोनों हाथ रखे... और पूरे समूह की ओर देखने लगे।

उनकी नज़र एक-एक चेहरे पर ठहरी। और फिर... उन्होंने कुछ नहीं कहा। कुछ पल तक लोग अपनी बातचीत में लगे रहे।

लेकिन धीरे-धीरे कुछ बदलने लगा। फुसफुसाहटें कम हो गईं। लोगों ने सिर उठाए। आँखें उनकी ओर मुड़ गईं। उन्होंने अभी तक एक भी शब्द नहीं बोला था। फिर भी कमरा शांत हो गया।

कुछ सेकंड बाद उन्होंने बोलना शुरू किया। उन्होंने धीमे स्वर में कहा— “दोस्तों, कैमरों की बात करने से पहले हमें भरोसे की बात करनी होगी।” अब हर कान सुन रहा था। उस शाम मैंने एक गहरी बात देखी।

उनकी आवाज़ का प्रभाव ऊँची आवाज़ से नहीं आया था। वह आया था — **मौन से।**

मौन ने उनके शब्दों के लिए मंच तैयार किया था। मौन ने ध्यान खींच लिया था शब्द आने से पहले ही।

कई वक्ता मौन से डरते हैं। उन्हें लगता है कि हर खाली जगह शब्दों से भरनी चाहिए। जैसे चुप्पी कोई खतरनाक खालीपन हो।

लेकिन सच यह है— मौन खालीपन नहीं है। मौन उपस्थिति है।

एक सुंदर संगीत को सोचिए। सुर महत्वपूर्ण होते हैं... लेकिन उनके बीच की जगह उन्हें अर्थ देती है। अगर विराम न हों तो संगीत शोर बन जाता है।

भाषण भी ऐसा ही है।

जब लोग पहली बार सार्वजनिक रूप से बोलते हैं तो उन्हें लगातार बोलने की तीव्र इच्छा होती है।

मन तेज़ दौड़ता है। दिल तेज़ धड़कता है। और वक्ता सोचता है— लगातार बोलना ही आत्मविश्वास है।

लेकिन सच्चाई उलटी है। आत्मविश्वास साँस लेता है। आत्मविश्वास रुकता है।

आत्मविश्वास कुछ क्षण की शांति को स्वीकार करता है।

एक बार एक छात्र कक्षा प्रस्तुति के बाद मेरे पास आया। उसने कहा— "सर, मेरा भाषण सात मिनट का था। लेकिन असरदार नहीं लगा।"

मैंने उससे एक सरल प्रश्न पूछा। "क्या तुमने कहीं विराम लिया था?" वह थोड़ा उलझ गया। "नहीं... शायद नहीं।" यही समस्या थी।

जब उसने बाद में अपनी रिकॉर्डिंग सुनी तो उसे एक दिलचस्प बात समझ आई। उसके शब्द ऐसे भाग रहे थे जैसे कोई ट्रेन जो कभी धीमी नहीं होती।

श्रोताओं को उसके विचार समझने का समय ही नहीं मिला।

विराम के बिना भाषण ऐसा होता है जैसे आग की तेज़ धार से पानी पीना। श्रोता थक जाते हैं।

मौन ही विचारों को उतरने देता है।

मौन श्रोताओं को सोचने का समय देता है। महसूस करने का समय देता है। और अगली बात के लिए उत्सुक होने का समय देता है।

मैं अक्सर छात्रों से कहता हूँ— मौन बोलने की भाषा का विराम चिन्ह है। छोटा विराम — अल्पविराम। थोड़ा लंबा विराम — पूर्ण विराम।

और गहरी बात के बाद कुछ क्षण की चुप्पी — एक शक्तिशाली विराम।

एक विश्वविद्यालय सेमिनार के समापन भाषण में मैंने जानबूझकर यही किया था। हॉल युवा स्नातकों से भरा था। उनके परिवार... शिक्षक... अतिथि... पूरा वातावरण उत्साह से भरा था।

मैंने शुरुआत एक सरल वाक्य से की— "आज आपको एक डिग्री मिल रही है।" फिर मैं रुक गया। बस कुछ सेकंड। उस शांत क्षण में शब्द कमरे में ठहर गए।

छात्रों ने सिर उठाए। कुछ मुस्कुराए। कुछ ने सिर हिलाया।

फिर मैंने कहा— "लेकिन आज वह दिन भी है जब जिम्मेदारी चुपचाप आपके जीवन में प्रवेश करती है।"

फिर एक छोटा विराम।

आप लगभग महसूस कर सकते थे कि लोग सोच रहे थे।

यही मौन की सुंदरता है।

यह श्रोताओं को आपके भाषण में शामिल कर देता है बिना उन्हें बोलने के।

मौन सोच को आमंत्रित करता है। मौन उत्सुकता पैदा करता है। मौन शब्दों को वजन देता है।

मौन के बिना शब्द हल्के रह जाते हैं।

इसलिए महान वक्ता अक्सर शांत दिखाई देते हैं।

वे चुप्पी से डरते नहीं। वे जानते हैं कि श्रोता केवल बोले गए शब्द नहीं सुन रहे।

वे उस अनुभव को महसूस कर रहे हैं जो शब्दों के बीच में होता है।

रोज़मर्रा की बातचीत में भी मौन की बड़ी शक्ति होती है।

एक बार एक छात्र कक्षा के बाद मेरे पास आया। वह अपने करियर को लेकर परेशान था। वह जल्दी-जल्दी बोल रहा था... अपनी उलझन बता रहा था। जब वह बोल चुका तो उसने चिंता से मेरी ओर देखा।

मैंने तुरंत जवाब नहीं दिया। मैं कुछ सेकंड शांत रहा। उस छोटे से मौन ने उसके अपने विचारों को शांत होने दिया। उसके भीतर का भावनात्मक तूफ़ान धीरे-धीरे शांत होने लगा।

फिर हमने बातचीत शुरू की। कभी-कभी सबसे सम्मानजनक प्रतिक्रिया तुरंत शब्द नहीं होती। बल्कि **ध्यानपूर्ण मौन** होती है।

मौन सुनने का संकेत देता है। और सुनना अच्छे वक्तृत्व का छिपा हुआ आधार है।

मौन का एक और प्रभाव है— यह आत्मविश्वास दिखाता है।

जब वक्ता रुकता है तो वह दिखाता है कि वह उस जगह को घबराकर नहीं भर रहा।

उसे विश्वास है कि श्रोता उसके साथ रहेंगे।

इसके विपरीत जो वक्ता बहुत जल्दी बोलते हैं वे अनजाने में एक डर दिखाते हैं— कि कहीं चुप्पी उन्हें असुरक्षित न कर दे। लेकिन चुप्पी कमजोरी नहीं दिखाती। वह **नियंत्रण** दिखाती है।

हाँ, कभी-कभी चुप्पी इसलिए भी आती है क्योंकि वक्ता अपनी बात भूल गया होता है। वह अलग होती है। उसमें बेचैनी होती है।

रणनीतिक मौन अलग होता है। वह जानबूझकर होता है। वह शांत होता है। उसमें जागरूकता होती है।

श्रोता तुरंत फर्क समझ जाते हैं।

अच्छा विराम स्वाभाविक लगता है। ऐसा लगता है जैसे वक्ता सचमुच सोचकर बोल रहा है। और यही भावना सब कुछ बदल देती है। लोग ऐसे वक्ताओं पर भरोसा करने लगते हैं जो सोचते हुए बोलते हैं।

प्रश्न का उत्तर देने से पहले एक छोटा विराम पूरी बातचीत का स्तर बदल सकता है।

मैं छात्रों को अक्सर सलाह देता हूँ— कोई प्रश्न पूछे तो तुरंत जवाब मत दीजिए। पहले साँस लीजिए। प्रश्न पूछने वाले की ओर देखिए। कुछ क्षण मौन रहने दीजिए। फिर उत्तर दीजिए।

वे कुछ सेकंड बातचीत को ऊँचा उठा देते हैं।

मौन आपको अनावश्यक बातें कहने से भी बचाता है।

कई वक्ता एक मजबूत विचार कहने के बाद भी आदतन बोलते रहते हैं। और अनजाने में अपने ही विचार का असर कम कर देते हैं। एक विराम इसे रोक देता है।

विचार को अपनी ताकत पर खड़े होने देता है।

समय के साथ वक्ता समझने लगता है— संवाद केवल ध्वनि पैदा करना नहीं है। यह ध्यान को दिशा देना है। शब्द ध्यान खींचते हैं। मौन उसे थामे रखता है। दोनों मिलकर लय बनाते हैं।

मंच पर सबसे प्रभावशाली आवाज़ें सबसे ऊँची नहीं होतीं।

वे आवाज़ें होती हैं जो लय समझती हैं।

जो जानती हैं कब बोलना है और कब हवा को अर्थ ले जाने देना है।

शेर हर समय दहाड़ता नहीं। लेकिन जब दहाड़ता है तो जंगल सुनता है। क्योंकि उससे पहले का मौन उत्सुकता पैदा कर चुका होता है।

उसी तरह एक शक्तिशाली वक्ता मौन को अपना साथी बनाना सीखता है।

मौन वह अदृश्य साथी बन जाता है जो हर वाक्य को और मजबूत करता है।

जिस दिन आप मौन से डरना छोड़ देते हैं
उसी दिन आपकी आवाज़
कमरे पर अधिकार जमाने लगती है।

क्योंकि सच्चा अधिकार
लगातार बोलने से नहीं आता।

वह आता है—

यह जानने से कि कब रुकना है।

9

मंच के शेर की बॉडी लैंग्वेज

1. प्रभावशाली मुद्रा

कई साल पहले की बात है। कक्षा समाप्त होने के बाद एक छात्र ने मुझसे एक सवाल पूछा। सवाल बहुत साधारण था।

उसने कहा— "सर, शेर को जंगल का राजा क्यों कहा जाता है?" सवाल सुनने में थोड़ा बचकाना लगा, लेकिन कमरे में जैसे ठहर गया।

पास बैठे कुछ और छात्र भी अपनी कुर्सियाँ घुमाकर हमारी ओर देखने लगे। उन्हें भी उत्तर सुनने की उत्सुकता थी।

मैंने तुरंत जवाब नहीं दिया। मैंने उनसे ही एक और सवाल पूछा।

"दुनिया का सबसे लंबा जानवर कौन है?" एक छात्र ने तुरंत कहा— "जिराफ़।" मैंने दूसरा सवाल पूछा। "सबसे भारी और ताकतवर?" दूसरा छात्र हँसते हुए बोला— "हाथी।" "सबसे तेज़ दौड़ने वाला?" किसी ने कहा—बाघ। किसी ने कहा—हिरण। "और पानी में सबसे ताकतवर तैरने वाला?" एक आवाज़ आई— "मगरमच्छ।" सभी उत्तर तेजी से आ गए।

फिर मैंने पहला सवाल दोबारा पूछा। "अगर जिराफ़ सबसे लंबा है... हाथी सबसे ताकतवर है... हिरण सबसे तेज़ है... और मगरमच्छ पानी का उस्ताद है...

तो फिर शेर जंगल का राजा क्यों है?"

कमरे में कुछ क्षण की शांति छा गई। कुछ छात्र मुस्कुराए। उन्हें अंदाज़ा हो गया था कि बात किस दिशा में जा रही है।

फिर मैंने कहा— "शेर सबसे बड़ा नहीं है। सबसे तेज़ भी नहीं। सबसे लंबा भी नहीं।

फिर भी पूरा जंगल उसके सामने झुकता है। क्यों?"

मैं थोड़ा रुका। फिर धीरे से कहा— **"क्योंकि उसकी उपस्थिति अलग होती है।"**

शेर चलता है जैसे ज़मीन उसी की हो। उसके कंधे ढीले लेकिन मजबूत होते हैं। सिर स्थिर रहता है। नज़र इधर-उधर घबराकर नहीं भटकती।

वह दहाड़े उससे पहले ही जंगल उसकी सत्ता समझ लेता है।

नेतृत्व अक्सर शब्दों से पहले शुरू हो जाता है।

और सार्वजनिक भाषण में **मुद्रा (पोश्चर)** भी यही काम करती है।

मैंने कई बार देखा है— वक्ता के पास शानदार विचार होते हैं, तथ्य मजबूत होते हैं, कहानियाँ प्रेरक होती हैं। फिर भी भाषण का असर कमजोर रह जाता है। क्यों? क्योंकि शरीर अविश्वास का संकेत दे देता है।

वक्ता शब्दों से आत्मविश्वास दिखाता है लेकिन— कंधे झुके हों, आँखें नीचे हों, रीढ़ झुकी हुई हो...

तो श्रोता कुछ और पढ़ लेते हैं।

मनुष्य शरीर को शब्दों से भी तेज़ पढ़ता है। मंच पर आने के कुछ ही सेकंड में श्रोता एक धारणा बना लेते हैं। शायद उन्हें खुद भी पता न चले, लेकिन उनका मन देख रहा होता है— वह व्यक्ति कैसे खड़ा है। वह जगह को कैसे घेर रहा है। वह कैसे साँस ले रहा है।

आवाज़ आने से पहले ही मुद्रा बोलने लगती है।

एक सम्मेलन में मैंने यह अंतर साफ़ देखा। दो वक्ता एक ही विषय पर बोल रहे थे— "बदलते समय में नेतृत्व।" पहले वक्ता के पास शानदार स्लाइड्स थीं। आँकड़े भी प्रभावशाली थे। लेकिन वह बार-बार अपना वजन एक पैर से दूसरे पैर पर बदल रहा था। कंधे थोड़े झुके हुए थे। आँखें लगातार पीछे की स्क्रीन पर थीं। जानकारी सही थी। फिर भी कुछ अधूरा लग रहा था।

कुछ देर बाद दूसरा वक्ता मंच पर आया। उसने बोलने से पहले बस कुछ सेकंड मंच के बीच में खड़े होकर पूरे हॉल को देखा। कंधे खुले हुए। सीना सीधा। ठोड़ी संतुलित। उसकी नज़र धीरे-धीरे पूरे हॉल पर गई। फिर उसने बोलना शुरू किया। न कोई नाटकीय हरकत। न कोई दिखावटी अंदाज़। सिर्फ़ उपस्थिति।

फर्क अद्भुत था। श्रोता अलग तरह से सुनने लगे। ध्यान तेज़ हो गया। वही प्रकार के विचार अचानक अधिक प्रभावशाली लगने लगे।

तब मुझे फिर याद आया— मुद्रा सिर्फ बाहरी चीज़ नहीं है। यह मनोवैज्ञानिक है।

जब शरीर सिकुड़ता है तो मन भी सिकुड़ जाता है।

लेकिन जब शरीर स्वाभाविक रूप से खुलता है— रीढ़ सीधी, कंधे संतुलित, पैर ज़मीन पर स्थिर— तो मन भी स्थिर होने लगता है।

मुद्रा बाहर से भीतर आत्मविश्वास बनाती है।

बहुत से छात्र जो मंच भय लेकर आते हैं वे सोचते हैं कि उनका सबसे बड़ा डर शब्द भूल जाना है। असल में उन्हें सबसे पहले सीखना होता है— **कैसे खड़ा होना है।** स्थिर खड़े रहो। संतुलित खड़े रहो। ऐसे खड़े रहो जैसे मंच तुम्हारा है। अहंकार से नहीं। शांत स्वामित्व के साथ।

एक बार हमारी सोसायटी की मीटिंग में पार्किंग व्यवस्था को लेकर काफी बहस हो रही थी। लोग एक-दूसरे की बात काट रहे थे। आवाज़ें तेज़ हो रही थीं। तभी एक निवासी खड़े हुए। उन्होंने कुछ खास नहीं किया। बस सीधा खड़े हो गए। पैर मजबूती से जमीन पर। कंधे ढीले। हाथ शांत।

उनकी मुद्रा में एक शांत अधिकार था। उन्होंने बोलना शुरू भी नहीं किया था कि कमरे की आवाज़ें धीरे-धीरे कम हो गईं।

यही मुद्रा का प्रभाव है।

लोग स्थिरता पर प्रतिक्रिया देते हैं।

मानव मन शारीरिक संतुलन पर भरोसा करता है।

प्रभावशाली मुद्रा का मतलब कठोरता नहीं है। अत्यधिक कठोरता घबराहट दिखाती है।

सच्ची उपस्थिति आरामदायक लेकिन सजग होती है। जैसे एक पेड़ जिसकी जड़ें जमीन में गहरी हों और शाखाएँ हवा में सहज हिल रही हों।

सिर सीधा। कंधे खुले। रीढ़ स्वाभाविक रूप से लंबी।

जब वक्ता इस संतुलन को सीखते हैं तो उनकी आवाज़ भी बदल जाती है। साँस सहज बहती है। शब्द तनाव के बिना निकलते हैं। हावभाव भी अर्थपूर्ण हो जाते हैं। जब हाथ उठते हैं तो विचार को सहारा देते हैं। जब वक्ता चलता है तो वह उद्‌देश्यपूर्ण लगता है।

स्थिर मुद्रा के बिना हावभाव बेचैन लगते हैं।

मैं छात्रों को एक बहुत सरल अभ्यास देता हूँ। मैं कहता हूँ— आईने के सामने खड़े हो जाओ और तीस सेकंड तक कुछ मत बोलो। बस खड़े रहो। कंधों को देखो। पैरों का संतुलन महसूस करो। सिर की स्थिति देखो। क्या तुम सिकुड़ रहे हो या

स्वाभाविक रूप से फैल रहे हो?

अक्सर लोग उस शांत क्षण में एक सच्चाई खोज लेते हैं—

शरीर मन की बातचीत दिखा देता है।

झिझकता मन झिझकती मुद्रा पैदा करता है।

लेकिन यहाँ एक सुंदर बात है। उल्टा भी सच है।

आत्मविश्वासी मुद्रा मन को आत्मविश्वासी बना सकती है।

जब वक्ता मंच के शेर की तरह खड़े होना सीखते हैं— स्थिर, जमीन से जुड़े, सचेत— तो धीरे-धीरे उनका मन भी सीख जाता है कि मंच युद्धभूमि नहीं है। यह अभिव्यक्ति का स्थान है।

मैं अक्सर छात्रों से कहता हूँ— मुद्रा आपके भाषण का पहला वाक्य है।

श्रोता शब्द सुनने से पहले ही आपके शरीर को पढ़ लेते हैं।

क्या आपकी मुद्रा कहती है— "बस किसी तरह यह भाषण खत्म हो जाए"?

या कहती है— "मैं आपके साथ कुछ अर्थपूर्ण साझा करने आया हूँ।"

फर्क बहुत सूक्ष्म है। लेकिन प्रभाव गहरा है।

समय के साथ जो वक्ता कमरों पर प्रभाव डालते हैं वे अक्सर वे नहीं होते जो सबसे तेज़ बोलते हैं या सबसे कठिन शब्द इस्तेमाल करते हैं। वे होते हैं जो गरिमा के साथ जगह घेरते हैं।

उनकी मुद्रा एक शांत संदेश देती है— **"मैं यहाँ होने के योग्य हूँ।"**

और जब श्रोता यह महसूस करते हैं तो कमरे का माहौल बदल जाता है। ध्यान इकट्ठा होने लगता है। जिज्ञासा जागती है। कमरा सुनने लगता है। ठीक वैसे ही जैसे जंगल सुनता है जब शेर चलता हुआ निकलता है— इसलिए नहीं कि वह चिल्ला रहा है... इसलिए नहीं कि वह सबसे तेज़ है... बल्कि इसलिए क्योंकि उसकी उपस्थिति अधिकार को दिखाई देती है।

मंच का शेर
दहाड़ से नहीं शुरू होता।

वह शुरू होता है—

आप कैसे खड़े होते हैं उससे।

2. उद्देश्यपूर्ण हाथों की हरकतें

एक शाम व्याख्यान के बाद एक छात्र मेरे पास आया। उसके चेहरे पर हल्की सी झिझक भरी मुस्कान थी। उसने पूछा— "सर, बोलते समय अपने हाथों का क्या करूँ?" सवाल छोटा था, लेकिन उसकी आँखों में असली चिंता दिखाई दे रही थी।

बहुत लोग मंच पर बोलते समय शब्द भूल जाने से डरते हैं। लेकिन एक और उलझन होती है जिसके बारे में कम लोग बात करते हैं— हाथों का क्या करें? क्या जेब में रखें? क्या सामने जोड़ लें? क्या बिल्कुल स्थिर रखें? जैसे ही वक्ता अपने हाथों के प्रति जागरूक होता है कुछ अजीब सा होने लगता है। हाथों की हरकतें असहज और बनावटी हो जाती हैं।

हाथ इसलिए नहीं हिलते कि विचार को उनकी ज़रूरत है। वे इसलिए हिलते हैं क्योंकि वक्ता सोचता है— "शायद वक्ता को कुछ न कुछ करते रहना चाहिए।"

मैं मुस्कुराया और उससे एक सवाल पूछा। "जब तुम अपने सबसे अच्छे दोस्त से किसी रोमांचक बात के बारे में बताते हो तो क्या तुम पहले से हाथों की हरकतें तय करते हो?" वह हँस पड़ा। "नहीं सर।"

मैंने कहा— "बस यही बात है।" जब विचार जीवित होते हैं तो शरीर खुद बातचीत में शामिल हो जाता है।

मानव संवाद कभी केवल शब्दों पर आधारित नहीं रहा। भाषा के विकसित होने से पहले भी मनुष्य चेहरे के भाव, शरीर की मुद्रा और हाथों की हरकतों से संवाद करता था। शब्द बाद में आए। शरीर पहले बोलता है। और हाथ... हाथ तो बहुत शक्तिशाली कहानीकार होते हैं।

मुझे एक सम्मेलन याद है।

एक युवा पेशेवर पर्यावरण संरक्षण पर प्रस्तुति दे रहा था। उसके विचार अच्छे थे। स्लाइड भी सुंदर थीं। लेकिन कुछ कमी महसूस हो रही थी। उसके हाथ पूरे समय पोडियम पर टिके रहे। हर वाक्य मुँह से निकल रहा था लेकिन शरीर जैसे जड़ हो गया था। आवाज़ में बुद्धिमत्ता थी पर ऊर्जा नहीं थी। ऐसा लग रहा था जैसे आवाज़ शरीर से अलग हो गई हो।

उसी कार्यक्रम में बाद में एक और वक्ता मंच पर आईं। वह समुदाय की भागीदारी और पर्यावरण के विषय पर बोल रही थीं। उनके विचार भी लगभग उसी प्रकार के थे। लेकिन माहौल अलग महसूस हुआ। उनके हाथ स्वाभाविक रूप से चल रहे थे।

जब उन्होंने समस्या के आकार के बारे में बताया तो उनकी हथेलियाँ हल्की सी फैल गईं जैसे वे समस्या का आकार दिखा रही हों। जब उन्होंने सहयोग की बात की तो उनके हाथ धीरे-धीरे एक-दूसरे की ओर बढ़े मानो लोगों को जोड़ रहे हों। और जब उन्होंने समाधान की बात की तो उनकी हथेलियाँ श्रोताओं की ओर खुल गईं। कुछ भी नाटकीय नहीं। कुछ भी बनावटी नहीं। बस उद्देश्यपूर्ण हरकत।

फर्क बहुत सूक्ष्म था लेकिन साफ दिखाई दे रहा था। श्रोता केवल विचार नहीं सुन रहे थे। वे उन्हें देख भी रहे थे। यही हाथों की शक्ति है।

हाथ विचारों को दृश्य रूप दे देते हैं। जब सही तरीके से उपयोग होते हैं तो विचार दिखाई देने लगते हैं। लेकिन यहाँ एक चुनौती भी है। उद्देश्यपूर्ण हाथों की हरकत कृत्रिम रूप से बनाई नहीं जा सकती। अगर वक्ता बिना कारण हाथ हिलाने लगे तो वह हरकत अर्थ नहीं बनाती। वह शोर बन जाती है। सार्थक हावभाव स्पष्ट विचारों से पैदा होते हैं। स्पष्ट मन स्पष्ट हरकत पैदा करता है।

एक दिन कक्षा के बाद मैं छात्रों से यही बात कर रहा था। एक छात्र ने पूछा— "अनुभवी वक्ता मंच पर इतने सहज क्यों लगते हैं और नए वक्ता इतने कठोर क्यों?"

मैंने कहा— "अपनी रोज़मर्रा की बातचीत देखो।" जब तुम किसी दोस्त को कहानी बताते हो तो तुम्हारे हाथ अपने आप किसी वस्तु का आकार बताते हैं। अगर तुम बताते हो कि मछली कितनी बड़ी थी तो हाथ अपने आप फैल जाते हैं। अगर कोई जटिल समस्या समझाते हो तो उँगलियाँ हवा में बिंदु बनाती हैं जैसे विचारों को क्रम में रख रही हों।

शरीर मन की मदद करता है। लेकिन जैसे ही व्यक्ति मंच पर आता है स्व-जागरूकता बढ़ जाती है। अचानक वक्ता को लगता है कि लोग उसे देख रहे हैं। और तभी स्वाभाविक अभिव्यक्ति गायब होने लगती है। जब नियंत्रण कठोर हो जाता है तो अभिव्यक्ति खत्म हो जाती है।

उद्देश्यपूर्ण हाथों की हरकत किसी अभिनय का नाम नहीं है। यह तो बस विचार को सहारा देने का तरीका है। इसकी भी एक लय होती है। कभी हाथ स्थिर रहते हैं और आवाज़ विचार को आगे बढ़ाती है। फिर अचानक एक विचार आता है जिसे आकार चाहिए। तभी एक हावभाव उभरता है। यही विरोध
उस हरकत को शक्तिशाली बनाता है।

मुझे एक सोसायटी मीटिंग याद है। लोग नए खेल के मैदान के निर्माण पर चर्चा कर रहे थे। बहस बढ़ रही थी। मतभेद साफ दिखाई दे रहे थे। तभी एक निवासी खड़े हुए। उन्होंने एक समझौते का सुझाव दिया।

जब वे बोल रहे थे तो उनके हाथ बहुत शांत और उद्देश्यपूर्ण थे। जब उन्होंने माता-पिता की चिंता का जिक्र किया तो उनकी हथेलियाँ ऊपर की ओर खुलीं जैसे वे सम्मान से उनकी बात रख रहे हों।

जब उन्होंने सोसायटी की आर्थिक सीमाएँ बताईं तो उनके हाथ थोड़ा पास आ गए मानो सीमाएँ दिखा रहे हों। और जब उन्होंने समाधान बताया तो उनके दोनों

हाथ धीरे से एक साथ आ गए।

बहुत साधारण हरकत थी। लेकिन उसका प्रतीक बहुत गहरा था। लोग सिर हिलाने लगे। कमरे का तनाव कम हो गया। उनके हाथों ने समाधान को पहले ही दिखा दिया था।

यही उद्देश्यपूर्ण हावभाव करते हैं। वे संवाद को **स्पर्श योग्य** बना देते हैं।

एक और गलती जो कई वक्ता करते हैं वह है अत्यधिक हरकत। अगर हाथ लगातार हिलते रहें तो श्रोता विचलित हो जाते हैं। वे संदेश नहीं सुनते। वे बस वक्ता की बेचैनी देखते रहते हैं।

उद्देश्यपूर्ण हावभाव चयनित होते हैं।

वे तब आते हैं जब विचार को आकार चाहिए। और फिर गायब हो जाते हैं जब शब्दों को अकेले खड़ा रहना हो। इन्हें भाषा के विराम चिन्ह समझिए।

एक हावभाव आश्चर्य चिह्न जैसा होता है। अगर हर वाक्य में लगा दिया जाए तो उसका प्रभाव खत्म हो जाता है। लेकिन सही जगह पर वही हावभाव एक वाक्य को रोशन कर देता है।

मैं छात्रों को एक साधारण अभ्यास देता हूँ।

आईने के सामने खड़े हो जाइए और किसी ऐसी बात पर बोलिए जिसकी आपको सच में परवाह हो। जैसे— कोई यादगार यात्रा, कोई प्रेरणादायक शिक्षक, या जीवन का कोई अनुभव।

कुछ मिनट खुलकर बोलिए। फिर अपने हाथों को देखिए।

आप एक रोचक बात देखेंगे— जब विचार और भावनाएँ मजबूत होती हैं उसी समय हाथ स्वाभाविक रूप से चलने लगते हैं। यही रहस्य है।

हावभाव अर्थ का अनुसरण करते हैं।

अगर मन स्पष्ट है तो हाथों को पता होगा क्या करना है।

समय के साथ वक्ता इस स्वाभाविक प्रवृत्ति को निखारना सीख लेते हैं।

उन्हें समझ आने लगता है कि कौन सा हावभाव किस विचार को मजबूत बनाता है।

बाहर की ओर खुला हाथ श्रोताओं को विचार में आमंत्रित करता है।

नीचे की ओर संतुलित हरकत निष्कर्ष या दृढ़ता दिखाती है।

धीरे-धीरे वक्ता का शरीर उसकी आवाज़ के साथ सहयोग करने लगता है।

भाषण केवल शब्दों का क्रम नहीं रहता।

वह पूरे शरीर की अभिव्यक्ति बन जाता है।

और जब यह सामंजस्य दिखाई देता है तो श्रोता तुरंत महसूस करते हैं।

क्योंकि संवाद केवल वह नहीं है जो हम सुनते हैं।

संवाद वह भी है जो हम देखते हैं,
महसूस करते हैं, और समझते हैं।

मंच का शेर यह बात सहज रूप से जानता है।

वह चुप रहकर भी अपने शरीर से शक्ति दिखा देता है।

उसी तरह एक प्रभावशाली वक्ता केवल शब्दों पर निर्भर नहीं रहता।

आवाज़ संदेश लेकर जाती है।

आँखें संबंध बनाती हैं।

मुद्रा अधिकार स्थापित करती है।

और हाथ— जब उद्देश्य के साथ चलते हैं— तो पूरा संदेश जीवंत हो उठता है।

अंततः उद्देश्यपूर्ण हाथों की हरकत किसी तकनीक का नाम नहीं है।

यह जागरूकता से जन्मी स्वाभाविकता है।

जब विचार स्पष्ट होंगे तो हावभाव अर्थपूर्ण होंगे।

जब हावभाव अर्थपूर्ण होंगे तो भाषण दिखाई देने लगेगा।

और जब भाषण दिखाई देने लगेगा,
तो श्रोता केवल सुनेंगे नहीं।

वे समझेंगे।

3. चेहरे के भाव जो जुड़ाव बनाते हैं

कुछ साल पहले की बात है। दोस्तों की एक छोटी सी बैठक में एक व्यक्ति अपने बचपन की मज़ेदार घटना सुना रहा था। कहानी बहुत साधारण थी।

एक लड़के ने अपने सहपाठियों को प्रभावित करने के लिए पेड़ पर चढ़ने की कोशिश की... और आधे रास्ते में फिसल कर सबके सामने अजीब तरीके से नीचे आ गिरा। कहानी में कुछ असाधारण नहीं था।

लेकिन कहानी सुनाने का तरीका पूरे कमरे का माहौल बदल रहा था। जब वह गिरने का दृश्य बता रहा था
तो उसकी आँखें चौड़ी हो जाती थीं। भौंहें ऊपर उठ जाती थीं। और जब वह अपने बचपन वाले रूप की नकल करता तो उसके होंठों पर शरारती मुस्कान आ जाती।

कुछ ही मिनटों में पूरा कमरा हँसी से भर गया।

थोड़ी देर बाद एक और दोस्त आया जो यह कहानी नहीं सुन पाया था। पहले वाले दोस्त ने उसे वही कहानी दोबारा सुनाई। शब्द लगभग वही थे। घटना भी वही थी। लेकिन इस बार कहानी फीकी लगी।

क्यों? क्योंकि कहानी सुनाने वाले का चेहरा लगभग स्थिर था। आँखें शांत थीं। चेहरे पर कोई खास भाव नहीं था। जो भाव पहले कहानी को जीवंत बना रहे थे वे इस बार गायब थे।

कहानी वही थी। शब्द वही थे। लेकिन जुड़ाव गायब हो गया था।

उस शाम मुझे एक बात फिर याद आई— **मानव चेहरा अभिव्यक्ति का सबसे शक्तिशाली माध्यम है।**

हम भाषा सीखने से पहले भावनाएँ पहचानना सीखते हैं।

एक छोटा बच्चा शब्द नहीं समझता। लेकिन वह मुस्कान समझता है। आँखों की गर्माहट महसूस करता है। भौंहों की चिंता पहचान लेता है।

मानव मस्तिष्क चेहरों को पढ़ने के लिए असाधारण रूप से संवेदनशील है। कुछ ही सेकंड में लोग पहचान लेते हैं— आत्मविश्वास है या झिझक। ईमानदारी है या संदेह। जिज्ञासा है या ऊब।

इसीलिए सार्वजनिक भाषण में चेहरा वक्ता और श्रोता के बीच एक पुल बन जाता है।

सही शब्दों वाला भाषण अगर भावहीन चेहरे के साथ दिया जाए तो वह यांत्रिक लगता है। जैसे कोई किताब पढ़ी जा रही हो। लेकिन जब चेहरे के भाव शब्दों के भाव से मेल खाते हैं तो श्रोता जुड़ जाते हैं। वे केवल भाषण नहीं सुनते। वे उसे महसूस करते हैं।

एक बार कक्षा में एक छात्र प्रस्तुति दे रहा था। उसने अच्छी तैयारी की थी। विचार व्यवस्थित थे। उदाहरण सही थे। लेकिन उसका चेहरा तनाव से भरा हुआ और स्थिर था। ऐसा लग रहा था जैसे चेहरे की हर मांसपेशी को हिलने से रोक दिया गया हो।

अजीब स्थिति बन गई। आवाज़ में उत्साह था लेकिन चेहरा गंभीर था। यह विरोध श्रोताओं को उलझा रहा था। लोग सुन तो रहे थे लेकिन भावनात्मक जुड़ाव नहीं बन पा रहा था।

प्रस्तुति के बाद मैंने उससे पूछा— "बताओ, क्या तुम अपने भाषण का आनंद ले रहे थे?" वह थोड़ा झिझका फिर हँस पड़ा। "हाँ सर, मैं तो बहुत उत्साहित था।"

मैंने मुस्कुराकर कहा— "लेकिन तुम्हारे चेहरे को इसका पता नहीं था।" वह भी मुस्कुरा दिया। और वही मुस्कान उसके पूरे चेहरे को बदल गई।

चेहरे के भाव अक्सर यह बता देते हैं कि वक्ता वास्तव में उस क्षण में मौजूद है या केवल तैयार की हुई पंक्तियाँ बोल रहा है।

जब वक्ता अपने शब्दों का अर्थ महसूस करता है तो चेहरा खुद शामिल हो जाता है। प्रेरणादायक विचार बताते समय आँखें चमक उठती हैं। किसी आश्चर्यजनक तथ्य पर भौंहें हल्की सी उठ जाती हैं। और किसी सकारात्मक बात पर चेहरे पर हल्की मुस्कान आ जाती है।

ये छोटे-छोटे भाव गरमाहट पैदा करते हैं। गरमाहट ध्यान को आकर्षित करती है। और ध्यान जुड़ाव को गहरा बनाता है।

लेकिन एक सावधानी भी जरूरी है। कुछ वक्ता चेहरे के भावों के महत्व को समझने के बाद अति-अभिनय करने लगते हैं। भौंहें बहुत ज़्यादा उठती हैं। मुस्कान बनावटी लगती है। चेहरा भाव दिखाने लगता है महसूस करने के बजाय। श्रोता इसे तुरंत पहचान लेते हैं।

स्वाभाविकता की नकल नहीं की जा सकती। वह केवल सच्चे जुड़ाव से आती है।

एक कार्यशाला में एक प्रशिक्षक अपने जीवन की असफलता की कहानी सुना रहे थे। उनकी आवाज़ थोड़ी नरम हो गई। चेहरे पर हल्की गंभीरता थी। न कोई बनावटी उदासी। न कोई नाटकीय भाव।

बस ईमानदारी।

उनकी आँखों में पुरानी यादों की झलक दिखाई दे रही थी। पूरा कमरा शांत हो गया। उस सच्चाई ने
किसी भी अभ्यास किए हुए हावभाव से ज़्यादा जुड़ाव पैदा किया।

चेहरे के भाव मन की स्थिति का दर्पण होते हैं।

अगर वक्ता सच में अपनी बात पर विश्वास करता है तो उसका चेहरा उसी विश्वास को दिखा देता है।

दैनिक जीवन में भी यह बात आसानी से देखी जा सकती है।

एक बार हमारी सोसायटी की बैठक में दो निवासी एक निर्णय पर विपरीत विचार रख रहे थे। दोनों सभ्य थे। दोनों अपने तर्क दे रहे थे। लेकिन फर्क उनके चेहरे पर दिखाई दे रहा था।

पहला वक्ता शांत और खुला दिखाई दे रहा था। आँखें ध्यान से सुन रही थीं। चेहरा सहज था।

दूसरा वक्ता स्पष्ट रूप से चिढ़ा हुआ लग रहा था। भौंहें सिकुड़ी हुई थीं। होंठ दबे हुए थे।

भले ही दोनों ने तर्क दिए लेकिन श्रोता स्वाभाविक रूप से पहले वक्ता की ओर झुक गए।

क्यों? क्योंकि चेहरे के भाव भावनात्मक माहौल बनाते हैं।

शांत चेहरा खुलापन पैदा करता है।

तनाव भरा चेहरा प्रतिरोध पैदा करता है।

सार्वजनिक भाषण में श्रोता लगातार इन संकेतों को पढ़ते रहते हैं। वे देखते हैं— वक्ता सहज है या दूर। जुड़ा हुआ है या बिखरा हुआ। आत्मविश्वासी है या असमंजस में।

कभी-कभी सही समय पर एक हल्की मुस्कान वक्ता और श्रोता के बीच की दूरी खत्म कर देती है।

और जब कोई श्रोता प्रश्न पूछे तो चेहरे पर जिज्ञासा और सम्मान लंबे उत्तर से भी ज़्यादा प्रभावशाली होता है।

चेहरे की यही शक्ति है। यह बोलने से पहले दृष्टिकोण बता देता है।

जब वक्ता इस बात को समझता है तो वह अपने चेहरे को भी देखना सीखता है।

एक सरल अभ्यास है— आईने के सामने खड़े होकर कोई छोटी कहानी सुनाइए। फिर अपने चेहरे को ध्यान से देखिए। क्या चेहरा स्थिर है? क्या उसमें भाव हैं? क्या वह आपकी बात के स्वर से मेल खाता है?

अक्सर इस अभ्यास से एक छिपा हुआ अंतर दिखाई देता है— हम क्या कहते हैं और कहते समय कैसे दिखते हैं। इस अंतर को मिटाना ही वक्ता को सच्चा बनाता है। क्योंकि संवाद केवल एक माध्यम से नहीं होता।

शब्द अर्थ देते हैं। आवाज़ स्वर देती है। मुद्रा उपस्थिति देती है। हावभाव जोर देते हैं। और चेहरा... चेहरा भावना देता है। जब ये सब एक साथ जुड़ जाते हैं तो कुछ अद्भुत होता है।

श्रोता केवल सुनने वाले नहीं रहते। वे अनुभव का हिस्सा बन जाते हैं।

मंच का शेर सिर्फ़ सीधा खड़ा नहीं होता या जोर से नहीं बोलता। उसकी हर नज़र हर हरकत उसकी शक्ति दिखाती है।

उसी तरह एक प्रभावशाली वक्ता चेहरे को भी संदेश का हिस्सा बनने देता है। अभिनय के रूप में नहीं। बल्कि विचार, भावना और सच्चाई की स्वाभाविक अभिव्यक्ति के रूप में।

और जब चेहरा ईमानदारी से बोलता है तो श्रोता केवल कानों से नहीं सुनते... दिल से सुनते हैं।

4. अनुशासन के साथ चलना

कई साल पहले स्कूल के प्रिंसिपलों के लिए एक लीडरशिप ट्रेनिंग सेशन चल रहा था।

हॉल में अनुभवी शिक्षक बैठे थे— वे लोग जिन्होंने दशकों तक विद्यार्थियों को मार्गदर्शन दिया था, संस्थानों को संभाला था, और युवा दिमागों को आकार दिया था।

सेशन के दौरान एक प्रिंसिपल अपने विचार साझा करने के लिए खड़े हुए। उन्होंने बोलना शुरू किया। आवाज़ साफ़ थी। विचार अच्छे थे।

लेकिन कुछ ही सेकंड में एक दिलचस्प चीज़ दिखाई देने लगी। उनके पैर लगातार हिलने लगे। वे कमरे के एक कोने से दूसरे कोने तक चलने लगे। फिर वापस आए। फिर तिरछे रास्ते से दूसरी तरफ़। ऐसा लग रहा था जैसे वे कार्पेट पर अदृश्य रेखाएँ बना रहे हों। अब श्रोता उनके शब्दों से ज़्यादा उनकी चाल पर ध्यान देने लगे।

यह जानबूझकर नहीं हो रहा था। यह नर्वस ऊर्जा थी।

जब शरीर को लगता है कि बहुत सारे लोग उसे देख रहे हैं तो वह तनाव को चलकर बाहर निकालना चाहता है। समस्या चलने में नहीं है।

समस्या बिना उद्देश्य के चलने में है।

सेशन के बाद चाय के समय वे मेरे पास आए। ईमानदारी से बोले— “सर, मुझे लगता है मैं बहुत ज़्यादा चल रहा था।” मैं मुस्कुराया। मैंने कहा— “चलना समस्या नहीं है। **बिना उद्देश्य के चलना समस्या है।**”

बस यही फर्क सब कुछ बदल देता है।

मंच पर चलना संगीत के सुरों जैसा होता है। जब संगीत में एक सुर बजता है तो उसके बाद एक छोटा सा मौन आता है। फिर दूसरा सुर आता है। इसी से लय बनती है।

उसी तरह अनुशासित चलना मंच पर उपस्थिति को अर्थ देता है।

अगर वक्ता बिल्कुल स्थिर खड़ा रहे तो वह कठोर और यांत्रिक लग सकता है। लेकिन अगर वक्ता लगातार चलता रहे तो श्रोता विचलित हो जाते हैं।

कला इन दोनों के बीच है। **चलना संदेश की सेवा करे।**

एक बार पुलिस अधिकारियों की ट्रेनिंग में मैंने इसका सुंदर उदाहरण देखा। एक वरिष्ठ अधिकारी

संकट प्रबंधन समझा रहे थे। शुरू में वे स्थिर खड़े थे। हाथ आराम से बगल में। नज़र पूरे कमरे पर।

फिर उन्होंने एक वास्तविक घटना सुनानी शुरू की जहाँ तेज़ निर्णय लेने से लोगों की जान बची थी। जैसे ही उन्होंने उस तनावपूर्ण क्षण का वर्णन किया वे दो धीमे कदम आगे बढ़े।

हरकत बहुत हल्की थी। लेकिन असर बहुत गहरा था। ऐसा लगा जैसे कहानी श्रोताओं के और करीब आ गई हो। कमरे का ध्यान तुरंत बढ़ गया।

फिर जब उन्होंने कहानी का निष्कर्ष बताया तो वे वापस अपने स्थान पर खड़े हो गए। फिर स्थिरता। यही लय थी— चलना... फिर विराम... फिर चलना।

अनुशासित चलना श्रोताओं का ध्यान दिशा देता है।

जब वक्ता यह सिद्धांत समझ लेते हैं तो मंच पिंजरा नहीं लगता। वह एक खुला परिदृश्य बन जाता है।

हर कदम अर्थपूर्ण हो जाता है।

शुरुआती वक्ताओं की एक आम गलती है— लगातार इधर-उधर चलना। वे बाएँ से दाएँ दाएँ से बाएँ चलते रहते हैं। जैसे घड़ी का पेंडुलम। कई बार उन्हें खुद भी पता नहीं होता कि वे ऐसा कर रहे हैं।

शरीर आराम खोज रहा होता है। लेकिन लगातार चलना अधिकार को कमजोर कर देता है।

एक नेता भटकता नहीं। वह आता है... खड़ा होता है... और जब ज़रूरत होती है तभी चलता है।

मैं अक्सर छात्रों से कहता हूँ— कल्पना करो तुम किसी कैफ़े में अपने दोस्त से बात कर रहे हो। अगर तुम कोई महत्वपूर्ण कहानी सुना रहे हो तो क्या हर तीस सेकंड में टेबल के चारों ओर घूमते हो? नहीं। तुम वहीं खड़े या बैठे रहते हो। क्योंकि कहानी खुद उस पल को संभालती है।

मंच पर भी यही सिद्धांत लागू होता है। **चलना अर्थ के पीछे चलना चाहिए।**

एक और जगह जहाँ अनुशासित चलना महत्वपूर्ण है वह है—श्रोताओं के साथ बातचीत।

एक कॉर्पोरेट लीडरशिप वर्कशॉप में मैंने एक वरिष्ठ अधिकारी को देखा। एक प्रतिभागी ने कमरे के पीछे से एक अच्छा प्रश्न पूछा। अधिकारी ने क्या किया? उन्होंने पोडियम से ही जवाब नहीं दिया।

वे धीरे-धीरे उस व्यक्ति की ओर कुछ कदम बढ़े। न कोई जल्दबाज़ी। न कोई नाटकीय अंदाज़। बस कुछ कदम। लेकिन उस हरकत ने जुड़ाव बना दिया। उसने दिखाया कि प्रश्न पूछने वाले व्यक्ति का सम्मान किया जा रहा है।

पूरे कमरे ने महसूस किया कि बातचीत महत्वपूर्ण है।

उस क्षण चलना सुनने का रूप बन गया।

इसके विपरीत जो वक्ता पोडियम से चिपक जाते हैं वे दूरी बना लेते हैं। पोडियम सहारा बनने के बजाय
दीवार बन जाता है।

लेकिन इसका मतलब यह भी नहीं है कि वक्ता लगातार मंच पर घूमते रहें।

अनुशासन का मतलब है— कब चलना है और कब स्थिर रहना है।

स्थिरता भी अधिकार देती है।

एक बार फैकल्टी मीटिंग में एक वरिष्ठ प्रोफेसर शैक्षणिक सुधार का प्रस्ताव समझा रहे थे। कुछ शिक्षक चिंतित थे। माहौल थोड़ा तनावपूर्ण था।

जब प्रोफेसर खड़े हुए तो उन्होंने कमरे में चलना शुरू नहीं किया। वे बस एक जगह खड़े रहे। उनकी स्थिरता गंभीरता पैदा कर रही थी। हर शब्द सोच-समझकर बोला हुआ लग रहा था। अनावश्यक हरकत न होने से सभी का ध्यान उनके तर्क पर केंद्रित हो गया।

कभी-कभी सबसे शक्तिशाली हरकत कोई हरकत न करना होती है।

जब वक्ता यह संतुलन सीख लेते हैं तो उनका शरीर उनके विचारों के साथ तालमेल बैठाने लगता है। उन्हें महसूस होने लगता है— कब किसी विचार को चलकर ज़ोर देना है। और कब स्थिर रहकर उसे वजन देना है।

इस जागरूकता को विकसित करने के लिए एक अच्छा अभ्यास है— भाषण का अभ्यास करते समय
हर बड़े विचार के परिवर्तन पर ध्यान देना।

अक्सर हर नया विचार चलने का एक स्वाभाविक अवसर देता है। जब महत्वपूर्ण बिंदु शुरू हो तो एक कदम आगे। जब नया विचार आए तो हल्का स्थान परिवर्तन।

जब श्रोताओं से सोचने को कहें तो उनके करीब आना।

इस तरह चलना भी भाषण की संरचना का हिस्सा बन जाता है।

धीरे-धीरे मंच एक कैनवास बन जाता है जहाँ आवाज़ और उपस्थिति मिलकर विचारों को आकार देते हैं।

एक ट्रेनिंग सेशन में मैंने प्रशासनिक अधिकारियों से कहा— “अनुभवी वक्ताओं को ध्यान से देखिए। देखिए वे कैसे चलते हैं। आप पाएँगे उनके कदम शायद ही कभी बिना कारण होते हैं।”

कुछ अधिकारियों ने तुरंत उदाहरण याद किए। किसी ने कहा— एक राष्ट्रीय नेता महत्वपूर्ण पंक्ति बोलने से पहले एक कदम आगे बढ़ते थे।

किसी ने याद किया— एक प्रोफेसर इतिहास सुनाते समय धीरे-धीरे मंच पर चलते थे जैसे श्रोताओं को समय में आगे ले जा रहे हों।

ये नाटक नहीं थे। ये स्पष्टता की अभिव्यक्तियाँ थीं।

जब मन को पता होता है कि संदेश कहाँ जा रहा है तो शरीर भी उद्देश्य के साथ चलता है। इसलिए अनुशासित चलना पैरों से नहीं मन से शुरू होता है।

जब विचार व्यवस्थित होते हैं तो शरीर संतुलित हो जाता है।

जब उद्देश्य स्पष्ट होता है तो कदम अर्थपूर्ण हो जाते हैं।

मंच का शेर जंगल में बेचैनी से नहीं भटकता।

वह जागरूक होकर चलता है। हर कदम में उपस्थिति होती है। हर विराम में आत्मविश्वास।

जंगल उसकी चाल की लय दहाड़ से पहले ही महसूस कर लेता है।

उसी तरह एक प्रभावशाली वक्ता,

मंच को हरकतों से नहीं भरता।

वह उसे इरादे से भरता है।

और जब चलना अनुशासित हो जाता है,

तो श्रोता केवल वक्ता को चलते हुए नहीं देखते।

वे संदेश की यात्रा का अनुसरण करते हैं।

5. प्रदर्शन से पहले उपस्थिति

कुछ साल पहले मुझे स्कूल के प्रिंसिपलों के एक लीडरशिप डेवलपमेंट प्रोग्राम में बोलने के लिए आमंत्रित किया गया। जब मैं हॉल में पहुँचा तो वह पहले से ही भरा हुआ था।

अलग-अलग जिलों से आए प्रिंसिपल छोटे-छोटे समूहों में बैठे हुए थे। कोई प्रशासनिक चुनौतियों पर चर्चा कर रहा था, कोई छात्र अनुशासन पर, तो कोई पाठ्यक्रम सुधार की बात कर रहा था।

कमरे में ऐसे लोग बैठे थे जो खुद संस्थानों का नेतृत्व करते हैं, जो रोज़ दूसरों के सामने बोलते हैं।

कार्यक्रम समन्वयक मेरे पास आए और धीरे से बोले— "सर, आप जब चाहें शुरू कर सकते हैं।"

मैं धीरे-धीरे हॉल के सामने की ओर चला। और उसी क्षण एक दिलचस्प बात हुई। मैंने अभी तक एक शब्द भी नहीं बोला था लेकिन कमरा धीरे-धीरे शांत होने लगा। बातचीत धीमी पड़ गई। कुर्सियाँ खिसकीं। कुछ लोग जल्दी-जल्दी अपनी सीटों पर बैठ गए।

मैं बस खड़ा रहा। कुछ सेकंड तक मैंने कुछ नहीं किया।

न कोई अभिवादन। न कोई परिचय। न कोई नाटकीय शुरुआत।

बस उपस्थिति।

फिर मैंने कमरे की ओर देखा और धीरे से कहा— "गुड मॉर्निंग।" लेकिन उससे पहले ही कमरे की ऊर्जा बदल चुकी थी। उस क्षण ने मुझे एक गहरी बात याद दिलाई— **अक्सर बोलने का सबसे महत्वपूर्ण हिस्सा भाषण शुरू होने से पहले शुरू होता है।**

शब्दों से पहले उपस्थिति आती है।

बहुत से वक्ता मंच पर ऐसे पहुँचते हैं जैसे कोई छूटती हुई ट्रेन पकड़ने जा रहा हो। वे जल्दी-जल्दी पोडियम तक पहुँचते हैं, माइक ठीक करते हैं, नोट्स देखते हैं और तुरंत बोलना शुरू कर देते हैं।

मानो बोलने से पहले की चुप्पी कोई खतरनाक चीज़ हो। लेकिन मंच रेलवे प्लेटफॉर्म नहीं है। वह **ध्यान का स्थान** है। और ध्यान को इकट्ठा होने के लिए एक पल चाहिए।

उपस्थिति वह शांत कला है जिसमें आप प्रदर्शन शुरू करने से पहले पूरी तरह उस क्षण में पहुँचते हैं।

यही वह अदृश्य आधार है जिस पर पूरा भाषण खड़ा होता है।

एक बार मैंने यह बात एक कॉर्पोरेट लीडरशिप सम्मेलन में भी देखी। मुख्य वक्ता एक वरिष्ठ अधिकारी थे जो अपनी स्पष्ट रणनीतिक सोच के लिए प्रसिद्ध थे।

जब उनकी बारी आई तो वे धीरे-धीरे मंच के बीच तक आए और अपने नोट्स पोडियम पर रख दिए।

लेकिन उन्होंने बोलना शुरू नहीं किया। वे कुछ सेकंड तक बस हॉल को देखते रहे। न कोई जल्दबाज़ी। न कोई असहजता। बस शांत जिज्ञासा से श्रोताओं को देख रहे थे। उनके कंधे संतुलित थे। साँस सहज थी।

उन कुछ सेकंडों ने कमरे का माहौल बदल दिया। लोगों ने अपने मोबाइल नीचे रख दिए। सिर ऊपर उठ गए। ध्यान एक जगह इकट्ठा होने लगा।

फिर उन्होंने बोलना शुरू किया। उन्होंने धीरे से कहा— "महिलाओं और सज्जनों, आइए आज उस नेतृत्व की बात करें जो तब दिखाई देता है जब योजनाएँ काम नहीं करतीं।"

पहले वाक्य से ही श्रोता पूरी तरह मौजूद थे। राज़ उस वाक्य में नहीं था। राज़ उस **मौन के क्षण** में था जो उससे पहले आया था।

उपस्थिति प्रदर्शन से कहीं गहरी चीज़ है। यह संकेत देती है कि वक्ता उस क्षण में सहज है।

वह केवल याद की हुई पंक्तियाँ नहीं पढ़ रहा। वह सचमुच कमरे में मौजूद लोगों से जुड़ रहा है।

मानव मन इसे तुरंत पहचान लेता है।

ज़रा एक शिक्षक की कल्पना कीजिए जो कक्षा में प्रवेश करता है।

कुछ शिक्षक जल्दी-जल्दी आते हैं किताब खोलते हैं और तुरंत पढ़ाना शुरू कर देते हैं। छात्र सुनते हैं लेकिन जुड़ाव यांत्रिक रहता है।

कुछ शिक्षक शांत होकर कक्षा में आते हैं। एक पल रुकते हैं। कक्षा को देखते हैं। शायद हल्की मुस्कान देते हैं। फिर बोलते हैं।

अंतर बहुत सूक्ष्म है। लेकिन दूसरे शिक्षक को कम प्रयास में भी कक्षा का ध्यान मिल जाता है।

क्यों? क्योंकि उपस्थिति जानकारी से पहले संबंध बनाती है।

श्रोता महसूस करते हैं कि उन्हें देखा गया है।

एक बार पुलिस अधिकारियों की ट्रेनिंग में मैंने यही बात समझाई। एक अधिकारी ने पूछा— "सर, जब हम भीड़ को संबोधित करते हैं तो हमें तुरंत बोलना पड़ता है। लोग इंतज़ार कर रहे होते हैं।"

मैंने कहा— "लोग केवल आपके शब्दों का इंतज़ार नहीं करते। वे आपके **अधिकार** का इंतज़ार करते हैं।"

अधिकार जल्दी बोलने से नहीं आता। वह संयम से आता है।

अगर आप एक साँस लें... एक पल खड़े रहें... और भीड़ का ध्यान इकट्ठा होने दें... तो आपके शब्द ज़्यादा वजन के साथ पहुँचेंगे।

उपस्थिति का एक और लाभ है— यह वक्ता को शांत करती है।

जब लोग जल्दबाज़ी में बोलना शुरू करते हैं तो मन आवाज़ से आगे भागने लगता है। शब्द तेज़ निकलते हैं। वाक्य एक-दूसरे से टकराते हैं। और वक्ता अपने ही भाषण की गति में फँस जाता है।

लेकिन शुरू होने से पहले का छोटा सा मौन मन और शरीर को एक कर देता है। साँस स्थिर हो जाती है। आवाज़ अपनी प्राकृतिक लय पा लेती है।

भाषण जल्दबाज़ी से नहीं संतुलन से शुरू होता है।

एक छात्र ने मुझसे कहा था— "सर, बोलते समय शुरुआत में मेरी आवाज़ थोड़ा काँपती है।"

मैंने उसे एक छोटा प्रयोग करने को कहा।

"अगली बार जब मंच पर जाओ तो तुरंत बोलना मत शुरू करना। कुछ सेकंड श्रोताओं को देखो। साँस लो। पहले अपनी उपस्थिति आने दो फिर शब्द आने दो।"

अगली प्रस्तुति के बाद वह मुस्कुराते हुए मेरे पास आया।

उसने कहा— "सर, सच में काम किया। उन कुछ सेकंड ने मुझे स्थिर कर दिया।"

उपस्थिति नाटकीय चुप्पी नहीं है।

यह बस इतना है कि उस क्षण को बोलने से पहले अस्तित्व में रहने दिया जाए।

महान वक्ता शांत इसलिए नहीं दिखते कि वे घबराते नहीं।

वे शांत इसलिए दिखते हैं क्योंकि वे ध्यान की लय का सम्मान करते हैं।

वे जानते हैं— संवाद संबंध से शुरू होता है। और संबंध उपस्थिति से शुरू होता है।

दैनिक जीवन में भी यह सिद्धांत काम करता है।

एक प्रशासनिक बैठक में एक वरिष्ठ अधिकारी कमरे में आए। अधिकारी पहले से एक नीति पर चर्चा कर रहे थे। उन्होंने तुरंत अपनी राय नहीं दी। वे कुछ पल शांत खड़े रहे और चर्चा सुनते रहे।

उस छोटे से विराम ने उन्हें कमरे की भावनात्मक स्थिति समझने का समय दिया।

जब उन्होंने बोलना शुरू किया तो उनकी बात ठीक वही थी जो कमरे को सुनने की ज़रूरत थी।

उपस्थिति ने उन्हें स्पष्टता दी। प्रदर्शन ने संदेश पहुँचाया।

यही संतुलन प्रभावशाली वक्ताओं को सिर्फ़ अच्छे वक्ताओं से अलग करता है।

प्रदर्शन वह है जो श्रोता सुनते हैं— भाषण की संरचना, तर्क, उदाहरण, आवाज़।

उपस्थिति वह है जो श्रोता महसूस करते हैं— वक्ता की शांत आत्मविश्वास भरी मौजूदगी।

उपस्थिति के बिना प्रदर्शन शोर बन जाता है।

प्रदर्शन के बिना उपस्थिति मौन बन जाती है।

दोनों मिलकर प्रभाव बनाते हैं।

मंच का शेर जंगल में भागते हुए प्रवेश नहीं करता।

उसकी उपस्थिति दहाड़ से पहले महसूस होती है।

उसकी स्थिरता... उसकी मुद्रा... उसकी शांत जागरूकता...

ये सब शक्ति का संकेत देते हैं आवाज़ आने से पहले ही।

उसी तरह एक शक्तिशाली वक्ता मंच को तेज़ी या ऊँची आवाज़ से नहीं जीतता।

वह उसे उपस्थिति से प्रवेश करता है।

जिस क्षण आप मंच पर खड़े होकर वास्तव में उस क्षण में पहुँचते हैं— साँस लेते हैं, देखते हैं, जुड़ते हैं—

कमरा आपका पहला वाक्य सुनने से पहले ही सुनने लगता है।

और जब शब्द उस स्थिरता से निकलते हैं तो वे केवल ध्वनि नहीं होते।

वे साथ लाते हैं— अधिकार।

10

मौके पर सोचने की कला

1. अचानक आने वाले प्रश्नों को संभालना

वह क्षण धीरे से आया... लेकिन उसके भीतर एक परिचित सा तनाव था।

मैं अलग-अलग जिलों से आए पुलिस अधिकारियों के लिए एक प्रशिक्षण सेशन ले रहा था। कमरे में अनुशासन से भरे चेहरे थे— ऐसे लोग जो रोज़ दबाव में निर्णय लेते हैं।

हम संकट की परिस्थितियों में संवाद के बारे में चर्चा कर रहे थे। अधिकारी ध्यान से सुन रहे थे।

कभी सिर हिलाते, कभी एक-दूसरे की ओर सोचते हुए देखते।

लगभग एक घंटे बाद मैंने थोड़ी देर रुककर कहा— "अगर कोई प्रश्न हो तो पूछ सकते हैं।"

कुछ सेकंड तक पूरा हॉल शांत रहा।

फिर एक अधिकारी ने हाथ उठाया। उसकी आवाज़ स्थिर थी लेकिन प्रश्न में एक तीखापन था। उसने कहा— "सर, अगर लोग सुनने से ही मना कर दें... तो नेता क्या करे? चाहे आप कितनी भी साफ़ बात क्यों न कहें।" कमरे में हल्की सी हँसी फैल गई।

प्रश्न ऐसा था जिससे वहाँ बैठे लगभग हर व्यक्ति जुड़ सकता था।

नेतृत्व अक्सर किताबों जैसी साफ़ परिस्थितियों में नहीं होता।

मैंने कुछ क्षण रुककर उस अधिकारी की ओर देखा। यह विराम इसलिए नहीं था कि मेरे पास उत्तर नहीं था। यह विराम इसलिए था कि प्रश्न को साँस लेने का

समय मिले।

अचानक आने वाले प्रश्नों पर वक्ता अक्सर दो तरह की प्रतिक्रिया देते हैं।

कुछ लोग भीतर से घबरा जाते हैं। उनका मन जल्दी-जल्दी सही उत्तर खोजने लगता है। और उस जल्दबाज़ी में वे या तो बहुत तेज़ बोलने लगते हैं या प्रश्न से बचने लगते हैं।

कुछ लोग रक्षात्मक हो जाते हैं। उन्हें लगता है जैसे प्रश्न उनकी अधिकारिता को चुनौती दे रहा है।

दोनों प्रतिक्रियाएँ वक्ता को कमजोर करती हैं।

सच्चाई कहीं अधिक सरल है— **प्रश्न हमला नहीं है।**

प्रश्न एक निमंत्रण है। सोचने का निमंत्रण।

मैंने उस अधिकारी की ओर देखकर कहा— “यह बहुत ईमानदार प्रश्न है।”

कमरे का तनाव तुरंत थोड़ा हल्का हो गया।

स्वीकृति महत्वपूर्ण होती है।

जब लोगों को लगता है कि उनका प्रश्न सम्मानित है तो बातचीत टकराव नहीं रहती।

वह सहयोग बन जाती है।

फिर मैंने कहा— “कभी-कभी समस्या यह नहीं होती कि लोग सुनना नहीं चाहते।

कभी-कभी समस्या यह होती है कि उन्हें अभी तक महसूस नहीं हुआ कि उन्हें सुना गया है।”

कमरा शांत हो गया।

उस क्षण ने मुझे फिर याद दिलाया— प्रश्न-उत्तर का समय ज्ञान की परीक्षा नहीं होता।

वह **संयम की परीक्षा** होता है।

तैयार भाषण कोई भी दे सकता है।

तैयारी से संरचना मिलती है, स्पष्टता मिलती है, आत्मविश्वास मिलता है।

लेकिन असली अधिकार तब दिखाई देता है जब तैयार स्क्रिप्ट खत्म हो जाती है और अनिश्चितता शुरू होती है। प्रश्न वही अनिश्चितता लाते हैं।

एक बार स्कूल प्रिंसिपलों की वर्कशॉप में एक प्रतिभागी ने बीच में हाथ उठाया। उसके चेहरे पर जिज्ञासा भी थी और हल्का सा संदेह भी।

उसने पूछा— “सर, आप कहते हैं कि आत्मविश्वास से बोलना नेतृत्व के लिए ज़रूरी है। लेकिन कुछ नेता बहुत कम बोलते हैं फिर भी उनका सम्मान होता है।

ऐसा क्यों?"

कुछ लोग मुस्कुराए।

यह प्रश्न पूरी चर्चा के आधार को ही चुनौती दे रहा था। ऐसे क्षण नए वक्ताओं को डरा देते हैं। उन्हें लगता है कि अगर उन्होंने दूसरा पक्ष मान लिया तो उनका तर्क कमजोर हो जाएगा।

लेकिन संवाद कोर्ट का मुकदमा नहीं होता। यह विचारों की खोज है।

मैंने सिर हिलाया और कहा— "आप बिल्कुल सही कह रहे हैं। दुनिया के कुछ सबसे प्रभावशाली नेता
बहुत कम बोलते हैं।"

लोग थोड़ा आगे झुक गए।

फिर मैंने कहा— "लेकिन जब वे बोलते हैं तो उनके शब्दों का वजन होता है। यही फर्क है।"

कमरे में सहमति की धीमी आवाज़ें सुनाई दीं।

अचानक आने वाले प्रश्नों को संभालने का पहला नियम है— **पूरा प्रश्न सुनिए।**

कई वक्ता यह गलती करते हैं कि प्रश्न पूरा होने से पहले ही अपने उत्तर के बारे में सोचने लगते हैं। और इस जल्दी में वे कभी-कभी प्रश्न ही गलत समझ लेते हैं।

ध्यान से सुनने के दो लाभ होते हैं। पहला—उत्तर सही दिशा में जाता है। दूसरा—श्रोता को सम्मान महसूस होता है।

सम्मान संवाद की ऑक्सीजन है।

कभी-कभी प्रश्न आलोचनात्मक भी होते हैं। एक कॉर्पोरेट लीडरशिप सेमिनार में मैंने यह स्थिति देखी। एक प्रतिभागी खड़ा हुआ और वक्ता की रणनीति पर सीधा सवाल पूछ दिया। स्वर में हल्की चुनौती थी।

वक्ता मुस्कुराया और बोला— "अच्छा हुआ आपने यह पूछा।"

बस ये पाँच शब्द पूरे माहौल को बदल गए।

प्रश्न को खतरे की तरह देखने के बजाय उसने अवसर की तरह देखा। फिर उसने शांत होकर अपने विचार की सीमाएँ और संभावनाएँ दोनों समझाईं। जब वह खत्म हुआ तो प्रश्न पूछने वाला भी सिर हिला रहा था।

अचानक आने वाले प्रश्न अक्सर गहरी स्पष्टता के दरवाज़े खोलते हैं। वे विषय के उन पहलुओं को सामने लाते हैं जो तैयार भाषण में शायद नहीं आते।

कई बार सबसे यादगार क्षण इन्हीं स्वतःस्फूर्त बातचीतों में जन्म लेते हैं। एक बार प्रशासनिक अधिकारियों के साथ सेशन में एक प्रतिभागी ने पूछा— "सर, क्या सच में संचार कौशल बाद में भी सीखे जा सकते हैं? हममें से कुछ को लगता है कि

हमारी बोलने की आदतें अब स्थायी हो गई हैं।"

कमरा हल्का सा हँस पड़ा।

मैंने मुस्कुराकर कहा— "अगर आदतें स्थायी होतीं तो बचपन के बाद कोई नई भाषा नहीं सीख पाता।"

हॉल में हँसी फैल गई।

हल्का हास्य तनाव को जुड़ाव में बदल देता है।

लेकिन हास्य स्वाभाविक होना चाहिए। जबर्दस्ती के मज़ाक अक्सर बनावटी लगते हैं।

प्रश्नों के समय आत्मविश्वास तैयारी से भी आता है।

भाषण से पहले संभावित प्रश्नों के बारे में सोचिए।

श्रोता कौन हैं?

उनकी चिंताएँ क्या हो सकती हैं?

उनकी व्यावहारिक समस्याएँ क्या हैं?

तैयारी हर प्रश्न का अनुमान नहीं लगा सकती। लेकिन यह मन को इतना तैयार कर देती है
कि उत्तर सोच-समझकर दिया जा सके।

और अगर कोई प्रश्न वास्तव में आपके ज्ञान के बाहर हो? तो ईमानदारी आपका सबसे बड़ा साथी है। आपका कहना बिल्कुल ठीक है— "यह महत्वपूर्ण प्रश्न है। मैं इस पर और अध्ययन करके विस्तृत उत्तर देना चाहूँगा।"

लोग नकली विशेषज्ञता से ज़्यादा ईमानदारी का सम्मान करते हैं।

एक और छोटी कला है— उत्तर को सरल रखना। बहुत लंबा और जटिल उत्तर श्रोताओं को उलझा देता है। लेकिन दो या तीन स्पष्ट बिंदुओं में दिया गया उत्तर समझ को आसान बना देता है।

एक अधिकारी ने एक बार मुझसे कहा— "सर, आप प्रश्नों का उत्तर बहुत शांत तरीके से देते हैं।"

मैं मुस्कुराया और कहा— "शांति इसलिए आती है क्योंकि मैं जल्दी नहीं करता।"

उत्तर देने से पहले कुछ सेकंड का विराम मन को विचार व्यवस्थित करने देता है। और यह आत्मविश्वास भी दिखाता है।

समय के साथ वक्ता प्रश्नों से डरना छोड़ देता है।

उसे समझ आने लगता है— प्रश्न मतलब जुड़ाव।

प्रश्न मतलब श्रोता सोच रहे हैं।

प्रश्न मतलब आपकी बात ने जिज्ञासा जगाई है।

कभी-कभी जहाँ कोई प्रश्न नहीं होता वहाँ केवल औपचारिक सुनना होता है।

एक प्रभावशाली वक्ता का लक्ष्य प्रश्नों से बचना नहीं होता। वह उन्हें संयम से स्वीकार करता है। क्योंकि मौके पर सोचने की कला हर उत्तर पहले से तैयार रखने में नहीं है। यह उस क्षण में शांत और स्पष्ट सोच पाने में है।

मंच का शेर जंगल की हर स्थिति का अभ्यास नहीं करता।

फिर भी वह सजग रहता है और अप्रत्याशित परिस्थितियों में शांत आत्मविश्वास से प्रतिक्रिया देता है।

उसी तरह जो वक्ता प्रश्नों का सम्मान करता है,

ध्यान से सुनता है ,

और स्पष्ट उत्तर देता है— वह अनिश्चितता को संवाद में बदल देता है।

और उसी संवाद में एक अद्भुत परिवर्तन होता है।

भाषण प्रदर्शन नहीं रहता।

वह बातचीत बन जाता है।

2. बिना तैयारी के बोलना

कमरे में एक अजीब सी खामोशी उतरती है... जब अचानक किसी को अपना नाम सुनाई देता है। यह वह आरामदायक खामोशी नहीं होती जो ध्यान से सुनते समय होती है। यह वह हल्की चौंकाने वाली चुप्पी होती है जो तब आती है जब जिम्मेदारी अचानक आपके कंधों पर आ गिरती है।

मुझे ऐसा ही एक क्षण आज भी साफ़ याद है। एक स्कूल में शिक्षकों की मीटिंग चल रही थी। सभी शिक्षक नए शैक्षणिक कार्यक्रमों पर चर्चा करने के लिए एक सेशन में इकट्ठा हुए थे।

कार्यक्रम अपने सामान्य क्रम में चल रहा था— रिपोर्ट, सुझाव, और बीच-बीच में हल्की तालियाँ।

मैं वहाँ बस एक अतिथि की तरह बैठा था। दूसरी पंक्ति में शांत होकर सुन रहा था। तभी प्रिंसिपल ने मेरी ओर देखा और मुस्कुराते हुए कहा— "समापन से पहले शायद हमें आपसे भी कुछ विचार सुनने चाहिए।"

पूरा कमरा मेरी ओर मुड़ गया।

उस एक पल में मन के भीतर हल्का सा झटका लगता है। वह भाषण जिसकी आपने तैयारी नहीं की। वह मंच जिसकी आपने उम्मीद नहीं की। और वह श्रोता जो अब आपके शब्दों का इंतज़ार कर रहे हैं। ऐसे क्षण हमें संचार के बारे में एक गहरी बात सिखाते हैं।

तैयार भाषण आरामदायक होते हैं। वे सुरक्षा देते हैं। नोट्स दिशा देते हैं, स्लाइड्स संदेश को सहारा देती हैं, और अभ्यास किए हुए वाक्य आत्मविश्वास बढ़ाते हैं।

लेकिन जीवन हमारी तैयारी की टाइमटेबल नहीं देखता। मीटिंग में अचानक राय माँगी जाती है। कॉन्फ्रेंस में अचानक टिप्पणी देने को कहा जाता है।

ट्रेनिंग सेशन में ऐसे प्रश्न आते हैं जिनका उत्तर तुरंत देना पड़ता है। और कई बार हमारे सबसे महत्वपूर्ण शब्द वे होते हैं जिन्हें हमने कभी पहले से लिखा ही नहीं होता।

मैं धीरे से खड़ा हुआ। जल्दी-जल्दी बोलने के बजाय मैंने एक छोटा सा विराम लिया।

एक गहरी साँस। कमरे की ओर एक नजर— जहाँ ऐसे शिक्षक बैठे थे जो सालों से विद्यार्थियों को अनिश्चित परिस्थितियों में रास्ता दिखाते आए थे।

फिर मैंने धीरे से कहा— "जब किसी शिक्षक से बिना तैयारी के बोलने को कहा जाता है... तो पहला भाव अक्सर डर ही होता है।"

कमरे में हल्की हँसी फैल गई।

यह हँसी महत्वपूर्ण थी। उसने तुरंत वातावरण को हल्का कर दिया। सबको उस वाक्य में अपना अनुभव दिखाई दे रहा था।

मौके पर बोलने के लिए पूर्णता की ज़रूरत नहीं होती। **मौजूदगी की ज़रूरत होती है।**

बहुत से लोग सोचते हैं कि बिना तैयारी के बोलना मतलब उसी समय नए-नए विचार पैदा करना। यही सोच घबराहट पैदा करती है।

मन तुरंत अच्छे वाक्य खोजने लगता है। चतुर शब्द... बुद्धिमान तर्क... प्रभावशाली पंक्तियाँ...

लेकिन सच यह है— मौके पर बोलना ऐसे नहीं चलता।

राज़ बहुत सरल है। **आप जितना सोचते हैं उससे कहीं अधिक जानते हैं।**

जीवन आपको चुपचाप तैयार करता रहता है। हर बातचीत... हर किताब... हर अनुभव...

मन के भीतर विचार जमा करता रहता है।

ये विचार बीज की तरह होते हैं। सही समय आने पर वे अंकुरित हो जाते हैं।

जब कोई अचानक आपसे बोलने को कहता है तो काम नए विचार बनाने का नहीं होता। काम होता है
अपने भीतर पहले से मौजूद विचारों को व्यवस्थित करने का।

उस शिक्षकों की मीटिंग में मैंने बहुत सरल काम किया। मैंने तीन चीज़ों के बारे में बात की जो हर शिक्षक रोज़ करता है— धैर्य, जिज्ञासा, और प्रोत्साहन।

कोई जटिल सिद्धांत नहीं। सिर्फ जीवन का अनुभव।

शब्द सहजता से आते गए क्योंकि विचार परिचित थे।

जब मैं बैठा तो प्रिंसिपल ने सिर हिलाकर धन्यवाद दिया। कुछ शिक्षक मुस्कुराए। और किसी ने धीरे से ताली भी बजाई।

बाद में एक शिक्षक मेरे पास आए और बोले— "सर, यह तो बहुत आसान लग रहा था।"

मैं मुस्कुराया। आसान लगने वाले क्षणों के पीछे अक्सर वर्षों की शांत तैयारी छिपी होती है।

एक बार मैंने ऐसा ही दृश्य प्रशासनिक अधिकारियों की ट्रेनिंग में देखा। कई घंटे का सेशन चल चुका था।

फैसिलिटेटर ने पूछा— "क्या कोई नेतृत्व के अनुभव पर अपनी बात साझा करना चाहेगा?"

एक अधिकारी थोड़ी देर झिझका फिर खड़ा हो गया। उसने कहा— "मैंने बोलने की तैयारी नहीं की थी।"

कमरे में मुस्कान फैल गई। उसकी ईमानदारी ने तुरंत जुड़ाव बना दिया। फिर उसने अपने जिले का एक अनुभव बताया— दो समुदायों के बीच विवाद और उसे सुलझाने की चुनौती।

वह बताता गया— कैसे माहौल तनावपूर्ण था, कैसे दोनों पक्षों को सुनना कठिन था, और कैसे धैर्य ने अंततः समाधान दिया।

कोई स्लाइड नहीं। कोई लिखी हुई पंक्ति नहीं। फिर भी पूरा हॉल ध्यान से सुन रहा था। क्यों? क्योंकि कहानियाँ स्वतः संरचना बना देती हैं।

जब हम अनुभव सुनाते हैं तो मन खुद ही क्रम याद रखता है— पहले क्या हुआ, फिर क्या हुआ, और अंत में क्या सीख मिली।

कहानी अदृश्य ढाँचा बन जाती है। इसीलिए जो लोग जीवन को ध्यान से देखते हैं, पढ़ते हैं, अनुभवों पर विचार करते हैं— वे अचानक बोलने की स्थिति में भी अक्सर सहज रहते हैं। उनके मन में उदाहरणों का भंडार होता है।

बेशक बिना तैयारी के बोलना दिशा के बिना बोलना नहीं है।

एक छोटी सी तकनीक मदद करती है— अपने विचारों को दो या तीन बिंदुओं में बाँध लीजिए।

बहुत ज़्यादा नहीं। बस दो या तीन।

जब दिशा मिल जाती है तो शब्द शांत होकर आते हैं।

एक कॉर्पोरेट वर्कशॉप में एक वरिष्ठ मैनेजर से अचानक इनोवेशन पर बोलने को कहा गया। उन्होंने थोड़ा सोचा और मुस्कुराकर कहा— "मैं बस तीन बातें साझा करूँगा।"

उन तीन बातों ने पूरा भाषण व्यवस्थित कर दिया।

संरचना स्थिरता देती है।

मौके पर बोलते समय एक और गुण बहुत काम आता है— **विनम्रता।**

जब हम स्वीकार करते हैं कि यह क्षण अचानक आया है तो श्रोता अधिक सहयोगी हो जाते हैं।

एक सेमिनार में किसी ने मुझसे ऐसा प्रश्न पूछा जो हमारे विषय से थोड़ा बाहर था। मैंने तुरंत विशेषज्ञ बनने का नाटक नहीं किया।

मैंने कहा— "यह दिलचस्प दिशा है। आइए इस पर थोड़ा साथ-साथ सोचते हैं।"

कमरे का माहौल तुरंत बदल गया।

अब यह परीक्षा नहीं थी। यह साझा विचार बन गया था।

कभी-कभी सोचते हुए बोलना ऐसे विचार जन्म देता है जो तैयार भाषण भी नहीं दे पाते।

मौके पर बोलने का एक भावनात्मक पक्ष भी है।

जब शब्द उसी क्षण जन्म लेते हैं तो उनमें स्वाभाविकता होती है। आवाज़ कम बनावटी लगती है। हाव-भाव अधिक सहज लगते हैं।

श्रोता महसूस करते हैं कि वक्ता प्रदर्शन नहीं कर रहा। वह साझा कर रहा है। और यही विश्वास पैदा करता है।

समय के साथ अनुभवी वक्ता इन क्षणों का आनंद लेने लगते हैं। अचानक बोलने का निमंत्रण

डरावना नहीं रहता। वह रोमांचक हो जाता है। जैसे कोई संगीतकार मंच पर अचानक नई धुन बना रहा हो।

वह धुन लिखे हुए नोट्स से नहीं आती। वह आती है संगीत की समझ से। इसी तरह हमारी रोज़मर्रा की बातचीत हमें मौके पर बोलने के लिए तैयार करती है।

कक्षा की चर्चा। मीटिंग में दिया गया छोटा सा विचार। किसी मित्र को समझाई गई बात।

ये सब मन को जल्दी सोचने का अभ्यास देते हैं। धीरे-धीरे आत्मविश्वास बढ़ता है। और एक दिन एक सुंदर एहसास आता है— बिना तैयारी के बोलना अव्यवस्था नहीं है।

यह स्वतंत्रता है। क्षण के अनुसार बोलने की स्वतंत्रता। जीवित विचार साझा करने की स्वतंत्रता। अपने मन पर भरोसा करने की स्वतंत्रता।

मंच का शेर जंगल में हर कदम का अभ्यास नहीं करता। फिर भी वह सजग रहता है और परिस्थिति के अनुसार प्रतिक्रिया देता है।

उसी तरह जो वक्ता विचारों के साथ जीता है— जो पढ़ता है, देखता है, सोचता है—

वह भीतर एक शांत तैयारी लेकर चलता है।

इसलिए जब अचानक वह क्षण आता है और पूरा कमरा आपकी ओर देखता है— तो घबराने की ज़रूरत नहीं होती।

बस एक गहरी साँस लीजिए।

विश्वास कीजिए
कि आपको जो विचार चाहिए
वे पहले से आपके भीतर मौजूद हैं।

और फिर...

शुरू कीजिए।

3. "मुझे अभी जगा दो, मैं बोल सकता हूँ" वाला मनोभाव

एक दोपहर स्कूल प्रिंसिपलों के लिए चल रहे एक लीडरशिप सेशन में, चाय के ब्रेक के दौरान एक वरिष्ठ प्रतिभागी मेरे पास आए। उनके चेहरे पर हल्की सी सोच भरी मुस्कान थी।

उन्होंने धीरे-धीरे चाय हिलाते हुए कहा, "सर, कुछ लोग इतनी आसानी से कैसे बोल लेते हैं? ऐसा लगता है जैसे उन्हें किसी भी समय बोलने के लिए कह दो... वे तुरंत शुरू कर देंगे।"

उनके प्रश्न में प्रशंसा भी थी और जिज्ञासा भी।

हमारे आसपास प्रिंसिपलों के छोटे-छोटे समूह बातें कर रहे थे। कोई कक्षा के मज़ेदार किस्से सुना रहा था, कोई प्रशासनिक चुनौतियों पर चर्चा कर रहा था। कमरा हल्का और सहज था, लेकिन उनका प्रश्न मेरे मन में ठहर गया।

मैं मुस्कुराया और थोड़ा मज़ाक करते हुए कहा— "एक अच्छा वक्ता उस स्थिति तक पहुँचना चाहिए जहाँ आप उसे आधी रात को भी जगा दें... और वह फिर भी बोल सके।" वह हँस पड़े।

लेकिन फिर थोड़ी देर रुककर बोले— "क्या यह सच में संभव है?"

सच्चाई यह है कि यह न केवल संभव है... बल्कि यह एक **मनोभाव** है।

बहुत लोग सोचते हैं कि प्रभावशाली वक्ता हमेशा स्क्रिप्ट, लिखे हुए वाक्य या नोट्स के सहारे बोलते हैं।

ये चीज़ें मदद जरूर करती हैं। तैयारी से स्पष्टता आती है। घबराहट कम होती है। लेकिन बोलने का असली आत्मविश्वास कहीं और से आता है। वह आता है— **विचारों के साथ जीने से।**

जब कोई व्यक्ति लगातार पढ़ता है, सोचता है, लोगों को देखता है, जीवन के अनुभवों पर विचार करता है— तो उसका मन धीरे-धीरे ज्ञान को व्यवस्थित करना सीख जाता है।

विचार आपस में जुड़ने लगते हैं। अनुभव सीख में बदल जाते हैं। बातचीत चिंतन बन जाती है।

धीरे-धीरे बोलना प्रदर्शन नहीं लगता। वह सोच का विस्तार बन जाता है।

मुझे ऐसा ही एक उदाहरण पुलिस अधिकारियों की ट्रेनिंग के दौरान देखने को मिला। कई घंटों से कार्यक्रम चल रहा था और कमरे में थोड़ी थकान दिखाई देने लगी थी।

पीछे से किसी ने आधे मज़ाक में कहा— "सर, इंस्पेक्टर शर्मा से भी कुछ सुन लेते हैं। इनके पास हमेशा कोई दिलचस्प बात होती है।" सभी की नज़रें इंस्पेक्टर की ओर मुड़ गईं।

वह थोड़ा आश्चर्यचकित दिखे... लेकिन असहज नहीं। हल्की मुस्कान के साथ खड़े हुए और अपनी वर्दी ठीक की। उन्होंने कहा— "मैंने बोलने की तैयारी नहीं की थी।"

कमरे में हँसी फैल गई।

फिर उन्होंने अपनी नौकरी के शुरुआती दिनों की एक घटना सुनानी शुरू की। एक भीड़भाड़ वाली स्थिति... जहाँ छोटी सी गलतफहमी से माहौल बिगड़ सकता था। लेकिन एक साधारण बातचीत ने स्थिति को शांत कर दिया। उन्होंने पाँच मिनट बोला। कोई नोट्स नहीं। कोई अभ्यास नहीं।

फिर भी पूरा कमरा ध्यान से सुन रहा था। क्यों? क्योंकि वह कहानी जीए हुए अनुभव से आई थी। उस अनुभव पर वह पहले ही कई बार सोच चुके थे।

यही है "मुझे जगा दो और मैं बोल सकता हूँ" वाला मनोभाव। इसका मतलब यह नहीं कि व्यक्ति बिना सोचे लगातार बोलता रहे। इसका मतलब है— मन इतना विचारों से परिचित हो जाए कि उन्हें व्यक्त करना स्वाभाविक लगे।

इसे ऐसे समझिए जैसे कोई संगीतकार। वह वर्षों तक रियाज़ करता है। फिर अगर उससे अचानक बजाने को कहा जाए तो वह घबराता नहीं। उसकी उँगलियाँ

वाद्य को जानती हैं। उसके कान ताल को पहचानते हैं। संगीत अपने आप निकल आता है।

इसी तरह जो वक्ता लगातार विचारों के साथ रहते हैं उनके भीतर मानसिक तैयारी बन जाती है। उनका मन जल्दी व्यवस्थित सोच पाता है। यह तैयारी धीरे-धीरे बनती है।

मेरा एक छात्र था जिसे अचानक बोलने में बहुत कठिनाई होती थी। कक्षा में जब भी उससे कोई प्रश्न पूछा जाता वह कई सेकंड चुप रहता। जैसे शब्द खोज रहा हो।

एक दिन उसने क्लास के बाद कहा— “सर, मुझे लगता है मेरे विचार बिखरे रहते हैं।”

मैंने उसे एक छोटा सा अभ्यास बताया। “हर दिन दस मिनट किसी विषय को ज़ोर से समझाओ—
भले ही तुम अकेले हो। कोई खबर, कोई नया विचार, या दिन में देखी हुई कोई बात।”

शुरू में उसे यह अभ्यास अजीब लगा। खाली कमरे में बोलना सामान्य बात नहीं है।

लेकिन धीरे-धीरे बदलाव आया।

कुछ हफ्तों बाद वह उत्साहित होकर आया। उसने कहा— “सर, अब मेरे विचार जल्दी बनने लगे हैं।” यही अभ्यास मन को प्रशिक्षित करता है। छोटी-छोटी परिस्थितियों में बोलना दिमाग को दबाव में विचार व्यवस्थित करना सिखाता है।

धीरे-धीरे अचानक बोलने का डर कम हो जाता है।

इस मनोभाव का एक और महत्वपूर्ण हिस्सा है— जिज्ञासा। जो लोग दुनिया के प्रति जिज्ञासु रहते हैं
उनके पास कहने के लिए बातें कभी खत्म नहीं होतीं। वे पैटर्न देखते हैं। प्रश्न पूछते हैं। अनुभवों को जोड़ते हैं। बातचीत उनके लिए बोझ नहीं होती। वह खोज बन जाती है।

एक कॉर्पोरेट मीटिंग में एक मैनेजर से अचानक लीडरशिप पर बोलने को कहा गया। उन्होंने कोई तैयार भाषण नहीं दिया। उन्होंने बस कहा— “मैं हाल में एक बात के बारे में सोच रहा था...” बस इन शब्दों ने माहौल बदल दिया।

अब लोग भाषण नहीं सुन रहे थे। वे विचार की यात्रा में शामिल हो गए थे। जिज्ञासा मौके पर बोलने को सहज बना देती है।

बेशक आत्मविश्वास अनुशासन से भी आता है।

नियमित पढ़ना शब्दों को समृद्ध करता है। लोगों को देखना भावनात्मक समझ बढ़ाता है। अनुभवों पर विचार करना दैनिक घटनाओं को सीख में बदल देता है। ये सभी आदतें मन को चुपचाप तैयार करती रहती हैं।

जब कोई व्यक्ति उस स्तर पर पहुँचता है जहाँ वह सहजता से बोल सकता है तब तक वर्षों की अदृश्य तैयारी हो चुकी होती है।

एक और दृष्टिकोण मदद करता है— बोलने को परीक्षा मत समझिए। उसे बातचीत समझिए।

जब वक्ता श्रोताओं को जज समझते हैं तो घबराहट बढ़ जाती है। लेकिन जब वे उन्हें समझदार श्रोता मानते हैं तो दबाव कम हो जाता है। शब्द सहजता से आने लगते हैं।

कभी-कभी हल्का हास्य भी मदद करता है।

एक प्रशासनिक वर्कशॉप में एक प्रतिभागी अचानक बोलने के लिए खड़ा हुआ। उसने मुस्कुराकर कहा—

"मैंने बोलने की योजना नहीं बनाई थी... इसलिए शायद यह बात ईमानदार होगी।"

पूरा कमरा हँस पड़ा।

हँसी वक्ता और श्रोता दोनों को सहज कर देती है। उस पल में औपचारिकता खत्म हो जाती है। विश्वास बढ़ता है। धीरे-धीरे जो वक्ता इस मनोभाव को विकसित करते हैं वे अचानक बदलती परिस्थितियों में भी सहज रहते हैं। उन्हें अपने मन पर भरोसा होता है।

तैयार भाषण हमेशा महत्वपूर्ण रहेंगे। वे गहराई और संरचना देते हैं।

लेकिन "मुझे जगा दो और मैं बोल सकता हूँ" वाला मनोभाव कुछ अलग देता है। वह देता है— स्वतंत्रता। अचानक निमंत्रण से न डरने की स्वतंत्रता। अचानक प्रश्नों से न घबराने की स्वतंत्रता। और इस विश्वास की स्वतंत्रता कि बोलने के लिए हमेशा परिपूर्ण तैयारी जरूरी नहीं।

मंच का शेर गर्जना करने से पहले परिस्थितियों के परिपूर्ण होने का इंतज़ार नहीं करता। वह अपनी शक्ति पर भरोसा करता है।

उसी तरह जो वक्ता विचारों के साथ जीता है, अनुभवों पर सोचता है, और नियमित बोलने का अभ्यास करता है— वह एक शांत आत्मविश्वास विकसित करता है।

इसलिए जब अचानक कोई कहता है—

"क्या आप कुछ शब्द कहना चाहेंगे?"

तो उसका मन घबराता नहीं।

वह बस...

जागता है।

और बोलना शुरू कर देता है।

4. तुरंत स्पष्टता के लिए मानसिक ढाँचे

मीटिंग में अक्सर एक दिलचस्प बात होती है। कोई अचानक प्रश्न पूछ देता है... और कमरा एकदम शांत हो जाता है। सभी की नज़र उस व्यक्ति की ओर मुड़ जाती है जिससे उत्तर की उम्मीद की जा रही है।

उस छोटे से विराम में एक अजीब सा दबाव पैदा होता है। मन तेजी से दौड़ने लगता है। विचार टकराने लगते हैं। और शब्द जैसे कहीं छिप जाते हैं।

समस्या यह नहीं होती कि वक्ता को उत्तर नहीं आता। अक्सर ज्ञान मन में होता है। लेकिन वह बिखरा हुआ होता है— जैसे हवा से उड़कर किताब के पन्ने इधर-उधर बिखर गए हों।

मुझे ऐसा ही एक दृश्य स्कूल प्रिंसिपलों की एक ट्रेनिंग में देखने को मिला। चर्चा बहुत रोचक चल रही थी। कभी हल्की हँसी, कभी गंभीर अनुभव।

प्रिंसिपल अपने-अपने स्कूल की कहानियाँ बता रहे थे— अनुशासन की चुनौतियाँ, शिक्षकों को प्रेरित करने के तरीके, और प्रशासन व संवेदनशीलता के बीच संतुलन।

तभी एक प्रिंसिपल ने प्रश्न पूछा— "अगर कोई शिक्षक बहुत अच्छा पढ़ाता हो, लेकिन बदलाव को स्वीकार न करना चाहता हो... तो नेता को क्या करना चाहिए?"

कमरा सोच में पड़ गया।

एक दूसरे प्रिंसिपल ने उत्तर देने की कोशिश की। उनके पास विचार थे। लेकिन जैसे ही वे बोलने लगे

विचार अलग-अलग दिशाओं में जाने लगे। एक बात से दूसरी... दूसरी से तीसरी... धीरे-धीरे उत्तर अपना केंद्र खो बैठा।

वे गलत नहीं थे। बस उनके विचार अव्यवस्थित थे।

ब्रेक के दौरान वे मेरे पास आए और बोले— "सर, मुझे पता था कि मैं क्या कहना चाहता हूँ...

लेकिन मेरे विचार साफ़ नहीं थे।" इस वाक्य में मौके पर बोलने का एक बड़ा सच छिपा है।

स्पष्टता केवल ज्ञान से नहीं आती। स्पष्टता आती है— संरचना से।

मन को ढाँचे पसंद होते हैं। जैसे एक इमारत मजबूत ढाँचे पर खड़ी होती है, वैसे ही विचार भी मजबूत होते हैं जब वे किसी सरल संरचना में व्यवस्थित हों।

ये मानसिक ढाँचे एक अदृश्य नक्शे की तरह काम करते हैं। वे वक्ता को अचानक की स्थिति में भी

तेजी से विचार व्यवस्थित करने में मदद करते हैं। इनके बिना सोचना ऐसा लगता है जैसे बिना रास्ते के जंगल में भटकना। लेकिन जब ढाँचा हो तो जटिल विचार भी दिशा पा लेते हैं।

एक कॉर्पोरेट लीडरशिप वर्कशॉप में एक मैनेजर ने मुझसे पूछा— "सर, कुछ लोग चर्चा के दौरान

इतनी जल्दी जवाब कैसे दे देते हैं? ऐसा लगता है जैसे उनके विचार तुरंत व्यवस्थित हो जाते हैं।"

मैं मुस्कुराया और कहा— "वे तेज़ नहीं सोचते। वे **पैटर्न में सोचते हैं**।" पैटर्न सोच को सरल बना देते हैं। जब मन विचारों को दो या तीन स्पष्ट बिंदुओं में बाँटना सीख लेता है तो स्पष्टता तुरंत आने लगती है। वक्ता शब्द खोजने में नहीं उलझता। वह बस उस संरचना का अनुसरण करता है जो उसके मन में पहले से मौजूद है।

मान लीजिए कोई आपसे टीमवर्क सुधारने के बारे में पूछता है। अगर विचार बिखरे हुए हैं तो आप कई मिनट बोलेंगे और शायद स्पष्ट निष्कर्ष तक नहीं पहुँचेंगे।

लेकिन अगर आपके मन में तीन सरल दिशा हों— लोगों को समझना, विश्वास बनाना, और अपेक्षाएँ स्पष्ट करना— तो उत्तर तुरंत व्यवस्थित हो जाएगा।

ढाँचा बातचीत को दिशा देता है। यह ऐसे है जैसे अनजाने रास्ते में आपके हाथ में एक कंपास हो।

मुझे पुलिस अधिकारियों की ट्रेनिंग का एक क्षण याद है

जहाँ यह सिद्धांत बहुत सुंदर ढंग से दिखाई दिया।

एक अधिकारी ने पूछा— "सर, तनावपूर्ण भीड़ को संभालते समय सबसे महत्वपूर्ण क्या होता है?" फैसिलिटेटर ने कुछ सेकंड रुककर कहा— "जब भी हम तनावपूर्ण भीड़ का सामना करते हैं तो मैं तीन बातों के बारे में सोचता हूँ— भीड़ की भावना को समझना, साफ़ संवाद करना, और अनुशासन बनाए रखना।"

बस इन तीन बिंदुओं ने पूरा उत्तर व्यवस्थित कर दिया।

बाद में एक अधिकारी ने मुस्कुराकर कहा— "सर, उत्तर बहुत स्पष्ट लगा।"

जब संरचना भीतर मौजूद होती है तो स्पष्टता सहज लगती है।

मानसिक ढाँचों का एक और लाभ है— वे वक्ता को शांत रखते हैं।

अचानक प्रश्न आने पर मन को डर लगता है कि कहीं बातचीत पर नियंत्रण न खो जाए। लेकिन ढाँचे स्थिरता देते हैं। वे नदी पार करते समय पत्थरों की तरह काम करते हैं।

वक्ता एक विचार से दूसरे विचार तक बिना उलझन के पहुँच जाता है।

छात्र अक्सर इसे तब समझते हैं जब वे अचानक बोलने का अभ्यास करते हैं।

एक बार मैंने छात्रों से कहा— "आधुनिक समाज में शिक्षा का महत्व समझाइए।" शुरू में कई छात्र चुप रहे। फिर मैंने कहा— "तीन दृष्टिकोण से सोचिए— व्यक्तिगत विकास, व्यावसायिक अवसर, और सामाजिक जिम्मेदारी।"

अचानक कई हाथ उठ गए। ढाँचे ने उनकी सोच खोल दी। अब उन्हें नए विचार बनाने की जरूरत नहीं थी। वे बस उस संरचना को भर रहे थे।

मानसिक ढाँचे रचनात्मकता को सीमित नहीं करते। बल्कि उसे मुक्त करते हैं।

जब मन को पता होता है कि उसे कहाँ जाना है तो शब्द अधिक सहजता से आते हैं।

जो वक्ता कुछ भरोसेमंद ढाँचे अपने भीतर बना लेते हैं वे आश्चर्यजनक रूप से आत्मविश्वासी हो जाते हैं। प्रश्न डरावने नहीं लगते। चर्चाएँ बाधा नहीं अवसर बन जाती हैं।

और ध्यान रखने वाली बात यह है— ढाँचे जटिल नहीं होने चाहिए। असल में जितने सरल होंगे उतने उपयोगी होंगे। दो या तीन स्पष्ट बिंदु अक्सर लंबे ढाँचों से बेहतर काम करते हैं।

एक फैकल्टी मीटिंग में एक प्रोफेसर से अचानक पूछा गया— "छात्रों की भागीदारी कैसे बढ़ाई जाए?" उन्होंने थोड़ा रुककर कहा— "अगर हम चाहते हैं कि छात्र अधिक भाग लें तो हमें तीन चीज़ों पर ध्यान देना होगा— जिज्ञासा, प्रोत्साहन, और चुनौती।" उत्तर इतना सरल था कि सभी को याद रह गया।

लोग स्पष्टता को याद रखते हैं।

संरचित सोच की यह आदत अभ्यास से मजबूत होती है।

पढ़ना, चर्चाओं को देखना, अनुभवों पर विचार करना— ये सब मन को धीरे-धीरे विचारों के पैटर्न पहचानना सिखाते हैं।

समय के साथ वक्ता के मन में कई विषयों के ढाँचे बन जाते हैं— नेतृत्व, सीखना, संचार, टीमवर्क।

ये ढाँचे शांत साथी की तरह मन में रहते हैं। और जब क्षण आता है तो वे जाग जाते हैं। तभी वक्ता पाता है— दबाव के क्षण में भी उसका मन साफ़ सोच रहा है।

इस प्रक्रिया का एक भावनात्मक पक्ष भी है। जब वक्ता अपने मानसिक ढाँचों पर भरोसा करने लगता है तो अचानक प्रश्नों का डर खत्म होने लगता है।

"अगर मुझे उत्तर न सूझा तो?" यह चिंता धीरे-धीरे बदल जाती है। उसकी जगह आता है— शांत आत्मविश्वास। क्योंकि उत्तर वहाँ है। संरचना पहले से मौजूद है। बस उसे व्यक्त करना है।

एक बार मैंने प्रशासकों के एक समूह से कहा— "अगर आपके विचार व्यवस्थित हैं तो अचानक प्रश्न भी दोस्त जैसे लगने लगते हैं।" कमरे में हल्की हँसी गूँज उठी। सब समझ गए।

स्पष्टता संयोग नहीं होती। वह बार-बार विचारों को व्यवस्थित करने की आदत से पैदा होती है।

मंच का शेर जंगल में अचानक स्थिति आने पर अंधाधुंध नहीं दौड़ता।

उसकी प्रवृत्ति उसे दिशा देती है। उसकी सजगता उसकी क्रिया को व्यवस्थित करती है।

उसी तरह जो वक्ता अपने मन को ढाँचों में सोचने के लिए प्रशिक्षित करता है वह एक शक्तिशाली अनुभव खोजता है— अचानक दबाव के क्षण में भी मन शांत रहता है।

विचार इकट्ठा होते हैं।

शब्द उनका अनुसरण करते हैं।

और स्पष्टता
लगभग तुरंत दिखाई देने लगती है।

5. मंच की रोशनी में शांत रहना

मंच की तेज़ रोशनी में खड़े होने के पहले कुछ सेकंड अजीब तरह से भारी लग सकते हैं।

मुझे एक शैक्षणिक कॉन्फ्रेंस का दृश्य आज भी याद है। एक बड़ा हॉल था। विभिन्न जिलों से आए प्रिंसिपल, शिक्षक और प्रशासक वहाँ बैठे थे।

मंच पर रोशनी तेज़ थी... और सामने सैकड़ों चेहरे।

मंच से देखने पर पूरा श्रोता समूह ऐसा लगता था जैसे आँखों का एक शांत समुद्र आपको देख रहा हो। उस क्षण मन के भीतर एक बहुत मानवीय प्रतिक्रिया होती है। दिल थोड़ी तेज़ धड़कता है। हथेलियाँ हल्की गर्म महसूस होती हैं।

और शरीर को अचानक एहसास होता है— सबकी नज़र आप पर है। यह अनुभव केवल नए वक्ताओं को ही नहीं होता। अनुभवी वक्ता भी यह क्षण महसूस करते हैं। फर्क बस इतना होता है— वे घबराहट को कैसे संभालते हैं।

मुझे एक वरिष्ठ पुलिस अधिकारी की बात याद आती है। उन्होंने एक बार बताया था कि जब उन्होंने पहली बार सैकड़ों अधिकारियों को संबोधित किया था तो उन्हें भी ऐसा ही दबाव महसूस हुआ था।

दोपहर के भोजन के दौरान बातचीत में उन्होंने एक बात कही जो मेरे मन में हमेशा के लिए रह गई। उन्होंने शांत स्वर में कहा— "दबाव कभी खत्म नहीं होता। आप बस उसके भीतर खड़ा होना सीख जाते हैं।" **दबाव के भीतर खड़े रहना... यही** मंच की रोशनी में शांत रहने का असली अर्थ है।

बहुत लोग सोचते हैं कि आत्मविश्वासी वक्ता कभी घबराते नहीं। यह सोच शुरुआती वक्ताओं को हतोत्साहित कर देती है।

उन्हें लगता है— अगर मंच पर जाने से पहले दिल तेज़ धड़क रहा है तो शायद कुछ गलत है। लेकिन सच्चाई यह है— घबराहट दुश्मन नहीं है। यह तो शरीर का तरीका है खुद को तैयार करने का।

मंच की रोशनी महत्व का संकेत देती है। मन समझ जाता है कि लोग सुनने वाले हैं। और शरीर ऊर्जा से भर जाता है।

यह ऊर्जा या तो घबराहट बन सकती है... या एकाग्रता। यह इस बात पर निर्भर करता है कि आप उसे कैसे समझते हैं।

एक बार मैंने कक्षा में एक छात्र के साथ ऐसा होते देखा। उसने अपने विषय की अच्छी तैयारी की थी। लेकिन जैसे ही वह अपने सहपाठियों के सामने खड़ा हुआ उसकी आवाज़ थोड़ी काँप गई।

उसने एक पल रुककर गहरी साँस ली और श्रोताओं की ओर मुस्कुराकर देखा। उस छोटे से क्षण में कुछ बदल गया। विराम ने उसे खुद से फिर जोड़ दिया। साँस ने आवाज़ को स्थिर कर दिया। एक मिनट के भीतर उसका आत्मविश्वास लौट आया।

प्रेज़ेंटेशन के बाद उसने कहा— "सर, पहले दस सेकंड सबसे मुश्किल थे।" अधिकतर वक्ता इस बात से सहमत होंगे। मंच की रोशनी शुरुआत में सबसे तेज़ लगती है।

लेकिन जैसे ही वक्ता श्रोताओं से जुड़ने लगता है एक दिलचस्प बदलाव होता है। मन खुद पर ध्यान देना छोड़ देता है और संदेश पर ध्यान देने लगता है।

यही बदलाव– "मैं कैसा दिख रहा हूँ?" से "मैं क्या कह रहा हूँ?" –शांति की शुरुआत है।

एक कॉर्पोरेट सेमिनार में मैंने यह बहुत सुंदर ढंग से देखा। एक वरिष्ठ अधिकारी को इनोवेशन पर बोलने के लिए बुलाया गया। वे मंच पर आए, माइक थोड़ा ठीक किया और हॉल की ओर देखा।

उन्होंने तुरंत बोलना शुरू नहीं किया। वे मुस्कुराए और बोले– "हर बार जब मैं बड़े श्रोताओं के सामने खड़ा होता हूँ तो मैं खुद को एक बात याद दिलाता हूँ।"

कमरा उत्सुक हो गया। उन्होंने कहा– "मैं खुद को याद दिलाता हूँ कि यहाँ बैठे सभी लोग इंसान हैं...
मेरी ही तरह।"

पूरा हॉल हल्की हँसी से भर गया।

उस एक वाक्य ने मंच और श्रोताओं के बीच की दूरी खत्म कर दी। अब मंच परीक्षा नहीं रहा। वह बातचीत बन गया।

अक्सर शांति यही समझ आने से पैदा होती है।

श्रोता कोई अदालत नहीं हैं जो हर शब्द का फैसला करेंगे। वे बस लोग हैं– जिज्ञासु, सोचने वाले, और अक्सर सहायक।

मैंने एक बार प्रिंसिपलों से कहा था– "अगर आप बोलते समय छोटी गलती कर दें तो श्रोता उसे आपसे जल्दी भूल जाते हैं।"

कमरे में कई लोग मुस्कुरा दिए।

क्योंकि वक्ता अक्सर अपनी छोटी गलतियों को मन में बहुत बड़ा बना लेते हैं। शांति तब आती है जब हम खुद से पूर्णता की अपेक्षा करना छोड़ देते हैं।

एक और महत्वपूर्ण तत्व है– साँस। यह बहुत साधारण लगता है लेकिन इसका प्रभाव गहरा होता है।

जब लोग घबराते हैं तो उनकी साँस उथली हो जाती है। आवाज़ कसी हुई लगती है। वाक्य तेज़ी से निकलते हैं। विचार उलझ जाते हैं।

लेकिन एक धीमी गहरी साँस पूरे लय को बदल सकती है।

मैंने एक प्रशासनिक ट्रेनिंग में एक फैसिलिटेटर को ऐसा करते देखा। किसी ने उनसे एक कठिन प्रश्न पूछा। उत्तर देने से पहले उन्होंने एक छोटा सा विराम लिया और शांत साँस ली।

वह विराम अजीब नहीं लगा। बल्कि उसने यह दिखाया कि वे सोचकर उत्तर दे रहे हैं।

साँस प्रश्न और उत्तर के बीच एक पुल बन गई।

मंच की रोशनी में शांत रहना नाटकीय दिखने की कला नहीं है।

यह बस इतना है— कि आप उस क्षण में मौजूद रहें। अपने विचारों के साथ। अपने श्रोताओं के साथ। और उस संदेश के साथ जो आप साझा करना चाहते हैं।

धीरे-धीरे यह उपस्थिति देखे जाने के डर को सुने जाने की संतुष्टि में बदल देती है।

मैंने एक बार छात्रों से कहा— "अनुभवी वक्ताओं को ध्यान से देखो। देखो कि वे बोलने से पहले कैसे खड़े होते हैं।"

अक्सर आत्मविश्वासी वक्ता एक बहुत साधारण काम करते हैं। वे रुकते हैं। वे श्रोताओं की ओर देखते हैं। वे कमरे को शांत होने का समय देते हैं।

यह छोटा सा विराम अधिकार पैदा करता है। यह दिखाता है कि वक्ता मंच से डर नहीं रहा। वह वहाँ सहज है।

शांति का एक और स्रोत है— उद्देश्य। जब वक्ता खुद को याद दिलाते हैं कि वे क्यों बोल रहे हैं
तो घबराहट उद्देश्य में बदल जाती है।

एक शिक्षक छात्रों को प्रभावित करने के लिए नहीं बोलता। वह सीख साझा करने के लिए बोलता है।

एक पुलिस अधिकारी सिर्फ औपचारिकता निभाने के लिए नहीं बोलता। वह समुदाय को मार्गदर्शन देने के लिए बोलता है।

एक प्रिंसिपल शब्दों का प्रदर्शन नहीं करता। वह शिक्षा की दिशा तय करता है।

जब ध्यान "मैं कैसा बोल रहा हूँ?" से "मैं क्या मूल्य दे रहा हूँ?" पर जाता है तो मंच की रोशनी डरावनी नहीं लगती।

वह बस ध्यान की एक किरण बन जाती है जो आपके संदेश को उजागर कर रही होती है।

समय के साथ एक रोचक परिवर्तन होता है। जो मंच की रोशनी पहले डर पैदा करती थी वही रोशनी ऊर्जा देने लगती है।

लाइटों की गर्माहट... श्रोताओं की शांत प्रतीक्षा... शब्दों की लय... सब मिलकर एक अनोखा अनुभव बनाते हैं।

जो पहले दबाव लगता था वह संभावना बन जाता है।

जंगल में भी कुछ ऐसा ही होता है। जब शेर खुले मैदान में कदम रखता है तो हर जीव सतर्क हो जाता है। सारी नज़रें उस पर होती हैं। लेकिन शेर उस ध्यान से घबराता नहीं। वह शांत रहता है। स्थिर। अपनी शक्ति से परिचित।

उसी तरह जो वक्ता साँस लेना, रुकना और संदेश पर ध्यान देना सीख लेता है वह एक गहरी सच्चाई समझ जाता है।

मंच की रोशनी आपको उजागर करने के लिए नहीं होती।

वह आपकी आवाज़ को रोशन करने के लिए होती है।

और जब आप उस रोशनी से डरना छोड़ देते हैं
तो मंच दबाव की जगह नहीं रहता।

वह बन जाता है—

अभिव्यक्ति का स्थान।

11

नेतृत्व के लिए बोलना

1. प्रभाव बनाम जानकारी

कुछ साल पहले मुझे स्कूल प्रिंसिपलों और वरिष्ठ शिक्षकों के एक लीडरशिप वर्कशॉप में बोलने के लिए आमंत्रित किया गया था।

हॉल अनुभवी शिक्षकों से भरा हुआ था— ऐसे लोग जिन्होंने वर्षों तक कक्षाओं में खड़े होकर हजारों विद्यार्थियों के जीवन को दिशा दी थी।

मेरे सेशन से पहले एक अन्य वक्ता मंच पर आए। वे बहुत जानकार थे, स्पष्ट बोलते थे, और उनकी तैयारी भी शानदार थी।

उनकी प्रस्तुति में बहुत सारी जानकारी थी— आँकड़े, शोध के निष्कर्ष, आधुनिक शिक्षा प्रणाली के विश्लेषण। स्क्रीन पर एक के बाद एक स्लाइड आती गई— चार्ट, प्रतिशत, मॉडल, ढाँचे।

श्रोता ध्यान से सुन रहे थे।

सेशन समाप्त हुआ तो तालियाँ भी बजीं— सम्मानजनक, लेकिन हल्की। चाय के ब्रेक में लोग तुरंत अपनी-अपनी बातचीत में लग गए। कई लोग किसी और विषय पर चर्चा करने लगे।

उस दिन दोपहर में दूसरे वक्ता मंच पर आए। उन्होंने कुछ अलग किया। उन्होंने शुरुआत आँकड़ों से नहीं की। उन्होंने एक छोटी सी कहानी सुनाई।

एक ऐसे विद्यार्थी की कहानी जिसे कभी पढ़ाई में कमजोर माना जाता था। लेकिन एक शिक्षक के विश्वास ने उसका जीवन बदल दिया।

वह आगे चलकर एक सफल उद्यमी बना।

जैसे-जैसे वक्ता बोलते गए हॉल शांत होता गया। लोग आगे झुककर सुनने लगे। कुछ लोग मुस्कुरा रहे थे। कुछ लोग सिर हिला रहे थे। कोई चार्ट नहीं था।

कोई ग्राफ नहीं था।

फिर भी कमरे में कुछ गहरा घट रहा था।

जब उनका सेशन समाप्त हुआ तालियाँ अधिक ज़ोर से बजीं।

लेकिन उससे भी महत्वपूर्ण बात यह थी— कार्यक्रम खत्म होने के बाद भी लोग उनके विचारों पर चर्चा करते रहे।

उस दिन मुझे एक गहरी सच्चाई फिर याद आई।

हर वक्ता को कभी न कभी यह समझना पड़ता है— **जानकारी मन को भरती है। प्रभाव मनुष्य को हिलाता है।**

कई वक्ता अनजाने में सिर्फ जानकारी साझा करने तक सीमित रह जाते हैं। उन्हें लगता है— अगर उनके तथ्य सही हैं, तर्क स्पष्ट हैं, तो भाषण सफल है। लेकिन नेतृत्व की भाषा कुछ और मांगती है।

नेता केवल जानकारी नहीं देता। नेता यह प्रभावित करता है कि लोग **कैसे सोचेंगे, कैसे महसूस करेंगे, और कैसे कार्य करेंगे।**

जानकारी उस रोशनी की तरह है जो रास्ता दिखाती है।

प्रभाव वह शक्ति है जो किसी को उस रास्ते पर चलने के लिए प्रेरित करती है।

मुझे यह अंतर पुलिस अधिकारियों की एक ट्रेनिंग में स्पष्ट दिखाई दिया। विषय था—समुदाय के साथ विश्वास बनाना।

एक अधिकारी ने जनसंपर्क से जुड़ा कानूनी ढाँचा समझाया। नियम, प्रक्रिया, जिम्मेदारियाँ। सब कुछ सही और विस्तार से था।

फिर एक दूसरे अधिकारी बोले। उन्होंने एक घटना सुनाई।

एक सामुदायिक कार्यक्रम में एक डरा हुआ बच्चा एक पुलिस अधिकारी के पास आया था। अधिकारी ने सिर्फ अधिकार नहीं दिखाया। वह बच्चे के सामने झुक गया, धीरे से बात की, और उसे उसके माता-पिता से मिला दिया।

वह छोटी सी कहानी पहले की पूरी कानूनी व्याख्या से अधिक प्रभावशाली लगी।

दोनों ने मूल्यवान बात कही। लेकिन प्रभाव कहानी ने पैदा किया।

प्रभाव जानकारी को नकारता नहीं। वह उसमें जीवन भर देता है।

तथ्य आवश्यक हैं। लेकिन लोग कहानियाँ याद रखते हैं।

डेटा बुद्धि को समझाता है। भावना इच्छाशक्ति को चलाती है।

एक बार शिक्षकों की मीटिंग में छात्रों को प्रेरित करने पर चर्चा हो रही थी।

एक शिक्षक ने सुझाव दिया— "हमें छात्रों को करियर और पढ़ाई के बारे में अधिक जानकारी देनी चाहिए।"

दूसरे शिक्षक ने शांत स्वर में कहा— "छात्रों को बहुत सी बातें पहले से पता होती हैं। उन्हें किसी ऐसे व्यक्ति की जरूरत होती है जो उन पर विश्वास करे।"

यह वाक्य मेरे मन में रह गया।

प्रभाव वहीं शुरू होता है जहाँ श्रोता को वक्ता की सच्चाई महसूस होती है।

जब शब्द अनुभव से आते हैं, विश्वास से आते हैं, तो लोग अलग तरह से सुनते हैं।

वे केवल वाक्य नहीं सुनते। वे अर्थ सुनते हैं।

एक छात्र ने एक बार मुझसे पूछा— "सर, मैं श्रोताओं को प्रभावित कैसे करूँ?" मैं मुस्कुराया और कहा— "प्रभावित करने की कोशिश मत करो। प्रभाव डालने की कोशिश करो।"

प्रभावित करना कुछ समय के लिए तालियाँ दिला सकता है।

प्रभाव लंबे समय तक बदलाव लाता है।

एक प्रभावशाली भाषण के बाद लोग कह सकते हैं— "क्या शानदार वक्ता है।" लेकिन प्रभावशाली नेतृत्व भाषण के बाद लोग सोचते हैं— "मुझे इस पर कुछ करना चाहिए।"

यह अंतर बहुत सूक्ष्म है, लेकिन बहुत गहरा।

प्रभाव के लिए श्रोताओं को समझना भी जरूरी है।

जब वक्ता केवल अपने ज्ञान पर ध्यान देता है तो वह कभी-कभी भूल जाता है— श्रोता क्या महसूस कर रहे हैं।

नेता यह समझता है— लोग क्या सोचते हैं, किस बात से डरते हैं, किस बात की आशा करते हैं।

एक प्रशासनिक प्रशिक्षण में किसी ने पूछा— "लोग कठिन बदलाव को स्वीकार क्यों नहीं करते?"

फैसिलिटेटर ने शांत होकर कहा— "लोग बदलाव का विरोध इसलिए नहीं करते कि उन्हें जानकारी नहीं है। वे विरोध इसलिए करते हैं क्योंकि वे असुरक्षित महसूस करते हैं।"

यह वाक्य नेतृत्व संवाद को समझने की कुंजी है।

जानकारी प्रश्नों का उत्तर देती है।

प्रभाव भावनाओं को संबोधित करता है।

जब वक्ता सहानुभूति से बोलता है— जब वह श्रोताओं की चिंताओं और उम्मीदों को समझता है— तो संदेश गहराई से जुड़ने लगता है।

शब्द आदेश नहीं लगते। वे मार्गदर्शन लगते हैं।

प्रभाव का एक और स्रोत है— **प्रामाणिकता**। आज के श्रोता बहुत सजग होते हैं। वे तुरंत समझ लेते हैं
कि वक्ता सच में विश्वास करता है या सिर्फ सुंदर वाक्य दोहरा रहा है।

एक बार एक सामुदायिक बैठक में एक निवासी ने पड़ोस में सहयोग बढ़ाने की बात कही। उसकी भाषा बहुत साधारण थी। शब्द भी परिपूर्ण नहीं थे। लेकिन उसकी सच्चाई साफ़ दिखाई दे रही थी।

लोग ध्यान से सुन रहे थे।

बाद में किसी ने कहा— "उसने दिल से बात की।" यही असली बात है।

प्रभाव के लिए बेहतरीन शब्दावली जरूरी नहीं।

सच्चा उद्देश्य जरूरी है।

इसलिए जो वक्ता नेतृत्व करना चाहता है उसे एक बात याद रखनी चाहिए— जानकारी श्रोताओं को समझाती है। लेकिन प्रभाव उन्हें बदल देता है।

दोनों जरूरी हैं। दोनों का अपना महत्व है।

लेकिन नेतृत्व की भाषा एक कदम आगे जाती है। वह ज्ञान को उद्देश्य से जोड़ती है।

तर्क को भावना से जोड़ती है। और शब्दों को कार्य से जोड़ती है।

जब यह सब एक साथ आता है तो कमरे में कुछ शक्तिशाली होता है। श्रोता केवल सुनते नहीं। वे सोचने लगते हैं। संभावनाएँ देखने लगते हैं।

वे महसूस करते हैं कि जो सुना है उसे जीवन में लागू करना चाहिए।

उस क्षण भाषण व्याख्यान नहीं रहता।

वह एक चिंगारी बन जाता है।

और वह चिंगारी—
जब लोगों के मन और हृदय में पहुँचती है—

तो वक्ता के मंच छोड़ने के बाद भी
बदलाव की आग जला सकती है।

2. श्रोताओं से भावनात्मक जुड़ाव

एक बार मैं एक कार्यक्रम में गया था, जहाँ एक वरिष्ठ अधिकारी को नए-नए प्रशिक्षण शुरू करने वाले युवाओं को संबोधित करने के लिए बुलाया गया था।

हॉल बड़ा था। मंच थोड़ा ऊँचा था। और सामने बैठी युवा आँखों में उत्सुकता थी।

अधिकारी मंच पर आए और शांत, संतुलित स्वर में बोलना शुरू किया। उन्होंने नियमों की बात की।

जिम्मेदारियों की बात की। प्रक्रियाओं और अपेक्षाओं की बात की।

उनकी हर बात सही थी। हर वाक्य व्यवस्थित था। हर विचार तार्किक था। लेकिन फिर भी कमरे में कुछ दूरी सी महसूस हो रही थी।

श्रोता ध्यान से सुन रहे थे, लेकिन उनके चेहरों पर कोई विशेष भाव नहीं था।

उनका मन जानकारी ले रहा था... लेकिन उनके दिल अभी उस बातचीत का हिस्सा नहीं बने थे।

फिर अचानक कुछ अलग हुआ।

भाषण के बीच में अधिकारी रुके और सहज स्वर में बोले— "मैं आपको अपनी नौकरी के पहले साल की एक घटना बताता हूँ।"

बस इतना कहते ही कमरे का माहौल बदल गया।

उन्होंने बताया कि पहली नियुक्ति के समय उन्हें कितनी घबराहट होती थी। जिम्मेदारी का कितना दबाव था। और कैसे एक वरिष्ठ अधिकारी ने एक कठिन स्थिति में चुपचाप उनका मार्गदर्शन किया था।

जब उन्होंने उस डर और कृतज्ञता के बारे में बताया तो उनकी आवाज़ थोड़ी नरम हो गई। अब श्रोता अलग तरह से सुन रहे थे। कुछ लोग आगे झुक गए। कुछ मुस्कुरा रहे थे।

एक प्रशिक्षु धीरे से सिर हिला रहा था जैसे वह उस भावना को पहचान रहा हो।

भाषण की संरचना नहीं बदली थी। लेकिन कमरे का वातावरण बदल गया था।

अब वक्ता केवल जानकारी नहीं दे रहा था। वह **अनुभव साझा कर रहा था।**
और अनुभव के भीतर
भावना होती है। यहीं से शुरू होता है— **भावनात्मक जुड़ाव।**

अक्सर लोग सार्वजनिक बोलने को सिर्फ विचार प्रस्तुत करने की कला समझते हैं।

लेकिन नेतृत्व में बोलना कुछ और गहरा मांगता है। जब नेता बोलते हैं तो वे केवल ज्ञान नहीं दे रहे होते। वे अपने अनुभव और श्रोताओं की वास्तविकता के बीच एक पुल बना रहे होते हैं।

वह पुल भावना से बनता है। भावना का मतलब नाटकीय अभिनय नहीं है।

भावना का मतलब ऊँची आवाज़ या तीव्र इशारे भी नहीं है।

अक्सर भावनात्मक जुड़ाव बहुत साधारण क्षणों में दिखाई देता है— एक सच्ची कहानी, एक सोच-समझकर लिया गया विराम, या ऐसा वाक्य जो पूर्णता से नहीं सच्चाई से बोला गया हो।

मैंने यह एक बार स्कूल प्रिंसिपलों के एक प्रशिक्षण कार्यक्रम में देखा। चर्चा के दौरान एक प्रिंसिपल खड़े हुए और उन्होंने अपने स्कूल की एक छोटी सी घटना बताई।

एक शांत छात्र था जो कक्षा में बोलने से बचता था। प्रेज़ेंटेशन से डरता था।

एक दिन प्रिंसिपल ने उसे सहजता से प्रोत्साहित किया— "तुम बस एक छोटा सा विचार साझा करो।"

छात्र के हाथ काँप रहे थे। आवाज़ भी काँप रही थी।

लेकिन उसने बोलना शुरू किया। और जब वह खत्म हुआ तो पूरी कक्षा ने गर्मजोशी से ताली बजाई।

जब प्रिंसिपल यह कहानी सुना रहे थे तो कमरे में कुछ बदल गया।

कई प्रिंसिपल हल्के से मुस्कुरा रहे थे।

कुछ धीरे से हँस भी पड़े। क्योंकि उन्होंने भी ऐसे ही दृश्य कई बार देखे थे।

उस क्षण पूरा कमरा उस कहानी को महसूस कर रहा था।

यही भावनात्मक जुड़ाव की ताकत है।

यह कमरे में बैठे अलग-अलग लोगों को एक साझा अनुभव में बदल देता है।

जो वक्ता इस सच्चाई को समझ लेता है वह श्रोताओं को अलग नज़र से देखने लगता है। अब उसे सामने भीड़ नहीं दिखाई देती। उसे लोग दिखाई देते हैं— कहानियों वाले लोग, संघर्ष वाले लोग, आशाओं वाले लोग। जब वक्ता इस मानवीयता का सम्मान करता है तो श्रोता तुरंत महसूस कर लेते हैं।

एक बार मैंने शिक्षकों से कहा था— "लोगों के दिमाग से पहले उनके दिल को नमस्कार कीजिए।"

कई शिक्षक मुस्कुरा दिए। क्योंकि वे खुद रोज़ छात्रों के साथ यही करते हैं।

भावनात्मक जुड़ाव समझ से शुरू होता है।

श्रोताओं की परिस्थिति समझना। उनकी चुनौतियाँ समझना। उनका वातावरण समझना।

जो भाषण श्रोताओं की वास्तविकता को नज़रअंदाज़ करता है वह भले प्रभावशाली लगे लेकिन अर्थपूर्ण नहीं बन पाता। लेकिन जब वक्ता उन अनुभवों को पहचानता है जो श्रोता रोज़ जीते हैं तो संदेश गहराई से जुड़ने लगता है।

एक बार एक कॉलोनी की मीटिंग में एक निवासी खड़ा हुआ। वह पड़ोस में सहयोग बढ़ाने की बात कर रहा था।

उसने शिकायत से शुरुआत नहीं की।

उसने बस इतना कहा— "हम सब दिन भर काम करके घर लौटते हैं... और चाहते हैं कि हमारा मोहल्ला शांत लगे।" बस इस एक वाक्य ने सबको जोड़ दिया।

कमरे में बैठे हर व्यक्ति ने उस भावना को महसूस किया।

इसके बाद चर्चा बहस नहीं रही। वह एक साझा प्रयास बन गई।

भावनात्मक जुड़ाव प्रामाणिकता से भी बढ़ता है।

श्रोता बहुत जल्दी समझ जाते हैं कि वक्ता सच्चाई से बोल रहा है या केवल सुंदर शब्द बोल रहा है।

लोग शब्द भूल सकते हैं। लेकिन वे यह नहीं भूलते कि वक्ता ने उन्हें कैसा महसूस कराया।

एक बार मैंने एक छात्र से पूछा— "तुम्हें सेमिनार में कौन सा वक्ता सबसे याद रहा?" उसने थोड़ा सोचा और कहा— "वही... जो ऐसा बोल रहा था जैसे हर शब्द सच में महसूस कर रहा हो।"

यह उत्तर एक गहरी सीख देता है। **सच्चाई विश्वास पैदा करती है।**

जब वक्ता अपनी यात्रा साझा करता है— अपनी गलतियाँ, अपने अनुभव, अपनी छोटी जीत— तो श्रोता उसे दूर खड़े विशेषज्ञ की तरह नहीं देखते। वे उसे अपने जैसा इंसान देखते हैं। और लोग अपने जैसे इंसान को अलग तरह से सुनते हैं।

भावनात्मक जुड़ाव का एक और पहलू है— **उपस्थिति**। जब वक्ता सच में श्रोताओं से जुड़ता है— उनकी आँखों में देखता है, उनकी प्रतिक्रिया को महसूस करता है— तो भाषण जीवित हो जाता है। वह प्रदर्शन नहीं रहता। वह बातचीत बन जाता है।

एक बार एक सेमिनार में वक्ता ने अपने शुरुआती सार्वजनिक बोलने के डर की एक मज़ेदार कहानी सुनाई। पूरा हॉल हँसी से भर गया। वक्ता ने तुरंत बोलना शुरू नहीं किया।

उन्होंने रुककर मुस्कुराया और हँसी को शांत होने दिया। वह छोटा सा विराम बहुत महत्वपूर्ण था।

उसने दिखाया कि वह श्रोताओं के ऊपर नहीं बोल रहा। वह श्रोताओं के साथ बोल रहा है। ऐसे क्षण
कमरे में गर्माहट पैदा करते हैं। और गर्माहट विचारों को दूर तक ले जाती है।

नेतृत्व की भाषा इसी गर्माहट पर टिकी होती है।

लोग ऐसे व्यक्ति का अनुसरण नहीं करते जिसकी भाषा दूर और ठंडी लगे। लेकिन वे ऐसे व्यक्ति को सुनते हैं जिसकी आवाज़ में मानवता हो।

अंततः भावनात्मक जुड़ाव हमें एक बात याद दिलाता है— बोलना केवल अभिव्यक्ति नहीं है।

यह एक **संबंध** है। वक्ता और श्रोता के बीच का संबंध। वह संबंध जो उस छोटे से क्षण में बनता है जहाँ कहानी, विचार और भावना मिलते हैं। और जब यह संबंध बन जाता है— भले ही कुछ मिनटों के लिए—तो कुछ अद्‌भुत होता है।

श्रोता केवल संदेश नहीं सुनते।

वे उसे **महसूस** करते हैं।

और जो संदेश महसूस किया जाता है
वह मंच से बहुत दूर तक यात्रा करता है।

3. नेताओं और अधिकारियों को प्रशिक्षित करना

एक ठंडी सुबह मैं एक बड़े प्रशिक्षण हॉल में पहुँचा।

लगभग सौ अधिकारी वहाँ नेतृत्व विकास कार्यक्रम के लिए एकत्र हुए थे। कमरे में वह शांत अनुशासन था जो ऐसे वातावरण में अक्सर दिखाई देता है। वर्दियाँ सजी हुई थीं। बैठने का ढंग सीधा और संतुलित था। पूरा माहौल गंभीरता से भरा हुआ था।

ये लोग जीवन के नए विद्‌यार्थी नहीं थे। इनमें से अधिकांश ने कठिन परिस्थितियाँ संभाली थीं— भीड़ प्रबंधन, संकट की स्थिति, प्रशासनिक जिम्मेदारियाँ।

लेकिन जैसे ही चर्चा संचार और सार्वजनिक बोलने की ओर बढ़ी एक दिलचस्प बात दिखाई दी। कई अधिकारी थोड़े सावधान हो गए।

चाय के ब्रेक के दौरान एक वरिष्ठ अधिकारी मेरे पास आए। हल्की मुस्कान के साथ बोले— "सर, हम रोज़ दबाव वाली परिस्थितियों से निपटते हैं। लेकिन लोगों के सामने बोलना... कभी-कभी अजीब तरह से असहज लगता है।"

उनकी ईमानदारी अच्छी लगी।

अक्सर लोग सोचते हैं कि पद और अधिकार अपने आप बोलने का आत्मविश्वास दे देते हैं। लेकिन नेतृत्व की भूमिका सिर्फ अधिकार से पूरी नहीं होती।

नेताओं को केवल आदेश नहीं देना होता। उन्हें संवाद करना होता है। उन्हें निर्णय समझाने होते हैं। उन्हें टीम को प्रेरित करना होता है। उन्हें तनावपूर्ण स्थिति में लोगों को शांत करना होता है। और कई बार उन्हें अनिश्चित परिस्थितियों में लोगों को दिशा दिखानी होती है।

यह सब शुरू होता है— स्पष्टता और उपस्थिति के साथ बोलने की क्षमता से।

सेशन दोबारा शुरू हुआ तो मैंने अधिकारियों से एक सरल प्रश्न पूछा— "आपमें से कितनों को
कभी अचानक किसी समूह को संबोधित करना पड़ा है?"

लगभग सभी हाथ उठ गए।

किसी ने बताया कि उसे सामुदायिक बैठक में बोलना पड़ा। किसी ने कहा कि ऑपरेशन से पहले टीम को संबोधित करना पड़ा।

एक अधिकारी ने मुस्कुराते हुए कहा— "सर, एक बार शहर में एक घटना के बाद मुझे अचानक बड़ी भीड़ को संबोधित करना पड़ा। बाहर का माहौल पहले से तनावपूर्ण था... और मेरा मन सही शब्द ढूँढ रहा था।" ऐसे क्षण हमें समझाते हैं कि संचार केवल पेशेवर कौशल नहीं है। यह नेतृत्व का उपकरण बन जाता है।

जब नेता कठिन परिस्थितियों में बोलते हैं तो उनके शब्द लोगों की भावनाओं को प्रभावित करते हैं। शांत शब्द घबराहट कम कर सकते हैं। स्पष्ट दिशा विश्वास लौटा सकती है। और कठिनाई को ईमानदारी से स्वीकार करना विश्वास बना सकता है।

मुझे एक और प्रशिक्षण कार्यक्रम याद आता है जहाँ प्रशासनिक अधिकारी जनता से संवाद के विषय पर चर्चा कर रहे थे।

एक अधिकारी ने बहुत महत्वपूर्ण बात कही। उन्होंने कहा— "लोग हमारी हर हिदायत याद नहीं रखते... लेकिन वे यह जरूर याद रखते हैं कि हमने उनसे कैसे बात की।" यह वाक्य नेतृत्व संवाद का सार है।

नेतृत्व में बोलना प्रभावशाली भाषण देने की कला नहीं है। यह आवाज़, स्पष्टता और सच्चाई के माध्यम से विश्वास बनाने की कला है। उस प्रशिक्षण में हमने एक अभ्यास किया।

मैंने कुछ अधिकारियों से कहा— "कल्पना कीजिए कि आप किसी महत्वपूर्ण ऑपरेशन से पहले
अपनी टीम को संबोधित कर रहे हैं।"

पहले अधिकारी ने आत्मविश्वास से बोला। शब्द मजबूत थे। लेकिन वे बहुत तेज़ बोल रहे थे। वाक्य अच्छे थे लेकिन उनकी गति इतनी तेज़ थी कि उन्हें पूरी तरह समझना थोड़ा कठिन था।

फिर दूसरे अधिकारी आगे आए। उन्होंने कुछ अलग किया। उन्होंने धीरे बोलना शुरू किया। उनकी आवाज़ शांत थी। हर वाक्य सोच-समझकर बोला गया। जैसे-जैसे वे बोलते गए कमरा शांत होता गया।

जो लोग पहले धीरे-धीरे बात कर रहे थे वे भी उनकी ओर देखने लगे। जब वे खत्म हुए तो कई अधिकारियों ने सिर हिलाया।

किसी ने मज़ाक में कहा— "सर, इनकी आवाज़ तो बिल्कुल कमांडर जैसी लग रही थी।"

उस क्षण एक महत्वपूर्ण बात स्पष्ट हुई।

नेतृत्व संवाद आवाज़ ऊँची करने से नहीं आता। यह उपस्थिति से आता है।

नेता की आवाज़ में स्थिरता होनी चाहिए। जब लोग वह स्थिरता सुनते हैं तो वे संदेश पर विश्वास करने लगते हैं। नेताओं को संवाद सिखाने में अक्सर उनके सोचने के तरीके को बदलना पड़ता है।

कई पेशेवर आदेश, रिपोर्ट और निर्देश की भाषा में सोचने के आदी होते हैं।

लेकिन नेतृत्व संवाद संबंध की भाषा मांगता है। श्रोता को महसूस होना चाहिए कि नेता स्थिति को उतनी ही गहराई से समझता है जितनी वे समझते हैं।

एक बार स्कूल प्रिंसिपलों के साथ सेशन में मैंने यही बात फिर देखी।

एक प्रिंसिपल ने बताया कि उन्होंने एक बार छात्र अनुशासन के बारे में कठिन निर्णय लिया था। उन्होंने शिक्षकों को केवल आदेश नहीं दिया। उन्होंने निर्णय का कारण समझाया। उन्होंने शिक्षकों की कठिनाइयों को स्वीकार किया। उन्होंने सहयोग माँगा।

जब वे यह अनुभव सुना रहे थे तो एक दूसरे प्रिंसिपल ने सिर हिलाकर कहा— "जब लोग निर्णय के पीछे की भावना समझ लेते हैं तो वे उसे अधिक आसानी से स्वीकार कर लेते हैं।" बिल्कुल सही। नेतृत्व संवाद आदेश को समझ में बदल देता है।

कई प्रशिक्षण कार्यक्रमों में मैंने एक और प्रेरणादायक बात देखी है। नेताओं के पास कई शक्तिशाली कहानियाँ होती हैं। जिम्मेदारी की कहानियाँ। साहस की कहानियाँ। सीख और अनुभव की कहानियाँ। लेकिन वे अक्सर उन्हें सार्वजनिक रूप से साझा करने में झिझकते हैं।

एक अधिकारी ने मुझसे कहा— "सर, हम काम चुपचाप करने के आदी हैं। उसके बारे में बोलना थोड़ा अजीब लगता है।" लेकिन वही अनुभव दूसरों के लिए प्रेरणा बन सकते हैं।

जब नेता वास्तविक परिस्थितियों से मिली सीख साझा करते हैं तो उनके शब्दों में प्रामाणिकता आ जाती है। और प्रामाणिकता प्रभाव पैदा करती है।

एक कॉर्पोरेट वर्कशॉप में एक वरिष्ठ अधिकारी ने अपने करियर की शुरुआत में एक असफल प्रोजेक्ट की कहानी सुनाई। उन्होंने उसे छिपाया नहीं। उन्होंने बताया

कि उस अनुभव ने उन्हें क्या सिखाया— निर्णय लेने के बारे में, टीमवर्क के बारे में, और विनम्रता के बारे में।

कमरे में बहुत सकारात्मक प्रतिक्रिया हुई।

बाद में एक युवा मैनेजर उनके पास आया और बोला— "सर, आपकी कहानी सुनकर मुझे गलतियाँ करने का डर थोड़ा कम हो गया।"

यही है नेतृत्व संवाद की असली शक्ति।

नेताओं को बोलना सिखाना नाटकीय भाषण तकनीक सिखाना नहीं है। यह उन्हें यह समझाने में मदद करना है कि उनकी आवाज़ में पहले से शक्ति मौजूद है। उनकी आवाज़ में अनुभव है। उनकी आवाज़ में जिम्मेदारी है। उनकी आवाज़ में दिशा है। जब ये तत्व स्पष्टता और सच्चाई के साथ व्यक्त होते हैं तो नेतृत्व दिखाई देने लगता है।

समय के साथ कई अधिकारी और प्रशासक एक रोचक बात महसूस करने लगते हैं। जो कौशल उन्हें बड़े समूहों को संबोधित करने में मदद करता है वही कौशल दैनिक बातचीत को भी बेहतर बना देता है। मीटिंग अधिक स्पष्ट हो जाती हैं। टीम चर्चा अधिक केंद्रित हो जाती है। कठिन बातचीत भी सहज हो जाती है। धीरे-धीरे संवाद एक औपचारिक जिम्मेदारी नहीं रहता।

वह नेतृत्व की ताकत बन जाता है।

एक नेतृत्व सेशन के अंत में मैंने एक सरल बात कही थी— "नेता की चुप्पी कभी-कभी भ्रम पैदा कर सकती है। लेकिन नेता की स्पष्ट आवाज़ विश्वास पैदा कर सकती है।"

कमरा कुछ क्षण शांत रहा। अधिकारी उस विचार का महत्व समझ रहे थे।

क्योंकि नेतृत्व हमेशा किसी कार्रवाई से शुरू नहीं होता।

कभी-कभी वह शुरू होता है—

एक ऐसी आवाज़ से

जो दूसरों को आगे बढ़ने का रास्ता दिखा सके।

4. विनम्रता के साथ अधिकार

एक दोपहर स्कूल प्रिंसिपलों के लिए आयोजित एक नेतृत्व वर्कशॉप में सेशन शुरू होने से पहले ही एक बहुत सीख देने वाली घटना हुई।

हॉल अनुभवी शिक्षकों से भरा हुआ था। कमरे में अलग-अलग बातचीत चल रही थी— कहीं छात्र अनुशासन की चर्चा, कहीं प्रशासनिक दबाव की बात, कहीं शिक्षकों की चुनौतियाँ।

कुछ लोग अपने नोट्स देख रहे थे। कुछ सहकर्मियों के साथ हल्की मुस्कान में बातचीत कर रहे थे।

तभी मुख्य अतिथि आए।

वे एक वरिष्ठ शिक्षा अधिकारी थे— ऐसे व्यक्ति जिन्होंने वर्षों तक सैकड़ों संस्थानों का मार्गदर्शन किया था। उनका पद और अनुभव स्वाभाविक रूप से अधिकार का संकेत देता था।

जैसे ही वे हॉल में प्रवेश किए पूरा कमरा सजग हो गया। लेकिन इसके बाद जो हुआ वह थोड़ा अलग था। वे सीधे मंच पर नहीं गए। वे प्रतिभागियों के बीच रुक गए।

एक-एक करके लोगों से मिलने लगे। किसी प्रिंसिपल से उनके स्कूल के नए साइंस प्रोग्राम के बारे में पूछा। किसी को हाल की शैक्षणिक पहल के लिए बधाई दी।

एक प्रिंसिपल ने बड़े स्कूल को संभालने की कठिनाई बताई तो उन्होंने ध्यान से सुना और शांत स्वर में कुछ सुझाव दिए। उनके व्यवहार में कोई श्रेष्ठता का प्रदर्शन नहीं था। सिर्फ एक सहज उपस्थिति थी।

जब वे अंत में मंच पर पहुँचे और बोलना शुरू किया तो एक अद्‌भुत बात पहले ही हो चुकी थी। श्रोता उन पर विश्वास कर चुके थे। और यह विश्वास उनके भाषण से पहले पैदा हो चुका था।

यह विश्वास आया था— विनम्रता से।

अधिकार अक्सर पद, अनुभव या जिम्मेदारी से आता है। लेकिन विनम्रता व्यक्तित्व से आती है। जब ये दोनों साथ दिखाई देते हैं तो वक्ता असाधारण रूप से प्रभावशाली बन जाता है। विनम्रता के बिना अधिकार दूर-दूर सा लग सकता है। और अधिकार के बिना विनम्रता में दिशा की कमी हो सकती है। लेकिन जब अधिकार और विनम्रता साथ चलते हैं तो संवाद मजबूत भी बनता है और मानवीय भी।

मैंने यह संतुलन कई नेतृत्व प्रशिक्षण कार्यक्रमों में देखा है।

एक घटना आज भी याद है। प्रशासनिक अधिकारियों के एक सेशन में एक युवा प्रतिभागी ने कठिन प्रश्न पूछा। विषय था— जनता के दबाव में नेतृत्व निर्णय कैसे लिए जाएँ।

कमरा अचानक शांत हो गया। यह आसान प्रश्न नहीं था।

सेशन का नेतृत्व कर रहे वरिष्ठ अधिकारी कुछ क्षण चुप रहे। फिर उन्होंने तुरंत उत्तर देने के बजाय कहा— "यह सचमुच कठिन स्थिति होती है... और मैंने

भी इसका सामना किया है।"

बस इतना कहते ही कमरे का वातावरण नरम हो गया।

उन्होंने आगे बताया— एक बार उन्होंने ऐसी ही परिस्थिति को कैसे संभाला था। कौन-सा निर्णय सही रहा। और अगर वही स्थिति दोबारा आए तो वे क्या अलग करेंगे।

उनकी बातों में अधिकार था क्योंकि उनके पास अनुभव था। लेकिन उनमें विनम्रता भी थी क्योंकि उन्होंने सीखने की प्रक्रिया को स्वीकार किया।

श्रोताओं ने गहरे सम्मान के साथ उन्हें सुना।

नेतृत्व संवाद अक्सर तब कमजोर पड़ जाता है जब वक्ता खुद को पूरी तरह परिपूर्ण दिखाने की कोशिश करते हैं। उन्हें लगता है कि अधिकार का मतलब है— अभेद्य दिखना, कभी गलती न मानना, हर सवाल का तुरंत उत्तर देना।

लेकिन आज के श्रोता बहुत सजग होते हैं। वे जानते हैं कि कोई भी नेता हर प्रश्न का उत्तर नहीं जान सकता। लोग पूर्णता नहीं चाहते। वे ईमानदारी और स्पष्टता चाहते हैं।

एक विनम्र नेता अपने अधिकार को कम नहीं करता। बल्कि विनम्रता उस अधिकार को विश्वसनीय बना देती है।

एक बार मैंने कॉर्पोरेट मैनेजरों के साथ एक सेमिनार में यही बात कही।

एक मैनेजर ने पूछा— "सर, अगर हम बोलते समय विनम्र दिखें तो क्या लोग हमें मजबूत नेता मानेंगे?" प्रश्न बिल्कुल सच्चा था।

मैंने मुस्कुराकर कहा— "विनम्रता ताकत को कम नहीं करती... वह ताकत को भरोसेमंद बनाती है।"

कमरे में कुछ क्षण की सोचपूर्ण चुप्पी छा गई।

अधिकार बिना विनम्रता के वक्ता और श्रोताओं के बीच दूरी पैदा कर देता है। लोग सुनते तो हैं लेकिन मन से नहीं। लेकिन अधिकार के साथ विनम्रता हो तो जुड़ाव बनता है।

लोग सुनते हैं क्योंकि वे सुनना चाहते हैं।

मैंने यह एक बार पुलिस अधिकारियों के प्रशिक्षण में देखा। वरिष्ठ प्रशिक्षक जन विश्वास बनाए रखने की रणनीति समझा रहे थे। उनकी आवाज़ दृढ़ थी लेकिन शांत।

एक क्षण उन्होंने रुककर कहा— "हर वर्दी में शक्ति होती है... लेकिन उसी के साथ जिम्मेदारी भी होती है।" फिर उन्होंने धीरे से जोड़ा— "लोग आपके अधिकार का सम्मान कर सकते हैं... लेकिन वे आपकी विनम्रता को याद रखते हैं।"

कमरा कुछ पल के लिए बिल्कुल शांत हो गया।

अधिकार आदेश दिला सकता है। लेकिन विनम्रता सहयोग पैदा करती है।

सार्वजनिक बोलने में भी यही सिद्धांत लागू होता है। कई वक्ता मंच पर प्रभुत्व दिखाने की कोशिश करते हैं। वे आवाज़ ऊँची कर देते हैं। तेज़ बोलते हैं। या बहुत अधिक जानकारी देकर श्रोताओं को प्रभावित करने की कोशिश करते हैं। लेकिन ऐसा करते हुए वे अनजाने में दूरी बना लेते हैं।

जो वक्ता आत्मविश्वास और विनम्रता को साथ रखते हैं वे अलग माहौल बनाते हैं। उनकी आवाज़ दबाव नहीं बनाती। विश्वास पैदा करती है।

एक बार मैंने एक वरिष्ठ प्रोफेसर को शिक्षकों के सम्मेलन में बोलते देखा। उनका ज्ञान अत्यंत व्यापक था। वे चाहें तो जटिल अकादमिक शब्दों से भरा भाषण दे सकते थे।

लेकिन उन्होंने शुरुआत एक सरल वाक्य से की— "शिक्षण ने मुझे उतना सिखाया है जितना मैंने अपने विद्यार्थियों को सिखाया है।"

पूरा हॉल मुस्कुरा उठा। हल्की तालियाँ भी बजीं। उस वाक्य में विनम्रता थी।

लेकिन किसी ने भी उनके अधिकार पर संदेह नहीं किया। विनम्रता श्रोताओं को यह महसूस कराती है कि वे बातचीत का हिस्सा हैं। कि वक्ता उनके साथ खड़ा है उनके ऊपर नहीं।

यह संतुलन विशेष रूप से प्रश्नोत्तर के समय महत्वपूर्ण हो जाता है।

यदि कोई श्रोता आलोचनात्मक प्रश्न पूछे तो रक्षात्मक अधिकार तनाव पैदा कर सकता है। लेकिन विनम्र अधिकार संवाद को जन्म देता है।

मुझे एक सामुदायिक बैठक याद आती है। एक व्यक्ति ने वक्ता के प्रस्ताव का कड़ा विरोध किया। माहौल थोड़ा तनावपूर्ण हो गया। वक्ता ने ध्यान से सुना और शांत स्वर में कहा— "आपने एक महत्वपूर्ण चिंता उठाई है।" फिर उन्होंने सम्मानपूर्वक अपना दृष्टिकोण समझाया। तनाव धीरे-धीरे समाप्त हो गया।

श्रोताओं ने देखा— अधिकार का अर्थ अहंकार नहीं है। अधिकार का अर्थ है जिम्मेदारी।

समय के साथ जो वक्ता इस संतुलन को विकसित कर लेते हैं उनकी आवाज़ में एक शांत प्रभाव आ जाता है।

लोग इसलिए नहीं सुनते क्योंकि उन्हें सुनना पड़ता है। वे इसलिए सुनते हैं क्योंकि वे उस आवाज़ पर विश्वास करते हैं।

अधिकार नेतृत्व की संरचना है।

विनम्रता उसकी आत्मा है।

अधिकार बिना विनम्रता के नेतृत्व कठोर और दूर हो सकता है।

विनम्रता बिना अधिकार के नेतृत्व दिशाहीन हो सकता है।

लेकिन जब ये दोनों साथ चलते हैं तो संवाद केवल भाषण नहीं रहता।

वह मार्गदर्शन बन जाता है।

और लोग मार्गदर्शन का अनुसरण डर से नहीं करते।

वे करते हैं— **विश्वास से।**

5. किंगमेकर दृष्टिकोण

एक नेतृत्व वर्कशॉप के बाद की बात है।

स्कूल प्रिंसिपलों का सेशन अभी-अभी समाप्त हुआ था। हॉल धीरे-धीरे खाली हो रहा था। कुर्सियाँ खिसकने की हल्की आवाज़ आ रही थी। लोग एक-दूसरे से हाथ मिलाकर विदा ले रहे थे।

खिड़कियों से आती दोपहर की धूप धीरे-धीरे सुनहरी शाम में बदल रही थी। उसी समय एक युवा शिक्षक मेरे पास आए। उन्होंने तब तक इंतज़ार किया जब तक आसपास खड़े लोग धीरे-धीरे चले नहीं गए।

फिर उन्होंने बहुत सोच-समझकर एक सवाल पूछा। "सर... एक वक्ता इतना प्रभावशाली कैसे बनता है

कि वह लोगों को प्रभावित कर सके?" सवाल छोटा था, लेकिन उसके पीछे एक गहरी इच्छा छिपी थी।

प्रभाव डालने की इच्छा।

कई वक्ताओं के मन में यह इच्छा होती है। वे कल्पना करते हैं— मंच पर खड़े होना, सबका ध्यान अपनी ओर खींच लेना, लोगों की प्रशंसा पाना।

लेकिन नेतृत्व में बोलने का असली अर्थ कुछ और होता है।

मैंने उनकी ओर देखकर धीरे से कहा— "एक महान वक्ता मंच का राजा बनने की कोशिश नहीं करता।"

वे थोड़ा चौंके। मैंने आगे कहा— "एक महान वक्ता... **किंगमेकर** बनता है।" उनके चेहरे पर हल्की जिज्ञासा आ गई। किंगमेकर का अर्थ क्या है? किंगमेकर वह होता है जो खुद को केंद्र में नहीं रखता।

वह दूसरों को उठाता है। वह दूसरों को उनकी ताकत दिखाता है।

नेतृत्व में बोलने का उद्देश्य लोगों को अपना प्रशंसक बनाना नहीं है।

उसका उद्देश्य है— लोगों को **खुद पर विश्वास दिलाना।**

मैंने यह सिद्धांत कई बार छात्रों और पेशेवरों के साथ काम करते हुए देखा है।

एक बार शिक्षकों के प्रशिक्षण कार्यक्रम में मैंने एक शांत स्वभाव वाली प्रतिभागी से कहा—"आप भी कुछ साझा कीजिए।" वह हिचकिचाईं।उनकी आवाज़ धीमी थी। उन्हें लग रहा था शायद उनकी बात उतनी महत्वपूर्ण नहीं होगी।

लेकिन उन्होंने बोलना शुरू किया। और जब वे बोलकर रुकीं तो पूरे कमरे में तालियाँ गूँज उठीं। उनके चेहरे पर तुरंत एक बदलाव आया। वह मुस्कुराईं। जैसे उन्होंने अभी-अभी अपने भीतर की किसी नई शक्ति को पहचान लिया हो।

बाद में उन्होंने धीरे से कहा— "मैंने कभी नहीं सोचा था कि मैं इतने लोगों के सामने बोल पाऊँगी।" ऐसे क्षण नेतृत्व संवाद का असली उद्देश्य बताते हैं।

एक वक्ता जो दूसरों को बोलने के लिए प्रेरित करता है वह केवल वक्ता नहीं रहता।

वह **प्रेरक शक्ति** बन जाता है।

किंगमेकर दृष्टिकोण यही सिखाता है— सच्चा नेता आवाज़ों को दबाता नहीं है। वह नई आवाज़ें पैदा करता है।

जब नेता बोलते हैं तो वे केवल अपना ज्ञान नहीं दिखाते। वे ऐसा वातावरण बनाते हैं जहाँ लोग सोच सकें, प्रश्न पूछ सकें, और अपने विचार साझा कर सकें।

एक बार मैंने एक वरिष्ठ प्रशासक को युवा अधिकारियों को संबोधित करते देखा। उनका भाषण शांत और विचारपूर्ण था।

लेकिन असली प्रभाव तब दिखाई दिया जब उन्होंने भाषण के बाद क्या किया। उन्होंने अधिकारियों से कहा— "अब आप बताइए... आप क्या सोचते हैं?"

एक अधिकारी ने सामुदायिक संवाद के बारे में सवाल उठाया।

वरिष्ठ अधिकारी ने तुरंत उत्तर नहीं दिया। उन्होंने दूसरे अधिकारी से पूछा— "आप इस बारे में क्या सोचते हैं?"

धीरे-धीरे चर्चा शुरू हो गई। कमरा बदल गया। अब वह केवल श्रोता नहीं थे।

वह **संवाद का समूह** बन चुके थे।

अंत में सभी अधिकारी विचार साझा कर रहे थे।

वहाँ एक ही नेता नहीं था। कमरे में कई नेता पैदा हो रहे थे। यही है— **किंगमेकर की भावना।**

नेतृत्व की दुनिया में एक प्रलोभन बहुत मजबूत होता है। अधिक बोलना। कम सुनना। पद और अनुभव
कभी-कभी लोगों को यह विश्वास दिला देते हैं कि उन्हें हर बात पर बोलना चाहिए।

लेकिन सबसे सम्मानित नेता अक्सर उल्टा करते हैं। वे स्पष्ट बोलते हैं। और उतना ही ध्यान से सुनते भी हैं।

एक बार एक कॉर्पोरेट सम्मेलन में एक वरिष्ठ अधिकारी ने अपना भाषण समाप्त करते हुए कहा— "आज मैंने कुछ विचार साझा किए हैं। लेकिन हो सकता है आपके विचार हमें और आगे ले जाएँ।" कमरे में हल्की हँसी और तालियाँ गूँज उठीं।

उनका अधिकार स्पष्ट था। लेकिन उनकी विनम्रता भागीदारी को आमंत्रित कर रही थी। और वही आमंत्रण उनके प्रभाव को और बढ़ा गया।

किंगमेकर दृष्टिकोण वक्ता की सोच को भी बदल देता है। अब श्रोता केवल सुनने वाले लोग नहीं रहते। हर चेहरा संभावना बन जाता है। नेतृत्व की संभावना। विचार की संभावना। साहस की संभावना।

जब वक्ता इस दृष्टिकोण से बोलता है तो उसकी भाषा भी बदल जाती है। वह अपनी महानता की कहानियाँ नहीं सुनाता। वह विकास की कहानियाँ सुनाता है।

वह श्रेष्ठता नहीं दिखाता। वह संभावना दिखाता है।

एक बार एक वरिष्ठ शिक्षक ने अपने शुरुआती करियर के बारे में कहा— "जब मैंने पढ़ाना शुरू किया
तो मुझे लगता था मेरा काम यह साबित करना है कि मैं कितना जानता हूँ।"

वे थोड़ा रुके। फिर मुस्कुराकर बोले— "कुछ वर्षों बाद मुझे समझ आया कि मेरा काम यह है कि मेरे विद्यार्थी यह खोजें कि वे कितना जान सकते हैं।"

कमरे में गहरी शांति छा गई। उस एक वाक्य में किंगमेकर दृष्टिकोण का सार था। दूसरों को उनकी ताकत दिखाना। यह दृष्टिकोण नेतृत्व भाषण के भावनात्मक वातावरण को भी बदल देता है।

अब मंच डर या प्रतिस्पर्धा का स्थान नहीं रहता। वह प्रेरणा का स्थान बन जाता है।

लोग ऐसे वक्ताओं को लंबे समय तक याद रखते हैं। इसलिए नहीं कि वे सबसे प्रभावशाली दिखे। बल्कि इसलिए कि उन्होंने लोगों को खुद पर विश्वास करना सिखाया।

एक बार मैंने युवा पेशेवरों से कहा— "अगर लोग आपके भाषण के बाद आपकी प्रशंसा करते हुए जाएँ...
तो प्रभाव कुछ समय बाद खत्म हो सकता है।"

वे उत्सुकता से सुन रहे थे। मैंने आगे कहा— "लेकिन अगर वे अपने ऊपर विश्वास करते हुए जाएँ...
तो आपका प्रभाव लंबे समय तक रहेगा।"

यही है एक किंगमेकर की शांत विरासत।

दुनिया केवल इसलिए नहीं बदलती कि कुछ शक्तिशाली लोग ऊपर उठते हैं।

दुनिया इसलिए बदलती है क्योंकि कुछ नेता दूसरों को भी उठने के लिए प्रेरित करते हैं।

ऐसे नेताओं की आवाज़ में एक अलग ही शक्ति होती है।

उसमें अहंकार की गूँज नहीं होती। उसमें सशक्तिकरण की ध्वनि होती है।

एक मंच का शेर दहाड़ सकता है।

लेकिन महान नेता कुछ और गहरा समझते हैं।

उनकी असली ताकत भीड़ के बीच अकेले खड़े होने में नहीं होती।

उनकी ताकत होती है— दूसरों के दिलों में साहस जगाने में।

यही उस वक्ता की पहचान है जो सच में नेतृत्व करता है।

और शायद यही उस वक्ता की पहचान भी है

जिसका प्रभाव

मंच से बहुत दूर तक जाता है।

12

पाठक बनते हैं नेता

1. रोज़ दस पन्ने पढ़ने का सूत्र

एक शाम लेक्चर के बाद मैं हॉल से बाहर निकल रहा था। कैंपस धीरे-धीरे शांत हो रहा था। कुछ छात्र अब भी पेड़ों के नीचे खड़े असाइनमेंट और वीकेंड की योजनाओं पर चर्चा कर रहे थे। सर्दियों की हल्की ठंडी हवा चारों ओर फैल रही थी।

तभी एक छात्र मेरे साथ-साथ चलने लगा। उसके चेहरे पर हल्की सोच दिखाई दे रही थी।

कुछ देर बाद उसने पूछा— "सर... कुछ लोग हमेशा इतनी अच्छी बातें कैसे कर लेते हैं? उनके पास हर विषय पर कहानी होती है... विचार होते हैं... उदाहरण होते हैं... लगता है जैसे उन्हें हर चीज़ के बारे में कुछ न कुछ पता है।" यह एक सच्चा सवाल था। ऐसा सवाल जो कई छात्र मन में चुपचाप लेकर चलते हैं।

मैं मुस्कुराया और उससे एक छोटा सा सवाल पूछा— "आज तुमने कितने पन्ने पढ़े?" वह हल्का सा हँसा। थोड़ा झेंपते हुए बोला— "सच कहूँ तो... एक भी नहीं।"

उस क्षण एक बहुत महत्वपूर्ण बात सामने आ गई। लोग अक्सर प्रभावशाली वक्ताओं की प्रशंसा करते हैं। लेकिन वे उन शब्दों के पीछे छिपे शांत अनुशासन को नहीं देखते।

एक प्रभावशाली भाषण अचानक मंच पर पैदा नहीं होता। वह धीरे-धीरे बढ़ता है। बिल्कुल एक पेड़ की तरह जिसकी जड़ें मिट्टी के भीतर चुपचाप गहराई तक फैलती हैं। और उन जड़ों का निर्माण होता है—पढ़ने से।

महान वक्ता संयोग से महान विचारक नहीं बनते। उनका मन रोज़ विचारों से पोषित होता है। कहानियों से, तर्कों से, अनुभवों से, और किताबों से मिली सीख से।

पढ़ना सोच को तेज़ करता है। कल्पना को फैलाता है। और हमें ऐसे दृष्टिकोण से परिचित कराता है
जो हमारे अपने अनुभव से बहुत आगे होते हैं।

लेकिन पढ़ने की आदत अक्सर एक छोटी सी गलती से टूट जाती है। लोग खुद से वादा करते हैं— "मैं हर हफ्ते एक पूरी किताब पढ़ूँगा।"

कुछ दिनों तक कोशिश करते हैं। फिर समय नहीं मिलता। फिर निराशा आ जाती है। और आदत शुरू होने से पहले ही समाप्त हो जाती है।

इसलिए मैं अक्सर एक बहुत सरल सुझाव देता हूँ। **रोज़ दस पन्ने।** जब मैंने यह विचार एक शिक्षक प्रशिक्षण वर्कशॉप में बताया तो कुछ लोग मुस्कुरा दिए। उन्हें लगा— दस पन्ने बहुत कम हैं। लेकिन जब हम गणित देखते हैं तो कहानी बदल जाती है।

दस पन्ने रोज़ का मतलब— एक महीने में लगभग तीन सौ पन्ने। तीन सौ पन्ने यानी— एक पूरी किताब। और एक साल में— कई किताबें। बिना दबाव के। बिना थकान के। बिना बोझ के।

छोटे कदम धीरे-धीरे बड़ा परिणाम बनाते हैं।

एक बार स्कूल प्रिंसिपलों के प्रशिक्षण में मैंने यही बात साझा की। एक प्रिंसिपल ने पूछा— "सर... इतना समय कहाँ मिलता है पढ़ने के लिए?" उनका सवाल बिल्कुल सही था।

आज की जिंदगी में जिम्मेदारियाँ बहुत हैं। मीटिंग्स होती हैं। परिवार की जिम्मेदारियाँ होती हैं। काम का दबाव होता है।

लेकिन दस पन्नों के लिए बहुत समय नहीं चाहिए। सुबह उठने के बाद कुछ पन्ने। यात्रा के दौरान कुछ पन्ने। सोने से पहले कुछ पन्ने।

पढ़ना हमेशा आदर्श परिस्थितियों की प्रतीक्षा नहीं करता। उसे केवल निरंतरता चाहिए।

एक बार एक सेमिनार के बाद एक युवा पेशेवर मेरे पास आए। उनके चेहरे पर उत्साह था।

उन्होंने कहा— "सर, मैंने कुछ महीने पहले दस पन्ने पढ़ने की आदत शुरू की थी।"

मैंने पूछा— "फिर क्या हुआ?"

वे बोले— "शुरुआत में लगा कि यह बहुत धीमा है।

लेकिन कुछ हफ्तों बाद मेरी सोच बदलने लगी।

मीटिंग में मैं अपने विचार ज्यादा स्पष्ट तरीके से रख पाता हूँ। और बोलते समय आत्मविश्वास भी बढ़ गया है।" यह कोई आश्चर्य की बात नहीं थी।

पढ़ना धीरे-धीरे मानसिक गहराई बनाता है। यह हमें शब्द देता है। उदाहरण देता है। इतिहास की कहानियाँ देता है। नेतृत्व की घटनाएँ देता है। मानव अनुभव की सीख देता है। जब वक्ता इस ज्ञान से बोलता है तो उसके शब्दों में गहराई होती है।

एक बार मैं एक सम्मेलन में गया। एक वक्ता ने एक प्राचीन दार्शनिक की कहानी सुनाई। उस दार्शनिक ने एक युवा राजा को धैर्य और बुद्धिमत्ता के बारे में सलाह दी थी। वह कहानी इतनी सहजता से भाषण में जुड़ी हुई थी कि श्रोता मंत्रमुग्ध होकर सुन रहे थे।

सेशन के बाद किसी ने उनसे पूछा— "आपको यह कहानी कहाँ से मिली?" उन्होंने मुस्कुराकर कहा— "किताबों से।" किताबें वक्ताओं को एक अनमोल साथी देती हैं।

जब हम पढ़ते हैं तो हम उन लोगों से मिलते हैं जो सदियों पहले जी चुके हैं। विचारक। नेता। शिक्षक। वैज्ञानिक। उनके विचार धीरे-धीरे हमारी सोच का हिस्सा बन जाते हैं। और एक दिन वे हमारे शब्दों में दिखाई देने लगते हैं।

पढ़ना एक और काम करता है। यह मन को ठहराव से बचाता है। अगर हम नई चीजें नहीं पढ़ते तो हम वही विचार बार-बार दोहराते रहते हैं। लेकिन जो लोग पढ़ते हैं वे लगातार नए विचारों से मिलते हैं। और उनके विचार धीरे-धीरे परिपक्व होते जाते हैं।

मैंने एक बार प्रशासनिक अधिकारियों से कहा था— "पढ़ना आपके मन को दुनिया के साथ बातचीत में बनाए रखता है।" उन्होंने सहमति में सिर हिलाया।

पढ़ने की आदत बहुत गंभीर या कठिन होने की जरूरत नहीं है। बस जिज्ञासा होनी चाहिए।

जीवनियाँ। इतिहास। दर्शन। नेतृत्व पर लिखी किताबें। साहित्य। विचारपूर्ण निबंध। ये सब हमारे मन के संसार को बड़ा बनाते हैं।

और दस पन्नों का सूत्र इसीलिए सुंदर है। क्योंकि यह शुरुआत को आसान बना देता है। जब काम छोटा लगता है तो मन उसे स्वीकार कर लेता है। दस पन्ने सबसे व्यस्त दिन में भी पढ़े जा सकते हैं। लेकिन वही दस पन्ने महीनों और वर्षों में सोच को बदल देते हैं।

यह आदत धैर्य भी सिखाती है। आज की तेज़ दुनिया में जहाँ सब कुछ तुरंत चाहिए वहाँ पढ़ना हमें धीमा होना सिखाता है। विचार धीरे-धीरे खुलते हैं। तर्क

धीरे-धीरे विकसित होते हैं। मन सीखता है कि हर बात को समझने के लिए समय चाहिए। और यही धैर्य बोलने में भी दिखाई देता है।

जो लोग पढ़ते हैं वे अक्सर अधिक स्पष्ट बोलते हैं। उनके विचार व्यवस्थित होते हैं। उनके उदाहरण समृद्ध होते हैं। उनकी बातों में गहराई होती है।

पढ़ना मन को सामग्री देता है। और बोलना उस सामग्री को अभिव्यक्ति देता है।

कभी-कभी छात्र पूछते हैं— "क्या केवल पढ़ने से कोई अच्छा वक्ता बन सकता है?" उत्तर सरल है। पढ़ना मन को तैयार करता है। बोलना आवाज़ को प्रशिक्षित करता है।

दोनों को साथ-साथ बढ़ना चाहिए। लेकिन अगर पढ़ना नहीं होगा तो बोलना खाली हो सकता है।

शब्द होंगे... लेकिन गहराई नहीं होगी। आत्मविश्वास होगा...लेकिन विचार नहीं होंगे।

रोज़ दस पन्ने बहुत छोटा कदम लग सकता है। लेकिन छोटे कदमों में एक शांत शक्ति होती है।

दिन-ब-दिन... पन्ना-दर-पन्ना... विचार जमा होते जाते हैं।

दृष्टिकोण फैलता जाता है। भाषा तेज़ होती जाती है।

और धीरे-धीरे लगभग बिना महसूस किए एक परिवर्तन शुरू हो जाता है। पाठक बदलने लगता है।

सिर्फ एक बेहतर वक्ता में नहीं। बल्कि एक बेहतर विचारक में।

क्योंकि नेतृत्व मंच पर खड़े होने से बहुत पहले शुरू हो जाता है।

वह शुरू होता है—

एक जिज्ञासु मन
और किताब के पन्नों के बीच
चल रही उस शांत बातचीत से।

2. गहराई और परिपक्वता के लिए पढ़ना

एक दिन कक्षा में चर्चा चल रही थी।अचानक एक छात्र ने हाथ उठाया। उसकी आँखों में वही जिज्ञासा थी
जो पूरे कमरे को कुछ क्षण के लिए शांत कर देती है।

उसने पूछा— "सर, मैं बहुत कुछ पढ़ता हूँ... लेकिन कुछ दिनों बाद ज़्यादातर बातें भूल जाता हूँ। ऐसा क्यों होता है? और पढ़ने का सही तरीका क्या है ताकि ज्ञान वास्तव में हमारे साथ बना रहे?"

यह बहुत ईमानदार प्रश्न था। पूरी कक्षा उत्तर सुनने के लिए उत्सुक हो गई।

सच यह है कि बहुत लोग पढ़ते हैं... लेकिन बहुत कम लोग वास्तव में जो पढ़ते हैं उसे आत्मसात कर पाते हैं। शब्द आँखों से गुजर जाते हैं। वाक्य पन्नों पर बहते रहते हैं। लेकिन मन उनके अर्थ को हमेशा पकड़ कर नहीं रख पाता।

पढ़ना एक गतिविधि बन जाता है। परिवर्तन नहीं।

मैंने कक्षा की ओर देखा और एक बात कही जिसने उन्हें थोड़ा चौंका दिया।

"अक्सर शोध बताते हैं," मैंने कहा, "कि हम जो पढ़ते हैं उसका लगभग पचासी प्रतिशत हिस्सा
चौबीस घंटे के भीतर भूल जाते हैं।"

छात्र एक-दूसरे की ओर देखने लगे। कुछ को विश्वास ही नहीं हुआ।

मैंने मुस्कुराकर आगे कहा— "और जो पंद्रह प्रतिशत बचता है... अगर हम उसके साथ कुछ न करें तो वह भी कुछ दिनों में धीरे-धीरे गायब हो जाता है।"

कमरा शांत हो गया। यह बुद्धि की कमी नहीं है। यह मानव मस्तिष्क का स्वभाव है।

जो जानकारी दोबारा उपयोग नहीं होती, जिससे कोई संबंध नहीं बनता, जिसे फिर से नहीं देखा जाता— वह धीरे-धीरे स्मृति से फिसल जाती है।

मस्तिष्क अपने आप को अनावश्यक बोझ से बचाता है।

लेकिन पढ़ने का एक तरीका है जो जानकारी को समझ में बदल देता है।

मैं इसे कहता हूँ— **चार आर का सूत्र।**

कोई जटिल सिद्धांत नहीं। बस चार सरल आदतें— **पढ़ना, संभालना, याद करना और दोहराना।**

पहला चरण — पढ़ना

पढ़िए... लेकिन समझने के लिए।बहुत लोग किताबें जल्दी-जल्दी पढ़ते हैं।जैसे पन्ने खत्म करना ही लक्ष्य हो।लेकिन असली पढ़ना थोड़ा धीमा होता है। वह विचारपूर्ण होता है।

जब मन एक वाक्य के अर्थ पर रुकता है तो विचार भीतर बैठने लगता है। समझ स्मृति की पहली परत बनाती है। लेकिन केवल समझ लेना ही काफी नहीं होता।

दूसरा चरण — संभालना

मानव स्मृति को चित्र बहुत पसंद होते हैं। मस्तिष्क लंबे पैराग्राफ़ नहीं संभालता।

वह चित्रों को संभालता है। दृश्यों को संभालता है। भावनाओं को संभालता है।

जरा सोचिए— जब आप "माँ" शब्द सुनते हैं तो क्या आपके मन में कोई परिभाषा आती है? नहीं। एक चेहरा आता है। एक स्मृति आती है। एक एहसास आता है। यही कारण है कि कहानियाँ इतनी प्रभावशाली होती हैं।

जब कोई विचार किसी कहानी से जुड़ जाता है तो वह याद रह जाता है।

एक बार शिक्षकों के प्रशिक्षण में मैंने यही बात समझाई।

एक शिक्षक तुरंत बोले— "अब समझ आया कि बच्चे हमारी कक्षा की कहानियाँ सालों बाद भी क्यों याद रखते हैं।"

बिल्कुल। कहानियाँ मन में चित्र बनाती हैं। और चित्र स्मृति में टिक जाते हैं।

छोटे-छोटे संकेत भी मदद करते हैं।

जैसे इंद्रधनुष के रंग याद रखने के लिए छात्र एक छोटा सा क्रम याद करते हैं—

वीआईबीजीयोर--बैंगनी, जामुनी, नीला, हरा, पीला, नारंगी, लाल। सात रंग। एक छोटा संकेत।

मन को पैटर्न पसंद होते हैं। वे स्मृति को हल्का बना देते हैं।

तीसरा चरण — याद करना

यह सबसे महत्वपूर्ण चरण है लेकिन लोग इसे अक्सर छोड़ देते हैं।

पढ़ने के बाद दिन में कभी भी थोड़ा समय निकालिए।

टहलते समय। यात्रा करते समय। या शांत बैठते समय।

अपने आप से पूछिए— मैंने क्या पढ़ा था? उसका मुख्य विचार क्या था? लेखक ने कौन सा उदाहरण दिया था? वह विचार मेरे जीवन से कैसे जुड़ता है?

जब मन किसी जानकारी को याद करने की कोशिश करता है तो स्मृति मजबूत होती है। जैसे शरीर के लिए व्यायाम जरूरी है वैसे ही स्मृति के लिए याद करना जरूरी है।

एक छात्र ने एक बार मुझसे कहा— "सर, जब मैंने शाम को टहलते समय पढ़ी हुई बातें याद करना शुरू किया तो मुझे बहुत ज़्यादा बातें याद रहने लगीं।"

उसे शायद पता भी नहीं था कि वह चिंतन की शक्ति का उपयोग कर रहा है।

चौथा चरण — दोहराना

दोहराना दीर्घकालिक स्मृति का प्रहरी है। आज जो बात साफ लगती है वह कल धुंधली हो सकती है। अगर हम उसे फिर से न देखें तो वह धीरे-धीरे खो सकती है।

कभी-कभी बस अपने नोट्स देख लेना। या मुख्य विचारों को फिर से पढ़ लेना। इतना ही काफी होता है।

दोहराना मतलब सब कुछ फिर से शुरू से पढ़ना नहीं। बस मन को याद दिलाना— कि यह विचार महत्वपूर्ण है। तो यह हुआ— पढ़ना। संभालना। याद

करना। दोहराना।

चार आर का यह सूत्र पढ़ने को एक निष्क्रिय काम से एक सक्रिय प्रक्रिया बना देता है।

मैंने यह तरीका एक बार स्कूल प्रिंसिपलों की वर्कशॉप में बताया।

बाद में एक प्रिंसिपल ने कहा— "मैंने अपने शिक्षकों से कहा कि छात्र केवल अध्याय न पढ़ें। उसे याद करें, चर्चा करें। तब सीख गहरी होती है।"

वास्तव में गहराई से पढ़ना सोच को परिपक्व बनाता है।

परिपक्व मन केवल जानकारी इकट्ठा नहीं करता।

वह सोचता है। प्रश्न पूछता है। विचारों को अनुभव से जोड़ता है।

और किताबें इस यात्रा में साथी बन जाती हैं। कभी-कभी किसी किताब की एक पंक्ति सालों तक हमारे साथ रहती है। क्योंकि वह हमारे जीवन के किसी अनुभव से जुड़ जाती है। कभी कोई कहानी जिसे हमने बहुत पहले पढ़ा था अचानक जीवन के किसी मोड़ पर नई समझ दे देती है।

पढ़ना मन को उन क्षणों के लिए तैयार करता है जो अभी आए नहीं हैं।

एक बार एक सेमिनार में एक वरिष्ठ शिक्षक ने किसी किताब की पंक्ति उद्धृत की। उन्होंने बताया कि उन्होंने वह पंक्ति कई दशक पहले पढ़ी थी। लेकिन उस दिन वह बिल्कुल सही संदर्भ में बैठ रही थी।

किसी ने उनसे पूछा— "आपको वह पंक्ति कैसे याद रही?" वे मुस्कुराए और बोले— "मैंने उसे केवल पढ़ा नहीं था... मैंने उसके बारे में सोचा था।"

यही अंतर है— जल्दी पढ़ने और गहराई से पढ़ने के बीच।

गहराई से पढ़ना दृष्टिकोण बदल देता है। सोच में धैर्य लाता है। जहाँ पहले सरल उत्तर होते थे वहाँ अब सूक्ष्म समझ पैदा होती है।

धीरे-धीरे पाठक जीवन को कई कोणों से देखने लगता है। और जब ऐसा व्यक्ति बोलता है तो उसकी परिपक्वता दिखाई देती है। उसके शब्दों में संतुलन होता है। उसके तर्कों में गहराई होती है। उसकी कहानियों में समझ होती है। क्योंकि वक्ता की आवाज़ अक्सर उसके मन की प्रतिध्वनि होती है।

और जो मन समझकर पढ़ता है, सोचकर याद करता है, और समय-समय पर दोहराता है—

वह धीरे-धीरे आज की तेज़ दुनिया में एक दुर्लभ चीज़ बन जाता है।

केवल जानकार नहीं।

बल्कि बुद्धिमान।

3. चिंतन और प्रयोग की विधि

एक सेमिनार खत्म होने के बाद की बात है। लोग धीरे-धीरे हॉल से बाहर जा रहे थे। कुर्सियाँ फिर से व्यवस्थित की जा रही थीं। प्रोजेक्टर बंद हो चुका था। कमरे में वही शांत वातावरण था जो अक्सर किसी गहरी चर्चा के बाद बन जाता है।

तभी एक युवा शिक्षक मंच के पास रुक गए। उनके हाथ में एक नोटबुक थी।

वे धीरे से मेरे पास आए और बोले— "सर, मैं नेतृत्व और संवाद पर बहुत अच्छी किताबें पढ़ता हूँ। लेकिन उन्हें पढ़ने के बाद भी जीवन वैसा ही चलता रहता है। कुछ दिनों तक प्रेरणा रहती है... फिर धीरे-धीरे वह खत्म हो जाती है।" उनकी बात में एक सच्ची निराशा थी।

कई लोग यही अनुभव करते हैं। वे अच्छी किताबें पढ़ते हैं। प्रेरक वाक्यों को रेखांकित करते हैं। दोस्तों के साथ उद्धरण साझा करते हैं। लेकिन गहरा परिवर्तन नहीं होता। क्योंकि शब्द कागज़ पर ही रह जाते हैं। जीवन में प्रवेश नहीं कर पाते।

समस्या किताब में नहीं होती। समस्या उस पुल की कमी में होती है जो पढ़ने और जीवन को जोड़ता है।

मैंने उनसे एक सरल सवाल पूछा— "जब आप एक अध्याय पढ़ लेते हैं, क्या आप रुककर यह सोचते हैं कि इसका आपके जीवन से क्या संबंध है?"

उन्होंने कुछ क्षण सोचा। फिर बोले— "सच कहूँ तो... नहीं। मैं आमतौर पर अगले अध्याय पर चला जाता हूँ।" यही छोटी सी आदत बहुत कुछ समझा देती है।

पढ़ना मन को विचारों से भर देता है। लेकिन चिंतन उन विचारों को जड़ देता है। बिना चिंतन के ज्ञान बाहर ही रह जाता है। वह प्रशंसनीय तो लगता है लेकिन भीतर नहीं उतरता।

चिंतन क्या है? चिंतन वह शांत बातचीत है जो पाठक और विचार के बीच होती है। वह क्षण जब मन धीरे से पूछता है— "इसका मेरे जीवन से क्या संबंध है?"

एक बार मैंने यह शक्ति स्कूल प्रिंसिपलों के प्रशिक्षण में देखी। विषय था—नेतृत्व संवाद। प्रशिक्षक ने एक कहानी सुनाई। लेकिन तुरंत अगले विषय पर नहीं गए।

उन्होंने सबको एक प्रश्न लिखने को कहा— "यह विचार आपके स्कूल में कैसे लागू हो सकता है?" पूरा कमरा असामान्य रूप से शांत हो गया। लोग अपनी डायरी में लिखने लगे। कुछ लोग कुर्सी पर पीछे झुककर गंभीरता से सोचने लगे। बाद में जब चर्चा शुरू हुई तो उत्तर बहुत रोचक थे।

एक प्रिंसिपल ने कहा वह अपनी स्टाफ मीटिंग का तरीका बदलेंगी। दूसरे ने कहा वह अभिभावकों से संवाद का तरीका बदलेंगे।

एक ही कहानी लेकिन अलग-अलग चिंतन। क्योंकि चिंतन ज्ञान को व्यक्तिगत बना देता है। किताब कोई सार्वभौमिक सिद्धांत देती है। लेकिन चिंतन उसे अपने वातावरण में अनुवाद करता है।

और उसके बाद आता है— प्रयोग।

कोई भी विचार तभी शक्तिशाली बनता है जब वह जीवन में उतरता है। संवाद पर पढ़ा गया विचार किसी बातचीत में दिखाई देना चाहिए। नेतृत्व की सीख किसी निर्णय में दिखाई देनी चाहिए। आत्मविश्वास का विचार किसी व्यवहार में दिखाई देना चाहिए।

एक नेतृत्व सम्मेलन में मैंने एक वरिष्ठ अधिकारी को सुना। उन्होंने अपनी एक आदत बताई।

वे कहते थे— "जब भी मैं कोई अच्छी किताब पढ़ता हूँ, मैं अपने आप से एक सवाल पूछता हूँ— कल मैं कौन सा एक काम अलग करूँगा?"

सिर्फ एक काम। दस नहीं। पूरा जीवन बदलने का वादा नहीं। बस एक छोटा प्रयोग। शायद मीटिंग में किसी को अधिक ध्यान से सुनना। शायद किसी सहकर्मी की खुलकर प्रशंसा करना। शायद प्रतिक्रिया देने से पहले कुछ क्षण रुकना।

छोटे प्रयोग धीरे-धीरे बड़ा बदलाव बनाते हैं।

एक बार एक शिक्षक ने वर्कशॉप में एक उदाहरण साझा किया। उन्होंने पढ़ा था कि नेतृत्व में सराहना बहुत महत्वपूर्ण होती है।

उन्होंने सोचा— क्यों न इसे आजमाया जाए? उन्होंने हर सप्ताह एक शिक्षक की सराहना शुरू की। छोटा कदम था। लेकिन कुछ महीनों बाद स्टाफ मीटिंग का माहौल बदल गया। शिक्षक एक-दूसरे को खुलकर समर्थन देने लगे। यही है प्रयोग की शक्ति। जब विचार रोज़मर्रा की आदतों में प्रवेश करते हैं तो व्यवहार बदलने लगता है।

चिंतन और प्रयोग मिलकर एक गहरी चीज़ बनाते हैं— **परिपक्वता।**

परिपक्व सोच सिर्फ बहुत सारी किताबें पढ़ने से नहीं आती। वह आती है— उन किताबों के साथ संवाद करने से। उनसे प्रश्न पूछने से। उन्हें जीवन में परखने से।

एक बार मैं एक युवा पेशेवर से मिला। उन्होंने नेतृत्व पर बहुत पढ़ा था। उनकी जानकारी प्रभावशाली थी। वे सिद्धांतों के नाम बता सकते थे। प्रसिद्ध लेखकों को उद्धृत कर सकते थे।

लेकिन जब मैंने पूछा— "आपने इनमें से क्या लागू किया है?" तो वे कुछ क्षण चुप हो गए।

यही अंतर है— ज्ञान और बुद्धि के बीच। ज्ञान जमा होता है। बुद्धि उसे जीवन में जोड़ती है।

चिंतन मन को जोड़ने में मदद करता है। यह कठिन प्रश्न पूछता है। यह विरोधाभासों को पहचानता है। यह मान्यताओं को परखता है। कभी-कभी चिंतन किताब से असहमति भी सिखाता है।

हर विचार हर परिस्थिति में सही नहीं होता। एक सजग पाठक विचारों की नकल नहीं करता। वह उन्हें परिस्थिति के अनुसार ढालता है।

एक छात्र ने एक बार मुझसे पूछा— "सर, हमें कैसे पता चलेगा कि किसी किताब का विचार सच में उपयोगी है?" मैंने कहा— "उस विचार के साथ कुछ समय जीकर देखो।"

बातचीत में। निर्णयों में। संबंधों में।

कुछ विचार जल्दी गायब हो जाएँगे। कुछ धीरे-धीरे आपकी सोच बदल देंगे। वही विचार सहेजने योग्य होते हैं।

चिंतन बोलने की क्षमता भी बढ़ाता है।

जो वक्ता पढ़े हुए विचारों पर सोचते हैं उनकी भाषा अधिक सच्ची होती है। वे किताबों के वाक्य नहीं दोहराते। वे अपना अनुभव बोलते हैं। और श्रोता यह अंतर तुरंत पहचान लेते हैं।

एक सेमिनार में मैंने एक शिक्षक को सुना। वे शिक्षा में धैर्य के महत्व पर बोल रहे थे। उन्होंने कई लेखकों का उल्लेख नहीं किया। उन्होंने बस एक घटना सुनाई— जब वे लगभग एक कमजोर छात्र पर गुस्सा हो गए थे लेकिन उन्होंने खुद को रोका और अलग तरीके से प्रतिक्रिया दी।

उस अनुभव में भावनात्मक गहराई थी। पूरा कमरा ध्यान से सुन रहा था। क्योंकि जीया हुआ अनुभव उधार की बुद्धि से अधिक प्रभावशाली होता है।

चिंतन मन को धीमा करता है। प्रयोग इच्छाशक्ति को मजबूत करता है। दोनों मिलकर पढ़ने को विकास में बदल देते हैं।

किताबें जीवन यात्रा की अद्भुत साथी हैं। वे कल्पना को विस्तार देती हैं। पुराने विचारों को चुनौती देती हैं। लेकिन यात्रा पूरी करने के लिए केवल किताबें पर्याप्त नहीं होतीं। पाठक को भी भाग लेना पड़ता है। उसे रुकना पड़ता है। सोचना पड़ता है। प्रश्न पूछना पड़ता है। और प्रयोग करना पड़ता है।

जब किताब और पाठक इस शांत साझेदारी में मिलते हैं तो एक अद्भुत परिवर्तन शुरू होता है।

शब्द दृष्टिकोण को बदलने लगते हैं।

दृष्टिकोण व्यवहार को बदलने लगता है।

और धीरे-धीरे लगभग बिना दिखाई दिए पाठक बदलने लगता है।

इसलिए नहीं कि उसने बहुत पन्ने पढ़ लिए।

बल्कि इसलिए कि उसने उन पन्नों को अपने जीवन में प्रवेश करने दिया।

4. किताबों से बौद्धिक विकास

कई साल पहले की बात है। मैं एक बुज़ुर्ग प्रोफेसर के कार्यालय में गया था। उन्होंने लगभग चालीस साल तक पढ़ाया था। उनका कमरा बहुत साधारण था।

कोई चमक-दमक नहीं। कोई महँगी सजावट नहीं। बस एक बड़ी लकड़ी की मेज़, एक आरामदायक कुर्सी... और किताबें।

हर जगह किताबें। अलमारियों में किताबें। मेज़ पर किताबें। कमरे के कोनों में भी किताबें जैसे शांत साथियों की तरह बैठी हों।

हम शिक्षा और नेतृत्व पर बात कर रहे थे। लेकिन मेरी नज़र बार-बार उन किताबों की अलमारियों की ओर चली जाती थी। हर किताब पर समय के निशान थे। कहीं किनारे पर नोट्स लिखे हुए थे। कहीं पन्ने मुड़े हुए थे। कहीं कवर थोड़ा फीका पड़ गया था।

कुछ देर बाद मैंने उनसे एक सवाल पूछा। “सर... इतनी सारी किताबें पढ़ने के बाद भी क्या आपको अभी भी पढ़ने की ज़रूरत महसूस होती है?”

वे हल्का सा मुस्कुराए। वह मुस्कान जिसमें वर्षों का अनुभव छिपा होता है।

उन्होंने धीरे से कहा— “मेरे युवा मित्र... जितना अधिक पढ़ते हो, उतना ही समझ में आता है कि अभी कितना कुछ समझना बाकी है।”

उनकी यह बात मेरे मन में लंबे समय तक रही।

बौद्धिक विकास अचानक नहीं होता। वह धीरे-धीरे बढ़ता है। लगभग अदृश्य रूप से। किताबों के साथ लंबे समय की संगत से।

हर किताब समझ की एक नई परत जोड़ती है। एक नया दृष्टिकोण देती है। एक नया विचार खोलती है।

जब लोग सार्वजनिक भाषण की बात करते हैं तो वे अक्सर आवाज़, मुद्रा, आत्मविश्वास और प्रस्तुति पर ध्यान देते हैं। ये सब महत्वपूर्ण हैं।

लेकिन हर प्रभावशाली वक्ता के पीछे एक और चीज़ होती है— **एक जागरूक और पढ़ा-लिखा मन।**

शब्दों में वजन तब आता है जब उन्हें बोलने वाला मन गहरा होता है। और उस गहराई को किताबें विकसित करती हैं।

किताबें हमें ऐसे विचारों से मिलवाती हैं जो हमें रोज़मर्रा की ज़िंदगी में शायद कभी न मिलें। वे हमें अलग-अलग युगों के विचारकों से मिलवाती हैं। अलग-अलग संस्कृतियों से। अलग-अलग विषयों से।

एक शांत कक्षा में बैठा शिक्षक भी किताबों के माध्यम से सीख सकता है— दार्शनिकों से, वैज्ञानिकों से, नेताओं से, इतिहासकारों से।

किताबें मन का क्षितिज धीरे-धीरे बड़ा करती हैं।

मैंने एक बार एक छात्र में यह परिवर्तन देखा। उसने नियमित रूप से पढ़ना शुरू किया था।

शुरुआत में उसकी प्रस्तुतियाँ ईमानदार थीं। लेकिन उसके उदाहरण बहुत सीमित थे। ज्यादातर बातें केवल उसके अपने अनुभवों तक सीमित रहती थीं।

कुछ महीनों बाद कुछ बदल गया। उसके भाषणों में इतिहास के उदाहरण आने लगे। मनोविज्ञान की बातें आने लगीं। नेतृत्व की कहानियाँ आने लगीं। उसकी बातों में संतुलन आ गया।

प्रस्तुति के बाद मैंने उससे पूछा— “क्या बदला है?” वह मुस्कुराकर बोला— “मैंने पढ़ना शुरू कर दिया है।” यह सुनने में बहुत साधारण लगता है। लेकिन बौद्धिक विकास अक्सर साधारण आदतों से शुरू होता है।

जब हम नियमित पढ़ते हैं तो मन धीरे-धीरे तुरंत प्रतिक्रिया देने की आदत छोड़ देता है।

जब हम गहरे विचार पढ़ते हैं तो मन धैर्य सीखता है।

जब हम जटिल तर्क पढ़ते हैं तो मन कई दृष्टिकोणों से सोचना सीखता है।

धीरे-धीरे सोच परिपक्व हो जाती है।

एक बार मैं एक सेमिनार में गया। वहाँ एक वरिष्ठ अधिकारी युवा अधिकारियों को संबोधित कर रहे थे।

चर्चा के दौरान किसी ने उनसे कठिन प्रश्न पूछा— “अधिकार और करुणा के बीच संतुलन कैसे बनाया जाए?” उन्होंने तुरंत उत्तर नहीं दिया। कुछ क्षण रुके। फिर इतिहास के उदाहरण दिए। नैतिक दृष्टिकोण समझाया। और अपने अनुभव से एक घटना साझा की। उनका उत्तर संतुलित था। शांत था। गहरा था।

सेशन के बाद किसी ने धीरे से कहा— “वे बोलने से पहले गहराई से सोचते हैं।” ऐसी गहराई अचानक नहीं आती।

वह वर्षों के विचारों से आती है। वर्षों की पढ़ाई से। वर्षों के चिंतन से।

किताबें एक और महत्वपूर्ण चीज़ सिखाती हैं— **बौद्धिक विनम्रता।**

जब हम इतिहास के महान विचारकों को पढ़ते हैं तो हमें समझ आता है— बुद्धिमत्ता किसी एक व्यक्ति की संपत्ति नहीं होती।

विचार पीढ़ियों की बातचीत से विकसित होते हैं।

यह समझ हमारे बोलने के तरीके को बदल देती है।

जो लोग व्यापक पढ़ते हैं वे अक्सर सम्मान और खुलेपन के साथ बोलते हैं। वे जटिल विषयों को सरल बनाकर नहीं काटते। वे चर्चा के लिए स्थान छोड़ते हैं।

एक बार मैंने शिक्षकों से कहा था— "पढ़ना हमें केवल यह नहीं सिखाता कि क्या सोचना है... यह हमें यह सिखाता है कि कैसे सोचना है।" उन्होंने सहमति में सिर हिलाया।

किताबें विश्लेषण करने की क्षमता बढ़ाती हैं। वे हमारी धारणाओं को चुनौती देती हैं। वे हमें नए दृष्टिकोणों से परिचित कराती हैं।

और शायद सबसे महत्वपूर्ण— वे जिज्ञासा को जीवित रखती हैं। जिज्ञासा मन को जीवित रखती है। जब जिज्ञासा खत्म हो जाती है तो ज्ञान ठहर जाता है।

मन बार-बार वही बातें दोहराने लगता है।

लेकिन जिज्ञासा नए विषयों की ओर ले जाती है। नए प्रश्नों की ओर। नए विचारों की ओर।

एक बार एक कॉर्पोरेट मैनेजर ने मुझसे कहा— "कॉलेज के समय मैं बहुत पढ़ता था। अब सिर्फ रिपोर्ट पढ़ता हूँ।" मैंने मुस्कुराकर कहा— "रिपोर्ट जानकारी देती हैं। किताबें दृष्टि देती हैं।"

कुछ महीनों बाद उन्होंने फिर पढ़ना शुरू किया। बस रोज़ कुछ पन्ने।

कुछ समय बाद उन्होंने बताया— मीटिंग में उनकी सोच बदलने लगी। वे अलग-अलग क्षेत्रों के विचार जोड़ने लगे। पढ़ने ने उनकी जिज्ञासा फिर से जगा दी थी।

बौद्धिक विकास हमारे बोलने के तरीके को भी बदल देता है।

जो व्यक्ति पढ़ता है वह जानता है— अधिकतर महत्वपूर्ण प्रश्नों के सरल उत्तर नहीं होते।

हर विषय में कई परतें होती हैं। संदर्भ होता है। परिणाम होते हैं।

इस समझ से भाषण अधिक संतुलित हो जाता है।

ऐसा वक्ता जल्दी-जल्दी निष्कर्ष नहीं देता। वह सावधानी से विचार रखता है।

और श्रोता इस संतुलन का सम्मान करते हैं।

क्योंकि बौद्धिक परिपक्वता छिपी नहीं रहती। वह आवाज़ में सुनाई देती है। तर्कों में दिखाई देती है। उदाहरणों में झलकती है। और विचारों को समझाने के धैर्य

में महसूस होती है।

एक नेतृत्व सेमिनार में मैंने एक बात कही थी— “उथला मन ज़ोरदार राय पैदा करता है। गहरा मन सोच-समझकर बातचीत पैदा करता है।”

कमरे में हल्की हँसी गूँज उठी। लेकिन बात सबको समझ आ गई।

किताबें मन को गहराई देती हैं। वे बुद्धि देती हैं बिना अहंकार के। दृष्टिकोण देती हैं बिना दबाव के। जिज्ञासा देती हैं बिना बेचैनी के। और धीरे-धीरे वही बौद्धिक विकास हमारे बोलने के तरीके को बदल देता है। शब्द समृद्ध हो जाते हैं। तर्क स्पष्ट हो जाते हैं। उदाहरण जीवंत हो जाते हैं।

लेकिन किताबों का सबसे बड़ा उपहार शायद कुछ और है। वे हमें जीवन भर विद्यार्थी बने रहना सिखाती हैं। चाहे कोई वक्ता कितना भी अनुभवी क्यों न हो सीखने के लिए हमेशा कुछ बाकी रहता है। समझने के लिए हमेशा कुछ नया होता है।

किताबें उस यात्रा को जीवित रखती हैं। और उस शांत संबंध में जहाँ पाठक और पन्ने मिलते हैं— मन बढ़ता रहता है। धीरे-धीरे।

एक विचार के साथ। एक चिंतन के साथ। एक अर्थपूर्ण वाक्य के साथ।

5. थॉट लीडरशिप बनाना

कमरा अनुभवी लोगों से भरा हुआ था। कुछ शिक्षक थे। कुछ प्रशासनिक अधिकारी। कुछ कॉर्पोरेट लीडर। और कुछ युवा— जिनके हाथ में नोटबुक थी और मन में सवाल।

यह वही माहौल था जहाँ अनुभव और महत्वाकांक्षा साथ बैठते हैं।

इंटरैक्शन के दौरान एक व्यक्ति ने हाथ उठाया। उसका सवाल ऐसा था जिसने पूरे कमरे का माहौल बदल दिया। “सर,” उसने कहा, “कोई व्यक्ति ऐसा कैसे बनता है जिसे लोग उसके विचारों के लिए जानें? सिर्फ एक स्पीकर नहीं... बल्कि ऐसा व्यक्ति जिसकी सोच को लोग मानें।”

यह बोलने का सवाल नहीं था। यह प्रभाव का सवाल था।

मैंने कुछ क्षण रुककर पूरा कमरा देखा। कई चेहरों पर वही जिज्ञासा थी। फिर मैंने कहा— “आप ज्यादा बोलकर नहीं पहचाने जाते। आप बेहतर सोचकर पहचाने जाते हैं।”

यहीं से शुरू होती है— **थॉट लीडरशिप**। यह आवाज़ की ऊँचाई से नहीं बनती। यह सोच की गहराई से बनती है।

आज के समय में हर किसी के पास मंच है। हर किसी के पास बोलने का अवसर है। लोग अपने विचार हर जगह व्यक्त कर रहे हैं। फिर भी बहुत कम आवाज़ें अलग

दिखाई देती हैं। क्यों?

क्योंकि थॉट लीडरशिप बार-बार बोलने से नहीं आती। यह अर्थपूर्ण बोलने से आती है।

मैं एक बार एक कॉन्फ्रेंस में गया। कई वक्ता आए। कुछ बहुत धाराप्रवाह बोले। कुछ बहुत आत्मविश्वास से। कुछ बहुत ऊर्जा के साथ।

लेकिन कार्यक्रम के बाद लोग सिर्फ एक वक्ता की बात कर रहे थे। क्यों? क्योंकि उसने कुछ ऐसा कहा जो लोगों ने पहले उस तरह से नहीं सोचा था।

यही है— थॉट लीडरशिप की पहचान। जहाँ भ्रम था वहाँ स्पष्टता देना। जहाँ शोर था वहाँ दृष्टिकोण देना। जहाँ रूटीन सोच थी वहाँ चिंतन जगाना।

लेकिन यह क्षमता आती कहाँ से है? इसकी शुरुआत होती है— चुपचाप... पढ़ने से।

किताबें हमें केवल जानकारी नहीं देतीं। वे हमें सिखाती हैं— विचार कैसे बनते हैं। तर्क कैसे खड़े होते हैं। दृष्टिकोण कैसे विकसित होते हैं।

जब कोई व्यक्ति लगातार पढ़ता है तो उसका मन पैटर्न पहचानने लगता है। वह उन चीज़ों को जोड़ने लगता है जो दूसरों को अलग-अलग दिखती हैं।

मुझे एक प्रशिक्षण सत्र याद है जहाँ एक प्रिंसिपल ने छात्र अनुशासन पर बात की। उन्होंने सिर्फ व्यवहार को दोष नहीं दिया। उन्होंने उसे जोड़ा— भावनात्मक वातावरण से, शिक्षक की भागीदारी से, संवाद के तरीके से। उनकी बात परतों वाली थी। गहरी थी। संतुलित थी।

बाद में किसी ने उनसे पूछा— "आपकी सोच इतनी अलग कैसे है?" वह मुस्कुराईं और बोलीं— "मैं पढ़ती हूँ... और जो पढ़ती हूँ, उस पर सोचती हूँ।" यही संयोजन शक्तिशाली है।

पढ़ना देता है सामग्री। सोचना देता है अर्थ। और जब ये दोनों मिलते हैं तो जन्म लेती है— थॉट लीडरशिप।

लेकिन एक तीसरा कदम भी है— अभिव्यक्ति। मन में रखे हुए विचार चाहे कितने भी गहरे हों, दुनिया पर असर नहीं डालते। उन्हें बाहर आना पड़ता है— बोलकर, लिखकर, चर्चा करके, या सिखाकर।

मैं एक युवा पेशेवर से मिला था। वह बहुत पढ़ता था। उसकी समझ बहुत गहरी थी। लेकिन वह बोलता नहीं था। जब मैंने पूछा—"क्यों?" तो उसने कहा— "मेरे विचार अभी परफेक्ट नहीं हैं।" यही डर बहुत लोगों को रोकता है।

लेकिन सच यह है— थॉट लीडरशिप परफेक्शन नहीं माँगती। यह भागीदारी माँगती है।

विचार तब मजबूत होते हैं जब वे व्यक्त होते हैं। जब वे सवालों से गुजरते हैं। जब वे चुनौती पाते हैं।

एक वर्कशॉप में मैंने लोगों से कहा— "आज आप में से हर व्यक्ति एक विचार साझा करेगा जिस पर आपने हाल में सोचा है।"

शुरुआत में झिझक थी। लेकिन जैसे-जैसे लोग बोले कमरा जीवंत हो गया। विचार टकराने लगे। बढ़ने लगे। नए रूप लेने लगे। यही है— विकास की प्रक्रिया।

मैं अपने छात्रों से अक्सर कहता हूँ— "दूसरों की बात दोहराने की कोशिश मत करो। उसे समझो... उस पर सवाल करो... फिर अपने तरीके से व्यक्त करो।"

अपना तरीका बहुत जरूरी है। क्योंकि थॉट लीडरशिप नकल नहीं है। यह व्याख्या है। दो लोग एक ही किताब पढ़ सकते हैं। लेकिन उनकी सोच अलग होगी। क्योंकि उनका अनुभव अलग है। उनका दृष्टिकोण अलग है। और जब वे बोलेंगे— वह अंतर दिखाई देगा।

मैंने एक सेमिनार में देखा— दो वक्ता एक ही विषय पर बोल रहे थे— प्रेरणा।

एक ने अनुशासन की बात की। दूसरे ने भावनात्मक जुड़ाव की। दोनों सही थे। दोनों प्रभावशाली थे। लेकिन दोनों अलग थे। यही अंतर थॉट लीडरशिप को समृद्ध बनाता है।

यह हमेशा सही होने के बारे में नहीं है। यह सोच-समझकर बोलने के बारे में है।

इसके साथ एक जिम्मेदारी भी आती है। जब लोग आपकी बात सुनने लगते हैं तो वे सिर्फ जानकारी नहीं ले रहे होते। वे दिशा भी देख रहे होते हैं।

इसलिए— एक थॉट लीडर प्रभाव डालने के लिए नहीं बोलता। वह योगदान देने के लिए बोलता है।

एक वरिष्ठ शिक्षक ने एक बार कहा था— "कोई विचार साझा करने से पहले अपने आप से पूछो—
क्या यह किसी की सोच को बेहतर बनाएगा?"

यह सवाल बहुत गहरा है। क्योंकि बिना जिम्मेदारी का प्रभाव सिर्फ शोर बन जाता है। लेकिन उद्देश्य के साथ प्रभाव नेतृत्व बन जाता है।

समय के साथ जब कोई व्यक्ति पढ़ता है, सोचता है, और व्यक्त करता है— तो कुछ धीरे-धीरे बदलता है। लोग नोटिस करने लगते हैं। इसलिए नहीं कि वह दिखने की कोशिश कर रहा है। बल्कि इसलिए कि उसकी बातों में वजन है। उसके शब्द स्पष्टता लाते हैं। उसकी उपस्थिति दृष्टिकोण लाती है।

और धीरे-धीरे बिना घोषणा के वह लोगों के मन में एक जगह बना लेता है। विश्वास की जगह।

यही है— थॉट लीडरशिप।

यह एक दिन में नहीं बनती। यह एक भाषण से नहीं बनती। यह धीरे-धीरे बनती है— पढ़े गए पन्नों से, किए गए चिंतन से, की गई चर्चाओं से, और सच्चाई से व्यक्त किए गए विचारों से।

और इस यात्रा की सबसे खूबसूरत बात यह है— आपको असाधारण होने की ज़रूरत नहीं है।

बस इतना चाहिए— पढ़ने की जिज्ञासा, सोचने की ईमानदारी, और बोलने का साहस।

बाकी सब... समय के साथ खुद बनता चला जाता है।

13

ऐसा बोलो कि लोग याद रखें

1. उद्देश्यपूर्ण कहानी सुनाना

हॉल में सन्नाटा था। लेकिन वह आराम वाला सन्नाटा नहीं था। वह सन्नाटा था जहाँ लोग सुन तो रहे थे... पर महसूस नहीं कर रहे थे।

मैं एक सेमिनार में बैठा था।

एक वक्ता लगभग बीस मिनट से नेतृत्व पर बात कर रहे थे। उनकी बातें सही थीं। संरचना स्पष्ट थी। भाषा सधी हुई थी।

फिर भी... कुछ कमी थी। लोग मौजूद थे, लेकिन जुड़े हुए नहीं थे।

तभी अचानक उन्होंने रुककर कहा— "मैं आपको एक घटना बताता हूँ जो मेरे साथ कई साल पहले हुई थी।" और बस... माहौल बदल गया।

उन्होंने अपने करियर के शुरुआती दिनों की एक घटना सुनाई। कैसे उन्होंने अपनी टीम से ठीक से संवाद नहीं किया... कैसे एक छोटी सी गलतफहमी बड़ी समस्या बन गई... उन्होंने उस तनाव को बताया, वह उलझन...

और वह सीख जो उन्हें स्पष्टता और जिम्मेदारी के बारे में मिली। कोई स्लाइड नहीं। कोई परिभाषा नहीं। बस... एक कहानी। और अचानक— लोग सिर्फ सुन नहीं रहे थे। वे देख रहे थे। वे महसूस कर रहे थे। वे याद रख रहे थे।

यही है— कहानी की ताकत। लेकिन हर कहानी असर नहीं करती। सिर्फ वही कहानी असर करती है जिसका उद्देश्य होता है। कई वक्ता कहानी को सजावट की तरह इस्तेमाल करते हैं। थोड़ा मनोरंजन... थोड़ी हल्की-फुल्की बात...

लेकिन नेतृत्व में कहानी सजावट नहीं होती। वह दिशा होती है। कहानी में अर्थ होना चाहिए। वह आपके संदेश को मजबूत करे।

मैंने एक बार शिक्षकों से कहा था— "अगर आपकी कहानी आपके विचार को मजबूत नहीं करती, तो वह आपके भाषण को कमजोर कर देती है।" वे मुस्कुराए... लेकिन बात समझ गए।

बिना उद्‌देश्य की कहानी ध्यान भटकाती है। उद्‌देश्य वाली कहानी परिवर्तन लाती है।

एक छात्र ने मुझसे पूछा था— "सर, लोग कहानियाँ ज़्यादा क्यों याद रखते हैं?" मैंने कहा— "क्योंकि दिमाग पैराग्राफ नहीं... तस्वीरें याद रखता है।"

जब आप कोई विचार समझाते हैं, लोग उसे सुनते हैं। जब आप कहानी सुनाते हैं, लोग उसे देखते हैं। और जब वे देख लेते हैं— तो वे महसूस करते हैं। और जब महसूस करते हैं— तो याद रखते हैं।

यही है— एक शक्तिशाली संदेश की यात्रा।

मैं अक्सर एक छोटा उदाहरण देता हूँ। अगर मैं कहूँ— "आत्मविश्वास ज़रूरी है।" तो यह सही लगता है।

लेकिन अगर मैं एक कहानी सुनाऊँ— एक छात्र की... जो कांपते हुए खड़ा हुआ... जिसके हाथ हिल रहे थे... जिसकी आवाज़ डगमगा रही थी...

और फिर जब उसने बोलना खत्म किया, पूरा क्लास ताली बजाने लगा... और उसी पल उसका आत्मविश्वास बदल गया— तो बात जीवंत हो जाती है।

अब लोग आत्मविश्वास को समझते नहीं... **महसूस करते हैं**। और जो महसूस होता है वही टिकता है।

कहानी भावनात्मक जुड़ाव भी बनाती है। वह वक्ता और श्रोता के बीच अदृश्य दीवार तोड़ देती है।

जब कोई वक्ता अपना अनुभव साझा करता है— खासकर सच्चा अनुभव— तो लोग उस पर भरोसा करने लगते हैं।

मैंने यह एक पुलिस प्रशिक्षण में देखा। इंस्ट्रक्टर तनावपूर्ण स्थितियों में संवाद पर बात कर रहे थे। वे सीधे रणनीति बता सकते थे।

लेकिन उन्होंने पहले एक घटना सुनाई— कैसे एक छोटी सी बात गलत लहजे और समय के कारण
बड़ी समस्या बन गई।

अधिकारी ध्यान से सुन रहे थे। क्योंकि वह कहानी सच्ची थी। और सच्ची कहानी में वजन होता है।

सेशन के बाद एक अधिकारी ने कहा— "उस उदाहरण से बात बहुत साफ हो गई।" यही है उद्देश्यपूर्ण कहानी की ताकत। वह बिना दबाव के समझाती है। बिना उपदेश दिए सिखाती है। बिना आदेश दिए दिशा देती है।

लेकिन एक और चीज़ है जिसे कई लोग नजरअंदाज करते हैं— समय। कहानी कब सुनाई जाए यह भी उतना ही महत्वपूर्ण है। शुरुआत में— ध्यान खींचने के लिए। बीच में— समझ गहरी करने के लिए। अंत में— याद छोड़ने के लिए।

मैंने एक कार्यक्रम में देखा— वक्ता ने अंत में एक कहानी सुनाई। एक शिक्षक की... जो रिटायर होने के बाद भी पढ़ाता रहा। पैसे के लिए नहीं... खुशी के लिए।

कहानी खत्म हुई। कुछ पल सन्नाटा रहा। फिर ताली। तेज़ नहीं... लेकिन दिल से। क्योंकि कहानी शब्दों से आगे पहुँच गई थी।

यहीं कहानी अपने सर्वोच्च उद्देश्य तक पहुँचती है— जब वह सिर्फ जानकारी नहीं देती... बल्कि दिल को छूती है।

एक और जिम्मेदारी भी होती है— ईमानदारी। कहानी सच्ची होनी चाहिए। थोड़ा बढ़ा-चढ़ाकर कहना क्षणिक असर दे सकता है... लेकिन सच्चाई स्थायी विश्वास बनाती है।

मैं अपने छात्रों से कहता हूँ— "आपकी कहानी असाधारण नहीं होनी चाहिए। बस सच्ची होनी चाहिए।" छोटी-सी घटना भी अगर सच्चाई से कही जाए तो गहरा असर डालती है।

एक और बात— कहानी भटके नहीं। उसका एक स्पष्ट बिंदु होना चाहिए। श्रोता यह न सोचें— "यह कहानी क्यों बताई गई?" उन्हें महसूस होना चाहिए— "यही तो बात समझानी थी।"

इसलिए हर कहानी से पहले अपने आप से पूछिए— "इस कहानी के अंदर संदेश क्या है?" अगर जवाब साफ है— तो कहानी असर करेगी। अगर नहीं— तो वह शोर बन जाएगी।

धीरे-धीरे जो वक्ता कहानी कहने की कला सीख लेते हैं— वे जीवन को अलग नजर से देखने लगते हैं।

हर दिन की घटनाएँ कहानी बन जाती हैं। क्लास का एक पल। मीटिंग की एक बात। यात्रा का एक अनुभव।

जीवन एक लाइब्रेरी बन जाता है। और जब वे बोलते हैं— वह लाइब्रेरी खुल जाती है।

यहीं से बोलना बदलता है— समझाने से प्रभाव डालने तक। जानकारी से अनुभव तक।

क्योंकि अंत में— लोग आपके पॉइंट भूल सकते हैं। आपकी संरचना भूल सकते हैं।

लेकिन— वह कहानी जो उन्हें कुछ महसूस करवा गई... उसे वे शायद ही कभी भूलते हैं।

और शायद... यही है कहानी कहने का असली उद्देश्य—

प्रभावित करना नहीं... **याद रह जाना।**

2. वास्तविक जीवन के उदाहरण जो प्रेरित करते हैं

कमरा भरा हुआ था... लेकिन माहौल थोड़ा अनिश्चित था।

यह स्कूल प्रिंसिपलों की मीटिंग थी। अनुभवी लोग... सम्मानित लोग... सालों से संस्थान चलाने वाले लोग। फिर भी, जब ओपन इंटरैक्शन का समय आया— थोड़ी झिझक दिखी।

एक सवाल पूछा गया। लेकिन कोई तुरंत खड़ा नहीं हुआ। नज़रें इधर-उधर घूमने लगीं। फाइलें सीधी की जाने लगीं। पेन धीरे-धीरे टेबल पर टकराने लगे।

तभी... दूसरी पंक्ति से एक प्रिंसिपल धीरे-धीरे खड़े हुए। उनकी आवाज़ तेज़ नहीं थी। हल्की सी कंपकंपी थी उसमें। उन्होंने कहा— "मैं बारह साल से स्कूल चला रहा हूँ... लेकिन आज भी जब बड़ी सभा में बोलना होता है, तो घबराहट होती है।" कुछ पल के लिए सन्नाटा रहा। फिर... एक हल्की हँसी की लहर उठी। मजाक वाली नहीं... सुकून देने वाली।

कई लोगों ने सिर हिलाया। किसी ने धीरे से कहा— "मेरे साथ भी ऐसा ही होता है।" उस एक पल ने वह काम कर दिया जो कोई थ्योरी नहीं कर पाती। सबको याद दिला दिया— ऊँचाई पर पहुँचने के बाद भी इंसान... इंसान ही रहता है।

और यहीं से शुरू होती है— **वास्तविक उदाहरणों की ताकत।** वे परफेक्शन में नहीं होते। वे सच्चाई में होते हैं। मैंने यह बार-बार देखा है— क्लासरूम में... ट्रेनिंग सेशन में... कॉन्फ्रेंस में... और उन शांत पलों में जब लोग भाषण के बाद बात करते हैं। लोग परफेक्ट स्पीकर्स से प्रभावित नहीं होते।

वे जुड़ते हैं **अपनी जैसी कहानी से।**

एक बार एक छात्र मेरे पास आया। सबके जाने के बाद। धीरे से बोला— "सर, मैं भी आपकी तरह कॉन्फिडेंट बोलना चाहता हूँ... लेकिन जैसे ही खड़ा होता हूँ, दिमाग खाली हो जाता है।"

मैंने उसे तुरंत कोई तकनीक नहीं बताई। मैंने उसे एक कहानी सुनाई। अपने ही जीवन की।

मैंने कहा— "एक समय ऐसा भी था जब मैं मंच पर गया... तैयार होकर... प्रैक्टिस करके... पूरे विश्वास के साथ।" "लेकिन जैसे ही सामने लोगों को देखा— गला सूख गया..." "जो शब्द अभ्यास में सहज थे... वह अचानक बिखर गए..."

मैं रुका। फिर कहा— "फिर मैंने धीरे-धीरे एक वाक्य बोला... फिर दूसरा..." "परफेक्ट नहीं था... लेकिन सच्चा था।"

वह छात्र चुपचाप सुनता रहा। फिर मुस्कुराया। समस्या खत्म नहीं हुई थी... लेकिन वह अकेला महसूस नहीं कर रहा था।

यही है— **वास्तविक उदाहरण की ताकत**। वह समाधान थोपता नहीं। वह जुड़ाव बनाता है।

एक और घटना याद आती है। कॉर्पोरेट ट्रेनिंग में एक सीनियर मैनेजर ने अपनी कहानी साझा की। उन्होंने एक प्रेज़ेंटेशन दी थी— सब कुछ तैयार था। स्लाइड्स... डेटा... प्रोजेक्शन...

लेकिन प्रतिक्रिया ठंडी थी। कोई सवाल नहीं। कोई चर्चा नहीं। बस... औपचारिक शांति।

बाद में उनकी टीम के एक सदस्य ने कहा—"सर, हमें डेटा समझ आया... लेकिन यह नहीं समझ आया कि यह हमारे लिए क्यों जरूरी है।" उस एक वाक्य ने उनका संवाद बदल दिया।

अगली बार उन्होंने शुरुआत डेटा से नहीं की। उन्होंने एक ग्राहक की कहानी सुनाई। कैसे उनके निर्णय ने उस ग्राहक को प्रभावित किया। फिर डेटा आया... लेकिन अब उसमें अर्थ था।

इस बार कमरा जीवंत था। सवाल आए। विचार आए। क्योंकि जानकारी अब इंसान से जुड़ गई थी।

मैं अक्सर कहता हूँ— संवाद के चार हिस्से होते हैं— बोलना, सुनना, समझना, और समझाना।

वास्तविक उदाहरण इस चौथे हिस्से को मजबूत करते हैं। वे सुनिश्चित करते हैं— आपकी बात
सिर्फ सुनी नहीं... समझी भी जाए।

एक प्रशासनिक प्रशिक्षण में एक अधिकारी ने अपनी बात साझा की। उन्होंने कहा— "मैं पहले सीधे आदेश देता था।" "लेकिन बाद में मैंने अपने फैसलों के पीछे का कारण समझाना शुरू किया।"

"शुरुआत में लगा— धीमा हो गया हूँ..." "लेकिन धीरे-धीरे— लोग सहयोग करने लगे..." "विरोध कम हो गया..." "लोग खुद जिम्मेदारी लेने लगे..."

फिर उन्होंने एक वाक्य कहा— “मैंने अपनी पोजीशन नहीं बदली... मैंने अपना तरीका बदला।”

कमरे में शांति थी। गहरी समझ वाली शांति। क्योंकि यह उदाहरण बड़ा नहीं था... लेकिन **व्यवहारिक** था।

और जो संभव लगता है... वही प्रेरित करता है। यह सिर्फ औपचारिक जगहों पर नहीं होता।

एक बार दोस्तों के साथ बैठा था। पहली छाप पर बात हो रही थी। किसी ने यूँ ही कहा— “पहली छाप दोबारा बनाने का मौका नहीं मिलता।” बस... बात बदल गई।

सब अपने अनुभव बताने लगे— इंटरव्यू... पहली मुलाकात... पहला प्रेज़ेंटेशन... हँसी भी हुई। सोच भी हुई। और सीख भी हुई... बिना किसी औपचारिक लेक्चर के।

यही है वास्तविक उदाहरणों की खूबसूरती। वे चुपचाप आते हैं। दिल में बैठ जाते हैं। और याद रह जाते हैं।

एक और बात— अपूर्णता बहुत महत्वपूर्ण होती है।

अगर वक्ता सिर्फ सफलता की बातें बताए— तो लोग प्रभावित होते हैं। लेकिन जब वह संघर्ष बताता है... गलतियाँ बताता है... संशय बताता है— तो लोग भरोसा करते हैं।

मैंने एक पुलिस अधिकारी को कहते सुना— “शुरुआत में मुझे लगता था कि अधिकार का मतलब है ज़ोर से बोलना...”

“फिर समझ आया— अधिकार आवाज़ में नहीं... शांति में महसूस होता है।”

यह एक वाक्य... सालों का अनुभव लेकर आया था। और हर किसी के मन में बैठ गया। क्योंकि वह किताब नहीं था... जीवन था।

धीरे-धीरे समझ आता है— सबसे शक्तिशाली उदाहरण सबसे बड़े नहीं होते।

वे होते हैं— रोज़मर्रा के। एक शिक्षक जो कठिन क्लास संभाल रहा है। एक छात्र जो डर पर जीत पा रहा है। एक नेता जो जल्दबाज़ी छोड़कर धैर्य चुनता है। एक वक्ता जो भागने की जगह रुकता है।

ये छोटे पल... जब सच्चाई से साझा होते हैं— तो समझ के स्तंभ बन जाते हैं।

और शायद यही वास्तविक उदाहरणों का असली उद्‌देश्य है— महानता दिखाना नहीं... **संभावना दिखाना।**

यह बताना— बदलाव कुछ लोगों के लिए नहीं है। यह हर उस व्यक्ति के लिए है जो सीखने, सोचने और बढ़ने को तैयार है।

क्योंकि हर श्रोता में कहीं न कहीं एक व्यक्ति बैठा होता है— जो परफेक्ट सलाह नहीं चाहता... वह एक ऐसी कहानी चाहता है जो उसकी अपनी लगे।

और जब वह कहानी मिलती है— तो अंदर कुछ बदलता है।

एक विचार। एक विश्वास। एक शुरुआत।

3. रणनीतिक दोहराव

पहली बार सुना... तो बस सिर हिलाया। दूसरी बार सुना... तो ध्यान गया। तीसरी बार... वह बात याद रह गई। यहीं मैंने समझा— दोहराव की असली ताकत क्या होती है।

यह एक नेतृत्व वर्कशॉप की बात है। प्रशासनिक अधिकारी बैठे थे। वक्ता शांत थे। कोई जोरदार अंदाज़ नहीं... कोई नाटकीयता नहीं... फिर भी उनकी बात लोगों के साथ रह गई।

उन्होंने अपनी बात के अलग-अलग हिस्सों में एक ही लाइन दोहराई— "स्पष्टता आत्मविश्वास पैदा करती है।" शुरुआत में उन्होंने यह बात सामान्य तरीके से कही। फिर एक उदाहरण समझाते समय दोबारा कहा। और अंत में... हल्के से रुककर... फिर वही लाइन दोहराई।

किसी ने नोट्स नहीं बनाए। लेकिन सब उसे अपने साथ ले गए। यही फर्क है— एक बार बोलने में... और बात को टिकाने में।

रणनीतिक दोहराव सिर्फ शब्द दोहराना नहीं है। यह अर्थ को मजबूत करना है।

कई वक्ता दोहराव से डरते हैं। उन्हें लगता है— वे बोरिंग लगेंगे... तैयार नहीं लगेंगे... या बार-बार एक ही बात कह रहे हैं। इसलिए वे लगातार नई बातें जोड़ते जाते हैं। नए पॉइंट... नए उदाहरण... नई जानकारी...

लेकिन दिमाग ऐसे काम नहीं करता। दिमाग सब कुछ नहीं पकड़ता। दिमाग वही पकड़ता है जो बार-बार लौटकर आता है।

एक बार मैंने क्लास में पूछा— "आज की क्लास से आपको क्या याद है?" किसी ने पूरा लेक्चर नहीं दोहराया। किसी ने सारे पॉइंट नहीं गिनाए। सबने वही बातें दोहराईं— जो उन्होंने एक से ज्यादा बार सुनी थीं। जो धीरे-धीरे बैठ गई थीं।

तब मुझे समझ आया— अगर आप चाहते हैं कि लोग कुछ याद रखें... तो उसे एक से ज्यादा मौका देना पड़ेगा। लेकिन यहाँ एक कला है। दोहराव— स्वाभाविक लगे। सार्थक लगे। जरूरी लगे। वरना वह शोर बन जाता है।

मैं एक सेमिनार में गया था जहाँ एक वक्ता एक ही लाइन बार-बार बोल रहे थे। बिना संदर्भ के... बिना बदलाव के... तीसरी-चौथी बार के बाद लोग सुनना बंद कर चुके थे। क्योंकि दोहराव में उद्देश्य नहीं था।

रणनीतिक दोहराव अलग होता है। वह एक जैसा नहीं होता। वह गहराई के साथ लौटता है। कभी एक कथन के रूप में। कभी एक कहानी के रूप में। कभी एक सवाल के रूप में। शब्द बदल सकते हैं... लेकिन विचार वही रहता है।

एक बार मैंने शिक्षकों के साथ सत्र में कहा— "छात्र दबाव से नहीं सीखते... वे जुड़ाव से सीखते हैं।"

शुरुआत में यह बात कही। फिर एक उदाहरण दिया— जहाँ एक शिक्षक ने सख्ती की जगह समझदारी चुनी।

मैंने कहा— "जब छात्र खुद को समझा हुआ महसूस करते हैं... तभी वे समझना शुरू करते हैं।"

बाद में मैंने पूछा— "हमें चुप क्लास चाहिए... या जागते हुए दिमाग?"

और अंत में मैं फिर उसी लाइन पर लौटा— "छात्र दबाव से नहीं सीखते... वे जुड़ाव से सीखते हैं।"

इस बार... वह लाइन ज्यादा मजबूत लगी। क्यों? क्योंकि अब लोगों ने उसे महसूस किया था।

यही है रणनीतिक दोहराव का सार।

आप सिर्फ दोहराते नहीं... आप उसे बनाते हैं... फिर से बनाते हैं।

दोहराव में एक लय भी होती है। उसके बीच में थोड़ा अंतर चाहिए। अगर आप तुरंत ही एक लाइन दो बार बोल दें— तो असर खत्म हो जाता है।

लेकिन अगर आप— उसे कहें... थोड़ा समय दें... फिर बाद में वापस आएँ... तो वह गहराई पकड़ता है।

जैसे एक गूंज जो दूरी के साथ साफ होती जाती है।

एक बार मैं एक मीटिंग में बोल रहा था। मैंने कहा— "संवाद सिर्फ बोलना नहीं है। यह बोलना, सुनना, समझना और सामने वाले को समझाना है।"

मैं रुका। फिर आगे बढ़ा। बाद में एक सवाल आया। मैंने जवाब दिया— "शायद समस्या बोलने में नहीं... समझने में है।"

कुछ लोग मुस्कुराए। अंत में मैंने पूरी लाइन फिर दोहराई। इस बार... लोग धीरे-धीरे खुद उसे बोल रहे थे। यहीं पता चलता है— बात बैठ गई है।

दोहराव विश्वसनीयता भी बनाता है।

जब वक्ता बार-बार एक विचार पर लौटता है— तो वह संकेत देता है— "यह महत्वपूर्ण है।"

लेकिन यह भीतर से आना चाहिए। जबर्दस्ती का दोहराव मैकेनिकल लगता है। सच्चा दोहराव इरादे से भरा होता है।

एक कॉर्पोरेट मीटिंग में एक लीडर ने बताया— उन्होंने अपनी टीम में एक लाइन हर मीटिंग में दोहराई— "जिम्मेदारी दी नहीं जाती... स्वीकार की जाती है।"

उन्होंने इसे हर चर्चा में जोड़ा। फीडबैक में जोड़ा। निर्णयों में जोड़ा। धीरे-धीरे... वह लाइन टीम की भाषा बन गई। फिर... टीम की सोच बन गई।

यही है दोहराव की ताकत। शब्द... सोच बन जाते हैं।

एक और बात— दोहराव परिचित बनाता है। और परिचित चीज़ विश्वास पैदा करती है।

जब कोई बात पहली बार सुनते हैं— वह नई लगती है। दूसरी बार— वह जानी-पहचानी लगती है। और जब कोई बात जानी-पहचानी हो जाए— तो उस पर भरोसा बनने लगता है।

इसीलिए महान वक्ता बहुत सारी बातें कहकर याद नहीं रहते। वे याद रहते हैं— उन कुछ बातों के लिए जिन्हें उन्होंने स्पष्टता और उद्देश्य से दोहराया।

यह बात साधारण बातचीत में भी लागू होती है।

एक बार दोस्तों के साथ चर्चा में किसी ने कहा— "पहली छाप ही आखिरी छाप होती है।"

फिर वही लाइन इंटरव्यू की बात में आई। फिर पब्लिक स्पीकिंग में। शाम के अंत तक— वह एक साझा समझ बन गई। जटिल नहीं थी। लेकिन प्रासंगिक थी। और दोहराई गई थी।

समय के साथ मैंने समझा— दोहराव एक तकनीक नहीं है। यह एक जिम्मेदारी है। आप सिर्फ जानकारी नहीं दे रहे। आप विचार बो रहे हैं। और विचार... एक बार कहने से नहीं उगते। उन्हें चाहिए— दोहराव। वापसी। लय।

तो सवाल यह नहीं है— "क्या आपने कहा?" सवाल यह है— "क्या आपने उसे टिकाया?"

क्योंकि हर श्रोता के भीतर एक लाइन इंतज़ार कर रही है— जो विश्वास बन सकती है।

एक वाक्य जो बदलाव बन सकता है।

एक विचार जो क्रिया बन सकता है।

और कभी-कभी... उसे बस यही चाहिए— फिर से सुना जाना।

फिर से महसूस किया जाना। और... याद रह जाना।

4. प्रभावशाली शुरुआत बनाना

माइक पहले से ऑन था। सामने दर्शक बैठे थे। होस्ट ने अभी-अभी जोश के साथ परिचय दिया था— उपलब्धियाँ, अनुभव, प्रशंसा... हल्की तालियाँ भी बजीं।

और फिर... सन्नाटा।

वक्ता मंच पर आए, माइक ठीक किया, दर्शकों की तरफ देखा... और बोले— “गुड मॉर्निंग एवरीवन... आज मैं आपसे बात करने वाला हूँ...”

उसी क्षण... कुछ अदृश्य सा खो गया। ध्यान। पूरा नहीं... लेकिन इतना कि फर्क पड़ जाए। लोग बैठे तो रहे... चेहरे सामने ही थे... लेकिन दिमाग धीरे-धीरे भटकने लगा— फोन की तरफ... अपने विचारों की तरफ... दिनभर की योजनाओं की तरफ... यही है शुरुआत की नाजुकता।

आप दर्शकों को अचानक नहीं खोते। आप उन्हें धीरे-धीरे खो देते हैं। और एक बार खो गए... तो वापस लाना मुश्किल हो जाता है।

एक मजबूत शुरुआत सिर्फ भाषण शुरू नहीं करती... वह उस पल को पकड़ लेती है।

मुझे एक पुलिस ट्रेनिंग याद है। वक्ता मंच पर आए... लेकिन उन्होंने तुरंत बोलना शुरू नहीं किया। कुछ सेकंड तक बस चुपचाप खड़े रहे।

पूरा कमरा देखा। फिर पूछा— “आप में से कितनों ने ऐसी स्थिति देखी है जहाँ एक गलत शब्द पूरी स्थिति बिगाड़ देता है?”

हाथ उठने लगे। लगभग तुरंत। कमरे में हल्की आवाज़ें आने लगीं— “हाँ, मेरे साथ भी...” “बिल्कुल...” उन्होंने अभी विषय बताया भी नहीं था... लेकिन वे जुड़ चुके थे।

यही है— **एक प्रभावशाली शुरुआत**। वह पहले जानकारी नहीं देती... पहले जुड़ाव बनाती है। और यह फर्क बहुत बड़ा है।

कई वक्ता सोचते हैं— पहले विषय स्पष्ट कर दूँ। लेकिन मन ऐसा काम नहीं करता। मन पहले तय करता है— “क्या मैं सुनना चाहता हूँ?” और यह फैसला पहले कुछ सेकंड में हो जाता है।

मैंने एक बार प्रिंसिपलों से कहा— “आपकी शुरुआत यह नहीं है कि आप क्या कहना चाहते हैं... यह है कि सामने वाला क्यों सुने।” वे मुस्कुराए। क्योंकि उन्होंने इसे अपनी क्लास में महसूस किया था।

अगर शुरुआत में बच्चे जुड़ जाएँ— तो पूरी क्लास आसान हो जाती है। अगर नहीं... तो सबसे अच्छा कंटेंट भी संघर्ष करता है।

यही नियम मंच पर भी लागू होता है।

शुरुआत कई तरह की हो सकती है— एक सवाल। एक कहानी। एक ठहराव। एक चौंकाने वाला वाक्य।

लेकिन तरीका नहीं... इरादा महत्वपूर्ण है। इरादा होना चाहिए— जिज्ञासा जगाने का। प्रासंगिकता बनाने का। रुकने की वजह देने का।

एक कॉर्पोरेट सेशन में

एक लीडर ने शुरुआत की— "आज आप मेरी ज़्यादातर बातें भूल जाएंगे।"

कमरे में हलचल हुई। कुछ मुस्कानें। कुछ हैरानी। फिर उन्होंने कहा— "लेकिन अगर मैं सही कर पाया, तो आप एक बात याद रखेंगे... और वही काफी होगी।"

अब लोग सुन रहे थे। क्योंकि कंटेंट शुरू नहीं हुआ था... दिलचस्पी शुरू हो गई थी।

यही है शुरुआत की कला। आप जानकारी से नहीं शुरू करते... आप उत्सुकता से शुरू करते हैं।

एक और गहराई है इसमें— भावनात्मक टोन। आपकी शुरुआत सिर्फ ध्यान नहीं खींचती... वह माहौल बनाती है। अगर आप ऊर्जा से शुरू करते हैं— दर्शक भी सक्रिय हो जाते हैं। अगर आप शांत शुरुआत करते हैं— दर्शक भी स्थिर हो जाते हैं। अगर आप कहानी से शुरू करते हैं— दर्शक झुककर सुनने लगते हैं।

मुझे एक क्लास याद है। मैं अंदर गया... कुछ नहीं बोला। बोर्ड पर सिर्फ एक शब्द लिखा— "डर"

फिर मुड़कर पूछा— "जब आप बोलने खड़े होते हैं, तो आपके शरीर में क्या होता है?" हाथ उठने लगे। आवाज़ें आने लगीं। कुछ ही मिनटों में पूरी क्लास जुड़ गई।

मैंने पब्लिक स्पीकिंग समझाई नहीं... मैंने उनकी दुनिया में प्रवेश किया। यही करती है एक मजबूत शुरुआत। वह वहीं से शुरू होती है जहाँ दर्शक हैं।

एक और जरूरी बात— प्रामाणिकता। शुरुआत उधार की नहीं हो सकती। वह आपकी होनी चाहिए। तैयार हो सकती है... लेकिन जीवित महसूस होनी चाहिए।

मैंने कई वक्ताओं को देखा है— वे दूसरों की शुरुआत कॉपी करते हैं।

वही अंदाज़... वही वाक्य... लेकिन कुछ कमी महसूस होती है। क्योंकि वह उनकी नहीं है।

एक अच्छी शुरुआत स्क्रिप्ट नहीं होती... अभिव्यक्ति होती है। आपकी समझ की। आपकी आवाज़ की। आपके इरादे की।

कभी-कभी सबसे सरल शुरुआत भी बहुत प्रभावशाली होती है।

एक छोटे से कार्यक्रम में एक वक्ता ने मुस्कुराकर कहा— "यहाँ आने से पहले मैं थोड़ा घबराया हुआ था।" कमरे में तुरंत गर्माहट आ गई। लोग मुस्कुराए। दूरी कम हो गई।

क्योंकि सच्चाई सीधा जुड़ाव बनाती है। बिना कोशिश के।

अब एक और बात— पहली छाप। लोग कहते हैं— "पहली छाप आखिरी छाप होती है।" बोलने में यह और भी गहरा है।

आपकी शुरुआत सिर्फ विषय नहीं बताती... वह आपको बताती है।

आपका आत्मविश्वास। आपकी स्पष्टता। आपकी उपस्थिति।

आप पूरा वाक्य बोलें उससे पहले ही लोग राय बनाना शुरू कर देते हैं।

आप कैसे खड़े हैं... कैसे रुकते हैं... कैसे शुरू करते हैं... सब कुछ बोलता है।

और एक बार छाप बन गई... तो आगे की हर बात उसी नजर से देखी जाती है।

मैंने एक वक्ता को देखा— उन्होंने मजबूत शुरुआत की। आत्मविश्वास... शांति... स्पष्टता... बाद में थोड़ा अटक भी गए... लेकिन दर्शक उनके साथ रहे। क्योंकि शुरुआत ने भरोसा बना दिया था।

दूसरी तरफ— एक वक्ता ने हिचकिचाहट से शुरुआत की। बाद में उनका कंटेंट अच्छा था... लेकिन दूरी बनी रही।

शुरुआत ने असर तय कर दिया था। यही वजह है— शुरुआत इतनी महत्वपूर्ण है। क्योंकि वह नाटकीय नहीं... निर्णायक होती है।

समय के साथ मैंने शुरुआत को एक निमंत्रण की तरह देखना सीखा है।

आप लोगों को एक यात्रा में बुला रहे हैं।

अगर निमंत्रण कमजोर है— वे हिचकिचाते हैं।

अगर मजबूत है— वे साथ चल पड़ते हैं।

और जब वे साथ आ जाते हैं... तो सब आसान हो जाता है।

प्रवाह... जुड़ाव... प्रभाव...

इसलिए तीस मिनट क्या बोलना है— इससे पहले यह सोचिए— पहले तीस सेकंड कैसे शुरू करना है।

क्योंकि वही तीस सेकंड सबसे ज्यादा वजन रखते हैं।

वही तय करते हैं— आपकी बात सुनी जाएगी... या सिर्फ बोली जाएगी।

और उस छोटे से पल में एक चुपचाप फैसला हो जाता है—

क्या वे सुनेंगे? या भटक जाएँगे?

और उसका जवाब...

अक्सर आपकी शुरुआत में छिपा होता है।

5. याद रहने वाली समापन पंक्तियाँ

तालियाँ बजीं। सम्मानजनक... औपचारिक... जैसी उम्मीद थी वैसी।

वक्ता ने अच्छा सेशन दिया था। स्पष्ट विचार... सही उदाहरण... आत्मविश्वास भरा प्रस्तुतिकरण... सब कुछ ठीक था। फिर भी... जब लोग हॉल से बाहर जाने लगे— कुछ अधूरा सा लगा। गलत नहीं... बस पूरा नहीं।

बाद में मैंने एक प्रतिभागी से पूछा— "आपको इस सेशन से क्या याद रहा?" वह रुका। फिर बोला— "अच्छा था... लेकिन अंत कैसे हुआ, याद नहीं।"

वह पल मेरे साथ रह गया। क्योंकि अंत सिर्फ अंत नहीं होता। वह एक एंकर होता है। भाषण बीच में नहीं जीता... वह अंत में जीता है।

लोग शुरुआत भूल सकते हैं। बीच की बातें धुंधली हो सकती हैं। लेकिन आखिरी कुछ वाक्य... वे ठहर जाते हैं। गूंजते हैं। और तय करते हैं— क्या साथ जाएगा।

मुझे एक शिक्षक प्रशिक्षण याद है। वक्ता ने अंत में बस इतना कहा— "कल जब आप क्लास में जाएँ...
याद रखिए— आप सिर्फ विषय नहीं पढ़ा रहे, आप जीवन बना रहे हैं।"

कोई नाटकीय ठहराव नहीं। कोई ऊँची आवाज़ नहीं। बस सच्चाई। कुछ सेकंड तक कोई ताली नहीं बजी। कमजोरी की वजह से नहीं... बल्कि इसलिए क्योंकि बात उतर गई थी।

फिर तालियाँ आईं— धीमी... गहरी... अर्थपूर्ण। यही है एक यादगार समापन। वह भाषण खत्म नहीं करता... वह अनुभव पूरा करता है।

कई वक्ता समापन को औपचारिकता मान लेते हैं। जल्दी-जल्दी कहते हैं— "धन्यवाद..." "बस इतना ही..." जैसे यात्रा पहले ही खत्म हो चुकी हो।

लेकिन समापन बाहर निकलने का रास्ता नहीं है। वह अंतिम छाप है। और छाप... टिकती है।

एक कॉर्पोरेट कॉन्फ्रेंस में एक लीडर ने अंत में कहा— "जब आप कल अपनी टीम के पास जाएँगे... तो आज की वजह से क्या अलग होगा?" कमरा शांत हो गया। जबरदस्ती का सन्नाटा नहीं... सोच वाला सन्नाटा।

लोग उन्हें नहीं देख रहे थे... अपने भीतर देख रहे थे। यही है एक मजबूत समापन की ताकत। वह सिर्फ जानकारी नहीं देता... वह सोचने पर मजबूर करता है।

एक यादगार समापन तीन काम करता है— प्रेरित करता है। चुनौती देता है। या दिल में बस जाता है। कभी-कभी... तीनों।

मुझे एक प्रशासनिक सेशन याद है। मैंने अंत में कहा— "अधिकार आवाज़ की ऊँचाई में नहीं होता... समझ की स्पष्टता में होता है।"

कुछ सिर हिले। कुछ नजरें मिलीं। क्योंकि वह लाइन अचानक नहीं आई थी। पूरे सेशन में धीरे-धीरे बन रही थी। उदाहरणों से... चर्चाओं से... अनुभवों से...

जब वह आई— तो सही लगी।

यही जरूरी है— अच्छा समापन जुड़ा हुआ लगता है। जोड़ा हुआ नहीं। वह स्वाभाविक लगे। जैसे वहीं आना था।

समापन में एक भावनात्मक ताकत भी होती है। वह भावना लेकर आता है। अर्थ लेकर आता है। याद लेकर आता है।

आप अपनी जिंदगी की बातचीत याद कीजिए। हर शब्द याद नहीं रहता... लेकिन अंत याद रहता है।

बात कैसे खत्म हुई... वही रह जाता है।

एक छात्र ने मुझसे पूछा— "सर, मजबूत अंत कैसे करें?" मैंने कहा— "मजबूत नहीं... सच्चा अंत करो।" क्योंकि ताकत अगर सच्चाई के बिना हो— तो बनावटी लगती है। लेकिन सच्चाई... धीरे बोलकर भी गहरा असर करती है।

एक बार दोस्तों के साथ बातचीत में किसी ने कहा— "हम बोलने की तैयारी में बहुत समय लगाते हैं... लेकिन समझे जाने की तैयारी में नहीं।"

बात आगे बढ़ गई। लेकिन वह वाक्य रह गया। बाद में... अलग संदर्भ में... फिर याद आया। यही करते हैं यादगार वाक्य। वे चलते रहते हैं। पल के बाद भी।

समापन की एक और खूबसूरत कला है— शुरुआत से जुड़ना। जो बात आपने शुरुआत में कही... उसे अंत में वापस लाना। एक चक्र पूरा करना।

मैंने एक सेमिनार में देखा— वक्ता ने शुरुआत में अपनी पहली असफल प्रस्तुति की कहानी सुनाई। अंत में बोले— "वह असफलता अंत नहीं थी... वह समझ की शुरुआत थी।" दर्शक मुस्कुराए। क्योंकि यात्रा पूरी हो गई थी। शुरुआत से अंत तक। और यह एहसास बहुत संतोष देता है।

लेकिन सबसे शक्तिशाली समापन वह होता है— जो अंदर कुछ बदल दे। एक निर्णय। एक शुरुआत। एक दिशा।

मैंने एक प्रिंसिपल ट्रेनिंग में देखा— वक्ता ने अंत में कहा— "अगर कल एक भी छात्र आपकी वजह से थोड़ा ज्यादा आत्मविश्वासी महसूस करे... तो यह सेशन सफल है।"

कोई लंबा निष्कर्ष नहीं। कोई सारांश नहीं। बस उद्देश्य की याद। लोग उठे... लेकिन ऊर्जा अलग थी। उत्साह नहीं... प्रतिबद्धता। यही है समापन का उच्चतम स्तर।

जब वह सिर्फ भाषण खत्म नहीं करता... बल्कि श्रोता के भीतर कुछ शुरू कर देता है।

समय के साथ मैंने समझा— भाषण एक यात्रा है। शुरुआत बुलाती है। बीच का हिस्सा मार्ग दिखाता है। लेकिन अंत तय करता है— इस यात्रा का अर्थ क्या था।

तो सवाल यह नहीं है— "आप भाषण कैसे खत्म करते हैं?"

सवाल यह है— "आप चाहते हैं कि लोग अपने साथ क्या लेकर जाएँ?"

क्योंकि माइक बंद होने के बाद भी... तालियाँ रुकने के बाद भी... कुछ रह जाता है।

एक वाक्य। एक विचार। एक एहसास।

और उसी शांत जगह में— आपके अंतिम शब्द बोलते रहते हैं।

धीरे... गहराई से...

और हमेशा... सबसे अंत तक।

14

परफॉर्मर से प्रोफेशनल तक

1. निरंतरता ही चरित्र है

तालियाँ ज़ोर से बजीं। इसलिए नहीं कि भाषण असाधारण था... बल्कि इसलिए कि दर्शक उदार थे।

वह मंच से नीचे उतरा। चेहरे पर राहत थी। हल्की सी मुस्कान... जैसे उसने कोई कठिन चीज़ पार कर ली हो। लोगों ने सराहा। कुछ ने बधाई भी दी।

लेकिन बाद में... एक आयोजक ने धीरे से कहा— “आज तो अच्छा था... लेकिन कल कैसा रहेगा, पता नहीं।” यह आलोचना नहीं थी। यह अनिश्चितता थी।

और यहीं फर्क है— अच्छे वक्ता और कमजोर वक्ता में नहीं... बल्कि **परफॉर्मर और प्रोफेशनल** में। परफॉर्मर कभी-कभी अच्छा करता है। प्रोफेशनल हर बार भरोसेमंद होता है।

निरंतरता में एक शांत ताकत होती है। वह शोर नहीं करती... लेकिन भरोसा बनाती है। वह तुरंत प्रभावित नहीं करती... लेकिन धीरे-धीरे टिकती है।

मुझे एक शिक्षक प्रशिक्षण याद है। एक शिक्षक ने कहा— “मैं सबसे टैलेंटेड स्पीकर नहीं हूँ... लेकिन मैं हर दिन तैयारी करता हूँ... हर क्लास में पूरा देता हूँ... और हर बार थोड़ा बेहतर होता हूँ।” कोई बड़ी कहानी नहीं थी। कोई असाधारण उपलब्धि नहीं। लेकिन एक चीज़ थी— **विश्वसनीयता**।

और समय के साथ... वही उसकी पहचान बन गई। छात्र उस पर भरोसा करते थे। सहकर्मी उस पर निर्भर थे। क्योंकि उन्हें पता था— क्या उम्मीद करनी है।

निरंतरता उसका चरित्र बन चुकी थी।

मैंने एक बार प्रिंसिपलों से पूछा— "एक अच्छे शिक्षक की पहचान क्या है?" कई जवाब आए— ज्ञान... संवाद... समर्पण...

फिर एक प्रिंसिपल ने धीरे से कहा— "पूर्वानुमान।" कमरा थोड़ा रुका।

उन्होंने आगे कहा— "छात्रों को पता होना चाहिए कि बाहर कुछ भी हो... लेकिन जब वे क्लास में आएँगे... तो उन्हें स्पष्टता, ध्यान और ईमानदारी मिलेगी।"

यही है— निरंतरता। दोहराव नहीं... **विश्वसनीयता**।

एक बार अच्छा करना आसान है। हर बार अच्छा करना मुश्किल है। मूड कुछ भी हो... परिस्थिति कैसी भी हो... फिर भी स्तर बनाए रखना— यही प्रोफेशनल बनाता है।

मैंने प्रशासनिक प्रशिक्षण में एक अधिकारी को कहते सुना— "पहले मैं तभी अच्छा बोलता था जब मैं मानसिक रूप से तैयार महसूस करता था..." "लेकिन जब दबाव होता था... तो मेरी बात कमजोर हो जाती थी..."

फिर उन्होंने कहा— "मुझे समझ आया— प्रोफेशनल होना यह नहीं है कि मैं कब अच्छा महसूस करता हूँ..." "यह है कि मैं कब अच्छा नहीं महसूस करता... फिर भी अच्छा प्रदर्शन करूँ।"

यहीं बदलाव आया। उन्होंने मोटिवेशन पर नहीं... **अनुशासन पर ध्यान दिया**। मूड पर नहीं... **मेथड पर ध्यान दिया**। और धीरे-धीरे... उनका संवाद स्थिर हो गया। विश्वसनीय। भरोसेमंद।

कई लोग सोचते हैं— निरंतरता का मतलब है एक जैसा होना। लेकिन ऐसा नहीं है। निरंतरता का मतलब है— **मानक**। आपका अंदाज़ बदल सकता है। उदाहरण बदल सकते हैं। दर्शक बदल सकते हैं। लेकिन आपकी— स्पष्टता... तैयारी... उपस्थिति... वह स्थिर रहती है।

एक कॉर्पोरेट सेशन में एक लीडर ने कहा— "मेरी टीम को हर मीटिंग याद नहीं रहती..." "लेकिन उन्हें यह पता होता है— हर मीटिंग स्पष्ट होगी... सम्मानजनक होगी... और उद्देश्यपूर्ण होगी।"

यह भरोसा एक दिन में नहीं बना था। यह निरंतरता से बना था।

और जब बना... तो पहचान बन गया। यही वह बिंदु है— जहाँ निरंतरता कर्म से आगे बढ़कर **चरित्र बन जाती है**।

इसका एक भावनात्मक पहलू भी है। निरंतरता आपके अंदर आत्मविश्वास बनाती है।

जब आपको पता होता है— आप अपनी तैयारी पर भरोसा कर सकते हैं... अपने प्रोसेस पर भरोसा कर सकते हैं... तो अंदर कुछ बदलता है। संदेह कम होता है।

स्थिरता बढ़ती है।

आप बाहरी चीज़ों पर निर्भर नहीं रहते। आप अपना स्तर अपने साथ लेकर चलते हैं।

एक छात्र ने मुझसे कहा— "सर, कभी मैं बहुत अच्छा बोलता हूँ... और कभी बिल्कुल नहीं..."

मैंने पूछा— "दोनों में फर्क क्या है?" उसने सोचा... फिर बोला— "तैयारी।" यही जवाब है।

निरंतरता अपने आप नहीं आती। उसे बनाया जाता है।

छोटे-छोटे प्रयासों से। हर दिन। हर मौके पर।

जब मन करे... तब भी। जब मन न करे... तब भी।

जब कोई देख रहा हो... तब भी। जब कोई न देख रहा हो... तब भी।

क्योंकि समय के साथ... ये साधारण प्रयास असाधारण भरोसा बनाते हैं।

मैंने यह अनौपचारिक जगहों पर भी देखा है— दोस्तों के बीच बातचीत में... छोटी मीटिंग में...

कुछ लोग होते हैं— जो ज़ोर से नहीं बोलते... लेकिन उनकी बात में वजन होता है।

क्यों? क्योंकि वे हमेशा स्पष्ट और सोच-समझकर बोलते हैं।

धीरे-धीरे लोग उन पर भरोसा करने लगते हैं।

एक बार नहीं... बार-बार।

यही है— चरित्र का निर्माण।

शांत तरीके से। दोहराव के साथ। समय के साथ।

हर वक्ता की यात्रा में एक पल आता है— जब उसे फैसला करना होता है—

क्या वह कुछ शानदार प्रस्तुतियों के लिए याद रखा जाना चाहता है?

या...

क्या वह ऐसा बनना चाहता है जिस पर हमेशा भरोसा किया जा सके?

पहला— तालियाँ देता है।

दूसरा— सम्मान देता है।

और तालियाँ... खत्म हो जाती हैं। लेकिन सम्मान... रहता है।

मैं अक्सर एक बात सोचता हूँ— कोई भी एक बार ऊपर उठ सकता है।

लेकिन बार-बार उठना... हर परिस्थिति में...

उसी प्रतिबद्धता के साथ— यही प्रोफेशनल बनाता है। यही चरित्र बनाता है।

इसलिए जब आप मंच पर जाएँ... या क्लास में... या मीटिंग में...

तो सवाल यह नहीं है— "क्या मैं आज अच्छा बोलूँगा?"

सवाल यह है— "क्या मैं ऐसा कुछ बना रहा हूँ जिस पर लोग भरोसा कर सकें?"

क्योंकि कहीं न कहीं... कोई सिर्फ आपकी बात नहीं सुन रहा... वह आपका पैटर्न देख रहा है।

वह तय कर रहा है— क्या आपकी आवाज़ पर भरोसा किया जा सकता है...

एक बार नहीं... हर बार।

और उस शांत अवलोकन में—

आपकी निरंतरता बोल रही होती है...

आपके बोलने से पहले ही।

2. हर बार पिछली बार से बेहतर

तालियाँ खत्म हो गईं। लेकिन वह वहीं खड़ा रहा।

अधिकतर वक्ता जब बोलना खत्म करते हैं— एक लंबी सांस लेते हैं... और राहत के साथ मंच से उतर जाते हैं। लेकिन वह कुछ पल और खड़ा रहा। दर्शकों को नहीं देख रहा था... जैसे अपने अंदर देख रहा हो।

बाद में मैंने उससे पूछा— "सेशन कैसा रहा?" वह हल्का सा मुस्कुराया और बोला— "पिछली बार से बेहतर।" न परफेक्ट। न शानदार। बस... बेहतर।

उस जवाब में एक गहरी प्रोफेशनल सोच थी। क्योंकि असली प्रतिस्पर्धा दूसरों से नहीं होती। वह होती है— अपने ही पिछले रूप से।

मैंने कई वक्ताओं को तुलना करते देखा है। कौन बेहतर बोला... किसे ज्यादा तालियाँ मिलीं... किसका असर ज्यादा रहा... लेकिन ऐसी तुलना या तो अहंकार लाती है... या असुरक्षा। विकास वहाँ नहीं होता।

विकास एक शांत जगह से आता है। ईमानदार जगह से।

जहाँ आप पूछते हैं— "क्या मैं कल से बेहतर हूँ?"

मुझे एक प्रिंसिपल ट्रेनिंग याद है। एक प्रिंसिपल ने कहा— "पहले मैं हर बार स्टाफ मीटिंग में बोलते समय घबराता था..." "अब भी थोड़ी घबराहट होती है... लेकिन मैं उसे संभाल लेता हूँ।" कोई चमत्कारी बदलाव नहीं था। कोई रातों-रात सफलता नहीं। लेकिन प्रगति थी।

और उससे भी ज्यादा— जागरूकता। डर खत्म नहीं हुआ... लेकिन उसका सामना करने का तरीका बेहतर हुआ। यही है— पिछली बार से बेहतर होना। परफेक्शन नहीं... प्रोग्रेस।

एक कॉर्पोरेट सेशन में एक युवा मैनेजर ने बताया— वह बहुत तेजी से बोलता था। जैसे जल्दी-जल्दी खत्म कर लेना चाहता हो। फीडबैक मिला। उसने एक छोटा

सा फैसला लिया— "मैं थोड़ा धीरे बोलूँगा।" बस इतना।

अगली प्रस्तुति में उसने जानबूझकर पॉज़ लिया। मुख्य बिंदुओं के बाद रुका। शुरू में अजीब लगा। लेकिन कुछ बदला। लोग ज्यादा ध्यान से सुनने लगे। ज्यादा जुड़ने लगे।

वह कोई नया स्पीकर नहीं बना... बस अपने ही बेहतर रूप में आया। और वही फर्क दिख गया।

यही है ग्रोथ। एकदम बड़े बदलाव में नहीं... छोटे-छोटे लेयर्स में।

लोग अक्सर सोचते हैं— सुधार का मतलब है पूरी तरह बदल जाना। नया स्टाइल... नई तकनीक... पूरा ट्रांसफॉर्मेशन...

लेकिन असली बदलाव आता है— छोटी चीज़ों से। थोड़ा बेहतर ओपनिंग। थोड़ा शांत टोन। थोड़ा सही पॉज़। थोड़ा मजबूत उदाहरण।

हर चीज़ छोटी लगती है। लेकिन मिलकर मोमेंटम बनाती है।

मैंने छात्रों से पूछा— "स्पीकिंग सुधारने का सबसे आसान तरीका क्या है?" वे कुछ जटिल सुनने की उम्मीद कर रहे थे। मैंने कहा— "अगली बार बस एक चीज़ बेहतर करो।" बस एक। सब कुछ नहीं। एक।

क्योंकि जब आप सब कुछ सुधारने की कोशिश करते हैं— आप खुद को उलझा लेते हैं। लेकिन जब एक चीज़ पर ध्यान देते हैं— आप उसमें माहिर होते हैं।

और धीरे-धीरे... छोटे सुधार जुड़ते जाते हैं। और वही बड़ा बदलाव बनते हैं।

मुझे पुलिस ट्रेनिंग का एक उदाहरण याद है। एक अधिकारी ने कहा— "पहले मैं तनावपूर्ण स्थिति में तुरंत प्रतिक्रिया देता था..." "अब मैं एक सेकंड रुकता हूँ।" बस एक सेकंड।

लेकिन उस एक सेकंड ने— झगड़े कम किए... संवाद बेहतर किया... परिणाम बदल दिए।

यही है धीरे-धीरे सुधार की ताकत। यह दिखता नहीं... लेकिन असर करता है।

इस सोच के पीछे एक और चीज़ है— **रिफ्लेक्शन**। ईमानदार रिफ्लेक्शन। हर सेशन के बाद यह मत पूछिए— "मैं कैसा था?" यह पूछिए— "मैं अगली बार क्या बेहतर कर सकता हूँ?"

यह अलग सवाल है। ज्यादा उपयोगी। मैं खुद भी यही करता हूँ। कठोर आलोचना नहीं... शांत अवलोकन। क्या मेरी शुरुआत मजबूत थी? क्या मैं सही जगह कनेक्ट कर पाया? कहाँ मैं जल्दी बोल गया? कहाँ मुझे रुकना चाहिए था?

यह जजमेंट नहीं है। यह ग्रोथ है। क्योंकि प्रोफेशनल फीडबैक का इंतजार नहीं करता... वह उसे खोजता है। दूसरों से... और सबसे ज्यादा— खुद से।

इस यात्रा में एक और बात जरूरी है— निरंतरता। एक बार बेहतर करना आसान है। बार-बार बेहतर करना— यही पहचान बनाता है।

एक मीटिंग में किसी ने कहा था— "लोग एक अच्छा भाषण याद नहीं रखते... वे पैटर्न याद रखते हैं।" यह बात सच है। एक बार अच्छा करना— हौसला देता है। लेकिन हर बार थोड़ा बेहतर करना— विश्वास बनाता है।

और धीरे-धीरे... लोग आपसे एक स्तर की उम्मीद करने लगते हैं। क्योंकि आपने वादा नहीं किया... आपने दिखाया।

इसमें एक आत्मसम्मान भी छिपा है। जब आप हर बार बेहतर बनने की कोशिश करते हैं— आप खुद को यह बताते हैं— आप अपने काम को गंभीरता से लेते हैं। आप अपने श्रोताओं का सम्मान करते हैं।

आप अपनी ग्रोथ को महत्व देते हैं। और यह अंदर का बदलाव... बाहर दिखता है। आपकी बॉडी लैंग्वेज में... आपकी आवाज़ में... आपकी उपस्थिति में...

मैं अक्सर कहता हूँ— "आपकी तैयारी लोग देख नहीं पाते... लेकिन महसूस जरूर करते हैं।"

और यह फर्क आता है— दोहराने और सुधारने में। दोहराना आसान है। सुधारना जागरूकता मांगता है। दोहराना आराम देता है। सुधारना विकास देता है।

और यही विकास— परफॉर्मर को प्रोफेशनल बनाता है। क्योंकि परफॉर्मर तालियाँ ढूंढता है। प्रोफेशनल प्रगति ढूंढता है।

तो अगली बार जब आप मंच पर जाएँ... या क्लास में... या किसी मीटिंग में... परफेक्ट बनने का दबाव मत लीजिए।

बस यह संकल्प लीजिए— "मैं पिछली बार से थोड़ा बेहतर बनूँगा।" थोड़ा स्पष्ट। थोड़ा शांत। थोड़ा ज्यादा जुड़ा हुआ।

और जब सब खत्म हो जाए... तो एक पल रुकिए। न जश्न के लिए... न आलोचना के लिए... बस रिफ्लेक्शन के लिए।

और खुद से पूछिए— "क्या मैं पिछली बार से बेहतर था?"

क्योंकि इसी सवाल में आपकी यात्रा छिपी है। और इसी यात्रा में आपका रूपांतरण।

3. एक वक्ता की पर्सनल ब्रांड

उसने अभी बोलना शुरू भी नहीं किया था... और फिर भी कमरे ने उसके बारे में राय बना ली थी।

एक औपचारिक सभा थी— प्रशासक... वरिष्ठ शिक्षक... कुछ आमंत्रित अतिथि... जैसे ही वह मंच की ओर बढ़ा, ध्यान में एक हल्का सा बदलाव आया।

कोई शोर नहीं... कोई नाटक नहीं... बस एक महसूस होने वाला परिवर्तन।

उसकी चाल संतुलित थी। कंधे सीधे। गति धीमी, मगर आत्मविश्वासी। कपड़े साधारण थे... पर सोच-समझकर चुने गए। कलाई की घड़ी... हाथ में फाइल पकड़ने का तरीका... माइक छूने से पहले का ठहराव... सब कुछ बोल रहा था। बिना एक शब्द बोले... कुछ कह दिया गया था।

प्रेज़ेंस। और यहीं से पर्सनल ब्रांड शुरू होती है। बोलने से नहीं... आने से। अक्सर लोग सोचते हैं— ब्रांडिंग मतलब लोगो... पद... उपलब्धियाँ... लेकिन एक वक्ता की ब्रांड इन सबसे अलग होती है।

वह है— लोग आपके साथ कौन-सा एहसास जोड़ते हैं। आपके बोलने से पहले उनकी क्या अपेक्षा होती है। और आपके जाने के बाद क्या याद रह जाता है।

एक बार एक प्रिंसिपल ने मुझसे पूछा— "सर, एक मजबूत पर्सनल ब्रांड कैसे बनती है?" मैंने उससे एक सवाल पूछा— "जब आपका नाम किसी कमरे में लिया जाता है, और आप वहाँ नहीं होते... तो लोग क्या कहते हैं?" वह हल्का सा मुस्कुराया। थोड़ा अनिश्चित। क्योंकि यही असली मापदंड है।

आपकी ब्रांड वह नहीं है जो आप बताते हैं। वह है जो लोग महसूस करते हैं। समय के साथ मैंने देखा— एक वक्ता की ब्रांड परतों में बनती है।

पहली परत — रूप

हम इसे हल्के में लेते हैं। लेकिन यह बोलने से पहले बोलता है। कपड़े... आपकी उपस्थिति को फ्रेम करते हैं। वे संकेत देते हैं— गंभीरता के... सजगता के... सम्मान के...

मैंने एक सेमिनार में दो वक्ताओं को देखा। दोनों की बात मजबूत थी। लेकिन प्रतिक्रिया अलग थी।

एक का रूप परिस्थिति के अनुसार था। साधारण... संतुलित... सजग।

दूसरा थोड़ा असंगत था। गलत नहीं... लेकिन मेल नहीं खा रहा था।

फर्क छोटा था। लेकिन महसूस हुआ।

क्योंकि सच यही है— लोग किताब को उसके कवर से जज करते हैं... कम से कम शुरुआत में।

और वही शुरुआत आगे की हर बात को प्रभावित करती है।

दूसरी परत — भाषा

आप क्या शब्द चुनते हैं। कैसे बोलते हैं। आवाज़ का उतार-चढ़ाव।

एक कॉर्पोरेट सेशन में एक लीडर को मैंने बोलते सुना। कोई कठिन शब्द नहीं। कोई दिखावा नहीं।

लेकिन हर वाक्य साफ था। सटीक था।

बाद में किसी ने कहा— "वह जटिल बातों को सरल बना देता है।"

यही उसकी ब्रांड थी— स्पष्टता। और स्पष्टता याद रहती है।

क्योंकि संवाद सिर्फ बोलना नहीं है।

यह है— बोलना... सुनना... समझना... और दूसरों को समझाना।

जो यह कर लेता है... वह याद रखा जाता है।

तीसरी परत — लिखने का तरीका

अक्सर नजरअंदाज होती है।

एक छात्र ने मुझे अपनी उत्तर-पुस्तिका दिखाई। विचार अच्छे थे... लेकिन प्रस्तुति बिखरी हुई।

मैंने पूछा— "इसे पढ़कर कोई आपके बारे में क्या सोचेगा?" वह चुप हो गया।

फिर दुबारा देखा। इस बार अलग नजर से।

आपकी लिखावट... आपका ढांचा... आपकी स्पष्टता...

ये सब आपके सोचने के तरीके को दिखाते हैं।

और धीरे-धीरे... ये आपकी पहचान बन जाते हैं।

चौथी परत — सोच

यहीं असली गहराई है। दबाव में आप कैसे सोचते हैं? स्थिति को कैसे समझते हैं?

बहाने ढूंढते हैं... या समाधान?

एक प्रशासनिक प्रशिक्षण में एक अधिकारी ने कहा— "मुझे समझ आया— लीडरशिप आराम में नहीं... दबाव में परखी जाती है।"

उसका ठहराव... उसका निर्णय... उसकी शांति... यही उसकी ब्रांड बन गई। लोग सिर्फ उसके शब्दों पर नहीं... उसके निर्णय पर भरोसा करने लगे।

पाँचवीं और सबसे गहरी परत — भीतर की अवस्था

आप अपने शरीर के साथ कैसा व्यवहार करते हैं। अपने मन को कैसे संभालते हैं।

मैंने एक बार कहा— "आपके पास एक ही शरीर है... कई नहीं।"

कमरा शांत हो गया।

क्योंकि हम अक्सर इसे भूल जाते हैं।

हम भाषण की तैयारी करते हैं... सेशन की तैयारी करते हैं... लेकिन खुद की तैयारी नहीं करते।

जो व्यक्ति— व्यायाम करता है... सोचता है... मन को स्थिर रखता है... अच्छे और बुरे समय दोनों के लिए तैयार रहता है...

उसकी ऊर्जा अलग होती है। जमी हुई। संतुलित।

एक बार किसी ने कहा—

"जो लोग बुरे समय के लिए तैयार रहते हैं... वे अचानक नहीं गिरते।" यह बात गहरी है।

तैयारी डर नहीं है। यह जिम्मेदारी है।

यहाँ तक कि आर्थिक सोच में भी— खर्च बाद में... प्राथमिकता पहले।

दिखावा बाद में... स्थिरता पहले।

और यह सब... धीरे-धीरे आपकी उपस्थिति को बनाता है। आपकी ब्रांड को।

क्योंकि अंत में— आपकी ब्रांड एक भाषण से नहीं बनती।

वह बनती है— पैटर्न से। दोहराए गए अनुभवों से।

निरंतर संकेतों से। धीरे-धीरे लोग आपको जोड़ने लगते हैं—

स्पष्टता से... शांति से... आत्मविश्वास से... ईमानदारी से...

और जब यह जुड़ाव बन जाता है— आपकी बातों में वजन आ जाता है। आवाज़ ऊँची नहीं होती...

लेकिन भरोसेमंद हो जाती है।

मैं अक्सर एक बात सोचता हूँ— परफॉर्मर पूछता है— "मैं आज कैसा बोला?"

प्रोफेशनल पूछता है— "मैं समय के साथ क्या बन रहा हूँ?" क्योंकि बोलना सिर्फ एक क्षण नहीं है। यह पहचान है।

तो अगली बार जब आप मंच पर जाएँ... याद रखिए— आप सिर्फ संदेश नहीं दे रहे... आप एक पैटर्न दिखा रहे हैं।

और कहीं न कहीं— कोई सिर्फ आपकी बात नहीं सुन रहा... वह तय कर रहा है— आप कौन हैं।

और शायद सबसे जरूरी सवाल यह नहीं है— "क्या उन्हें आपका भाषण पसंद आया?"

बल्कि यह है—

"जब आप बोलना बंद कर देंगे... तो लोग आपको किस बात के लिए याद रखेंगे?"

4. अगली पीढ़ी को मार्गदर्शन देना

वह मंच पर नहीं था। वह हॉल के पीछे खड़ा था। सबसे पहले यही बात ध्यान में आई। यह एक स्टूडेंट सेमिनार था— नए वक्ता... घबराहट... टूटी-फूटी आवाज़ें...

उत्साह और डर का मिश्रण...

मंच पर एक छात्र बोल रहा था। वाक्य पूरे नहीं हो पा रहे थे। हाथ हल्के काँप रहे थे। और पीछे— वह खड़ा था। वही वरिष्ठ शिक्षक... जो कभी उस संस्थान के सबसे प्रभावशाली वक्ता माने जाते थे। वह बीच में नहीं टोक रहा था। वह सुधार नहीं कर रहा था। बस देख रहा था। धैर्य से। शांत।

सेशन खत्म हुआ। छात्र नीचे आया— थोड़ा असमंजस में... कैसा बोला... पता नहीं। शिक्षक उसके पास आए। कंधे पर हल्का हाथ रखा... और कहा— "तुम सही जगह रुके थे... अगली बार बस वाक्य अधूरा मत छोड़ना।" छात्र मुस्कुराया। इसलिए नहीं कि उसकी तारीफ हुई थी... बल्कि इसलिए कि उसे दिशा मिली थी।

यही है— मेंटोरिंग। न नियंत्रण। न सिर्फ सुधार। बल्कि... शांत ढंग से आकार देना।

हर वक्ता की यात्रा में एक समय आता है— जब सिर्फ बोलना पर्याप्त नहीं रहता। जब ध्यान धीरे-धीरे बदलता है— "मैं कितना अच्छा बोल सकता हूँ?" से... "मैं कितनों को बेहतर बोलने में मदद कर सकता हूँ?" यह बदलाव छोटा लगता है। लेकिन बहुत गहरा होता है।

मुझे एक शिक्षक प्रशिक्षण याद है। एक शिक्षक ने कहा— "सर, मैंने अपनी कम्युनिकेशन तो सुधार ली... लेकिन मैं अपने छात्रों को कैसे सिखाऊँ?" सवाल सच्चा था।

क्योंकि खुद अच्छा बोलना एक कला है। दूसरों को अच्छा बोलना सिखाना— एक अलग जिम्मेदारी।

और इसके लिए सिर्फ तकनीक नहीं... कुछ और चाहिए— धैर्य। समझ। और यह विश्वास— कि सामने वाले में क्षमता है... भले ही अभी दिख न रही हो।

मैंने एक छात्र के साथ काम किया था— जो कभी बोलना नहीं चाहता था। हर बार मौका आता... वह नज़रें झुका लेता। पीछे हट जाता।

एक दिन मैंने उससे कहा— "आज तुम बोलो मत... बस देखो।" वह मान गया।

अगले कुछ दिनों में— मैंने उसे छोटे-छोटे तरीकों से जोड़ा। पहले ग्रुप में एक विचार। फिर कुछ दोस्तों के सामने एक वाक्य। फिर धीरे-धीरे थोड़ा और। कोई दबाव नहीं था। बस प्रोग्रेस थी।

कुछ हफ्तों बाद— वह खड़ा हुआ। और बोला। न परफेक्ट... न बहुत फ्लूएंट... लेकिन साहस के साथ। तालियाँ ज़ोर से नहीं थीं। लेकिन अर्थपूर्ण थीं। क्योंकि हर कोई जानता था— वह वहाँ तक कैसे पहुँचा।

यही है मेंटोरिंग। धक्का देना नहीं... विकास में साथ देना।

मेंटोरिंग करते समय एक नजरिया बदलता है। आप गलतियों को असफलता नहीं मानते। आप उन्हें स्टेज मानते हैं।

एक पुलिस ट्रेनिंग में एक अधिकारी का टोन थोड़ा कठोर था। शब्द सही थे... लेकिन अंदाज़ भारी था। ट्रेनर ने सीधे नहीं टोका। बस कहा— "दूसरे अधिकारी को ध्यान से देखो।" उसने देखा। फिर बोला। इस बार थोड़ा बदलाव था। छोटा... लेकिन स्पष्ट।

यही तरीका है— मेंटोरिंग जागरूकता लाती है। और जागरूकता... धीरे-धीरे सुधार बनाती है। मेंटोरिंग में एक विनम्रता भी होती है। क्योंकि यह आपको आपकी शुरुआत याद दिलाती है। आपकी अपनी गलतियाँ... आपकी अपनी घबराहट... आपकी अपनी यात्रा...

एक प्रिंसिपल ने कहा था— "जब मैं नए शिक्षकों को संघर्ष करते देखता हूँ... तो मैं उन्हें जज नहीं करता... मैं अपना अतीत देखता हूँ।"

यह सोच बदल देती है— आलोचना को समझ में। अधीरता को मार्गदर्शन में। और तब सीखना आसान हो जाता है। सुरक्षित हो जाता है। मानवीय हो जाता है।

मेंटोरिंग का मतलब यह नहीं है— सबको अपने जैसा बना देना। हर व्यक्ति अलग है। उसकी आवाज़ अलग है। उसका स्टाइल अलग है। उसकी ताकत अलग है।

मैं हमेशा कहता हूँ— "तुम्हें मेरे जैसा नहीं बोलना है... तुम्हें अपना तरीका ढूँढना है।" लोग मुस्कुराते हैं। क्योंकि अक्सर वे नकल करके सीखना चाहते हैं।

लेकिन असली विकास होता है— जब मार्गदर्शन पहचान को बनाए रखे... न कि उसे बदल दे।

मेंटोरिंग में एक जिम्मेदारी भी होती है। आपके शब्द असर करते हैं। आपकी प्रतिक्रिया आत्मविश्वास बनाती है। एक गलत वाक्य हतोत्साहित कर सकता है। एक सही वाक्य जगा सकता है।

एक छात्र ने मुझसे कहा— "सर, आपने पिछले साल जो एक लाइन कही थी... वह मेरे साथ रह गई।"

मैं भूल चुका था। उसने याद दिलाया— "आपने कहा था— 'तुम्हारे विचार मजबूत हैं... अब उन्हें आवाज़ भी मजबूत दो।'" साधारण वाक्य था। लेकिन उसके लिए... दिशा बन गया।

यही है मेंटोरिंग का वजन। आप भूल सकते हैं... लेकिन कोई और उसे सालों तक साथ रख सकता है।

इस प्रक्रिया में एक खुशी भी है। शांत... गहरी... संतोष देने वाली। जब कोई, जो पहले झिझकता था... अब आत्मविश्वास से बोलता है। जब कोई, जो मंच से डरता था... अब उसे अपनाता है। यह आपकी उपलब्धि नहीं है... लेकिन आपको अच्छा लगता है। क्योंकि आप उस यात्रा का हिस्सा थे।

एक बार मैंने देखा– एक पूर्व छात्र मुख्य अतिथि बनकर बोल रहा था। आवाज़ स्थिर... उपस्थिति मजबूत... संदेश स्पष्ट... और दर्शकों में– उसका शिक्षक बैठा था।

जोर से ताली नहीं बजा रहा था। कोई ध्यान नहीं खींच रहा था। बस मुस्कुरा रहा था। उस मुस्कान में– सालों की मेहनत थी। सालों का विश्वास।

यही है मेंटोरिंग का पुरस्कार। पहचान नहीं... **परिणाम।**

यह एहसास– कि आपकी आवाज़ अब दूसरों में गूंज रही है।

और शायद यही है– बोलने का सबसे ऊँचा स्तर।

जब आप खुद नहीं बोलते... लेकिन आपकी सीख किसी और के माध्यम से बोलती है।

तो एक समय पर हर वक्ता को खुद से पूछना चाहिए– "क्या मैं सिर्फ खुद बढ़ रहा हूँ... या दूसरों को भी बढ़ा रहा हूँ?" क्योंकि एक प्रोफेशनल की पहचान सिर्फ यह नहीं है– कि वह कितना अच्छा बोलता है... बल्कि यह है– कि वह कितनों को बोलने के लिए तैयार करता है।

और जब आप दूसरों को उठाते हैं– तो कुछ सुंदर होता है।

आपकी आवाज़ बढ़ जाती है। आपका प्रभाव गहरा हो जाता है।

और आपकी यात्रा... रुकती नहीं... चलती रहती है।

5. आजीवन कौशल विकास

सर्टिफिकेट उसके हाथ में था... लेकिन उसकी नज़र कहीं और थी। ट्रेनिंग प्रोग्राम का समापन था। लोग मुस्कुरा रहे थे... फोटो ले रहे थे... नंबर एक्सचेंज कर रहे थे... कमरे की ऊर्जा मेहनत से बदलकर जश्न में बदल चुकी थी।

लेकिन वह दरवाज़े के पास खड़ा था। शांत। सर्टिफिकेट हाथ में... लेकिन उसे देख नहीं रहा था। मैं उसके पास गया और पूछा– "खुश नहीं हो?" वह हल्का सा मुस्कुराया– "खुश हूँ... लेकिन सोच रहा था... यह अंत नहीं है, है ना?"

उस सवाल में सच्चाई थी। क्योंकि बहुत लोग सीखने को एक इवेंट मान लेते हैं। एक वर्कशॉप अटेंड की... कोर्स पूरा किया... सर्टिफिकेट मिला... और कहीं न कहीं अंदर से लगता है– बस, अब पूरा हो गया।

लेकिन असली विकास पूरा होने पर खत्म नहीं होता। वहीं से शुरू होता है।

एक वरिष्ठ प्रिंसिपल ने एक बार कहा था— "जिस दिन आपको लगे कि आपने काफी सीख लिया है... उसी दिन आपकी ग्रोथ रुक जाती है।" आवाज़ में कोई नाटक नहीं था। बस अनुभव था।

क्योंकि स्किल— खासतौर पर कम्युनिकेशन की स्किल— एक बार सीखकर स्थिर नहीं रहती। वह या तो— निखरती है... गहरी होती है... या धीरे-धीरे कमज़ोर पड़ जाती है।

यह इस बात पर निर्भर करता है— आप उसके साथ कैसा व्यवहार करते हैं।

मैंने ऐसे वक्ताओं को देखा है— जो अपने समय में बहुत अच्छे थे... लेकिन धीरे-धीरे एक जैसे हो गए। उनके शब्द नहीं बदले।

उनके उदाहरण नहीं बदले। उनकी सोच वहीं की वहीं रह गई। और धीरे-धीरे... उनका प्रभाव कम हो गया। क्योंकि उनकी क्षमता नहीं घटी... उनका विकास रुक गया।

एक शिक्षक ने एक बार कहा— "मैं हर साल वही विषय पढ़ाता हूँ... लेकिन हर बार उसे नए तरीके से समझने की कोशिश करता हूँ।"

यह बात गहरी है। क्योंकि दोहराव अगर सोच के बिना हो— तो रूटीन बन जाता है।

लेकिन दोहराव अगर रिफ्लेक्शन के साथ हो— तो ग्रोथ बन जाता है।

आजीवन विकास का मतलब है— ज्यादा जोड़ना नहीं... बल्कि गहराई बढ़ाना।

इस यात्रा में एक छुपी हुई चुनौती है— कंफर्ट। जब आप एक स्तर पर पहुँच जाते हैं... तो मन कहता है— "अब तुम ठीक हो... और आगे जाने की जरूरत नहीं।" और यहीं... ग्रोथ रुक जाती है।

एक युवा प्रोफेशनल ने मुझसे कहा— "सर, अब मैं ज्यादातर प्रेज़ेंटेशन आराम से कर लेता हूँ...

मुझे डर नहीं लगता।" मैंने पूछा— "अब तुम क्या सुधार रहे हो?" वह चुप हो गया।

क्योंकि कंफर्ट ने जिज्ञासा की जगह ले ली थी। और यही सबसे बड़ा खतरा है। क्योंकि मन आपको आगे नहीं बढ़ाता। वह आपको उसी स्थिति में गहराई तक ले जाता है जहाँ आप पहले से हैं।

अगर आप आराम में हैं... वह आपको और आराम देगा। अगर आप बढ़ रहे हैं... वह आपका साथ देगा।

मैंने खुद महसूस किया है— कुछ दिन ऐसे होते हैं जब मन कहता है— "आज मत करो..." "कल कर लेंगे..." "थोड़ा आराम कर लो..." और अगर आप मान लेते हैं... तो कल एक आदत बन जाता है।

लेकिन कुछ पल ऐसे भी होते हैं— जब आप बस शुरू कर देते हैं। और कुछ बदल जाता है।

आप बोलना शुरू करते हैं... और शब्द आने लगते हैं। आप अभ्यास करते हैं... और ऊर्जा बनती है।

आप मंच पर जाते हैं... और झिझक प्रेज़ेंस में बदल जाती है।

मन वही था। लेकिन स्थिति बदल गई। यही कुंजी है।

आजीवन विकास मोटिवेशन का इंतज़ार नहीं करता।

वह सही स्टेट में प्रवेश करता है— बार-बार।

एक पुलिस ट्रेनिंग में एक अधिकारी ने कहा— "मैंने खुद को मजबूर किया कम्युनिकेशन एक्सरसाइज करने के लिए... उन दिनों भी जब मन नहीं करता था..." "शुरू में मेहनत लगी... अब आदत बन गई है।"

यही बदलाव है— मेहनत से आदत तक। और जहाँ आदत बन जाती है— विकास टिकाऊ हो जाता है। क्योंकि आदत मूड पर निर्भर नहीं करती। वह कमिटमेंट पर चलती है।

आजीवन विकास का एक और पहलू है— यह सिर्फ बोलने तक सीमित नहीं है। यह है— आप कैसे सोचते हैं... कैसे देखते हैं... कैसे प्रतिक्रिया देते हैं...

मैंने छात्रों से कहा था— "अगर आप सीखने के लिए तैयार हैं... तो हर बातचीत एक क्लासरूम है।"

वे मुस्कुराए। लेकिन धीरे-धीरे उन्होंने नोटिस करना शुरू किया— लोग कैसे प्रतिक्रिया देते हैं... टोन कैसे मतलब बदलता है... पॉज़ कैसे असर बनाता है...

सीखना किताबों से आगे बढ़ गया। ज़िंदगी में आ गया। और यहीं असली विकास होता है। अलग-अलग सेशन में नहीं... निरंतर जागरूकता में।

मैंने यह अनौपचारिक जगहों पर भी देखा है— छोटी मीटिंग्स में... दोस्तों की बातचीत में... कुछ लोग चुपचाप बढ़ते हैं। वे बेहतर सुनते हैं। बेहतर सोचते हैं। बेहतर बोलते हैं। कोई घोषणा नहीं करते... लेकिन दिखता है। ग्रोथ अपनी छाप छोड़ती है। शांत... लेकिन स्पष्ट।

इस यात्रा में एक विनम्रता भी चाहिए। यह स्वीकार करना— कि हमेशा कुछ और सीखना बाकी है। कुछ और सुधारना बाकी है। कुछ और समझना बाकी है।

एक वरिष्ठ अधिकारी सालों के अनुभव के बाद भी कम्युनिकेशन ट्रेनिंग में आए।

किसी ने पूछा— "आपको क्या जरूरत है?" उन्होंने कहा— "अनुभव सिखाता है... लेकिन सीमित भी करता है... मैं यहाँ अपनी सोच बढ़ाने आया हूँ।"

यह दुर्लभ है। लेकिन शक्तिशाली है। क्योंकि सीखना आपकी ऑथोरिटी को कम नहीं करता... उसे मजबूत करता है। और समय के साथ...

लोग एक चीज़ नोटिस करते हैं— सिर्फ आपकी स्किल नहीं... आपका विकास। वे देखते हैं— आप खुद को दोहरा नहीं रहे... आप खुद को निखार रहे हैं। और यही बनाता है— सम्मान। गहरा सम्मान।

क्योंकि निरंतरता भरोसा बनाती है। लेकिन विकास प्रशंसा बनाता है।

तो एक वक्ता की यात्रा तकनीक सीखने पर खत्म नहीं होती। वह आगे बढ़ती है— खुद को साधने में। बार-बार। हर बार।

क्योंकि हर मंच अलग है। हर श्रोता अलग है। हर पल अलग है।

और प्रभावी बने रहने के लिए— आपको सीखते रहना होगा। हमेशा।

तो सवाल यह नहीं है— "आप आज कितने अच्छे हैं?"

सवाल थोड़ा गहरा है—

"क्या आप अभी भी बेहतर बन रहे हैं?"

क्योंकि जो आप जानते हैं... और जो आप बन सकते हैं...

उनके बीच ही असली यात्रा है।

और वह यात्रा... कभी खत्म नहीं होती।

15

मंच से आगे की दहाड़

1. रिश्तों में संवाद

यह कोई मंच नहीं था। न माइक... न दर्शक... न अंत में तालियों का इंतज़ार।

बस दो लोग एक टेबल के सामने बैठे थे। बात कर रहे थे... और फिर भी जुड़ नहीं रहे थे।

मैं एक छोटे सेशन के लिए गया था। लेकिन सेशन शुरू होने से पहले जो देखा... वही ज़्यादा गहरा था।

एक पिता और बेटा बात कर रहे थे। या कम से कम... ऐसा लग रहा था। पिता बोल रहे थे। बेटा सुन रहा था।

लेकिन कुछ कमी थी। समझ।

एक पल आया...बेटे ने धीरे से कहा—"आप हमेशा बताते हैं क्या करना है... लेकिन कभी नहीं सुनते कि मैं क्या महसूस करता हूँ..." आवाज़ में गुस्सा नहीं था। बस दूरी थी।

उस पल ने एक सच्चाई दिखा दी—कम्युनिकेशन की असली परीक्षा मंच पर नहीं होती... रिश्तों में होती है।

हम अक्सर सोचते हैं— कम्युनिकेशन मतलब अच्छा बोलना... सही शब्द... आत्मविश्वास... लेकिन रिश्तों में— कम्युनिकेशन इससे गहरा है।

यह सिर्फ बोलना नहीं है। यह है— सुनना... समझना... और सबसे ज़रूरी— सामने वाले को यह महसूस कराना कि उसे समझा गया है।

मैंने एक बार कहा था— "कम्युनिकेशन तब पूरा होता है जब सामने वाला खुद को सुना हुआ महसूस करे।" लोगों ने सिर हिलाया... लेकिन बात पूरी तरह बैठी नहीं।

क्योंकि चुप रहना और सुनना एक जैसी चीज़ नहीं हैं। सुनने के लिए चाहिए— ध्यान। उपस्थिति। इरादा।

मैंने कई ऐसे लोगों को देखा है— जो मंच पर बहुत अच्छा बोलते हैं... लेकिन अपने रिश्तों में जुड़ नहीं पाते। क्योंकि मंच पर— मैसेज आपके नियंत्रण में होता है। रिश्तों में— आपको उसे साझा करना होता है। और यह एक अलग कला है।

एक युवा प्रोफेशनल ने मुझसे कहा— "सर, प्रेज़ेंटेशन तो मैं आसानी से कर लेता हूँ... लेकिन घर पर बात करते समय मेरा धैर्य खत्म हो जाता है।"

यह सच है। और आम भी। क्योंकि रिश्तों में— भावनाएँ होती हैं। अपेक्षाएँ होती हैं। इतिहास होता है। और यह सब हमारे संवाद को प्रभावित करता है।

एक और बात होती है— करीबी रिश्तों में हम सावधान रहना छोड़ देते हैं। हम मान लेते हैं— सामने वाला समझ ही जाएगा। हम मान लेते हैं— उसे हमारा इरादा पता है।

और धीरे-धीरे— बातचीत सामान्य हो जाती है। बिना संरचना के। कभी-कभी लापरवाह। लेकिन जैसे मंच पर—वैसे ही यहाँ भी—आप कैसे बोलते हैं वही छाप बनाता है। फर्क बस इतना है— मंच की छाप मिट जाती है... रिश्तों की छाप रह जाती है। जुड़ती रहती है।

एक मीटिंग में मैंने देखा—

एक व्यक्ति बार-बार दूसरे को बीच में रोक रहा था। इरादा गलत नहीं था... बस आदत थी।

मीटिंग के बाद दूसरे ने कहा— "जब आप बीच में बोलते हैं... तो लगता है मेरी बात मायने नहीं रखती।"

यह कोई बड़ा झगड़ा नहीं था। लेकिन एक संकेत था। क्योंकि कम्युनिकेशन सिर्फ यह नहीं है कि आप क्या कहते हैं... यह है— आप बोलते समय सामने वाले को कैसा महसूस कराते हैं।

हम कहते हैं— पहली छाप बहुत महत्वपूर्ण होती है। रिश्तों में— थोड़ा अलग है। यहाँ आपको कई मौके मिलते हैं। लेकिन हर बातचीत एक निशान छोड़ती है। धीरे-धीरे— वही निशान पैटर्न बनाते हैं। और वही पैटर्न—रिश्ता बनाता है... या दूरी।

एक छात्र ने मुझसे पूछा— "सर, मैं अपने माता-पिता से बेहतर कम्युनिकेशन कैसे करूँ?" मैंने कोई तकनीक नहीं दी। बस एक बदलाव दिया— "अगली बार जब बात करो... अपनी बात साबित करने की कोशिश मत करो..." "उनकी बात समझने की कोशिश करो।"

वह चुप हो गया। क्योंकि ज़्यादातर बातचीत समझने के लिए नहीं होती... जीतने के लिए होती है। और जब जीत लक्ष्य बन जाती है... तो जुड़ाव हार जाता है।

टोन का भी बड़ा रोल होता है। शब्द अर्थ देते हैं... टोन भावना देती है। एक ही वाक्य— अलग टोन में बोले— तो असर बदल जाता है। रिश्तों में यह और भी महत्वपूर्ण है। लोग शब्द भूल सकते हैं... लेकिन एहसास नहीं भूलते।

एक प्रिंसिपल ने बताया— उन्होंने अपने स्टाफ से बात करने का तरीका बदला। सीधे आदेश देने के बजाय— कारण समझाना शुरू किया।

शुरू में समय लगा... लेकिन धीरे-धीरे— सहयोग बढ़ा... विरोध कम हुआ... क्योंकि लोगों को सम्मान महसूस हुआ। और सम्मान— हर रिश्ते की नींव है।

समय का भी महत्व है। हर बात हर समय नहीं कही जाती। कई रिश्ते इसलिए नहीं बिगड़ते कि क्या कहा गया... बल्कि इसलिए कि कब कहा गया।

कम्युनिकेशन में जागरूकता चाहिए— परिस्थिति की... भावना की... तैयारी की...कभी-कभी— चुप रहना बेहतर होता है। कभी— इंतज़ार करना समझदारी होती है। और कभी— सिर्फ "मैं समझ रहा हूँ" कहना सबसे शक्तिशाली होता है।

एक दोस्त ने मुझसे कहा— "मुझे अभी सलाह नहीं चाहिए... बस कोई सुन ले..." यह स्पष्टता दुर्लभ है। लेकिन जब समझ आती है— तो संवाद बदल जाता है। क्योंकि हर बातचीत समाधान नहीं मांगती। कुछ सिर्फ उपस्थिति मांगती हैं।

एक और गहरी परत है— स्वयं की जागरूकता। आप दबाव में कैसे प्रतिक्रिया देते हैं? तुरंत? या रुककर?

वह छोटा सा पॉज़ बहुत शक्तिशाली होता है। वह जगह बनाता है। और उस जगह में— संवाद सजग हो जाता है।

मैंने खुद महसूस किया है— मन आपको उसी दिशा में ले जाता है जहाँ आप पहले से हैं। अगर आप चिड़चिड़े हैं... वह आपको और चिड़चिड़ा बनाएगा। अगर आप शांत हैं... वह उसी शांति को बढ़ाएगा।

इसलिए रिश्तों में सबसे बड़ा काम है— अपनी स्टेट संभालना। अगर आप गुस्से में बातचीत शुरू करेंगे— तो वही दिशा बनेगी।

लेकिन अगर आप रुकें... सांस लें... अपने आप को संतुलित करें... तो वही स्थिति

अलग तरह से खुलती है। यहीं परिपक्वता है।

दूसरों को नियंत्रित करने में नहीं...खुद को संभालने में।

और शायद यही है—मंच से आगे का संवाद।

मंच पर—आप अपने शब्द तैयार करते हैं।

रिश्तों में—आप खुद को तैयार करते हैं।

क्योंकि यहाँ—कोई स्क्रिप्ट नहीं होती। कोई दर्शक नहीं होता। कोई तालियाँ नहीं होतीं।

सिर्फ एक चीज़ होती है—जुड़ाव। सच्चा...मानवीय...गहरा जुड़ाव।

और सवाल यह नहीं है—"आपने कितना अच्छा बोला?"

सवाल थोड़ा शांत है...लेकिन गहरा—

"जब आपने बात की... तो क्या सामने वाले को लगा कि उसे समझा गया?"

2. करियर और नेतृत्व में बोलना

मीटिंग शुरू हो चुकी थी... उसके बोलने से पहले ही। टेबल के चारों ओर लोग बैठे थे— फाइलें खुली हुई... लैपटॉप तैयार... नज़रें कभी कागज़ पर... कभी एक-दूसरे पर... यह एक सामान्य रिव्यू मीटिंग थी। हर हफ्ते होने वाली।

लेकिन उस दिन कुछ अलग था। एक नया अधिकारी आया था। उसने अभी तक एक शब्द नहीं कहा था... फिर भी लोग उसे नोटिस कर चुके थे। वह कैसे अंदर आया... कैसे उसने अभिवादन किया... कैसे बैठा— शांत... सजग... संतुलित...

जब उसकी बारी आई— उसने जल्दी नहीं की। टीम की ओर देखा... हल्का सा ठहराव लिया... और फिर बोला। न ज़ोर से... न दबाव के साथ... बस स्पष्ट।

कुछ ही मिनटों में कुछ बदल गया। लोग सिर्फ सुन नहीं रहे थे... वे उसका अनुसरण कर रहे थे।

यही है— करियर और नेतृत्व में बोलने की असली ताकत। यह इस बात पर नहीं है कि आप कितना बोलते हैं... यह इस पर है— जब आप बोलते हैं तो लोग आपको कैसे देखते हैं।

मैंने कई प्रोफेशनल्स को देखा है— ज्ञान है... अनुभव है... पद है... लेकिन प्रभाव नहीं है। क्यों? क्योंकि वे अपनी बात ऐसे नहीं कह पाते— कि लोग समझें... स्वीकार करें... और उस पर काम करें।

नेतृत्व में कम्युनिकेशन विकल्प नहीं है। यह आधार है।

एक कॉर्पोरेट सेशन में एक सीनियर लीडर ने कहा— "मुझे पता है क्या करना है... लेकिन मेरी टीम उसे वैसे लागू नहीं करती..."

मैंने पूछा— "क्या वे उसे वैसे समझते हैं जैसे आप चाहते हैं?" वह चुप हो गया। क्योंकि निर्देश देना और समझ बनाना—दो अलग चीज़ें हैं।

नेतृत्व वहीं शुरू होता है— जहाँ स्पष्टता शुरू होती है। और स्पष्टता— कहनी पड़ती है। मान ली नहीं जाती।

मैं अक्सर कहता हूँ— कम्युनिकेशन के चार हिस्से हैं— बोलना... सुनना... समझना... और समझाना... नेतृत्व में चौथा हिस्सा सबसे महत्वपूर्ण हो जाता है।

क्योंकि अब आपकी सफलता आपके ज्ञान से नहीं मापी जाती... आपकी टीम के काम से मापी जाती है। और टीम वही करती है जो वह समझती है।

एक प्रिंसिपल मीटिंग में एक स्कूल लीडर ने बताया—उसने अपनी संस्था बदली...पॉलिसी बदलकर नहीं...कम्युनिकेशन बदलकर।

उसने निर्णय समझाने शुरू किए...ज़्यादा सुनना शुरू किया...शिक्षकों को चर्चा में शामिल किया...धीरे-धीरे—विरोध कम हुआ...जिम्मेदारी बढ़ी...

क्योंकि लोग निर्देश नहीं ले रहे थे...वे जुड़ रहे थे।यही है—लीडरशिप कम्युनिकेशन। यह दिशा नहीं देता...संरेखण बनाता है।

प्रोफेशनल जगहों पर प्रेज़ेंस भी बहुत महत्वपूर्ण है। आपके बोलने से पहले— आप देखे जाते हैं। आपका पहनावा... आपकी बॉडी लैंग्वेज...आपकी तैयारी...सब कुछ बोलता है।

मैंने एक कॉन्फ्रेंस में देखा— दोनों वक्ता समान ज्ञान वाले थे... लेकिन एक ने तुरंत प्रभाव बना दिया। शब्दों से नहीं... उपस्थिति से।

उसका पहनावा अवसर के अनुसार था। उसका खड़ा होना संतुलित था। उसकी हर हरकत में नियंत्रण था। यह दिखावा नहीं था... यह सजगता थी।

क्योंकि प्रोफेशनल माहौल में—लोग पहले देखते हैं...फिर सुनते हैं। और वही देखने का अनुभव
आपकी बात को प्रभावित करता है।

अब आती है—भाषा। जटिलता नहीं... स्पष्टता।

मैंने कई नेताओं को देखा है— जो प्रभाव खो देते हैं... क्योंकि वे समझाने के बजाय प्रभावित करने की कोशिश करते हैं। भारी शब्द...लंबे वाक्य...तकनीकी भाषा... लेकिन असली नेतृत्व—सरल बनाता है। जटिल को स्पष्ट करता है।

एक प्रशासनिक ट्रेनिंग में एक अधिकारी ने जटिल नीति को बहुत सरल शब्दों में समझाया। कोई कठिन भाषा नहीं। कोई अनावश्यक विवरण नहीं।

सेशन के बाद किसी ने कहा— "पहली बार समझ आया।" यही है प्रभाव। जब लोग आपकी भाषा की तारीफ नहीं करते...बल्कि आपके अर्थ को समझते हैं।

नेतृत्व में सोच भी बहुत महत्वपूर्ण है। दबाव में आप कैसे प्रतिक्रिया देते हैं? अनिश्चितता में क्या करते हैं?

एक पुलिस ट्रेनिंग में एक घटना साझा की गई— स्थिति तनावपूर्ण थी... लेकिन अधिकारी ने तुरंत प्रतिक्रिया नहीं दी। रुका...सोचा...फिर शांत होकर बोला।

उसके शब्दों ने स्थिति को बिगाड़ा नहीं... संभाल लिया।

बाद में उसने कहा— "ऐसे समय में आपकी सोच ही आपकी कम्युनिकेशन बन जाती है।" यह बात गहरी है। क्योंकि नेतृत्व तैयार भाषणों में नहीं परखा जाता...

अचानक आए क्षणों में परखा जाता है। और उन क्षणों में— आपका मानसिक स्तर आपके शब्दों से पहले बोलता है।

एक और परत है— आपकी अंदरूनी स्थिति। आपकी ऊर्जा। आपका संतुलन।

मैंने देखा है— जो लोग अपने शरीर और मन का ध्यान रखते हैं... वे अलग तरह से बोलते हैं। उनकी आवाज़ में स्थिरता होती है। उनकी सोच में स्पष्टता होती है। उनकी प्रतिक्रिया में संतुलन होता है।

क्योंकि कम्युनिकेशन सिर्फ बाहर नहीं होता... वह अंदर से आता है।

एक बार किसी ने कहा— "अगर आप खुद को संभाल नहीं सकते... तो दूसरों को कैसे संभालेंगे?"

सरल बात है। लेकिन गहरी।क्योंकि आपकी ऊर्जा...आपकी भावना...आपकी स्थिति... सब कुछ आपकी कम्युनिकेशन में दिखता है। और लोग उसे महसूस करते हैं। बिना कहे भी।

नेतृत्व की यात्रा में एक और पैटर्न होता है। जब आप आगे बढ़ते हैं— शुरू में लोग मज़ाक उड़ाते हैं। फिर अनदेखा करते हैं। फिर आलोचना करते हैं। और कभी-कभी विरोध भी करते हैं।

लेकिन अगर आप चलते रहते हैं... स्पष्टता के साथ... ईमानदारी के साथ... निरंतरता के साथ... तो धीरे-धीरे— वही लोग सुनने लगते हैं। सम्मान करने लगते हैं। मानने लगते हैं।

क्योंकि समय के साथ— निरंतरता भरोसा बनाती है। और भरोसा— आपके शब्दों को वजन देता है।

यहीं बोलना प्रभाव बन जाता है। जबरदस्ती नहीं... कमाया हुआ।

मैं अक्सर सोचता हूँ— परफॉर्मर बोलता है प्रभावित करने के लिए। प्रोफेशनल बोलता है अभिव्यक्ति के लिए। लेकिन लीडर बोलता है— **परिवर्तन के लिए।** लोगों को जोड़ने के लिए। दिशा देने के लिए। कुछ बड़ा बनाने के लिए।

तो जब आप अपने करियर में बोलें—याद रखिए—आप सिर्फ जानकारी नहीं दे रहे...आप धारणा बना रहे हैं। आप भरोसा बना रहे हैं। आप क्रिया को प्रभावित कर रहे हैं।

और सवाल यह नहीं है—"क्या उन्होंने आपको सुना?"

सवाल यह है—"क्या उन्होंने आप पर इतना विश्वास किया... कि वे आपके अनुसार काम करें?"

क्योंकि अंत में— नेतृत्व पद नहीं है। यह प्रभाव है। और प्रभाव... हमेशा संवाद से बनता है।

3. शब्दों से विरासत बनाना

हॉल लगभग खाली हो चुका था। जो कुर्सियाँ पहले भरी हुई थीं... अब खामोशी में बिखरी पड़ी थीं। कुछ लोग अभी भी दरवाज़े के पास खड़े थे— किसी बात पर गहराई से चर्चा करते हुए। प्रोग्राम खत्म हुए आधा घंटा हो चुका था... लेकिन मंच पर बोले गए शब्द अभी भी कमरे में ज़िंदा थे।

मैं थोड़ा दूर खड़ा था। वक्ता को नहीं... **प्रभाव को देख रहा था**। क्योंकि विरासत वहीं से शुरू होती है— बोलते समय नहीं... बल्कि बोलने के बाद के क्षणों में।

एक युवा मेरे पास आया और बोला— "सर, मुझे सब कुछ याद नहीं... लेकिन अंदर कुछ बदल गया है।" यह बात मेरे साथ रह गई।

क्योंकि लोग शब्द याद नहीं रखते... वे अहसास याद रखते हैं। और जब अहसास टिक जाता है— वह निर्णय बदलता है... वह व्यवहार बदलता है... कभी-कभी जीवन भी बदल देता है।

यही है— **विरासत**। यह एक दिन में नहीं बनती। एक भाषण से नहीं बनती। यह बनती है— हर उस बार जब आपके शब्द पल से आगे जाकर असर छोड़ते हैं।

मैं अक्सर पूछता हूँ— "जब आप कमरे में नहीं होते... तो लोग आपको किस बात के लिए याद करते हैं?"

कुछ कहते हैं— ज्ञान... कुछ कहते हैं— आत्मविश्वास... कुछ कहते हैं— सफलता... लेकिन बहुत कम लोग कहते हैं— **प्रभाव**। और फिर भी... अंत में वही रहता है।

मुझे एक शिक्षक प्रशिक्षण याद है। कोई बड़ा मंच नहीं था। कोई विशेष व्यवस्था नहीं। बस एक साधारण कमरा... ब्लैकबोर्ड... और दिनभर पढ़ाने के बाद आए शिक्षक।

बीच में एक शिक्षक ने एक बात साझा की— उनकी स्कूल लाइफ की। उनके शिक्षक ने उनसे कहा था— "तुम जितना सोचते हो, उससे ज्यादा कर सकते हो।"

बस इतना। कोई लंबा भाषण नहीं। कोई नाटकीय क्षण नहीं। लेकिन वही वाक्य उनके जीवन का मोड़ बन गया।

सालों बाद... वह खुद अपने छात्रों से वही बात कह रही थीं। यही है शब्दों की यात्रा। ज़ोर से नहीं... गहराई से। और जब शब्द लोगों के माध्यम से आगे बढ़ते

हैं— वे बढ़ते जाते हैं। गुणा होते जाते हैं।

एक प्रशासनिक मीटिंग में एक अधिकारी ने बताया— उनके मेंटर ने उनसे कहा था— "पद के पीछे मत भागो... क्षमता बनाओ।" शुरू में समझ नहीं आया। लेकिन समय के साथ— वही शब्द उनके निर्णयों का आधार बन गए।

काम करने का तरीका... नेतृत्व करने का तरीका... बोलने का तरीका... सब बदल गया। क्योंकि सच्चे शब्द भीतर की आवाज़ बन जाते हैं। और वह आवाज़ वक्त के बाद भी मार्गदर्शन करती है।

एक और बात महत्वपूर्ण है— इरादा। आप क्यों बोलते हैं? प्रभावित करने के लिए? जानकारी देने के लिए? या परिवर्तन लाने के लिए? इरादा ही असर तय करता है।

एक कॉर्पोरेट सेशन में किसी ने पूछा— "मेरी कम्युनिकेशन प्रभावशाली कैसे बने?" मैंने पूछा— "आप चाहते हैं लोग आपको सुनें... या आपके कारण बदलें?"

वह मुस्कुराया। क्योंकि जवाब साफ था। प्रभाव का मतलब ध्यान नहीं है... परिवर्तन है। और परिवर्तन के लिए चाहिए— सच्चाई... स्पष्टता... निरंतरता... सिर्फ शब्द काफी नहीं होते। जीवन भी उन शब्दों के साथ होना चाहिए। अगर अंतर है— तो असर कम हो जाता है।

लेकिन जब शब्द और कर्म एक हो जाएँ— तो कुछ शक्तिशाली होता है। भरोसा बनता है। और भरोसा आपकी आवाज़ को वजन देता है।

मैं अक्सर एक बात से इसे जोड़ता हूँ—

दुनिया सिर्फ नरमी से नहीं चलती... वह ताकत को भी पहचानती है। लेकिन यह ताकत आक्रामकता नहीं है... यह स्थिर शक्ति है। एक संतुलित शक्ति। जो डर नहीं पैदा करती... सम्मान पैदा करती है।

जब आप भीतर से तैयार होते हैं... जब आप मजबूत होते हैं... तो आपकी आवाज़ में एक अलग ऊर्जा होती है। न ज़बरदस्ती... न शोर... बस स्थिरता।

और लोग महसूस करते हैं— इन शब्दों के पीछे कुछ है। सिर्फ आवाज़ नहीं... सार है।

मैंने ऐसे लोगों को देखा है— जिनके पास सब कुछ था— पद... संसाधन... मौके... लेकिन उनकी बात में असर नहीं था।

और ऐसे भी लोग देखे— जिनके पास बहुत कम था... लेकिन जब वे बोलते थे— लोग सुनते थे।

क्यों? क्योंकि उन्होंने भीतर कुछ बनाया था— ज्ञान... चरित्र... स्पष्टता...

यही हैं स्थायी कम्युनिकेशन की नींव। और यही असली विरासत है।

आप क्या जमा करते हैं...यह नहीं। आप क्या बनते हैं...यह महत्वपूर्ण है।

क्योंकि आप जो बनते हैं—वही तय करता है आप क्या बोलते हैं।

और आप जो बोलते हैं—वही तय करता है लोग क्या बनते हैं।

एक छात्र ने मुझसे पूछा— "सर, लोग मुझे कैसे याद रखें?" मैंने कहा— "याद रहने की कोशिश मत करो..." "लोगों को सक्षम महसूस कराने की कोशिश करो।"

वह चौंका। लेकिन यहीं बदलाव है। अपने से... दूसरों की ओर। ध्यान से... योगदान की ओर।

जब आपके शब्द— किसी को उठाते हैं... मजबूत बनाते हैं... दिशा देते हैं... तब वे टिकते हैं।

इसलिए नहीं कि वे प्रभावशाली थे... बल्कि इसलिए कि वे अर्थपूर्ण थे।

इसके पीछे एक अनुशासन भी है— पढ़ना... सोचना... अपने विचारों को निखारना... क्योंकि आपके शब्दों की गहराई आपकी सोच की गहराई पर निर्भर करती है।

और सोच बढ़ती है— अनुभव से... किताबों से... संवाद से...

मैंने यह बार-बार देखा है— जो लोग अपने मन में निवेश करते हैं... वे अलग तरह से बोलते हैं। उनके शब्दों में समृद्धि होती है। उनकी बातों में स्पष्टता होती है।

और धीरे-धीरे— वही स्पष्टता प्रभाव बनती है। और वही प्रभाव— विरासत बनता है। लेकिन विरासत आप घोषित नहीं करते। वह लोग तय करते हैं।

जो वे आपसे लेकर जाते हैं... जो वे आगे दोहराते हैं... जो वे आपके कारण बनते हैं...

और सच यह है— आप शायद कभी पूरी तरह देख भी नहीं पाएँगे।

जैसे वह शिक्षक... जिन्हें नहीं पता था कि एक वाक्य ने कितना असर किया।

जैसे वह मेंटर... जिनके शब्द आज भी निर्णय बना रहे हैं।

विरासत शांत होती है।

क्षण में अदृश्य... लेकिन समय के साथ शक्तिशाली।

तो जब आप बोलें— क्लास में... मीटिंग में... किसी बातचीत में... या मंच पर...

याद रखिए— आप सिर्फ शब्द नहीं दे रहे।

आप कुछ बो रहे हैं।

एक विचार। एक विश्वास। एक दिशा।

और आपको शायद कभी पता न चले— वह कहाँ उगेगा।

लेकिन उगेगा। कहीं... किसी में... किसी समय।

और शायद यही कम्युनिकेशन की सबसे खूबसूरत बात है— आपकी आवाज़...

अगर इरादे से भरी हो... तो वह पल से आगे जा सकती है।

कमरे से आगे जा सकती है।

यहाँ तक कि आपसे भी आगे जा सकती है।

तो सवाल यह नहीं है— "आपने कितना अच्छा बोला?"

सवाल है— "आपके बोलने के बाद... क्या बाकी रह गया?"

4. बिना डर के खुद को व्यक्त करना

उसने हाथ उठाया...और फिर धीरे से नीचे कर लिया। किसी ने नोटिस नहीं किया। कमरे में चर्चा चलती रही— विचार आ रहे थे... आवाज़ें एक-दूसरे से टकरा रही थीं... लोग पूरे आत्मविश्वास से अपनी बात रख रहे थे... लेकिन वह चुप था। उसके विचार उसके मन और उसकी झिझक के बीच कहीं अटक गए थे।

सेशन खत्म होने के बाद वह मेरे पास आया और बोला— "सर, मुझे कुछ कहना था... लेकिन समझ नहीं आया सही है या नहीं।"

मैंने शांत होकर पूछा— "क्या रोका तुम्हें?" वह थोड़ा रुका... फिर बोला— "अगर लोगों ने जज किया तो?" यही सवाल... सबसे ज़्यादा आवाज़ों को रोकता है। ज्ञान की कमी से ज़्यादा।

क्योंकि डर यह नहीं होता कि हमें क्या कहना है... डर यह होता है— **कहने के बाद क्या होगा।**

मैंने यह डर हर जगह देखा है— क्लासरूम में... मीटिंग रूम में... ऑफिस में... यहाँ तक कि अनुभवी लोगों में भी।

लोगों के पास विचार होते हैं... समझ होती है... कभी-कभी समाधान भी होते हैं... फिर भी वे चुप रहते हैं।

क्योंकि वे असमर्थ नहीं हैं... वे सतर्क हैं। जजमेंट से सतर्क... रिजेक्शन से सतर्क... गलत समझे जाने से सतर्क... और धीरे-धीरे— यह सतर्कता आदत बन जाती है।

चुप रहना सहज लगने लगता है। लेकिन इस सहजता की कीमत होती है— अपनी अभिव्यक्ति खो देना। अपनी पहचान खो देना। अपनी वृद्धि रोक देना।

मुझे एक ट्रेनिंग सेशन याद है। मैंने प्रतिभागियों से कहा— "अपनी राय बताइए।" शुरू में कुछ ही लोग बोले। बाकी सिर्फ सुनते रहे... सिर हिलाते रहे... लेकिन सुरक्षित दायरे में रहे।

फिर मैंने एक छोटी सी बात कही— "यहाँ कोई गलत जवाब नहीं है... सिर्फ ईमानदार जवाब हैं।"

कुछ बदल गया। धीरे-धीरे और हाथ उठे। आवाज़ें साफ होने लगीं।

और सेशन के अंत तक— पूरा कमरा जीवंत हो गया। ज्ञान अचानक नहीं बढ़ा था... सुरक्षा का अहसास बढ़ा था।

लेकिन सच यह है— ऐसा माहौल हमेशा नहीं मिलता। इसलिए जिम्मेदारी बदल जाती है। कमरे से... आप पर। क्योंकि बिना डर के बोलना इस बात पर नहीं है कि लोग जज करेंगे या नहीं... यह इस पर है— कि आपमें साहस है या नहीं।

मुझे एक टीचर मीटिंग याद है।

एक युवा शिक्षक ने थोड़ा अलग विचार रखा। कुछ पल के लिए सन्नाटा छा गया। तनाव महसूस हो रहा था। वह खुद भी असमंजस में था।

फिर एक सीनियर शिक्षक ने कहा— "यह एक नया नजरिया है।" बस... वातावरण बदल गया। वही विचार जो खारिज हो सकता था... अब चर्चा का हिस्सा बन गया।

यही है अभिव्यक्ति की ताकत। यह गारंटी नहीं देती कि लोग तुरंत मान लेंगे... लेकिन यह संभावना जरूर बनाती है। और संभावना ही विकास की शुरुआत है।

एक और सच्चाई है— लोग आपको उतना जज नहीं कर रहे होते जितना आप सोचते हैं। वे अपने ही विचारों में व्यस्त हैं... अपनी चिंताओं में... अपनी असुरक्षाओं में...

आप पर जो रोशनी आपको महसूस होती है... वह वास्तव में इतनी तेज़ नहीं होती। लेकिन मन उसे बढ़ा देता है।

मैंने हमेशा देखा है— मन आपको वहीं बनाए रखना चाहता है जहाँ आप अभी हैं। अगर आप चुप हैं— वह आपको और चुप रखेगा। अगर आप हिचकिचा रहे हैं— वह उस हिचकिचाहट को और मजबूत करेगा।

लेकिन जैसे ही आप थोड़ा बदलते हैं— मन आपका साथ देने लगता है। एक बार बोलिए... दूसरी बार आसान लगेगा। एक बार अपनी बात रखिए... अगली बार डर कम लगेगा।

आत्मविश्वास पहले नहीं आता... अभिव्यक्ति के बाद आता है।

मुझे एक छात्र याद है— जो एक वाक्य भी बोल नहीं पाता था। आवाज़ काँपती थी... शब्द टूट जाते थे... कभी-कभी बीच में ही रुक जाता था।

लेकिन उसने कोशिश जारी रखी। एक वाक्य... दो वाक्य... फिर एक छोटा उत्तर... और धीरे-धीरे— वह क्लास के सामने बोलने लगा।

परफेक्ट नहीं... लेकिन सच्चा। और वही सच्चाई लोगों को जोड़ती है। क्योंकि लोग परफेक्शन से नहीं जुड़ते... वे वास्तविकता से जुड़ते हैं।

एक बात समझना ज़रूरी है—बिना डर के बोलना बिना सोचे बोलना नहीं है। यह बिना बेवजह के संदेह के बोलना है।

यह अपने विचार पर इतना भरोसा करना है कि आप उसे साझा करें। चाहे वह अधूरा हो... चाहे वह अलग हो... क्योंकि अलग होना ही आपकी ताकत है।

मैंने नेतृत्व की बैठकों में भी देखा है— जब कोई व्यक्ति सम्मान के साथ असहमति जताता है... स्पष्टता के साथ बोलता है... बिना आक्रामक हुए... तो लोग उसे सुनते हैं।

क्योंकि बात सिर्फ क्या कह रहे हैं यह नहीं है... कैसे कह रहे हैं यह भी है।

स्पष्टता... सम्मान... दृढ़ता... ये आपकी आवाज़ के लिए जगह बनाते हैं।

एक और गहरी बात—अभिव्यक्ति और पहचान जुड़ी हुई हैं।

जब आप बार-बार अपनी बात दबाते हैं... तो आप खुद ही नहीं समझ पाते कि आप वास्तव में क्या सोचते हैं।

लेकिन जब आप बोलते हैं— ईमानदारी से... नियमित रूप से... तो आपकी सोच साफ होने लगती है।

आपके विचार तेज़ होने लगते हैं। आपकी आवाज़ मजबूत होने लगती है।

मैं अक्सर कहता हूँ— “आपकी आवाज़ एक मांसपेशी की तरह है।” अगर आप उसे इस्तेमाल नहीं करते— वह कमजोर हो जाती है।

अगर करते हैं— वह मजबूत हो जाती है। शुरुआत में असहज लगेगा... लेकिन वही असहजता विकास का संकेत है।

एक और संतुलन ज़रूरी है— ताकत और विनम्रता। ताकत आपकी आवाज़ को सुनाई देती है...विनम्रता उसे स्वीकार्य बनाती है।

जब दोनों साथ आते हैं—तो आपकी बात में एक अलग ही प्रभाव होता है।

दृढ़...लेकिन खुला। आत्मविश्वासी...लेकिन जमीन से जुड़ा।

और यही संतुलन भरोसा बनाता है। और भरोसा आपकी आवाज़ को और मजबूत करता है।

क्योंकि लोग उन्हीं को सुनते हैं... जिन पर उन्हें भरोसा होता है।

अंत में— बिना डर के बोलना सिर्फ कम्युनिकेशन नहीं है...

यह स्वतंत्रता है। सोचने की स्वतंत्रता... बोलने की स्वतंत्रता... खुद को होने की स्वतंत्रता...

और यह स्वतंत्रता कोई देता नहीं है... इसे लेना पड़ता है।

हर बार जब आप बोलते हैं... हर बार जब आप डर के बावजूद बोलते हैं...

हर बार जब आप खुद को रोकते नहीं... आप इसे हासिल करते हैं।

क्योंकि दुनिया को सिर्फ और वक्ता नहीं चाहिए... उसे सच्ची आवाज़ें चाहिए।

ऐसी आवाज़ें जो डर से नहीं... स्पष्टता से निकलें।

ऐसी आवाज़ें जो संदेह से नहीं... उद्देश्य से मजबूत हों।

तो अगली बार... जब आपका हाथ उठे— उसे नीचे मत कीजिए।

अपनी आवाज़ को भी उठने दीजिए।

परफेक्ट नहीं... पूरी तरह निडर नहीं... लेकिन ईमानदारी से।

क्योंकि कई बार—

सबसे ताकतवर दहाड़ एक काँपती हुई आवाज़ से शुरू होती है...

जिसने बोलने का फैसला किया।

5. अगर नेतृत्व करना है... तो बोलना सीखिए

कमरा भरा हुआ था। योग्य लोगों से। दीवारों पर डिग्रियाँ थीं... फाइलों में अनुभव था... और सालों की मेहनत उनके पीछे खड़ी थी।

लेकिन जैसे ही चर्चा शुरू हुई— कुछ अलग हुआ। सिर्फ दो या तीन आवाज़ें पूरे कमरे पर हावी थीं।

बाकी लोग सुन रहे थे। इसलिए नहीं कि उनके पास विचार नहीं थे... बल्कि इसलिए कि वे उन्हें व्यक्त नहीं कर रहे थे। और मीटिंग के अंत तक— निर्णय हो चुके थे।

ज़रूरी नहीं कि सबसे जानकार लोगों ने लिए हों... बल्कि उन लोगों ने जो साफ़ और दृढ़ता से बोल पाए।

उस दिन एक सच्चाई फिर सामने आई— **ज्ञान आपको संभावना देता है... लेकिन अभिव्यक्ति आपको शक्ति देती है।**

मुझे एक प्रतिभागी याद है, उसने कहा— “सर, मुझे उस व्यक्ति से ज्यादा पता है जो मीटिंग चला रहा है... फिर भी मुझे वही सम्मान नहीं मिलता।”

मैंने पूछा— “क्या आप उतना बोलते हैं जितना जानते हैं?”

वह मुस्कुराया। क्योंकि जवाब उसे पता था।

नेतृत्व सिर्फ इस बात पर नहीं है कि आपके अंदर क्या है... यह इस पर है— कि आप उसे बाहर कैसे लाते हैं। और यह पुल— कम्युनिकेशन से बनता है।

मैं अक्सर एक बात सोचता हूँ— अगर आपको नेतृत्व करना है... तो आपको बोलना सीखना होगा। सिर्फ बोलना नहीं... ऐसे बोलना— जो दिशा बदल सके।

क्योंकि नेतृत्व घोषित नहीं होता... पहचाना जाता है। और पहचान आती है— दिखने से। आपके विचार दिखने चाहिए... आपकी आवाज़ सुनाई देनी चाहिए... आपकी स्पष्टता महसूस होनी चाहिए...

एक प्रशासनिक ट्रेनिंग में एक अधिकारी ने कहा— "मैं ईमानदारी से काम करता हूँ... लेकिन जो लोग अच्छा बोलते हैं, वही आगे बढ़ते हैं।"

उसकी आवाज़ में कोई शिकायत नहीं थी... बस एक उलझन थी। और शायद एक समझ भी।

क्योंकि दुनिया हमेशा मेहनत को सीधे नहीं देखती... वह परिणाम को देखती है। और परिणाम— अक्सर बताए जाते हैं।

मैंने उससे कहा— "आपका काम बोलता है... लेकिन तभी, जब आप उसे आवाज़ देते हैं।"

यह दिखावा नहीं है। यह प्रतिनिधित्व है— आपकी सोच का... आपकी मेहनत का... आपके दृष्टिकोण का... अगर यह नहीं होगा— तो आपका काम भी अदृश्य रह सकता है।

एक और गहरी बात— बोलना सिर्फ बाहर की चीज़ नहीं है। यह आपकी पहचान को भी बदलता है। जब आप अपनी बात साफ़-साफ़ रखना शुरू करते हैं— तो आप खुद को अलग तरह से देखने लगते हैं।

सिर्फ जानने वाले के रूप में नहीं... नेतृत्व करने वाले के रूप में। यह बदलाव धीरे होता है... लेकिन गहरा होता है। मैंने कई लोगों को बदलते देखा है— कुछ नया सीखकर नहीं... बल्कि जो जानते थे उसे व्यक्त करके।

एक और सच्चाई है— सम्मान अक्सर ताकत का अनुसरण करता है। शोर की नहीं... आक्रामकता की नहीं... बल्कि स्पष्टता वाली ताकत की।

जब आप समझ के साथ बोलते हैं... जब आपके शब्दों में सोच होती है... जब आपकी आवाज़ में संतुलन होता है... तो लोग अलग तरह से सुनते हैं। वे हमेशा सहमत नहीं होंगे... लेकिन वे आपको नज़रअंदाज़ नहीं करेंगे।

मैंने एक बार कहा था— कमज़ोर और चुप रहने से बेहतर है सक्षम और संतुलित होना।

ताकत, जब अनुशासन के साथ हो— तो प्रभाव बनाती है। क्योंकि लोग उन पर भरोसा करते हैं— जो स्थिर दिखते हैं... तैयार दिखते हैं... और अपने रास्ते को लेकर स्पष्ट होते हैं। और यह सब— आपके बोलने में दिखता है।

एक कॉर्पोरेट वर्कशॉप में मैंने एक सीनियर लीडर को बोलते देखा। कोई कठिन भाषा नहीं... कोई ऊँची आवाज़ नहीं... लेकिन आवाज़ में एक दृढ़ता थी। एक शांत अधिकार।

जब वह बोले— लोगों ने सुना। इसलिए नहीं कि उन्हें सुनना पड़ा... बल्कि इसलिए कि वे सुनना चाहते थे। यही फर्क है।

अधिकार थोपा नहीं जाता... महसूस कराया जाता है। और यह महसूस होता है— कम्युनिकेशन से।

एक और महत्वपूर्ण पहलू— निर्णय। अगर आप अपने विचार साफ़ नहीं रख सकते... तो आप निर्णयों को प्रभावित नहीं कर सकते। और अगर आप निर्णयों को प्रभावित नहीं कर सकते... तो आपकी भूमिका सीमित रह जाती है— चाहे आप कितने भी सक्षम क्यों न हों।

मैंने बहुत प्रतिभाशाली लोगों को देखा है— जो पीछे रह गए... सिर्फ इसलिए कि वे अपनी बात नहीं रख पाए। और ऐसे लोगों को भी देखा है— जो औसत थे... लेकिन आगे बढ़ गए... क्योंकि वे अपनी सोच को प्रभावी तरीके से रख पाए।

यह सुनने में कठोर लग सकता है... लेकिन यह सच है। और जब आप इसे समझ लेते हैं— तो आप इसे बदल सकते हैं। क्योंकि कम्युनिकेशन एक स्किल है। कोई जन्मजात गुण नहीं... जिसे कुछ लोगों को ही मिला हो। इसे सीखा जा सकता है... निखारा जा सकता है... मजबूत किया जा सकता है।

मुझे एक छात्र याद है— जो अपना परिचय भी ठीक से नहीं दे पाता था। आवाज़ धीमी... वाक्य टूटे हुए... नज़रें नीचे... लेकिन उसने अभ्यास किया। हर दिन थोड़ा। हर सेशन में थोड़ा।

धीरे-धीरे— शब्द साफ़ हुए... आत्मविश्वास बढ़ा... और एक दिन— वह क्लास के सामने खड़ा होकर बोला। परफेक्ट नहीं... लेकिन आत्मविश्वास के साथ। और वही आत्मविश्वास— बनाया गया था। अचानक नहीं आया था।

यही सबसे बड़ी बात है— लोग सोचते हैं कि पहले आत्मविश्वास आएगा... फिर वे बोलेंगे। लेकिन सच उल्टा है। **पहले आप बोलते हैं... फिर आत्मविश्वास आता है।**

भाषा की भूमिका भी महत्वपूर्ण है। जटिल शब्द नहीं... स्पष्ट शब्द।

मैंने ऐसे नेताओं को देखा है—

जो सरल भाषा में गहरी बात कह देते हैं। क्योंकि उनकी सोच व्यवस्थित होती है... उनका उद्देश्य स्पष्ट होता है... उनकी प्रस्तुति सुसंगत होती है... और यही सुसंगतता— भरोसा बनाती है। भरोसा— प्रभाव बनाता है। और प्रभाव— नेतृत्व बनाता है।

एक और पहलू— लिखना। आप कैसे लिखते हैं... संदेश में... मेल में... दस्तावेज़ में... क्योंकि नेतृत्व सिर्फ बोलने से नहीं आता... यह हर उस जगह दिखता है जहाँ आप अपने विचार व्यक्त करते हैं। आपके शब्द— बोले हुए या लिखे हुए— आपकी सोच का प्रतिबिंब होते हैं। और धीरे-धीरे— वे आपकी पहचान

बन जाते हैं।

मैं अक्सर कहता हूँ— "अगर आपको आगे बढ़ना है... तो सिर्फ काम बेहतर मत कीजिए...\ अपने काम को व्यक्त करना भी बेहतर कीजिए।"

क्योंकि अवसर— उन्हीं के पास आते हैं जो दिखते हैं। और दिखना— अभिव्यक्ति से आता है।

लेकिन इसके साथ एक जिम्मेदारी भी है। बोलने से आपको प्रभाव मिलता है। और प्रभाव का उपयोग— ईमानदारी से होना चाहिए। क्योंकि शब्द बना भी सकते हैं... और बिगाड़ भी सकते हैं।

वे दिशा दे सकते हैं... या भटका भी सकते हैं। इसलिए लक्ष्य सिर्फ बोलना नहीं है... **सजग होकर बोलना है**। जिम्मेदारी के साथ... उद्देश्य के साथ...

क्योंकि सच्चा नेतृत्व— नियंत्रण नहीं करता... मार्गदर्शन करता है। और मार्गदर्शन— संवाद से होता है।

इन सब अनुभवों के बाद— एक बात स्पष्ट हो जाती है। दुनिया आपको प्रभाव नहीं देती... वह उन लोगों को जवाब देती है जो अपने मूल्य को व्यक्त कर पाते हैं।

तो अगर आप आगे बढ़ना चाहते हैं... नेतृत्व करना चाहते हैं... निर्णयों को प्रभावित करना चाहते हैं... दिशा तय करना चाहते हैं...

तो आपको बोलना सीखना होगा।

ज़ोर से नहीं... आक्रामक होकर नहीं... बल्कि—

स्पष्टता के साथ... आत्मविश्वास के साथ... निरंतरता के साथ...

क्योंकि कहीं... किसी कमरे में... किसी पल—

एक अवसर खड़ा होगा।

और वह यह नहीं पूछेगा कि आपको कितना पता है...

वह पूछेगा—

"क्या आप इसे व्यक्त कर सकते हैं?"

16

आपके भीतर का मंच का शेर – काँपने से दहाड़ने तक

1. यात्रा: काँपने से दहाड़ने तक

माइक्रोफोन... हाथ में जितना हल्का दिखता था, उस पल उतना ही भारी महसूस हो रहा था। सिर्फ धातु और तार का एक टुकड़ा... लेकिन उस क्षण उसमें था— संशय का भार... डर का दबाव... और अनकहे विचारों का बोझ...

उसके हाथ हल्के-हल्के काँप रहे थे। इतने नहीं कि लोग देख लें... लेकिन इतने ज़रूर कि वह खुद महसूस कर सके। गला सूख गया। पहला शब्द... आ ही नहीं रहा था। और उस खामोशी में—

एक जानी-पहचानी आवाज़ भीतर से आई— "अगर तुम असफल हो गए तो?" उसने सामने देखा— कुछ चेहरे उत्सुक थे... कुछ सामान्य... कुछ पहले से ही भटके हुए... लाइट्स तेज़ थीं... मानो हर कमी को पकड़ लेने के लिए तैयार।

समय धीमा हो गया था। हर सेकंड... असहज। और फिर... उसने बोला। परफेक्ट नहीं... पावरफुल नहीं... बस... थोड़ा सा।

लेकिन बोला। और वही क्षण— जितना छोटा था... उतना ही बड़ा था। क्योंकि वहीं से शुरू होती है— यात्रा। कोई भी एक पल में आत्मविश्वासी वक्ता नहीं बनता। वह बनता है— ऐसे ही पलों से। छोटे... अनिश्चित... असहज...

मैंने यह यात्रा बार-बार देखी है— क्लासरूम में... जहाँ नाम पुकारने पर छात्र नज़रें चुरा लेते हैं... मीटिंग में... जहाँ लोग जवाब जानते हैं लेकिन बोलते नहीं... सेशन में... जहाँ समाधान होते हुए भी लोग इंतज़ार करते हैं कि कोई और कहे...

शुरुआत हमेशा आत्मविश्वास से नहीं होती। शुरुआत होती है— हिचकिचाहट से... संशय से... और उस अंदरूनी संघर्ष से— जहाँ मन बोलना चाहता है... लेकिन डर रोकता है।

लेकिन एक दिलचस्प बात होती है— जैसे ही आप पहला कदम लेते हैं... कुछ बदलता है। वही मन... जो आपको रोक रहा था... धीरे-धीरे साथ देने लगता है।

शुरू में वह आपको सुरक्षित रखना चाहता है— चुप... अदृश्य... आरामदायक... लेकिन जैसे ही आप आगे बढ़ते हैं— थोड़ा सा भी— वह उसी दिशा में आपको समर्थन देने लगता है।

मुझे एक छात्र याद है— उसने कहा— “सर, जैसे ही मैं बोलने खड़ा होता हूँ... मेरा दिमाग बंद हो जाता है।” मैं मुस्कुराया। “दिमाग बंद नहीं हो रहा,” मैंने कहा, “वह तुम्हें असहजता से बचा रहा है।”

वह थोड़ा चौंका। क्योंकि हम अक्सर डर को अयोग्यता समझ लेते हैं। लेकिन डर— क्षमता की कमी नहीं है। यह अपरिचित होने की स्थिति है। जितना आप उसका सामना करते हैं— उसकी पकड़ कम होती जाती है। जितना आप उससे बचते हैं— वह उतना मजबूत होता जाता है।

यही विकास का विरोधाभास है। और हर वह वक्ता जिसे आप आज सराहते हैं— इससे गुज़रा है। सीधे रास्ते से नहीं... बल्कि छोटे-छोटे कदमों से।

कभी प्रगति होती है— शब्द बहते हैं... आवाज़ स्थिर होती है... आपको लगता है—आप नियंत्रण में हैं। और कभी रुकावट आती है— शब्द भूल जाते हैं... विचार टूट जाते हैं... ध्यान भटक जाता है...

लेकिन दोनों— उसी यात्रा का हिस्सा हैं।

मुझे एक प्रिंसिपल ट्रेनिंग याद है। एक अनुभवी व्यक्ति ने कहा— “आज भी बोलने से पहले मुझे घबराहट होती है।” कमरा शांत हो गया।

क्योंकि लोग सोचते हैं— आत्मविश्वास आने के बाद डर खत्म हो जाता है। लेकिन ऐसा नहीं होता। डर खत्म नहीं होता... उससे रिश्ता बदल जाता है। वह आपको रोकता नहीं... संकेत देता है। कि जो आप करने जा रहे हैं— वह महत्वपूर्ण है।

समय के साथ— एक और बदलाव आता है। आप डर को हटाने की कोशिश नहीं करते... आप उसके साथ चलना सीखते हैं। धीरे-धीरे— एक प्रतिभागी जो पहले

चुप रहता था... हाथ उठाने लगता है। एक प्रोफेशनल जो पहले झिझकता था... मीटिंग में अपनी बात रखने लगता है। एक शिक्षक जो पहले केवल पढ़ाता था... अब जोड़ने लगता है।

बदलाव नाटकीय नहीं होता... लेकिन स्थायी होता है।

और निरंतरता... पहचान बदल देती है।

क्योंकि एक समय आता है— जब आप खुद को "कोशिश करने वाला" नहीं... "बोलने वाला" मानने लगते हैं। यहीं असली बदलाव होता है।

यहीं "मंच का शेर" बनना शुरू होता है। यह आक्रामकता का प्रतीक नहीं है... यह उपस्थिति का प्रतीक है।

शांत शक्ति... स्थिर आत्मविश्वास... गहरी स्पष्टता...

शेर अपनी ताकत का ऐलान नहीं करता... वह उसे साथ लेकर चलता है। और वही महसूस होती है।

वैसे ही— एक प्रभावी वक्ताआवाज़ ऊँची करके नहीं... स्पष्टता से प्रभाव बनाता है। नाटक से नहीं... विश्वास से जोड़ता है।

लेकिन यह सब एक दिन में नहीं आता। यह बनता है— बार-बार सामने आकर... बार-बार बोलकर... बार-बार डर के बावजूद चुनकर।

मुझे एक छोटी सी मीटिंग याद है— एक व्यक्ति ने कहा— "सालों तक मैं बोलने से बचता रहा... यहाँ तक कि सामान्य बातचीत में भी।" वह रुका... फिर बोला— "अब मैं सोचता नहीं... बस बोल देता हूँ।"

उसकी आवाज़ में अहंकार नहीं था... बस सहज आत्मविश्वास था। जो अभ्यास से आता है। जो परिचय से आता है। जो उस अदृश्य रेखा को पार करने से आता है— बार-बार। और शायद यही है यह यात्रा।

डर से निडर बनने की नहीं... अपरिचित से परिचित बनने की।

हिचकिचाहट से अभिव्यक्ति तक। चुप्पी से आवाज़ तक।

एक और गहरा बदलाव होता है— आप खुद को कैसे देखते हैं। शुरुआत में— आपका ध्यान लोगों पर होता है। "वे क्या सोचेंगे?" "वे कैसे प्रतिक्रिया देंगे?"

लेकिन धीरे-धीरे— ध्यान बदलता है। "मैं क्या कहना चाहता हूँ?" "मैं क्या मूल्य दे सकता हूँ?"

यह बदलाव— सब कुछ बदल देता है। क्योंकि जब आपका उद्देश्य आपके डर से बड़ा हो जाता है— तो आपकी आवाज़ रास्ता ढूँढ लेती है।

मैंने हमेशा यह देखा है— सबसे प्रभावशाली वक्ता वे नहीं होते जिनमें संदेह नहीं होता... वे होते हैं— जो संदेह के बावजूद बोलते हैं। जो अनिश्चित होने के

बावजूद आते हैं।

जो परफेक्ट न होते हुए भी खुद को व्यक्त करते हैं।

क्योंकि लक्ष्य परफेक्शन नहीं है... **कनेक्शन है।**

और कनेक्शन के लिए चाहिए— सच्चाई। न कि परफेक्ट प्रस्तुति।

जैसे-जैसे यह यात्रा आगे बढ़ती है— एक और बात स्पष्ट होती है।

आपकी आवाज़ सिर्फ मंच के लिए नहीं है... यह जीवन के लिए है।

आप रिश्तों में बेहतर संवाद करते हैं... प्रोफेशनल जीवन में स्पष्ट होते हैं...

बातचीत में आत्मविश्वास लाते हैं... क्योंकि जो आपने मंच पर सीखा...

वह जीवन में बहने लगता है। और वहीं यह यात्रा पूरी होती है।

एक व्यक्ति— जो पहले झिझकता था... अब व्यक्त करता है।

जो पहले बचता था... अब सामने आता है।

जो पहले काँपता था... अब दहाड़ता है।

ज़ोर से नहीं... आक्रामक होकर नहीं...

बल्कि— स्पष्टता के साथ... आत्मविश्वास के साथ... नियंत्रण के साथ...

और जब आप पीछे मुड़कर देखते हैं— तो यह यात्रा अविश्वसनीय लगती है।

क्योंकि वह व्यक्ति— जो कभी थे... अब सिर्फ यादों में है।

हिचकिचाहट... डर... काँपती आवाज़... वे खत्म नहीं हुए...

उन्होंने आपको बनाया। उन्होंने आपको आगे बढ़ाया।

वे आपकी नींव बन गए। और शायद यही सबसे बड़ी समझ है—

आप किसी और में नहीं बदले...

आप वही बने... जो आप पहले से थे।

बस— मजबूत... स्पष्ट... अभिव्यक्त... जीवंत...

तो अगर आप इस यात्रा की शुरुआत में हैं—

डर के साथ... संशय के साथ... रुके हुए...

तो बस इतना याद रखिए— हर मजबूत आवाज़... कभी काँपती थी।

हर आत्मविश्वासी वक्ता... कभी वहीं खड़ा था जहाँ आप हैं।

फर्क प्रतिभा का नहीं था... फर्क निर्णय का था।

बोलने का निर्णय।

फिर से... और फिर से... और फिर से...

जब तक कि एक दिन— बिना महसूस किए—

काँपना कम हो जाता है...

और दहाड़...

शुरू हो जाती है।

2. पहचान का बदलाव: मंच का शेर बनना

वह अच्छा बोल रहा था। आवाज़ स्पष्ट... विचार व्यवस्थित... और दर्शकों के चेहरे पर हल्की मुस्कान भी थी। हर दृष्टि से— एक अच्छा सेशन।

लेकिन जैसे ही वह मंच से उतरा... वह मेरे पास आया और बोला— "सर... मुझे अभी भी ऐसा नहीं लगता कि मैं एक आत्मविश्वासी वक्ता हूँ।"

यह एक साधारण वाक्य नहीं था। यह एक संकेत था। कौशल बदल चुका था... प्रदर्शन बदल चुका था...

लेकिन **पहचान नहीं बदली थी**। और जब तक पहचान नहीं बदलती... आत्मविश्वास हमेशा अस्थायी लगता है।

क्योंकि भीतर कहीं एक आवाज़ कहती रहती है— "यह मैं नहीं हूँ..."

मैंने यह पैटर्न बार-बार देखा है। लोग तकनीक सीखते हैं— कैसे खड़ा होना है... कैसे रुकना है... कैसे बोलना है... वे अभ्यास करते हैं... बेहतर भी हो जाते हैं... तारीफ भी मिलती है...

लेकिन जैसे ही नया मंच आता है... नई भीड़ आती है... वही पुरानी झिझक लौट आती है।

क्यों? क्योंकि उन्होंने कौशल बदला... **लेकिन अपनी कहानी नहीं बदली।**

और असली बदलाव वहीं से शुरू होता है— मंच पर नहीं... अंदर।

मुझे एक ट्रेनिंग सेशन याद है। एक युवा प्रोफेशनल ने बहुत अच्छा बोला। साफ़... आत्मविश्वासी... जुड़ने वाला...

सेशन के बाद मैंने पूछा— "कब से ऐसे बोल रहे हो?"

वह मुस्कुराया— "सच कहूँ सर... यह नया है। पहले तो मैं अपना परिचय देने से भी बचता था।"

मैंने पूछा— "क्या बदला?"

वह थोड़ा रुका... फिर बोला— "मैंने 'मैं नहीं बोल सकता' कहना बंद किया... और 'मैं बोलना सीख रहा हूँ' कहना शुरू किया।" बस इतना। लेकिन यही सब कुछ बदल देता है।

क्योंकि पहचान स्थिर नहीं होती... वह बनती है— आप अपने बारे में क्या कहते हैं, उससे।

अगर आप बार-बार कहते हैं— "मैं अच्छा वक्ता नहीं हूँ..." तो आपका मन उसी दिशा में आपको रखेगा। वह आपको बचाएगा— उन स्थितियों से जहाँ यह धारणा टूट सकती है।

लेकिन जैसे ही आप कहते हैं— “मैं बेहतर हो रहा हूँ...” तो एक नया दरवाज़ा खुलता है। संभावना का। और फिर आपके काम उस नई पहचान का साथ देने लगते हैं।

मैंने हमेशा देखा है— मन सवाल नहीं करता... वह दिशा को मजबूत करता है।

अगर आप झिझक में रहते हैं— वह झिझक को बढ़ाता है। अगर आप विकास में कदम रखते हैं— वह विकास को समर्थन देता है।

इसलिए पहचान इतनी महत्वपूर्ण है। क्योंकि वही दिशा तय करती है।

मुझे एक प्रिंसिपल मीटिंग याद है। एक प्रिंसिपल ने कहा— “पहले मैं खुद को सिर्फ एडमिनिस्ट्रेटर मानता था... इसलिए ज़रूरत पड़ने पर ही बोलता था।”

वह रुके... फिर बोले— “अब मैं खुद को लीडर मानता हूँ... और लीडर को संवाद करना ही होता है।”

बस— यही बदलाव। एडमिनिस्ट्रेटर से लीडर। और उसी ने बदल दिया— उसका बोलना... उसकी तैयारी... उसकी उपस्थिति...

क्योंकि पहचान व्यवहार को बदलती है। और व्यवहार— समय के साथ पहचान को मजबूत करता है। यह एक चक्र है। शक्तिशाली चक्र।

एक और गहरी बात— आत्मविश्वास अचानक नहीं आता। वह आता है— **संतुलन से**। जो आप मानते हैं... जो आप सोचते हैं... और जो आप करते हैं... जब ये तीनों एक हो जाते हैं— तभी आत्मविश्वास स्थायी बनता है।

एक मीटिंग में किसी ने कहा— “सर, कुछ जगह मैं आत्मविश्वासी महसूस करता हूँ... कुछ जगह नहीं।” मैंने पूछा— “उन जगहों पर आप खुद को क्या मानते हैं?”

वह थोड़ा उलझ गया। मैंने समझाया— “एक जगह आप खुद को सक्षम मानते हैं... दूसरी जगह असमंजस में। और आपका व्यवहार उसी पहचान का अनुसरण करता है।”

वह धीरे-धीरे समझ गया। क्योंकि आत्मविश्वास कोई स्थायी गुण नहीं है... यह उस क्षण में आपकी पहचान का प्रतिबिंब है।

और लक्ष्य यह नहीं है कि हर जगह तुरंत आत्मविश्वासी बन जाएँ... बल्कि यह है— अपनी पहचान का दायरा बढ़ाएँ।

यहीं “मंच का शेर” सिर्फ एक रूपक नहीं रहता... वह एक स्थिति बन जाता है।

शेर अनुमति नहीं मांगता— वह अपनी जगह लेता है।

वह दर्शकों के हिसाब से खुद को छोटा नहीं करता।

वह अपनी उपस्थिति में रहता है— शांत... सजग... स्थिर... और वही काफी होता है।

मंच का शेर बनना—

ज़ोर से बोलना नहीं है... स्पष्ट होना है।

हावी होना नहीं है... अपनी जगह लेना है।

मैंने एक कॉर्पोरेट सेशन में देखा— दो लोग प्रस्तुति दे रहे थे।

एक तेज़ बोल रहा था— मनाने की कोशिश में।

दूसरा धीमे, स्पष्ट बोल रहा था— बीच-बीच में ठहराव के साथ।

दूसरा व्यक्ति ज़्यादा जानकार नहीं था... लेकिन ज़्यादा स्थिर था।

और वही फर्क था।

पहला खुद को साबित कर रहा था... दूसरा खुद को व्यक्त कर रहा था।

और जब आप खुद को साबित करते हैं— तो आप मान्यता ढूँढते हैं।

जब आप व्यक्त करते हैं— तो आप जुड़ाव बनाते हैं।

एक और पहलू— आपकी उपस्थिति।

आप कैसे चलते हैं... कैसे खड़े होते हैं... कैसे कमरे में प्रवेश करते हैं...

मैं अक्सर कहता हूँ— "आप बोलने से पहले देखे जाते हैं।"

और जो दिखता है— वही तय करता है कि आपकी बात कैसे सुनी जाएगी।

एक औपचारिक कार्यक्रम में मैंने एक वक्ता को देखा— उसका पहनावा सही था... उसकी चाल संतुलित थी... उसकी हर हरकत में नियंत्रण था... बोलने से पहले ही— लोगों ने उसे स्वीकार कर लिया था।

यही है प्रेज़ेंस। और प्रेज़ेंस— पहचान का विस्तार है।

जब आप खुद को मंच के योग्य मानते हैं— तो आपका शरीर भी वैसा ही दिखता है। आपकी आवाज़ भी वैसी ही लगती है। आपकी ऊर्जा भी वैसी ही होती है।

क्योंकि पहचान सिर्फ अंदर नहीं रहती... वह बाहर दिखती है।

एक और परत— आपकी सोच। दबाव में आप कैसे सोचते हैं? अनिश्चितता में क्या करते हैं?

मैंने ऐसे लोगों को देखा है— जो कठिन परिस्थिति में भी शांत रहते हैं। डर नहीं होता ऐसा नहीं... लेकिन वे खुद को सक्षम मानते हैं।

और वही सोच— उनकी प्रतिक्रिया बदल देती है। वे प्रतिक्रिया नहीं देते... उत्तर देते हैं। वे पीछे नहीं हटते... आगे बढ़ते हैं।

क्योंकि उन्हें खुद पर भरोसा होता है। और भरोसा बनता है— छोटे-छोटे अनुभवों से। छोटी जीतों से... छोटी अभिव्यक्तियों से... छोटे साहस से... हर बार

थोड़ा-थोड़ा।

जब तक कि एक दिन— आप खुद से यह सवाल करना बंद कर देते हैं— “क्या मैं बोल सकता हूँ?” आप बस बोलते हैं।

मैंने इस यात्रा को हमेशा ऐसे देखा है— आप कुछ नया नहीं जोड़ रहे...

आप बस वह हटा रहे हैं— जो सच नहीं है।

“मैं नहीं कर सकता...” “मैं कमज़ोर हूँ...” “दूसरे बेहतर हैं...”

ये सब तथ्य नहीं हैं... ये कहानियाँ हैं।

और कहानियाँ बदली जा सकती हैं।

धीरे-धीरे... लगातार... सजग होकर...

तो अगली बार— जब आप रुकें... तो सवाल बदल दीजिए।

“क्या मैं कर सकता हूँ?” नहीं... “मैं क्या बन रहा हूँ?”

क्योंकि हर बार जब आप बोलते हैं— आप अपनी पहचान बना रहे होते हैं।

हर अभिव्यक्ति— एक ईंट है।

और धीरे-धीरे—

वह ईंटें मिलकर आपकी वास्तविकता बन जाती हैं।

एक व्यक्ति— जो कभी संदेह करता था... अब निर्णय लेता है।

जो कभी झिझकता था... अब व्यक्त करता है। जो कभी इंतज़ार करता था...

अब नेतृत्व करता है।

यही बदलाव है। यही परिवर्तन है। यही बनना है।

एक परफेक्ट वक्ता नहीं... एक मंच का शेर।

और जब यह पहचान आपके भीतर बैठ जाती है— तो आप सिर्फ अलग तरह से बोलते नहीं...

आप अलग तरह से जीते हैं। उपस्थिति के साथ... स्पष्टता के साथ... शांत, अडिग शक्ति के साथ...

और दुनिया प्रतिक्रिया देती है— सिर्फ आपके शब्दों पर नहीं...

बल्कि उस व्यक्ति पर... जो आप बन चुके हैं।

3. दुनिया की सच्चाई: ताकत, सम्मान और प्रभाव

वह खड़ा हुआ... और कमरे का माहौल बदल गया। कुछ भी नाटकीय नहीं हुआ। कोई तालियाँ नहीं... कोई घोषणा नहीं... बस एक हल्का सा बदलाव। धीमा... लेकिन साफ़। बातचीत धीमी हो गई...

लोगों का ध्यान उसकी तरफ मुड़ गया... जो लोग अभी तक अपनी-अपनी बातों में व्यस्त थे... अब उसकी ओर देखने लगे। उसने अभी तक कुछ कहा भी नहीं

था... फिर भी उसने बहुत कुछ कह दिया था।

उपस्थिति। जीवन में कुछ ऐसे क्षण आते हैं... जब आपको समझ आता है— कम्युनिकेशन सिर्फ शब्दों से नहीं होता। वह उससे पहले शुरू हो जाता है। आप कैसे खड़े होते हैं... कैसे चलते हैं... कैसे किसी जगह में प्रवेश करते हैं... और दुनिया... उसी पर प्रतिक्रिया देती है।

मैंने यह बार-बार देखा है— क्लासरूम में... कॉर्पोरेट बोर्डरूम में... ऑफिस मीटिंग्स में... ट्रेनिंग सेशन में... कुछ लोग बोलते हैं... और लोग सुनते हैं। कुछ लोग बोलते हैं... और लोग इंतज़ार करते हैं।

फर्क सिर्फ ज्ञान का नहीं होता... फर्क होता है— ताकत का।

यह सिर्फ शारीरिक ताकत नहीं है... यह एक मिश्रण है— अंदर की मजबूती... सोच की स्पष्टता... भावनाओं पर नियंत्रण... और दृढ़ता से व्यक्त करने की क्षमता...

दुनिया की एक सच्चाई है... जो लोग देर से समझते हैं। दुनिया हमेशा आपकी नीयत पर प्रतिक्रिया नहीं देती... वह आपकी छवि पर प्रतिक्रिया देती है।

आप अच्छे हो सकते हैं... ईमानदार हो सकते हैं... सक्षम हो सकते हैं... लेकिन अगर आप इसे व्यक्त नहीं कर पाते... तो वह दिखता नहीं है। और जो दिखता नहीं... वह माना नहीं जाता।

मुझे एक बातचीत याद है— एक युवा अधिकारी ने कहा— "सर, मैं मेहनत करता हूँ... मुझे सब आता है... फिर भी लोग मुझे नज़रअंदाज़ कर देते हैं।"

उसमें कमी मेहनत की नहीं थी... कमी थी— **अभिव्यक्ति की**। क्योंकि वास्तविक दुनिया में— सम्मान अपने आप नहीं मिलता... उसे दिखाना पड़ता है। और दिखाना— कम्युनिकेशन से होता है।

मैं अक्सर एक बात सोचता हूँ— शांति अच्छी है... लेकिन बिना ताकत की शांति... अक्सर अनदेखी रह जाती है। ताकत ध्यान खींचती है। और जब ताकत के साथ विनम्रता जुड़ जाती है... तो वह सम्मान बन जाती है। यह संतुलन दुर्लभ है... लेकिन बहुत शक्तिशाली है।

एक सेशन में किसी ने पूछा— "क्या हमेशा विनम्र रहना चाहिए?" मैंने कहा— "हाँ... लेकिन अपनी ताकत खोकर नहीं।" क्योंकि विनम्रता और लाचारी में फर्क होता है। एक आपकी पसंद है... दूसरी आपकी स्थिति। और दुनिया इस फर्क को पहचानती है।

जब आप सक्षम होते हैं... तैयार होते हैं... अपने आप को विकसित करते हैं— तो आपकी विनम्रता भी प्रभावशाली लगती है।

लेकिन जब ताकत नहीं होती... तो वही विनम्रता कमजोरी समझी जाती है। यह सुनने में कठोर है... लेकिन सच है।

और सच को समझना... आपको कठोर नहीं बनाता... आपको जागरूक बनाता है।

मैंने कई लोगों को बदलते देखा है—

बाहरी परिस्थितियाँ बदलने से पहले... उन्होंने खुद को मजबूत किया।

किसी ने शरीर पर काम किया— अनुशासन... व्यायाम... ताकत...

दिखावे के लिए नहीं... आत्मविश्वास के लिए।

किसी ने आर्थिक समझ बढ़ाई— कमाना... संभालना... योजना बनाना...

प्रदर्शन के लिए नहीं... स्थिरता के लिए।

किसी ने ज्ञान और कम्युनिकेशन पर काम किया— पढ़ना... सोचना... बोलना...

पहचान के लिए नहीं... क्षमता के लिए।

धीरे-धीरे— कुछ बदल गया। सिर्फ बाहर नहीं... अंदर।

चलने का तरीका... बोलने का तरीका... सोचने का तरीका... सब बदल गया।

क्योंकि ताकत— पहचान का हिस्सा बन गई।

और वही ताकत— दुनिया के व्यवहार को बदलने लगी।

कम्युनिकेशन और ताकत का एक गहरा संबंध है। जब आप जानते हैं कि आप सक्षम हैं— तो आप अलग तरह से बोलते हैं। कम झिझक... कम दिखावा... ज़्यादा स्पष्टता... क्योंकि आपका आत्मविश्वास दूसरों की स्वीकृति पर निर्भर नहीं होता... वह आपकी तैयारी पर आधारित होता है।

मुझे एक कॉर्पोरेट ट्रेनिंग याद है— एक सीनियर लीडर से कठिन सवाल पूछा गया। कमरा शांत हो गया। सब इंतज़ार कर रहे थे।

उसने जल्दी जवाब नहीं दिया। रुका... लोगों की तरफ देखा... और फिर शांत होकर जवाब दिया।

न कोई बचाव... न कोई लंबी व्याख्या... बस स्पष्ट और संतुलित उत्तर।

वह क्षण— किसी भी तैयार भाषण से ज्यादा प्रभावशाली था।

क्योंकि उसमें ताकत थी। भीतर की स्थिरता। और लोग उस पर भरोसा करते हैं।

एक और सच्चाई— जिससे लोग बचते हैं। प्रभाव अक्सर उन्हीं के पास जाता है... जो प्रभावी ढंग से बोल सकते हैं। यह नियंत्रण नहीं है... यह प्रभाव है।

नियंत्रण दबाव बनाता है... प्रभाव जुड़ाव बनाता है।

और जुड़ाव— स्पष्ट, आत्मविश्वासी संवाद से बनता है।

मैंने नेतृत्व में यह बार-बार देखा है— जो व्यक्ति अपनी बात साफ़ रख सकता है... जो दिशा को सरल बना सकता है... जो लोगों से भावनात्मक रूप से जुड़ सकता है... वही आगे बढ़ता है।

इसलिए नहीं कि उसे अधिकार दिया गया... बल्कि इसलिए कि उसने उसे कमाया। कम्युनिकेशन के माध्यम से।

एक और यात्रा होती है— जब आप आगे बढ़ते हैं। शुरू में लोग मज़ाक उड़ाते हैं... फिर अनदेखा करते हैं... फिर आलोचना करते हैं... और कभी-कभी विरोध भी करते हैं।

लेकिन अगर आप चलते रहते हैं... रुकते नहीं... तो धीरे-धीरे— वही लोग आपको पहचानने लगते हैं...

सम्मान देने लगते हैं... सुनने लगते हैं...

क्योंकि निरंतरता... ताकत के साथ मिलकर... विश्वसनीयता बनाती है।

और विश्वसनीयता— प्रभाव बनाती है।

यह रास्ता आसान नहीं है... लेकिन वास्तविक है।

और जब आप इसे समझ लेते हैं—

तो आप तुरंत मान्यता ढूँढना बंद कर देते हैं। आप खुद को बनाना शुरू करते हैं।

क्योंकि आप समझ जाते हैं—

सम्मान माँगा नहीं जाता... बनाया जाता है।

लेकिन एक संतुलन ज़रूरी है—

ताकत बिना विनम्रता के— अहंकार बन जाती है।

विनम्रता बिना ताकत के— अदृश्यता बन जाती है।

लेकिन जब दोनों साथ आते हैं— तो आप बनते हैं—

स्थिर... संतुलित... सम्मानित...

मैंने देखा है— सबसे प्रभावशाली लोग सबसे ज़्यादा शोर नहीं करते... वे सबसे ज़्यादा स्थिर होते हैं।

उनकी बात मापी हुई होती है... उनकी उपस्थिति शांत होती है...

उनकी सोच स्पष्ट होती है... और वही स्पष्टता— उनकी हर बात में दिखती है।

यहाँ तक कि उनकी खामोशी में भी। क्योंकि जब खामोशी ताकत से आती है—

वह भी बोलती है।

और जब शब्द सार से आते हैं— वे टिकते हैं।

इन सभी अनुभवों के बाद— एक बात साफ़ हो जाती है।

दुनिया अन्यायपूर्ण नहीं है... वह प्रतिक्रियाशील है।

वह उसी के अनुसार प्रतिक्रिया देती है— जैसे आप खुद को प्रस्तुत करते हैं... जैसे आप खुद को व्यक्त करते हैं... जैसे आप खुद को बनाते हैं...

और इस सबके केंद्र में है— **कम्युनिकेशन**। क्योंकि कम्युनिकेशन से— आपकी ताकत दिखती है... आपकी सोच समझ में आती है... आपका प्रभाव वास्तविक बनता है...

तो यह यात्रा सिर्फ बोलना सीखने की नहीं है... यह बनने की यात्रा है—

ऐसे व्यक्ति की... जिसे लोग सुनना चाहें।

जिसमें स्पष्टता हो... जिसमें ताकत हो...

जो शब्दों से सिर्फ जगह न भरे... बल्कि प्रभाव बनाए...

और शायद यही है— मंच का शेर बनने का सार।

सिर्फ दहाड़ना नहीं... बल्कि मजबूती से खड़ा होना... स्पष्टता से बोलना...

और स्वाभाविक रूप से प्रभाव बनाना...

क्योंकि जब ताकत, सम्मान और कम्युनिकेशन एक साथ आते हैं—

तो आपको प्रभाव के पीछे नहीं भागना पड़ता... प्रभाव खुद आपके पीछे आने लगता है।

धीरे-धीरे... लगातार... शक्तिशाली रूप से...

और दुनिया... अपने तरीके से... आपके प्रति बदलने लगती है।

4. एक वक्ता की जिम्मेदारी: मंच से आगे का प्रभाव

तालियाँ खत्म हो चुकी थीं। लोग उठने लगे थे— कोई खिंचाव ले रहा था... कोई फोन देख रहा था... कोई बाहर की ओर बढ़ रहा था... स्टेज की लाइट हल्की हो गई थी।

हॉल धीरे-धीरे अपने सामान्य माहौल में लौट रहा था। लेकिन एक कोने में... कुछ लोग अभी भी खड़े थे।

एक युवा व्यक्ति एक वक्ता से बात कर रहा था। वह फोटो नहीं मांग रहा था... वह तारीफ नहीं कर रहा था... वह पूछ रहा था— “सर... आपने जो कहा कि बहाने मत बनाओ... मुझे यह सुनने की ज़रूरत थी। मैं कई महीनों से कुछ टाल रहा था।”

वक्ता चुपचाप सुन रहा था। अब कोई माइक्रोफोन नहीं था... कोई मंच नहीं था... बस एक व्यक्ति... एक सवाल... एक पल... लेकिन वही पल... पूरे भाषण से ज्यादा भारी था। क्योंकि प्रभाव भाषण खत्म होने पर खत्म नहीं होता... वहीं से शुरू होता है।

मैंने हमेशा देखा है— लोग वक्ता की भूमिका को गलत समझते हैं। उन्हें लगता है— बोलना है... प्रभाव बनाना है... तारीफ लेनी है... लेकिन यह तो बस दिखाई देने वाला हिस्सा है।

असल भूमिका तो तब शुरू होती है— जब आपके शब्द दूसरों के भीतर जीने लगते हैं। जब वे निर्णय बदलते हैं... व्यवहार बदलते हैं... सोच बदलते हैं... और यहीं से आती है— जिम्मेदारी।

क्योंकि जब आप बोलते हैं— आप सिर्फ जानकारी नहीं देते... आप सोच को आकार देते हैं। कभी हल्के से... कभी गहराई से...

मुझे एक सेशन याद है— एक व्यक्ति मेरे पास आया और बोला— "सर, आपने जो एक लाइन कही... उसने मेरे फेल होने के बारे में सोच बदल दी।" मैंने पूछा— "कौन सी लाइन?" उसने वही शब्द दोहराए। मैं खुद भूल चुका था... लेकिन वह नहीं भूला। क्योंकि उसके लिए वह सिर्फ लाइन नहीं थी... वह एक बदलाव था।

यही है शब्दों की अदृश्य ताकत। और ताकत के साथ— जिम्मेदारी आती है।

मैंने देखा है— शब्द लोगों को उठा सकते हैं... उन्हें हिम्मत दे सकते हैं... दिशा दे सकते हैं... और मैंने यह भी देखा है— कि एक गलत शब्द... संशय पैदा कर सकता है... डर पैदा कर सकता है... भ्रम पैदा कर सकता है... एक वाक्य... बिना सोच के कहा गया... किसी के मन में सालों तक रह सकता है।

तो सवाल सिर्फ यह नहीं है— "क्या आप अच्छा बोल सकते हैं?" सवाल यह है— "क्या आपको पता है कि आपके शब्द क्या असर डालते हैं?"

हर वक्ता के जीवन में एक समय आता है— जब वह समझता है— लोग सिर्फ जानकारी नहीं सुन रहे... वे दिशा खोज रहे हैं। सोच खोज रहे हैं... कुछ ऐसा खोज रहे हैं... जिसे वे अपने जीवन में ले जा सकें। और यह समझ... सब कुछ बदल देती है। क्योंकि अब बोलना प्रदर्शन नहीं रहता... जिम्मेदारी बन जाता है।

मुझे एक पुलिस ट्रेनिंग याद है। एक अधिकारी ने पूछा— "सर, तनावपूर्ण स्थिति में हम शांत कैसे रहें...
और सही निर्णय कैसे लें?" यह सिर्फ सवाल नहीं था... यह एक ज़िम्मेदारी थी। क्योंकि ऐसे फैसले... जीवन बदल सकते हैं। मैंने जवाब देने से पहले रुककर सोचा। क्योंकि जवाब सिर्फ सही नहीं होना चाहिए था... संतुलित भी होना चाहिए था। यही वक्ता की जिम्मेदारी है। सिर्फ स्पष्टता नहीं... संवेदनशीलता भी।

एक और बात— जैसे-जैसे आपका प्रभाव बढ़ता है... लोग आपके शब्दों पर भरोसा करने लगते हैं। और भरोसा बहुत नाज़ुक होता है। धीरे-धीरे बनता है... लेकिन जल्दी टूट जाता है।

मैंने ऐसे वक्ता देखे हैं— जो कभी बहुत सम्मानित थे... लेकिन उन्होंने जो कहा... वह उनके जीवन से मेल नहीं खाता था। और धीरे-धीरे— उनका प्रभाव खत्म हो गया।

क्योंकि प्रभाव सिर्फ शब्दों से नहीं चलता... वह चलता है— **संगति से**। जो आप कहते हैं... और जो आप करते हैं... जब दोनों एक होते हैं— तो भरोसा बनता है। और भरोसा— आपकी आवाज़ को ताकत देता है।

एक शिक्षक ने कहा था— "छात्र सिर्फ हमारी बात नहीं सुनते... वे हमें देखते भी हैं।" यह हर वक्ता पर लागू होता है। क्योंकि लोग सिर्फ शब्द नहीं सुनते... वे आपके चरित्र को महसूस करते हैं। और समय के साथ— आपका चरित्र ही आपका संदेश बन जाता है।

एक और गहरी जिम्मेदारी— मूल्य बनाना। मैं खुद से पूछता हूँ— "क्या यह किसी के काम आएगा?" प्रभावित करने के लिए नहीं... मनोरंजन के लिए नहीं... **मदद करने के लिए।**

जब आपका उद्देश्य अपने से हटकर दूसरों पर जाता है— तो आपकी कम्युनिकेशन बदल जाती है। वह अधिक वास्तविक हो जाती है... अधिक अर्थपूर्ण... अधिक स्थिर...

मुझे याद है— मैंने एक बार बहाने न बनाने की बात कही थी। एक साधारण विचार। लेकिन लोगों ने उससे जुड़ाव महसूस किया। क्योंकि वह उनके जीवन से जुड़ा था। यही जिम्मेदार संवाद करता है— वह वास्तविकता से जुड़ता है। सिर्फ सिद्धांत से नहीं।

एक और पहलू— मेंटोरिंग। जैसे-जैसे आप आगे बढ़ते हैं... लोग आपको सिर्फ वक्ता नहीं... मार्गदर्शक मानने लगते हैं। कोई छात्र सलाह मांगता है... कोई सहकर्मी दिशा पूछता है... कोई अपनी समस्या साझा करता है... और उस पल— आप सिर्फ बोलने वाले नहीं होते... आप मार्गदर्शक बन जाते हैं।

और मार्गदर्शन के लिए चाहिए— समझ... धैर्य... संवेदनशीलता... क्योंकि हर सवाल का सही जवाब नहीं होता... लेकिन हर सवाल सोच-समझकर जवाब मांगता है।

एक और बड़ी सच्चाई— कम्युनिकेशन संस्कृति बनाता है। टीम में... संस्था में... परिवार में... नेता जैसे बोलते हैं... वैसे ही बाकी लोग बोलते हैं।

शिक्षक जैसे समझाते हैं... वैसे ही छात्र सोचते हैं। माता-पिता जैसे बात करते हैं... वैसे ही बच्चे सीखते हैं। कम्युनिकेशन फैलता है। और एक वक्ता— उसका स्रोत बन जाता है।

तो सवाल यह है— आप क्या फैला रहे हैं? स्पष्टता... या भ्रम? आत्मविश्वास... या संदेह? जिम्मेदारी... या बहाने?

क्योंकि आपके शब्द... आप तक सीमित नहीं रहते। वे आगे बढ़ते हैं— बातचीत में... व्यवहार में... निर्णयों में... और यही जिम्मेदारी को गहरा बनाता है।

मैं अक्सर सोचता हूँ— बोलना एक अवसर नहीं है... यह एक जिम्मेदारी है... जो अवसर के रूप में दिखाई देती है। एक मौका— प्रभाव डालने का... मार्गदर्शन करने का... उठाने का... लेकिन तभी— जब आप सजग हों।

एक और बात— विनम्रता। चाहे आप कितने भी अनुभवी हो जाएँ... आप सीखते रहते हैं। बढ़ते रहते हैं। और यही विनम्रता— आपकी कम्युनिकेशन को जीवंत रखती है।

क्योंकि जैसे ही आप सोचते हैं— "मुझे सब पता है..." आपकी बातों की गहराई कम हो जाती है। लेकिन जब आप सीखते रहते हैं— तो आपके शब्दों में सच्चाई रहती है।

जब मैं इन सब पलों को देखता हूँ— सेशन के बाद की बातचीत... धीरे से पूछे गए सवाल... लोगों के अंदर हुए बदलाव... तो एक बात साफ़ होती है।

एक वक्ता की असली पहचान— तालियों से नहीं होती। वह होती है— **उसके बाद के प्रभाव से।**

जब लोग जाते हैं— तो क्या बदलता है? क्या बचता है? क्या असर होता है?

क्योंकि असली प्रभाव वहीं है— मंच पर नहीं... मंच के बाद। निर्णयों में... कदमों में...जीवन में...

तो जब आप बोलें— याद रखिए— आप सिर्फ शब्द नहीं दे रहे... आप सोच बना रहे हैं।

आप दिशा दे रहे हैं। आप कुछ पीछे छोड़ रहे हैं।

और वह "कुछ"— जिम्मेदारी के साथ आता है।

क्योंकि कहीं— कोई आपके शब्दों को गंभीरता से लेगा...

उन पर चलेगा... उन्हें मानेगा... और शायद सबसे महत्वपूर्ण सवाल यह नहीं है—

"क्या उन्होंने आपको सुना?" सवाल है—

"क्या जो आपने कहा... वह चलने लायक था?"

5. मंच के शेर वक्ता के 16 स्वर्णिम नियम

उसके हाथ में प्रमाण पत्र था... लेकिन उसकी नज़र कहीं और थी। लंबी ट्रेनिंग के सफ़र का आख़िरी पल था वह। मुस्कानें थीं... हाथ मिल रहे थे... फोटो खिंच रहे

थे... हर वो चीज़ हो रही थी जो "समाप्ति" का संकेत देती है।

फिर भी वह चुप खड़ा था... जैसे उसके अंदर कुछ अभी-अभी शुरू हुआ हो।

मैंने पूछा— "क्या सोच रहे हो?" वह धीरे से बोला— "सर... मैं यहाँ बोलना सीखने आया था... लेकिन लगता है... मैं कोई और बनना सीख गया।"

मैं मुस्कुरा दिया। क्योंकि यही होता है इस सफ़र में। यह आपको सिर्फ तकनीक नहीं देता... यह आपको बदल देता है।

और धीरे-धीरे... कुछ सिद्धांत सामने आते हैं। सीखे हुए नहीं... जीए हुए। ये बाहर से थोपे गए नियम नहीं हैं... ये भीतर से कमाए गए सत्य हैं।

1. भावनाओं से ज्यादा संरचना जीतती है

सबसे पहला एहसास— जब भावनाएँ साथ नहीं देतीं... तो संरचना बचाती है।

एक प्रतिभागी बहुत ऊर्जा से शुरू हुआ... लेकिन बीच में भटक गया। आत्मविश्वास इसलिए नहीं गिरा कि विचार नहीं थे... बल्कि इसलिए कि दिशा नहीं थी। जब उसने संरचना सीखी... उसकी आवाज़ स्थिर हो गई। डर गया नहीं था... बस रास्ता मिल गया था।

2. खामोशी दुश्मन नहीं, ताकत है

एक बार एक व्यक्ति बोलते-बोलते रुक गया। डर गया। सोचा—सब समझ जाएंगे। लेकिन उसने जल्दबाज़ी नहीं की... एक साँस ली... फिर बोला।

वह ठहराव... जिससे वह डर रहा था... उसी ने सबको और करीब खींच लिया।

खामोशी... अगर आपकी हो जाए... तो ताकत बन जाती है।

3. आवाज़ सिर्फ शब्द नहीं, असर है

दो लोगों ने एक ही बात कही। एक यांत्रिक लगा... दूसरा प्रभावशाली।

फर्क शब्दों में नहीं था... आवाज़ में था।

लोग शब्द मानते हैं... लेकिन आवाज़ पर भरोसा करते हैं।

4. जटिलता नहीं, स्पष्टता नेतृत्व करती है

एक प्रिंसिपल ने नीति समझाई। सरल भाषा में... बिना भारी शब्दों के।

कोई सवाल नहीं आया।

चुप्पी नहीं थी... समझ थी।

जटिलता प्रभावित करती है... स्पष्टता नेतृत्व करती है।

5. शरीर पहले बोलता है, शब्द बाद में

कई लोग मंच पर आते ही हार मान लेते हैं।

झुकी हुई मुद्रा... कमज़ोर उपस्थिति...

और कुछ लोग... चुप खड़े रहते हैं...

मजबूत... स्थिर... और वही काफी होता है।
आपका शरीर... आपका परिचय पहले देता है।

6. प्रदर्शन से पहले उपस्थिति जरूरी है

एक व्यक्ति कुछ सेकंड चुप खड़ा रहा। कोई जल्दी नहीं...
कोई घबराहट नहीं... बस उपस्थिति।
और पूरा कमरा तैयार हो गया।
बिना शब्दों के उसने कह दिया— "मैं यहाँ हूँ।"

7. प्रभावित मत करो, व्यक्त करो

एक युवा ने भारी शब्दों से प्रभावित करने की कोशिश की... लोग दूर हो गए।
फिर उसने अपनी कहानी साधारण शब्दों में कही... लोग जुड़ गए।
लोग चमकदार वाक्य नहीं याद रखते... सच्चे वाक्य याद रखते हैं।

8. सोचो जरूर, लेकिन हमेशा मत रुको

कई विचार इसलिए खो जाते हैं... क्योंकि वे बोले ही नहीं जाते।
और कई सामान्य विचार सही समय पर बोले जाने से महत्वपूर्ण बन जाते हैं।
साहस सिर्फ अच्छा बोलना नहीं है... सही समय पर बोलना है।

9. सवाल खतरा नहीं, अवसर है

एक अनपेक्षित सवाल आया। वक्ता ने बचाव नहीं किया...
सुना... रुका... फिर जवाब दिया।
लोग उसके ज्ञान से नहीं... उसके व्यवहार से प्रभावित हुए।

10. पढ़ो गहराई के लिए, सोचो परिपक्वता के लिए

सिर्फ पढ़ना काफी नहीं... देखना... याद करना... दोहराना... समझना...
दिमाग पन्ने नहीं... चित्र याद रखता है।
और जब सोच गहरी होती है... तो बोलना बदल जाता है।

11. जानकारी नहीं, प्रभाव महत्वपूर्ण है

तथ्य भूल जाते हैं... कहानियाँ रह जाती हैं।
जानकारी दिमाग भरती है...
प्रभाव उसे हिलाता है। और वही बदलाव लाता है।

12. निरंतरता चरित्र बनाती है

एक भाषण प्रभावित कर सकता है... लेकिन निरंतरता भरोसा बनाती है।
धीरे-धीरे... बार-बार... बिना शोर के...
लोग भरोसेमंद बनते हैं।
और एक दिन— वे पहचान बन जाते हैं।

13. कहानियाँ आपको यादगार बनाती हैं

एक अधिकारी ने अपनी असफलता साझा की।

कमरा नरम हो गया। क्योंकि वह सच्चा था।

कहानियाँ वहाँ पहुँचती हैं... जहाँ आँकड़े नहीं पहुँचते।

14. विकास कभी रुकता नहीं

एक वरिष्ठ व्यक्ति नोट्स ले रहा था।

ज़रूरत नहीं थी... विनम्रता थी।

और वही उसे आगे बढ़ा रही थी।

जिस दिन आप सोचते हैं— "मैं पहुँच गया हूँ..." वहीं यात्रा रुक जाती है।

15. संवाद मंच से आगे जाता है

कुछ लोग मंच पर अच्छे होते हैं... लेकिन रिश्तों में नहीं।

क्योंकि वे भूल जाते हैं—

संवाद प्रदर्शन नहीं है... जुड़ाव है।

जीवन में अच्छा बोलना... मंच से ज्यादा महत्वपूर्ण है।

16. स्वयं ही संदेश बनो

अंत में... सब एक जगह आकर मिलता है। आप वही बनते हैं... जो आप कहते हैं।

किसी ने कहा— "आपकी बात प्रेरणादायक है।" लेकिन जो रुका... वह शब्द नहीं था... वह जीवन था।

क्योंकि बिना जीवन के शब्द... खो जाते हैं। जीए हुए शब्द... रह जाते हैं।

ये अलग-अलग नियम नहीं हैं... ये एक ही कपड़े के धागे हैं। मंच के शेर का कपड़ा।

वह जो तकनीकों पर नहीं... सच्चाई पर चलता है।

वह जो स्वीकृति के लिए प्रदर्शन नहीं करता... उद्देश्य के साथ अभिव्यक्ति करता है।

वह जो समझता है— बोलना शांति भरना नहीं... अर्थ बनाना है।

और जब आप इस सफ़र के अंत पर खड़े होते हैं... तो एक गहरी बात समझ आती है। आपने सिर्फ बोलना नहीं सीखा... आपने देखना सीखा। खुद को... अपनी आवाज़ को... दुनिया में अपनी जगह को...

अब सवाल बदल जाता है— "मैं बेहतर कैसे बोलूँ?" से... "मैं कैसी आवाज़ बनना चाहता हूँ?"

क्योंकि जब यह साफ़ हो जाता है... बाकी सब अपने आप जुड़ जाता है।

संरचना... खामोशी... ताकत... कहानियाँ... सब।

और उस जुड़ाव में— कुछ नया जन्म लेता है। सिर्फ एक वक्ता नहीं... एक उपस्थिति।

सिर्फ एक आवाज़ नहीं... एक प्रभाव। सिर्फ एक प्रदर्शन नहीं... एक विरासत।

और कहीं... किसी कमरे में... किसी पल में... कोई आपको सुनेगा... और वही महसूस करेगा— जो उस युवक ने महसूस किया था... कि उसके अंदर कुछ... अभी-अभी शुरू हुआ है।

एक आह्वान: 16- दिवसीय- मंच का शेर- चैलेंज

एक समय आता है... जब पढ़ना रुकना चाहिए... और बनना शुरू होना चाहिए। आपने पन्ने पलटे हैं... विचार समझे हैं... अंदर एक बदलाव महसूस किया है... लेकिन असली परिवर्तन सिर्फ पढ़ने से नहीं आता। वह आता है— कदम उठाने से। यह चैलेंज आपका पुल है— ज्ञान से पहचान तक। कभी नहीं... बाद में नहीं... **अभी**। अगले 16 दिनों तक... आप सिर्फ इस किताब को पढ़ेंगे नहीं... आप इसे जिएँगे। हर दिन— एक अध्याय... एक नियम... एक कदम... उस आवाज़ की ओर... जो आप बनने वाले हैं। यह परफेक्शन का चैलेंज नहीं है। यह **कमिटमेंट** का चैलेंज है।

शुरू करने से पहले एक अंतिम बात

ये 16 दिन सिर्फ बेहतर बोलने के लिए नहीं हैं... ये अलग बनने के लिए हैं। बीच में रुकावट आएगी। आपका मन कहेगा— "आज छोड़ देते हैं..." आपका आराम कहेगा— "कल कर लेंगे..." लेकिन एक बात याद रखिए— आपका मन उसी दिशा में आपको आगे बढ़ाता है... जिसमें आप होते हैं। अगर आप आराम चुनते हैं... वह आपको वहीं रोक देगा। अगर आप विकास चुनते हैं... वह आपको आगे धकेलेगा। तो चुनाव सोच-समझकर कीजिए।

हर दिन... एक वोट है। उस व्यक्ति के लिए... जो आप थे... या उस व्यक्ति के लिए... जो आप बन रहे हैं। और एक दिन... दिन 1 और दिन 16 के बीच कहीं... आप कुछ सूक्ष्म महसूस करेंगे। आपकी आवाज़ अलग लगेगी... आपकी बॉडी ज्यादा मजबूत महसूस होगी... आपकी हिचकिचाहट छोटी लगेगी... और आपकी उपस्थिति... आपके शब्दों से पहले बोलने लगेगी।

वही पल है— जब आप समझते हैं... यह अब चैलेंज नहीं रहा... यह आपकी पहचान बन रहा है। तो आगे बढ़िए... पूरी निष्ठा के साथ... और शुरुआत कीजिए। क्योंकि आपके अंदर का मंच शेर... तैयार है।

पाठक के लिए महत्वपूर्ण नोट

हर दिन की गतिविधि शुरू करने से पहले... उस दिन के अध्याय को फिर से पढ़िए। बस ऐसे ही नहीं... धीरे... ध्यान से... अपने लिए... ऐसे पढ़िए— जैसे वह अध्याय सिर्फ आपके लिए लिखा गया हो। उसे महसूस कीजिए... उस पर विचार कीजिए... उसे अपने दिन का हिस्सा बनाइए। उसी अध्याय को अपने सोच, अपने काम और अपने संकल्प को दिशा देने दीजिए। क्योंकि यही पढ़ना... धीरे-धीरे... आपको बदलना शुरू करता है।

पहला दिन– संरचना भावनाओं से जीतती है

1. अध्याय 1 को दोबारा पढ़ें

इसे पढ़ना मत समझिए... इसे अपने साथ एक बातचीत समझिए। थोड़ा रुकिए... धीरे पढ़िए... हर लाइन को महसूस कीजिए... जल्दी मत कीजिए। पढ़ते समय... अपने जीवन के उन पलों को याद कीजिए— जब आप बोलना चाहते थे... लेकिन रुक गए... जब आपने शुरुआत तो अच्छी की... लेकिन बीच में भटक गए... जब आपके दिमाग में सब साफ़ था... लेकिन शब्दों में नहीं आ पाया...

यह अध्याय सिर्फ जानकारी नहीं है... यह आपका आईना है। और आज का दिन कुछ नया सीखने का नहीं है... आज का दिन यह पहचानने का है— कि आपकी समस्या यह नहीं है कि आपके पास विचार नहीं हैं... समस्या यह है— कि उन विचारों में संरचना नहीं है।

2. संबंधित नियम: संरचना भावनाओं से जीतती है

भावनाएँ बदलती रहती हैं। कभी आप तैयार महसूस करते हैं... आत्मविश्वासी... अभिव्यक्त... और कभी— दिमाग खाली लगता है... बिखरा हुआ... अनिश्चित... अगर आपका बोलना सिर्फ आपकी भावना पर निर्भर है... तो आपका प्रदर्शन भी बदलता रहेगा।

लेकिन संरचना अलग है। संरचना मूड पर निर्भर नहीं करती। वह आपको रास्ता देती है। जब भावनाएँ तेज़ होती हैं... संरचना आपको धीमा करती है। जब विचार बिखरते हैं... संरचना उन्हें जोड़ती है। जब आप खो जाते हैं... संरचना आपको वापस लाती है।

बिना संरचना के वक्ता— अंधेरे में चलने वाले व्यक्ति जैसा है... चल तो रहा है... लेकिन दिशा नहीं है। संरचना वाला वक्ता— नक्शा लेकर चलता है। भले ही रास्ता नया हो... दिशा साफ़ होती है। और स्पष्टता... आत्मविश्वास बनाती है।

3. अध्याय आधारित चैलेंज

आज... आप एक छोटा सा भाषण तैयार करेंगे। सिर्फ 2 मिनट का। लंबा नहीं... परफेक्ट नहीं... बस साफ़। लेकिन इस बार— आप याददाश्त या अचानक बोलने पर भरोसा नहीं करेंगे... आप भरोसा करेंगे— **संरचना पर।**

अपने भाषण को तीन हिस्सों में बाँटिए— **शुरुआत** – जहाँ आप अपनी बात स्पष्ट बताएँ। **मध्य** – जहाँ आप समझाएँ, उदाहरण दें। **अंत** – जहाँ आप एक याद रहने वाला संदेश दें।

प्रभावित करने की कोशिश मत कीजिए। भारी शब्दों की ज़रूरत नहीं है। बस एक बात पर ध्यान दीजिए— क्या कोई व्यक्ति आपकी बात को शुरुआत से अंत

तक समझ पा रहा है? क्योंकि यही संरचना का काम है— आपकी सोच को दिखाई देना।

4. गतिविधि

अब खड़े हो जाइए। सामान्य तरीके से नहीं... इरादे के साथ। सामने देखिए— जैसे कोई आपको सुन रहा हो। और बोलना शुरू कीजिए। अपना 2 मिनट का भाषण दीजिए। अगर संभव हो... तो खुद को रिकॉर्ड कीजिए। बोलते समय ध्यान दीजिए— क्या आप शब्द खोज रहे हैं... या सहजता से आगे बढ़ रहे हैं? आप एक चीज़ नोट करेंगे— जब संरचना होती है... तो आप अंदाज़ा नहीं लगाते कि आगे क्या बोलना है... आपको पता होता है। आप भटकते नहीं... आप चलते हैं। और वही रास्ता... आपको आत्मविश्वास देता है।

5. लिखित संकल्प

अब बैठिए... और धीरे-धीरे लिखिए— "आज मैं यह संकल्प लेता/लेती हूँ कि मैं बिना संरचना के नहीं बोलूँगा/बोलूँगी। मैं अपने विचारों को व्यक्त करने से पहले उन्हें व्यवस्थित करूँगा/करूँगी।" इसे जल्दी में मत लिखिए। यह सिर्फ लिखना नहीं है... यह घोषणा है। जब आप लिखते हैं... तो आप अपने मन से कहते हैं— यह महत्वपूर्ण है। और जो महत्वपूर्ण होता है... वह बदलना शुरू करता है।

6. जीवन पर प्रभाव

दिन के अंत में... शांत बैठिए... और खुद से पूछिए— क्या आज बोलना आसान लगा? क्या विचार जुड़े हुए लगे? क्या अभिव्यक्ति में कम भटकाव था? शायद आपको कुछ असाधारण महसूस न हो... और यही सही है। लेकिन आप कुछ सूक्ष्म महसूस करेंगे— स्पष्टता। और स्पष्टता... सब कुछ बदल देती है। क्यो कि जब विचार साफ़ होते हैं... तो शब्द अपने आप आते हैं। और जब शब्द आते हैं... तो आत्मविश्वास बढ़ता है। धीरे-धीरे... लगातार...

7. समापन पुष्टि

खड़े हो जाइए। एक गहरी साँस लीजिए। और ज़ोर से बोलिए— "मेरे विचार स्पष्ट हैं। मेरे शब्द संरचना का पालन करते हैं। मैं दिशा और आत्मविश्वास के साथ बोलता/बोलती हूँ।" जल्दी मत बोलिए। हर शब्द को महसूस कीजिए। क्योंकि आत्मविश्वास एक बार में नहीं बनता... वह दोहराव से बनता है। और आज... पहला कदम है।

हस्ताक्षर: ______________________________

दिनांक: ______________________________

दूसरा दिन– खामोशी ही ताकत है

1. अध्याय 2 को दोबारा पढ़ें

इस अध्याय को जल्दी-जल्दी मत पढ़िए... धीरे पढ़िए... हर लाइन को साँस लेने दीजिए। पढ़ते समय... अपने व्यवहार पर ध्यान दीजिए— आप एक वाक्य से दूसरे वाक्य पर कितनी जल्दी जाते हैं? आपको रुकना कितना असहज लगता है? बस इसे देखिए... बिना खुद को जज किए।

सच यह है— अधिकांश लोग बोलने से नहीं डरते... वे रुकने से डरते हैं। क्योंकि उस ठहराव में... उन्हें लगता है— वे सामने आ गए हैं। आज का दिन उसी रिश्ते को बदलने का है। जबरदस्ती आत्मविश्वास लाने का नहीं... **खामोशी को समझने का।**

2. संबंधित नियम: खामोशी, जब आपकी हो जाए... ताकत बन जाती है

खामोशी को अक्सर गलत समझा जाता है। लोग इसे हिचकिचाहट समझते हैं... या तैयारी की कमी। लेकिन सच में... खामोशी नियंत्रण है। जब आप जल्दी बोलते हैं... तो आप उस पल से भाग रहे होते हैं। जब आप रुकते हैं... तो आप उस पल के मालिक बन जाते हैं। जल्दी बोलने वाला वक्ता... अनिश्चित लगता है... भले ही उसकी बात अच्छी हो। शांत बोलने वाला वक्ता... सरल शब्दों में भी प्रभावशाली लगता है।खामोशी जगह बनाती है। और उसी जगह में... आपके शब्दों की कीमत बढ़ती है।

सोचिए— अगर सब कुछ लगातार कहा जाए... तो कुछ भी खास नहीं लगता। लेकिन जब आप रुकते हैं... तो सामने वाले को समय मिलता है— समझने का... महसूस करने का... सोचने का... खामोशी कम्युनिकेशन की कमी नहीं है... यह उसका गहरा रूप है।

3. अध्याय आधारित चैलेंज

आज आप 1–2 मिनट बोलेंगे। कोई भी विषय चुनिए— कुछ सरल... कुछ परिचित... लेकिन एक नियम याद रखिए— हर महत्वपूर्ण वाक्य के बाद... रुकिए। बस एक सेकंड नहीं... इतना रुकिए कि आप उसे महसूस करें। अपने शब्दों को बैठने दीजिए... सामने वाले को समझने दीजिए... जल्दी मत कीजिए। खाली जगह को भरने की कोशिश मत कीजिए। **ठहराव पर भरोसा कीजिए।**

4. गतिविधि

अब खड़े हो जाइए। अपने आप को स्थिर कीजिए। धीरे बोलिए... और फिर रुकिए। शुरू में अजीब लगेगा। आपका मन कहेगा— “जल्दी बोलो... मत रुको... यह अजीब लग रहा है...” लेकिन वहीं रुके रहिए। उस असहजता को महसूस कीजिए। क्योंकि वही असहजता... आपकी नई ताकत है। धीरे-धीरे... कुछ बदलता

है। कमरा शांत हो जाता है... ध्यान गहरा हो जाता है... लोग ज़्यादा सुनते हैं... जब आप कम बोलते हैं।

5. लिखित संकल्प

अब बैठिए... और ध्यान से लिखिए— "आज मैं यह संकल्प लेता/लेती हूँ कि मैं अपने शब्दों में जल्दबाज़ी नहीं करूँगा/करूँगी। मैं खामोशी को अपनी ताकत बनाऊँगा/बनाऊँगी और अपने संदेश को बैठने दूँगा/दूँगी।" यह सिर्फ बोलने का अभ्यास नहीं है... यह आत्म-नियंत्रण का अभ्यास है।

6. जीवन पर प्रभाव

दिन के अंत में... शांत होकर सोचिए— क्या आज आप ज्यादा नियंत्रण में थे? क्या बोलना ज्यादा सोच-समझकर हुआ? क्या आपके विचार कम बिखरे हुए लगे? आप एक छोटा बदलाव महसूस करेंगे— अब आप प्रतिक्रिया नहीं दे रहे... आप चुनाव कर रहे हैं। और यहीं से असली आत्मविश्वास शुरू होता है। ज्यादा बोलने में नहीं... बल्कि यह जानने में— कब बोलना है... और कब रुकना है।

7. समापन पुष्टि

धीरे... शांत होकर बोलिए— "मेरी खामोशी कमजोरी नहीं है। यह मेरी ताकत है। मैं आत्मविश्वास के साथ रुकता/रुकती हूँ... और मेरे शब्दों में वजन है।" हर शब्द को महसूस कीजिए। क्योंकि जब आप खामोशी पर नियंत्रण पा लेते हैं... तो आप अपनी उपस्थिति पर नियंत्रण पा लेते हैं।

हस्ताक्षर: ______________________________

दिनांक: ______________________________

तीसरा दिन– आवाज़ भरोसा बनाती है

1. अध्याय 3 को दोबारा पढ़ें

आज इस अध्याय को सिर्फ चुपचाप मत पढ़िए... इसे ज़ोर से पढ़िए। अपनी आवाज़ को कमरे में फैलने दीजिए। और पढ़ते समय... ध्यान शब्दों पर नहीं... आवाज़ पर दीजिए। अपना टोन सुनिए— क्या वह सपाट है? क्या वह जल्दी में है? क्या उसमें जीवन है? क्या वह नियंत्रित है?

अधिकतर लोग बोलते तो हैं... लेकिन खुद को सुनते नहीं। वे इस पर ध्यान देते हैं कि क्या कह रहे हैं... लेकिन यह नहीं देखते कि कैसे कह रहे हैं। आज... धीरे हो जाइए। खुद को सुनिए। क्योंकि आपकी आवाज़ सिर्फ माध्यम नहीं है... वह खुद एक संदेश है।

2. संबंधित नियम: लोग आपके शब्दों से ज़्यादा आपके टोन पर भरोसा करते हैं

शब्द अर्थ देते हैं... लेकिन टोन भावना देता है। आप सही वाक्य बोल सकते हैं... फिर भी सामने वाला जुड़ नहीं पाता। क्यों? क्योंकि आपकी आवाज़ में विश्वास नहीं था। कमज़ोर टोन में बोला गया सही वाक्य... संदेह पैदा करता है। स्पष्ट टोन में बोला गया साधारण वाक्य... भरोसा बनाता है।

सोचिए— आप सिर्फ शब्दों पर भरोसा नहीं करते... आप उस ऊर्जा पर भरोसा करते हैं... जो उन शब्दों के पीछे होती है। लोग आपके वाक्य भूल सकते हैं... लेकिन यह नहीं भूलते— आपकी आवाज़ ने उन्हें कैसा महसूस कराया। सुरक्षित... आत्मविश्वासी... प्रेरित... या उलझन में... यह सब आपकी आवाज़ तय करती है।

3. अध्याय आधारित चैलेंज

आज आप एक सरल वाक्य लेंगे। जैसे— "मुझे विश्वास है कि यह विचार काम करेगा।" अब इस एक ही वाक्य को... तीन अलग-अलग टोन में बोलिए— पहला—शांत और संतुलित दूसरा—ऊर्जावान और उत्साहित तीसरा—गंभीर और दृढ़ शब्द नहीं बदलने हैं... सिर्फ टोन बदलना है। और देखिए— कैसे एक ही वाक्य... तीन अलग रूप ले लेता है। यही है आवाज़ की ताकत।

4. गतिविधि

अब खुद को रिकॉर्ड कीजिए। परफेक्शन के लिए नहीं... जागरूकता के लिए। फिर उसे सुनिए। एक वक्ता की तरह नहीं... एक श्रोता की तरह। ईमानदारी से खुद से पूछिए— कौन सा टोन स्वाभाविक लगा? कौन सा बनावटी लगा? कौन सा प्रभावशाली लगा? अगर मैं सुन रहा होता/होती... तो किस पर भरोसा करता/करती? यहीं से सुधार शुरू होता है। क्योंकि जब आप खुद को साफ़ सुनते हैं... तब आप खुद को जागरूक तरीके से बदल सकते हैं।

5. लिखित संकल्प

अब ध्यान से लिखिए— "आज मैं यह संकल्प लेता/लेती हूँ कि मैं सिर्फ क्या कहता/कहती हूँ, इस पर नहीं... बल्कि कैसे कहता/कहती हूँ, इस पर ध्यान दूँगा/दूँगी। मैं अपनी आवाज़ को समझूँगा/समझूँगी और उसे जागरूकता के साथ इस्तेमाल करूँगा/करूँगी।" इसे जल्दी मत लिखिए। यह सिर्फ बोलने का नहीं... **बेहतर बोलने का संकल्प है।**

6. जीवन पर प्रभाव

दिन के अंत में ध्यान दीजिए— आप अपनी आवाज़ को अलग तरह से सुनने लगेंगे। बातचीत में... जवाब देते समय... साधारण बातचीत में भी... आपको महसूस होगा— आपकी आवाज़ स्थिर नहीं है... वह बदल सकती है। और जब आप इसे समझ जाते हैं... तो आप इसे आकार दे सकते हैं। यही जागरूकता... माहिर

बनने की शुरुआत है। क्योंकि जिसे आप देख नहीं सकते... उसे आप सुधार नहीं सकते।

7. समापन पुष्टि

धीरे... विश्वास के साथ बोलिए— "मेरी आवाज़ में आत्मविश्वास, स्पष्टता और भरोसा है। जब मैं बोलता/बोलती हूँ... लोग मेरी सच्चाई महसूस करते हैं।" हर शब्द को भीतर उतरने दीजिए। क्योंकि आपकी आवाज़ सिर्फ ध्वनि नहीं है... वह आपकी उपस्थिति है... जो सुनाई देती है।

हस्ताक्षर: ______________________________

दिनांक: ______________________________

चौथा दिन– स्पष्टता, जटिलता से बेहतर है

1. अध्याय 4 को दोबारा पढ़ें

इस अध्याय को जल्दी-जल्दी मत पढ़िए... रुकिए... ध्यान से पढ़िए... जागरूक होकर पढ़िए। और पढ़ते समय... अपने बारे में एक सच्चाई देखिए— आप कितनी बार अपनी बात को "बड़ा", "इंटेलिजेंट", या "इम्प्रेसिव" बनाने की कोशिश करते हैं? हम सब करते हैं। लंबे वाक्य... भारी शब्द... जटिल समझाना... लेकिन एक पल रुककर खुद से पूछिए— जब आप ऐसा बोलते हैं... क्या लोग सच में आपको समझते हैं? या बस सिर हिलाकर आगे बढ़ जाते हैं? आज का दिन कुछ नया सीखने का नहीं है... आज का दिन एक आदत छोड़ने का है—**जो सरल है... उसे जटिल बनाने की आदत।**

2. संबंधित नियमः स्पष्टता आगे बढ़ाती है, जटिलता उलझाती है

जटिलता आकर्षक लगती है। यह बोलने वाले को बुद्धिमान महसूस कराती है। लेकिन स्पष्टता की ताकत गहरी होती है। यह सुनने वाले को आत्मविश्वासी बनाती है। कम्युनिकेशन यह नहीं है कि आप कितने समझदार लगते हैं... यह है कि आपको कितनी आसानी से समझा जाता है। अगर लोग आपकी बात नहीं पकड़ पा रहे... तो वे आपके विचार भी नहीं पकड़ पाएँगे। और अगर वे विचार नहीं समझते... तो वे आप पर भरोसा नहीं करेंगे। स्पष्टता गहराई की कमी नहीं है... यह गहराई है... जो सरल तरीके से व्यक्त की गई है। यही असली महारत है।

3. अध्याय आधारित चैलेंज

आज एक ऐसा विषय चुनिए... जो आपको अच्छे से आता है। आपका विषय... आपका काम... या कुछ नया जो आपने सीखा है... अब उसे ऐसे समझाइए— जैसे आप किसी बच्चे को समझा रहे हों। ऊपर से नहीं... सरलता से। उदाहरण दीजिए... आसान भाषा का इस्तेमाल कीजिए... अगर बच्चा समझ जाए... तो कोई भी समझ

सकता है। और यही लक्ष्य है।

4. गतिविधि

जब आप समझा रहे हों... तो अपनी भाषा पर ध्यान दीजिए— जब भी आप कोई जटिल शब्द बोलने वाले हों... रुकिए... और उसे सरल शब्द से बदल दीजिए। भारी तकनीकी शब्दों से बचिए... अनावश्यक कठिन भाषा से बचिए... ऐसे शब्द चुनिए— जो स्वाभाविक लगें... बातचीत जैसे लगें... और स्पष्ट हों। साथ ही... सामने वाले की प्रतिक्रिया देखिए— क्या वह जुड़ा हुआ है? क्या वह आसानी से समझ रहा है? यही आपका असली फीडबैक है। क्योंकि स्पष्टता का फैसला आप नहीं करते... सामने वाला करता है।

5. लिखित संकल्प

अब धीरे-धीरे लिखिए— "आज मैं यह संकल्प लेता/लेती हूँ कि मैं प्रभाव डालने के लिए नहीं... बल्कि स्पष्टता के साथ बोलूँगा/बोलूँगी। मैं प्रशंसा पाने के लिए नहीं... समझे जाने के लिए बोलूँगा/बोलूँगी।" इस वाक्य को महसूस कीजिए। क्योंकि यही बदलाव— इम्प्रेस करने से एक्सप्रेस करने तक— एक सामान्य वक्ता और प्रभावशाली वक्ता में अंतर बनाता है।

6. जीवन पर प्रभाव

दिन के अंत में सोचिए— क्या बोलना आसान लगा? क्या "परफॉर्म" करने का दबाव कम हुआ? क्या बातचीत ज़्यादा स्वाभाविक लगी? आप एक गहरा बदलाव महसूस करेंगे— जब आप इम्प्रेस करना छोड़ देते हैं... तो आप अनावश्यक बोझ छोड़ देते हैं। स्पष्टता सिर्फ शब्दों को सरल नहीं बनाती... यह आपकी सोच को भी सरल बनाती है। और जब सोच सरल होती है... तो आत्मविश्वास स्थिर हो जाता है।

7. समापन पुष्टि

धीरे... पूरे विश्वास के साथ बोलिए— "मैं सरलता और स्पष्टता के साथ संवाद करता/करती हूँ। मेरे शब्द समझने में आसान हैं... और मेरा संदेश प्रभावशाली है।" इसे अपने अंदर उतरने दीजिए। क्योंकि इस शोर और जटिलता भरी दुनिया में... जो व्यक्ति साफ़ बोलता है... वही आगे बढ़ता है।

हस्ताक्षर: ______________________________

दिनांक: ______________________________

पांचवां दिन– आपका शरीर पहले बोलता है

1. अध्याय 9 को दोबारा पढ़ें

आज इस अध्याय को बैठकर मत पढ़िए... **खड़े हो जाइए।** और पढ़ते समय... अपने शरीर को महसूस कीजिए। अपने कंधों पर ध्यान दीजिए— क्या वे झुके हुए हैं? अपने गर्दन पर ध्यान दीजिए— क्या वह आगे की ओर झुक रही है? अपने खड़े होने के तरीके पर ध्यान दीजिए— क्या आप स्थिर हैं... या इधर-उधर हिल रहे हैं? ज़्यादातर लोग अपने शब्द बदलने की कोशिश करते हैं... लेकिन बहुत कम लोग समझते हैं— कि शब्दों से पहले ही... **शरीर बोल चुका होता है।** आज आप सिर्फ पढ़ नहीं रहे... आप खुद को देख रहे हैं। क्योंकि आपका शरीर... आपकी कम्युनिकेशन की शुरुआत है।

2. संबंधित नियम: आपका शरीर आपके शब्दों से पहले आपका परिचय देता है

आप एक शब्द भी नहीं बोलते... फिर भी लोग आपको पढ़ लेते हैं। वे आपका खड़ा होना देखते हैं... आपकी मुद्रा देखते हैं... आपकी स्थिरता या बेचैनी महसूस करते हैं... और कुछ ही सेकंड में तय कर लेते हैं— "क्या मुझे इस व्यक्ति को सुनना चाहिए?" अगर आपका शरीर हिचकिचाहट दिखाता है... तो आपके शब्दों को मेहनत करनी पड़ेगी। अगर आपका शरीर आत्मविश्वास दिखाता है... तो आपके शब्दों को सहारा मिलेगा। आपकी मुद्रा सिर्फ शरीर का संतुलन नहीं है... यह आपके मन की अभिव्यक्ति है। आप खुद को कैसे देखते हैं... वही दुनिया को दिखता है। और दुनिया उसी पर प्रतिक्रिया देती है।

3. अध्याय आधारित चैलेंज

अब आईने के सामने खड़े हो जाइए। खुद को देखिए... साधारण तरीके से नहीं... जागरूक होकर। अब धीरे-धीरे अपनी मुद्रा ठीक कीजिए— सीना हल्का सा ऊपर उठाइए... (कठोर नहीं... खुला हुआ) कंधे ढीले रखिए... (गिरे हुए नहीं... संतुलित) रीढ़ सीधी रखिए... (तनाव नहीं... संतुलन) ठोड़ी हल्की ऊपर... ताकि नज़र सामने रहे अब खुद की आँखों में देखिए। शुरू में अजीब लगेगा... क्योंकि आप खुद को इस तरह देखने के आदी नहीं हैं। लेकिन वहीं रुकिए... अपने शरीर को इस नई स्थिति को सीखने दीजिए।

4. गतिविधि

अब इस मुद्रा में 2 मिनट तक खड़े रहिए। बिना ज़रूरत हिले नहीं... बस खड़े रहिए... सामान्य साँस लीजिए... और महसूस कीजिए— क्या बदल रहा है? आपकी साँस गहरी हो रही है... आपके विचार शांत हो रहे हैं... आपकी उपस्थिति मजबूत हो रही है... आप एक बात समझेंगे— आत्मविश्वास सिर्फ दिमाग की स्थिति नहीं है... यह शरीर का अनुभव भी है। जब आपका शरीर संतुलित होता है... तो आपका

मन भी वैसा ही हो जाता है।

5. लिखित संकल्प

अब ध्यान से लिखिए— "आज मैं यह संकल्प लेता/लेती हूँ कि मैं खुद को आत्मविश्वास के साथ प्रस्तुत करूँगा/करूँगी। मेरी मुद्रा मेरी ताकत, जागरूकता और उपस्थिति को दर्शाएगी।" यह सिर्फ दूसरों के सामने खड़े होने की बात नहीं है... यह उस तरीके की बात है— जिस तरह आप खुद को हर समय लेकर चलते हैं।

6. जीवन पर प्रभाव

दिन भर ध्यान दीजिए— चलते समय... बैठते समय... बोलते समय... आप खुद को सुधारते हुए पकड़ेंगे। और उस छोटे से सुधार के साथ... कुछ और बदलता है— आप खुद को ज़्यादा नियंत्रित महसूस करते हैं... ज़्यादा स्थिर... ज़्यादा जागरूक... बिना बोले भी... आप मजबूत महसूस करने लगते हैं। क्योंकि आपका शरीर अब सिकुड़ नहीं रहा... वह अभिव्यक्त हो रहा है।

7. समापन पुष्टि

अब उसी मुद्रा में खड़े होकर बोलिए— "मेरी उपस्थिति मेरे शब्दों से पहले बोलती है। मैं आत्मविश्वास के साथ खड़ा/खड़ी हूँ... और मेरा शरीर मेरी ताकत दिखाता है।" इसे महसूस कीजिए... सिर्फ बोलिए मत। क्योंकि जब आपका शरीर और आपका विश्वास एक हो जाते हैं... तो आप सिर्फ आत्मविश्वासी दिखते नहीं... आप वास्तव में बन जाते हैं।

हस्ताक्षर: ______________________________

दिनांक: ______________________________

छठा दिन– प्रदर्शन से पहले उपस्थिति

1. अध्याय 9 को दोबारा पढ़ें (प्रदर्शन से पहले उपस्थिति)

उपस्थिति को जल्दी-जल्दी समझा नहीं जा सकता... उसे महसूस किया जाता है... शांत होकर। आज पढ़ते समय... अपनी साँसों को धीमा कर दीजिए। हर पंक्ति को उतरने दीजिए... फिर अगली पंक्ति पर जाइए। और पढ़ते समय... अपने बारे में एक बात नोटिस कीजिए— आप कितनी बार शरीर से मौजूद होते हैं... लेकिन दिमाग कहीं और होता है? अगली लाइन क्या बोलूँगा... लोग क्या सोचेंगे... मैं कैसा लगूँगा... और हम पल शुरू होने से पहले ही... उससे आगे भाग जाते हैं। आज का दिन जल्दी पढ़ने का नहीं है... आज का दिन खुद में आने का है। क्योंकि दूसरों से बोलने से पहले... आपको खुद में आना पड़ता है।

2. संबंधित नियम: प्रदर्शन से पहले उपस्थित बनिए

ज़्यादातर लोग जल्दी शुरू कर देते हैं। शब्दों से नहीं... दिमाग से। उनका शरीर तो सामने होता है... लेकिन दिमाग बिखरा होता है। और इसलिए वे कनेक्ट नहीं कर पाते। उपस्थिति बहुत सरल है... लेकिन बहुत ताकतवर है। इसका मतलब है— आप पूरी तरह यहीं हैं। न आगे... न पीछे... न परिणाम की चिंता... बस इस पल में। जब आप उपस्थित होते हैं... आपके शब्द स्थिर हो जाते हैं... आपकी आवाज़ संतुलित हो जाती है... आपका मन साफ़ हो जाता है। लोग प्रदर्शन देखते हैं... लेकिन प्रदर्शन को जन्म देती है— **उपस्थिति।**

3. अध्याय आधारित चैलेंज

आज जब भी आप बोलने वाले हों... चाहे छोटी सी बातचीत ही क्यों न हो... पहले **5 सेकंड रुकिए।** साधारण तरीके से नहीं... जागरूक होकर। खड़े हो जाइए... या जहाँ हैं वहीं स्थिर हो जाइए... गहरी साँस लीजिए... महसूस कीजिए— आपके पैर ज़मीन को छू रहे हैं... आपका शरीर सीधा है... आपकी साँस अंदर-बाहर जा रही है... बस इतना। फिर बोलना शुरू कीजिए। आप शब्द तैयार नहीं कर रहे... आप **अपनी स्थिति तैयार कर रहे हैं।**

4. गतिविधि

इस रुकने को मत छोड़िए। यह छोटा कदम नहीं है... यही नींव है। आपका मन विरोध करेगा— "यह ज़रूरी नहीं है..." "सीधे बोलो..." लेकिन वहीं रुकिए। क्योंकि यही रुकना... आपको बिखराव से जागरूकता में लाता है। और जब आप स्थिर होते हैं... तो आपके शब्द अपने आप साफ़ हो जाते हैं। धीरे-धीरे... यह रुकना आपकी आदत बन जाएगा। लेकिन आज... इसे जानबूझकर कीजिए।

5. लिखित संकल्प

अब ध्यान से लिखिए— "आज मैं यह संकल्प लेता/लेती हूँ कि मैं बोलने से पहले पूरी तरह उपस्थित रहूँगा/रहूँगी। मैं रुकूँगा/रुकूँगी, साँस लूँगा/लूँगी और खुद को स्थिर करूँगा/करूँगी।" यह सिर्फ बोलने के लिए नहीं है... यह हर पल में आपके होने का तरीका है।

6. जीवन पर प्रभाव

दिन के अंत में सोचिए— क्या आप कम भागे हुए महसूस हुए? क्या आपकी बात ज़्यादा स्थिर लगी? क्या जवाब देने से पहले मन शांत हुआ? आप एक बदलाव महसूस करेंगे— आप तुरंत प्रतिक्रिया नहीं दे रहे... आप **सोचकर जवाब दे रहे हैं।** और वहीं से असली आत्मविश्वास शुरू होता है। शोर वाला नहीं... जबरदस्ती वाला नहीं... बल्कि शांत। क्योंकि जब आप उपस्थित होते हैं... तो आपको कुछ साबित नहीं करना होता... आप बस व्यक्त करते हैं।

7. समापन पुष्टि

शांत खड़े हो जाइए... धीमी साँस लीजिए... और बोलिए— "मैं शांत हूँ... केंद्रित हूँ... और पूरी तरह उपस्थित हूँ। मैं जागरूक होकर बोलता/बोलती हूँ... और मेरी उपस्थिति मेरे शब्दों को दिशा देती है।" इस वाक्य की शांति को महसूस कीजिए। क्योंकि उपस्थिति कोई अभिनय नहीं है... यह एक अवस्था है... जो आप बनते हैं।

हस्ताक्षर: ______________________________

दिनांक: ______________________________

सातवां दिन– व्यक्त करें, प्रभावित करने की कोशिश नहीं

1. अध्याय 9 को दोबारा पढ़ें – (चेहरे के भाव जो जुड़ाव बनाते हैं)

इस अध्याय को सिर्फ पढ़िए मत... **महसूस कीजिए।** और पढ़ते समय... अपने चेहरे पर ध्यान दीजिए। क्या आपका चेहरा टेंशन में है? क्या वह बिल्कुल सीधा है... या आप उसे कंट्रोल करने की कोशिश कर रहे हैं? ज़्यादातर लोग शब्दों पर ध्यान देते हैं... लेकिन यह भूल जाते हैं— कि उनका चेहरा भी उसी समय बोल रहा होता है। जब चेहरा बनावटी होता है... तो दूरी बनती है। जब चेहरा स्वाभाविक होता है... तो जुड़ाव बनता है। अब खुद को एक ऐसे व्यक्ति से बात करते हुए सोचिए... जिस पर आपको भरोसा है। क्या होता है? चेहरा नरम हो जाता है... आँखों में जान आ जाती है... एक्सप्रेशन अपने आप आने लगते हैं। यही है असली अभिव्यक्ति। ना सीखी हुई... ना बनावटी... सच्ची।

2. संबंधित नियम: असली अभिव्यक्ति, बनावटी प्रभाव से बेहतर है

लोग परफेक्ट नहीं ढूंढ रहे... वे सच्चाई ढूंढ रहे हैं। आप कितने भी अच्छे शब्द बोल लें... अगर वे रटे हुए, कंट्रोल किए हुए या बनावटी लगें... तो कनेक्शन नहीं बनेगा। क्योंकि कनेक्शन परफेक्शन से नहीं आता... **ईमानदारी से आता है।** जब आप इम्प्रेस करने की कोशिश करते हैं... तो आप खुद पर ध्यान देने लगते हैं— "मैं कैसा लग रहा हूँ?" "मैं कैसे बोल रहा हूँ?" "लोगों को पसंद आएगा?" और इसी में... आप सामने वाले को खो देते हैं। लेकिन जब आप व्यक्त करते हैं... कुछ बदलता है। आप परफॉर्म करना छोड़ देते हैं... आप शेयर करना शुरू करते हैं। और तब लोग सिर्फ आपको सुनते नहीं... **आपको महसूस करते हैं।**

3. अध्याय आधारित चैलेंज

आज आपको अपने कम्फर्ट ज़ोन से बाहर आना है। आज आप एक **रीयल स्टोरी रिकॉर्ड करके सोशल मीडिया पर शेयर करेंगे।** कुछ बड़ा नहीं... कुछ ड्रामेटिक नहीं... बस कुछ सच्चा। कोई छोटा अनुभव... कोई सीख... कोई ऐसा पल जिसने आपको बदला हो। यह इम्प्रेस करने के लिए नहीं है... यह रियल बनने के लिए है।

ज़्यादा मत सोचिए... सिर्फ सच्चाई सोचिए।

4. गतिविधि

आराम से बैठिए या खड़े हो जाइए। कैमरा ऑन कीजिए... और ऐसे देखिए... जैसे आप एक ही व्यक्ति से बात कर रहे हों। भीड़ से नहीं... बस एक इंसान से। और बोलना शुरू कीजिए। एक्ट मत कीजिए... "प्रोफेशनल" बनने की कोशिश मत कीजिए... हर शब्द को कंट्रोल मत कीजिए... अपने एक्सप्रेशन को नैचुरल रहने दीजिए... अपनी आवाज़ को भावना लेकर आने दीजिए... अगर छोटी गलती हो जाए... तो रुकिए मत... आगे बढ़िए। क्योंकि असली कम्युनिकेशन परफेक्ट नहीं होता... जिंदा होता है। और जैसे ही पूरा हो... पोस्ट कर दीजिए। परफेक्शन का इंतज़ार मत कीजिए। पूरा करना... हिचकिचाहट से ज्यादा ताकतवर है।

5. लिखित संकल्प

अब ईमानदारी से लिखिए— "आज मैं यह संकल्प लेता/लेती हूँ कि मैं खुद को सच्चाई से व्यक्त करूँगा/करूँगी। मैं दूसरों को इम्प्रेस करने की कोशिश नहीं करूँगा/करूँगी। मैं सच्चाई और वास्तविकता के साथ बोलूँगा/बोलूँगी।" इसे महसूस कीजिए। क्योंकि यह सिर्फ आज की वीडियो नहीं है... यह आपके हर संवाद का तरीका है।

6. जीवन पर प्रभाव

दिन के अंत में सोचिए— बिना इम्प्रेस किए बोलना कैसा लगा? थोड़ी असहजता थी? हाँ। लेकिन क्या एक हल्कापन भी था? एक आज़ादी का एहसास? आप एक गहरी बात समझेंगे— जब आप परफॉर्म करना छोड़ देते हैं... तो आप दबाव छोड़ देते हैं। और जब दबाव खत्म होता है... तो कनेक्शन बनता है। लोग आपसे जुड़ते हैं... क्योंकि आप परफेक्ट नहीं हैं... आप सच्चे हैं।

7. समापन पुष्टि

धीरे... विश्वास के साथ बोलिए— "मैं व्यक्त करता/करती हूँ, प्रभावित करने की कोशिश नहीं करता/करती। मेरी सच्चाई लोगों से जुड़ाव बनाती है... और मेरी असलियत ही मेरी ताकत है।" इसे अपने अंदर उतरने दीजिए। क्योंकि इस दुनिया में... जहाँ हर कोई दिखावा कर रहा है... सबसे ताकतवर आवाज़ वही होती है... जो सच्ची होती है।

हस्ताक्षर: ______________________________

दिनांक: ______________________________

आठवां दिन– जब ज़रूरी हो, तब बोलिए

1. अध्याय 10 को दोबारा पढ़ें

इस अध्याय को जानकारी की तरह मत पढ़िए... आईने की तरह पढ़िए। अपने जीवन के उन पलों को याद कीजिए— जब आप चुप रहे थे... इसलिए नहीं कि आपके पास कुछ कहने को नहीं था... बल्कि इसलिए कि आपने कहने का फैसला नहीं किया। वो क्लास जहाँ आपको जवाब पता था... वो मीटिंग जहाँ आपके पास एक आइडिया था... वो बातचीत जहाँ आपकी राय मायने रखती थी... लेकिन आपने खुद को रोक लिया। आज जल्दी मत पढ़िए... रुकिए... महसूस कीजिए... यह अध्याय आपको यह याद दिलाने के लिए नहीं है कि आपने क्या खोया... यह आपको यह दिखाने के लिए है कि अभी भी क्या संभव है। क्योंकि आज... आप उन पलों को वापस लेने जा रहे हैं।

2. संबंधित नियम: साहस है सही समय पर बोलना

साहस को लोग अक्सर गलत समझते हैं। उन्हें लगता है— साहस मतलब ज़ोर से बोलना... बिना डर के बोलना... लेकिन असली साहस शांत होता है। वो पल... जब दिल तेज़ धड़कता है... दिमाग रुकता है... और फिर भी... आप बोलने का चुनाव करते हैं। समय बहुत महत्वपूर्ण है। देर से बोला गया विचार... अपनी कीमत खो देता है। अंदर रखा गया विचार... अपनी ताकत खो देता है। दुनिया हमेशा सबसे अच्छे विचारों को नहीं पहचानती... वो उन विचारों को पहचानती है... जो व्यक्त किए जाते हैं। और सबसे ज़रूरी— **सही समय पर व्यक्त किए जाते हैं।**

3. अध्याय आधारित चैलेंज

आज आप एक छोटा... लेकिन ताकतवर कदम उठाएँगे। किसी भी असली स्थिति में— क्लास... मीटिंग... या चर्चा— आप एक बार बोलेंगे। सिर्फ एक बार। जहाँ आप आमतौर पर चुप रहते हैं। "परफेक्ट मोमेंट" का इंतज़ार मत कीजिए... "पूरी तरह तैयार" होने का इंतज़ार मत कीजिए... आप ही वह पल चुनिए... और उसमें कदम रखिए।

4. गतिविधि

जब मौका आएगा... अपने पहले रिएक्शन को नोटिस कीजिए— आपका मन कहेगा— "अभी नहीं..." "अगर मैं गलत हुआ तो?" "दूसरों को बोलने दो..." यहीं रुकिए... एक गहरी साँस लीजिए... और बोलना शुरू कीजिए। चाहे आवाज़ परफेक्ट न हो... चाहे वाक्य पूरी तरह सही न हो... फिर भी बोलिए। क्योंकि आज का दिन परफेक्शन का नहीं है... **भागीदारी का है।**

5. लिखित संकल्प

अब ईमानदारी से लिखिए— "आज मैं यह संकल्प लेता/लेती हूँ कि जब बोलना ज़रूरी होगा, मैं खुद को नहीं रोकूँगा/रोकूँगी। मैं अपनी हिचकिचाहट के

बावजूद अपने विचार व्यक्त करूँगा/करूँगी।" इन शब्दों को महसूस कीजिए। क्योंकि यह सिर्फ एक वाक्य नहीं है... यह एक निर्णय है।

6. जीवन पर प्रभाव

दिन के अंत में शांत होकर सोचिए— बोलने पर कैसा लगा? क्या घबराहट थी? हाँ। लेकिन क्या एक हल्कापन भी था? एक आगे बढ़ने का एहसास? आप एक गहरी बात समझेंगे— डर एक्शन से पहले खत्म नहीं होता... **एक्शन के बाद कमज़ोर होता है।** और हर बार जब आप बोलते हैं... आपकी हिचकिचाहट थोड़ी और कम हो जाती है।

7. समापन पुष्टि

धीरे... विश्वास के साथ बोलिए— "मेरी आवाज़ मायने रखती है। मेरे विचार व्यक्त होने के योग्य हैं।

मैं सही समय पर बोलने का चुनाव करता/करती हूँ।" इसे अपने अंदर उतरने दीजिए। क्योंकि दुनिया को सिर्फ सोचने वाले लोग नहीं चाहिए... उसे चाहिए— वे **आवाज़ें जो सही समय पर सामने आती हैं।**

हस्ताक्षर: ______________________________

दिनांक: ______________________________

नौवां दिन– सवाल अवसर होते हैं

1. अध्याय 10 को दोबारा पढ़ें

इस अध्याय को हल्के में मत पढ़िए... इसे एक सवाल के साथ पढ़िए— **"जब कोई मुझसे सवाल करता है, मैं कैसे प्रतिक्रिया देता हूँ?"** अपने जीवन के असली पल याद कीजिए— जब किसी स्टूडेंट ने अचानक सवाल पूछा... जब किसी सहकर्मी ने आपके आइडिया को चुनौती दी... जब किसी ने ऐसा प्रश्न उठाया... जिसका जवाब आसान नहीं था। उस समय आपने क्या महसूस किया? क्या आप डिफेंसिव हो गए? क्या आपने जल्दी-जल्दी जवाब दिया? क्या आपने उस सवाल से बचने की कोशिश की? आज बस इस पैटर्न को देखिए... क्योंकि आज का दिन सवालों से बचने का नहीं है... उन्हें नए नजरिए से देखने का है।

2. संबंधित नियम: सवाल आपकी पहचान बनाते हैं

ज़्यादातर लोग सवालों को खतरा मानते हैं। उन्हें लगता है— ये उनकी कमी दिखा देंगे... उनकी तैयारी को उजागर कर देंगे... लेकिन सच्चाई कुछ और है। सवाल अवसर होते हैं। ये आपको मौका देते हैं— अपनी सोच दिखाने का... अपने संयम को दिखाने का... अपने वास्तविक ज्ञान को सामने लाने का। कोई भी तैयार भाषण दे सकता है... लेकिन हर कोई उसी पल में सोचकर जवाब नहीं दे सकता।

और यहीं से बनती है— **आपकी असली पहचान**। जब आप किसी सवाल को शांति से संभालते हैं... आप सिर्फ जवाब नहीं देते... आप सम्मान कमाते हैं।

3. अध्याय आधारित चैलेंज

आज आपका काम बहुत सरल है... लेकिन प्रभावशाली। आज आप एक सवाल का जवाब देंगे—

शांति से। यह सवाल कहीं से भी आ सकता है— क्लास में... मीटिंग में... किसी चर्चा में... या सामान्य बातचीत में। उसे टालिए मत... जल्दी खत्म मत कीजिए... उसे एक अवसर की तरह स्वीकार कीजिए। चाहे वह सवाल कठिन क्यों न लगे... उसे अपनाइए। क्योंकि असली विकास... इन्हीं पलों में होता है।

4. गतिविधि

आज एक सरल क्रम अपनाइए— **रुकिए... सोचिए... फिर बोलिए**। जैसे ही सवाल पूछा जाए— तुरंत प्रतिक्रिया मत दीजिए। एक पल रुकिए... सामने वाले की ओर देखिए... एक गहरी साँस लीजिए... अपने मन को सोचने दीजिए... और फिर जवाब दीजिए। यह छोटा सा रुकना... सब कुछ बदल देगा। आप अधिक सोच-विचार वाले लगेंगे... अधिक स्थिर लगेंगे... अधिक आत्मविश्वासी लगेंगे। क्योंकि आप रिएक्ट नहीं कर रहे... आप **जवाब दे रहे हैं**।

5. लिखित संकल्प

अब पूरे ध्यान से लिखिए— "आज मैं यह संकल्प लेता/लेती हूँ कि मैं सवालों का सामना आत्मविश्वास के साथ करूँगा/करूँगी। मैं रुकूँगा/रुकूँगी, सोचूँगा/सोचूँगी और स्पष्टता के साथ जवाब दूँगा/दूँगी।" यह सिर्फ जवाब देने की बात नहीं है... यह दबाव में अपने आप को संभालने की बात है।

6. जीवन पर प्रभाव

दिन के अंत में शांत होकर सोचिए— क्या जवाब देते समय आप अधिक नियंत्रण में थे? क्या रुकने से सोचने में मदद मिली? क्या घबराहट कम महसूस हुई? आप एक बदलाव महसूस करेंगे— सवाल अब दबाव नहीं लगेंगे... वे अवसर लगने लगेंगे। और धीरे-धीरे... आपका आत्मविश्वास बढ़ेगा। क्योंकि सवाल बंद नहीं होंगे... लेकिन आप उनसे डरना बंद कर देंगे।

7. समापन पुष्टि

शांत होकर बोलिए— "मैं स्पष्टता के साथ जवाब देता/देती हूँ। मैं आत्मविश्वास के साथ सवालों को संभालता/संभालती हूँ। हर सवाल मेरे लिए एक अवसर है।" इसे अपने अंदर बसने दीजिए। क्योंकि जब आप सवालों को संभालना सीख जाते हैं... आप सिर्फ बोलना नहीं... **पूरी बातचीत को संभालना सीख जाते हैं।**

हस्ताक्षर: ______________________

दिनांक: ______________________

दसवां दिन – पढ़ो, याद रखो, दोहराओ, मजबूत करो

1. अध्याय 12 को दोबारा पढ़ें

इस अध्याय को सिर्फ समझने के लिए मत पढ़िए... **खुद को देखने के लिए पढ़िए।** ईमानदारी से सोचिए— आप कैसे पढ़ते हैं? क्या आप पढ़ते हैं... और भूल जाते हैं? क्या आप आगे बढ़ जाते हैं... बिना दोबारा देखे? क्या आप सिर्फ याददाश्त पर भरोसा करते हैं... बिना उसे मजबूत किए? आज एक बात साफ समझिए— सिर्फ पढ़ना... सीखना नहीं है। सिर्फ समझना... याद रहना नहीं है। आज का दिन है... **सीखने के तरीके को बदलने का।**

2. संबंधित नियम: जो पढ़ता है... वही आगे बढ़ता है

हर मजबूत वक्ता... एक गहरा सीखने वाला होता है। और हर गहरा सीखने वाला... एक प्रक्रिया अपनाता है। सिर्फ पढ़ना नहीं... याद रखना। सिर्फ समझना नहीं... दोहराना। जो ज्ञान टिकता नहीं... वह खो जाता है। जो ज्ञान दोहराया जाता है... वह आपका हिस्सा बन जाता है। लीडर वो नहीं होते जो सबसे ज्यादा पढ़ते हैं... वे होते हैं जो— याद रखते हैं... सोचते हैं... और लागू करते हैं। क्योंकि जब ज्ञान टिकता है... तो सोच गहरी होती है। और जब सोच गहरी होती है... तो आपकी बातों में बदलाव आता है।

3. अध्याय आधारित चैलेंज

आज आप 5–10 पेज पढ़ेंगे। लेकिन जल्दी नहीं... ध्यान से। फिर किताब बंद कर दीजिए। और अब... याद कीजिए। बिना देखे। शब्द नहीं... विचार याद कीजिए। क्या पढ़ा था? मुख्य बात क्या थी? क्या समझ आया? यही असली अभ्यास है।

4. गतिविधि

आज आप 4R मेथड अपनाएँगे— रीड – रिटेन – रिकॉल – रिवाइज- रीड – **पढ़िए... धीरे और समझकर। रिटेन – जो पढ़ा, उसे अपने दिमाग में तस्वीर की तरह देखिए। रिकॉल – किताब बंद करके याद कीजिए। रिवाइज – फिर वापस जाकर कमजोर हिस्से को मजबूत कीजिए।** सबसे ज़रूरी है—रिकॉल इसे मत छोड़िए। क्योंकि यहीं से सीखना असली बनता है। जब याद करने में कठिनाई होती है... तभी आपका दिमाग मजबूत होता है। और वही कठिनाई... आपकी ग्रोथ है।

5. लिखित संकल्प

अब ध्यान से लिखिए— "आज मैं यह संकल्प लेता/लेती हूँ कि मैं गहराई से सीखूँगा/सीखूँगी। मैं सिर्फ पढ़ूँगा/पढ़ूँगी नहीं... मैं याद करूँगा/करूँगी, दोहराऊँगा/दोहराऊँगी और ज्ञान को मजबूत करूँगा/करूँगी।" यह एक बदलाव है— सिर्फ पढ़ने से... **सीखने की ओर।**

6. जीवन पर प्रभाव

दिन के अंत में सोचिए— क्या याद करना मुश्किल था? हाँ। लेकिन क्या इससे यह पता चला... कि आप सच में क्या समझे हैं? आप एक बड़ा बदलाव देखेंगे— आपका दिमाग ज़्यादा सक्रिय हो जाएगा। आप ध्यान से पढ़ेंगे... इरादे से याद करेंगे... और धीरे-धीरे... आपकी याददाश्त मजबूत होगी। यह किस्मत से नहीं होगा... **अभ्यास से होगा।**

7. समापन पुष्टि

आत्मविश्वास के साथ बोलिए— "मेरा मन ज्ञान को संभालता है। मैं गहराई से सीखता/सीखती हूँ... स्पष्टता से याद करता/करती हूँ... और लगातार आगे बढ़ता/बढ़ती हूँ।" इसे अपनी पहचान बनने दीजिए। क्योंकि एक मजबूत वक्ता... सिर्फ बोलने वाला नहीं होता... वह **जानकारी से भरपूर** होता है।

हस्ताक्षर: ____________________________

दिनांक: ____________________________

ग्यारहवां दिन– जानकारी नहीं, प्रभाव बनाइए

1. अध्याय 11 को दोबारा पढ़ें

इस अध्याय को जल्दी-जल्दी मत पढ़िए... **इसके साथ बैठिए।** इसे अपने आप से सवाल करने दीजिए। और पढ़ते समय एक बात पर रुकिए— **"लोग मेरी बात याद रखते हैं... या मेरी बात महसूस करते हैं?"** अपने पुराने अनुभव याद कीजिए— वो मीटिंग जहाँ आपने बोला... वो क्लास जहाँ आपने समझाया... वो पल जब आपने अपनी बात रखी... लोगों ने सिर हिलाया... और फिर भूल गए? या कुछ उनके अंदर रह गया?

सच्चाई यह है— ज़्यादातर लोग जानकारी के पीछे भागते हैं। फैक्ट्स... डेटा... नंबर... उन्हें लगता है— जितना ज्यादा जानेंगे... उतने ज्यादा ताकतवर बनेंगे। लेकिन अपने जीवन में सोचिए— आपके साथ क्या ज्यादा समय तक रहा? पॉइंट्स की लिस्ट... या कोई ऐसा पल जिसने आपको छू लिया? एक कहानी... एक एहसास... एक समझ।

आज यह बात बैठने दीजिए— **बोलना इस बारे में नहीं है कि आप कितना कहते हैं... यह इस बारे में है कि आप कितना भीतर तक पहुँचते हैं।**

2. संबंधित नियम: प्रभाव ही असली असर बनाता है

जानकारी आसान है। आप पढ़ सकते हैं... याद कर सकते हैं... सुना सकते हैं। लेकिन प्रभाव... अलग होता है। जानकारी दिमाग भरती है... प्रभाव दिमाग को हिलाता है। एक जानकारी देता है... दूसरा बदलाव लाता है। आप 10 मिनट बोल सकते हैं... बिल्कुल सही तरीके से... फिर भी कुछ नहीं बदलेगा। और कोई 1 मिनट बोले... और अंदर कुछ बदल जाए। सोच बदल जाए... नज़रिया खुल जाए... कोई फैसला शुरू हो जाए।

यही है प्रभाव। और यह इस पर निर्भर नहीं करता— कि आप कितना जानते हैं।

यह इस पर निर्भर करता है— कि आप कितना जुड़ते हैं। जब आपके शब्दों में भावना होती है... जब उनमें सच्चाई होती है... जब वे अनुभव से आते हैं... तो लोग सिर्फ सुनते नहीं... **महसूस करते हैं**। और जब लोग महसूस करते हैं... तो वे याद रखते हैं।

3. अध्याय आधारित चैलेंज

आज आप अपना तरीका बदलेंगे। आज आप— समझाएँगे नहीं... परिभाषा नहीं देंगे... इंटेलिजेंट दिखने की कोशिश नहीं करेंगे। आज आप... **एक कहानी सुनाएँगे**। कोई भी एक विचार चुनिए— डिसिप्लिन... फेल्योर... कॉन्फिडेंस... अब उसे समझाने की जगह... अपने आप से पूछिए— "मैंने इसे कब महसूस किया?" उस पल को याद कीजिए— कोई असली स्थिति... कोई असली संघर्ष... कोई असली सीख। क्योंकि कहानी... दूरी खत्म कर देती है। वह आपके संदेश को... सीधे सामने वाले के जीवन से जोड़ देती है। और जब कुछ असली लगता है... तो वह जुड़ता है।

4. गतिविधि

जब आप कहानी सुनाएँ... तो अपना फोकस बदल दीजिए। सिर्फ शब्दों पर मत जाइए... **लोगों पर ध्यान दीजिए**। उन्हें देखिए... क्या वे ध्यान से सुन रहे हैं? क्या उनके चेहरे बदल रहे हैं? क्या वे जुड़ रहे हैं... या दूर जा रहे हैं? यही आपकी असली सीख है। क्योंकि कम्युनिकेशन डिलीवरी नहीं है... **इम्पैक्ट है**। अगर लोग जुड़ नहीं रहे... तो कुछ कमी है। अगर वे जुड़ रहे हैं... तो आप प्रभाव बना रहे हैं। इस फर्क को समझिए। क्योंकि एक अच्छा वक्ता सिर्फ बोलता नहीं... महसूस भी करता है।

5. लिखित संकल्प

अब धीरे-धीरे लिखिए— "आज मैं यह संकल्प लेता/लेती हूँ कि मैं सिर्फ जानकारी नहीं दूँगा/दूँगी। मैं प्रभाव बनाऊँगा/बनाऊँगी। मैं ऐसे बोलूँगा/बोलूँगी कि असर बने।" इसे महसूस कीजिए। क्योंकि यह सिर्फ एक वाक्य नहीं है... यह पहचान का बदलाव है। जानकारी देने वाले से... **बदलाव लाने वाले तक।**

6. जीवन पर प्रभाव

दिन के अंत में सोचिए— क्या लोगों की प्रतिक्रिया बदली? क्या बातचीत गहरी हुई? क्या बोलते समय आप ज्यादा जुड़े हुए महसूस हुए? आप एक चीज़ समझेंगे— जब आप इम्प्रेस करना छोड़ देते हैं... और कनेक्ट करना शुरू करते हैं... तो बोलना आसान हो जाता है। हल्का हो जाता है... सच्चा हो जाता है... अर्थपूर्ण हो जाता है। लोग आपको याद रखते हैं... इसलिए नहीं कि आपने ज्यादा बोला... बल्कि इसलिए कि आपने उन्हें कुछ महसूस कराया। और यहीं से शुरू होता है— **असली प्रभाव।**

7. समापन पुष्टि

आँखें बंद कीजिए... धीरे से बोलिए— "मेरे शब्द लोगों पर प्रभाव डालते हैं। मैं सिर्फ जानकारी नहीं...
अर्थ और असर पैदा करता/करती हूँ।" इसे अपने अंदर बैठने दीजिए। क्योंकि जैसे ही आपका इरादा बदलता है... आपकी कम्युनिकेशन बदल जाती है।

हस्ताक्षर: ______________________________

दिनांक: ______________________________

बारहवाँ दिन– निरंतरता चरित्र बनाती है

1. अध्याय 14 को दोबारा पढ़ें

इस अध्याय को कुछ नया सीखने की तरह मत पढ़िए... **आईने की तरह पढ़िए।** बीच-बीच में रुकिए... और अपने पैटर्न को देखिए। ईमानदारी से।

कुछ दिन ऐसे होते हैं— जब आप मोटिवेटेड होते हैं... एनर्जी से भरे होते हैं... आप प्रैक्टिस करते हैं...

आपको प्रोग्रेस महसूस होती है... कॉन्फिडेंस आता है।

और फिर... कुछ दिन ऐसे भी आते हैं— जब मन नहीं करता... एनर्जी कम होती है... और बहाने सही लगने लगते हैं।

और धीरे-धीरे एक पैटर्न बनता है— **जोर से शुरू करो... धीरे-धीरे ढीले पड़ जाओ... फिर से शुरू करो।** यह बहुत आम है। लेकिन यही सबसे बड़ा रुकावट भी है। क्योंकि **निरंतरता आपके सबसे अच्छे दिनों पर नहीं बनती... आपके सामान्य दिनों पर बनती है।**

वो दिन...जब कुछ खास महसूस नहीं होता। निरंतरता बाहर से शक्तिशाली नहीं दिखती... वह शांत होती है... दोहराव भरी होती है... कभी-कभी उबाऊ भी लगती है। लेकिन जो आप रोज़ दोहराते हैं... वही आपकी पहचान बन जाता है।

2. संबंधित नियम: निरंतरता पहचान बनाती है

एक अच्छा भाषण... लोगों को प्रभावित कर सकता है। एक अच्छा प्रदर्शन... ताली दिला सकता है। लेकिन विश्वास... इससे नहीं बनता। विश्वास बनता है— जब लोग आपको बार-बार देखते हैं... एक जैसे... स्थिर... विश्वसनीय।

आपकी पहचान इस बात से नहीं बनती... कि आपने एक बार क्या किया। यह इस बात से बनती है...

कि आप बार-बार क्या करते हैं। अगर आप एक बार अच्छा बोलते हैं... लोग नोटिस करेंगे।

अगर आप लगातार अच्छा बोलते हैं... लोग **विश्वास करने लगते हैं।**

और सबसे महत्वपूर्ण— आप खुद पर विश्वास करने लगते हैं। आपकी आदतें... चुपचाप आपकी पहचान बना रही हैं। अगर आप रोज़ सामने आते हैं— चाहे परफेक्ट न भी हों— तो आप खुद को एक संदेश देते हैं— **"मैं वो इंसान हूँ जो अपने वादे निभाता है।"** और यह बहुत ताकतवर है।

3. अध्याय आधारित चैलेंज

आज का चैलेंज बहुत सरल है। आप प्रैक्टिस करेंगे। लंबे समय के लिए नहीं... परफेक्शन के लिए नहीं... लेकिन बिना छोड़े। सिर्फ 5–10 मिनट। क्योंकि आज का दिन कुछ बड़ा करने का नहीं है... **कुछ दोहराने का है।** निरंतरता... तीव्रता से ज्यादा महत्वपूर्ण है। आपको कोई बड़ा बदलाव महसूस नहीं होगा... लेकिन आप एक चीज़ महसूस करेंगे— आपने खुद से किया वादा निभाया। और यही सबसे ज़रूरी है।

4. गतिविधि

एक निश्चित समय तय कीजिए। "बाद में" नहीं... "जब समय मिलेगा" नहीं... एक साफ, तय समय। और जब वह समय आए— आप सामने आएँ। चाहे मन मना करे... चाहे थकान हो... चाहे छोटा लगे... फिर भी। क्योंकि आपका मन आपको वहीं रखना चाहता है... जहाँ आप हैं। अगर आप आराम में हैं... वह आपको और आराम करवाएगा। अगर आप टाल रहे हैं... वह आपको और टलवाएगा। लेकिन जैसे ही आप एक्शन लेते हैं... वह उसी दिशा में आपका साथ देता है।

आज आपका काम है— मन से लड़ना नहीं... **उसे दिशा देना।** बस शुरू कीजिए। चाहे मुश्किल लगे। क्योंकि एक बार छोड़ना... एक पैटर्न बना देता है।

और पैटर्न... आपका भविष्य बनाते हैं।

5. लिखित संकल्प

अब पेन उठाइए...और धीरे-धीरे लिखिए— “आज मैं निरंतरता का संकल्प लेता/लेती हूँ।मैं अपने मूड या मोटिवेशन पर निर्भर नहीं रहूँगा/रहूँगी। मैं रोज़ सामने आऊँगा/आऊँगी।” इसे महसूस कीजिए। क्योंकि यह सिर्फ एक दिन का नहीं है... यह उस इंसान को बनाने का है... जो भावनाओं पर नहीं... **प्रतिबद्धता पर खड़ा होता है।**

6. जीवन पर प्रभाव

दिन के अंत में ईमानदारी से सोचिए— क्या आपने सामने आकर किया? भले मन नहीं था... फिर भी? अगर हाँ... तो क्या बदला? बाहर नहीं... अंदर। एक शांत ताकत आती है— निरंतरता से। एक कंट्रोल का एहसास... एक आत्म-सम्मान का एहसास। क्योंकि अब आप खुद पर भरोसा करने लगते हैं। आप जानते हैं— आपके एक्शन मूड से नहीं चलते... वे आपके फैसले से चलते हैं। और यहीं से असली विकास शुरू होता है। जब सब आसान हो... तब नहीं... जब आप जारी रखते हैं... **तब भी जब आसान नहीं होता।**

7. समापन पुष्टि

शांत खड़े हो जाइए... एक गहरी साँस लीजिए... और ताकत के साथ बोलिए— “मैं हर दिन सामने आता/आती हूँ। मेरी निरंतरता मेरा चरित्र बनाती है... और मेरा आत्मविश्वास मजबूत करती है।” इसे धीरे-धीरे दोहराइए। महसूस कीजिए। क्योंकि एक दिन... यह सिर्फ एक वाक्य नहीं रहेगा... **यह आपकी पहचान बन जाएगा।**

हस्ताक्षर: ______________________________

दिनांक: ______________________________

तेरहवाँ दिन – कहानियाँ आपको यादगार बनाती हैं

1. अध्याय 13 को दोबारा पढ़ें

पढ़ना शुरू करने से पहले... खुद को थोड़ा धीमा कीजिए। सिर्फ शब्द मत पढ़िए... **यह देखिए कि आपके अंदर क्या ठहर रहा है।** आप एक चीज़ नोटिस करेंगे— आप हर पॉइंट याद नहीं रखते... हर लाइन याद नहीं रहती... लेकिन कुछ पल रह जाते हैं। एक सीन... एक स्थिति... एक एहसास।

क्यों? क्योंकि दिमाग जानकारी को वैसे नहीं पकड़ता... जैसा हम सोचते हैं। वह पैराग्राफ नहीं पकड़ता... **वह तस्वीरें पकड़ता है।** जब आप किसी अपने के बारे में सोचते हैं... आपको कोई लिखी हुई जानकारी याद नहीं आती... आपको उनका

चेहरा दिखता है।

ठीक वैसे ही— जब आप एक कहानी सुनते हैं... आपका दिमाग तस्वीरें बनाता है। और वही तस्वीरें... टिक जाती हैं। तो आज जब आप यह अध्याय पढ़ें... सिर्फ कहानी समझिए मत... **उसे महसूस कीजिए।** देखिए— कहानी समझाने से अलग क्यों लगती है।

2. संबंधित नियम: कहानियाँ टिकती हैं

जब भी आप बोलते हैं... आपके पास दो रास्ते होते हैं— या तो आप लोगों को जानकारी देते हैं... या उन्हें अनुभव देते हैं। जानकारी बताती है... **कहानी दिखाती है।** जानकारी दिमाग से बात करती है... कहानी दिल से। और याद रखिए— **याद वही रहता है... जो महसूस होता है।**

आप अनुशासन को परिभाषा से समझा सकते हैं... लेकिन अगर आप एक असली कहानी सुनाएँ— संघर्ष की... गिरने की... फिर उठने की... तो वह टिकती है। क्योंकि वह इंसानी लगती है। कहानियाँ आपके संदेश को किताब से निकालकर... **जिंदगी में ले आती हैं।** उसे संबंध स्थापित बनाती हैं... जिंदा बनाती हैं। और जब कुछ जिंदा लगता है... लोग उससे जुड़ते हैं।

3. अध्याय आधारित चैलेंज

आज आप समझाने से हटकर... **कहानी सुनाएँगे।** एक आसान सा आइडिया चुनिए— जैसे कॉन्फिडेंस... फेलियर... या कोई सीख जो आपने मुश्किल से सीखी। अब रुकिए। इसे परिभाषित मत कीजिए। अपने आप से पूछिए— **"मैंने इसे कब महसूस किया?"** उस पल में वापस जाइए। एक असली दिन...

एक असली स्थिति... एक असली भावना। शायद— जब आप सबके सामने असफल हुए... या जब आपने डर के बावजूद बोलने की हिम्मत की... या जब आपने गलती से कुछ सीखा। उस पल को सामने लाइए... और उसे कहानी बना दीजिए। क्योंकि आपकी जिंदगी... कहानियों से भरी हुई है। बस आपको उन्हें देखना शुरू करना है।

4. गतिविधि

जब आप कहानी सुनाएँ... एक चीज़ पर ध्यान दीजिए— **भावना।** उस समय आपने क्या महसूस किया? घबराहट? शर्मिंदगी? खुशी? राहत? उसे अपनी आवाज़ में आने दीजिए। और यह भी सोचिए— उस पल ने क्या बदला? आपने क्या सीखा? आप कैसे बदले? जल्दी मत कीजिए।

कहानी को बहने दीजिए। जहाँ ज़रूरी हो... रुकिए। सुनने वाले को वह सीन देखने दीजिए... जो आपने जिया। क्योंकि जब लोग आपकी कहानी को अपने

दिमाग में देख लेते हैं... वे उसे महसूस करने लगते हैं। और जब वे महसूस करते हैं... वे याद रखते हैं।

5. लिखित संकल्प

अब पेन उठाइए... और धीरे-धीरे लिखिए— "आज मैं संकल्प लेता/लेती हूँ कि मैं अपने विचारों को कहानियों के माध्यम से व्यक्त करूँगा/करूँगी और लोगों से जुड़ूँगा/जुड़ूँगी।" इसे समझिए। आप क्या चुन रहे हैं? जटिलता नहीं... जुड़ाव। सिर्फ समझाना नहीं... अनुभव देना। और यही बदलाव... आपकी बोलने की कला को बदल देगा।

6. जीवन पर प्रभाव

दिन के अंत में सोचिए— लोगों ने आपकी कहानी पर कैसे प्रतिक्रिया दी? क्या वे ज़्यादा देर तक सुनते रहे? क्या उनकी प्रतिक्रिया अलग थी? क्या वे जुड़ पाए? आप एक बदलाव महसूस करेंगे— जब आप कहानी का उपयोग करते हैं... तो आपको ध्यान खींचना नहीं पड़ता... वह खुद आता है।

क्योंकि लोग कहानियों की तरफ खिंचते हैं। वे उसमें खुद को देखते हैं। और वहीं से जुड़ाव बनता है। आपने ज़्यादा नहीं बोला... लेकिन आपने कुछ ऐसा कहा... जो असली लगा।

7. समापन पुष्टि

आँखें बंद कीजिए... धीरे से बोलिए— "मेरी कहानियाँ जोड़ती हैं... मेरी कहानियाँ टिकती हैं।" इसे महसूस कीजिए। क्योंकि आज से... आप सिर्फ विचारों को बोलने वाले नहीं हैं... आप अनुभवों को जीने और सुनाने वाले हैं। और यही आपको... यादगार बनाता है।

हस्ताक्षर: ______________________________

दिनांक: ______________________________

चौदहवाँ दिन– विकास कभी रुकता नहीं

1. अध्याय 14 को दोबारा पढ़ें

आज इस अध्याय को थोड़ा अलग नजरिए से पढ़िए। कुछ नया सीखने के लिए नहीं... यह देखने के लिए कि आपकी वृद्धि कहाँ धीमी पड़ गई है। धीरे-धीरे पढ़िए। और खुद से एक ईमानदार सवाल पूछिए— मैं कहाँ सहज हो गया हूँ? क्योंकि विकास अचानक खत्म नहीं होता... वह धीरे-धीरे फीका पड़ता है। जब आप असफल होते हैं... तब नहीं। जब आप ठहर जाते हैं... तब।

जब आप खुद को आगे धकेलना बंद कर देते हैं... जब जिज्ञासा कम हो जाती है... जब आप वही दोहराने लगते हैं जो पहले से जानते हैं... और नया खोजने से

बचते हैं। सहजता सुरक्षित लगती है... लेकिन वही विकास को धीमा कर देती है।

आज पढ़ते समय इन संकेतों को पहचानिए— वे पल जब आपने अपने बोलने को बेहतर बनाना रोक दिया... वे स्थितियाँ जहाँ आपने नया सीखने से बचा... वे समय जब आपने मेहनत की जगह आसान रास्ता चुना। खुद को जज मत कीजिए। बस देखिए। क्योंकि **जागरूकता ही वह जगह है... जहाँ से विकास फिर शुरू होता है।**

2. संबंधित नियम: जीवनभर विकास

प्रगति के साथ एक शांत खतरा आता है। जैसे ही आप बेहतर होने लगते हैं... अंदर एक आवाज़ कहती है— "बस, अब काफी है।" और वहीं विकास रुक जाता है। "मुझे सब आता है" यह आत्मविश्वास नहीं है... **यह एक छुपी हुई सीमा है।**

सच्चे पेशेवर कभी पहुँचते नहीं... वे चलते रहते हैं। वे खुद को देखते हैं... दूसरों से सीखते हैं... नई परिस्थितियों के अनुसार बदलते हैं... समय के साथ विकसित होते हैं। क्योंकि विकास कोई एक बार की उपलब्धि नहीं है... यह एक प्रक्रिया है। एक सोच है। जीने का तरीका है।

जिस दिन आप सीखने वाले बने रहने का निर्णय लेते हैं... आप प्रासंगिक रहते हैं... तेज रहते हैं... खुले रहते हैं। और यही खुलेपन की सोच आपको आगे बढ़ाती रहती है।

3. अध्याय आधारित चैलेंज

आज खुद को थोड़ा आगे बढ़ाइए। कुछ नया सीखिए। बहुत बड़ा नहीं...बस थोड़ा। एक नया शब्द... एक नया बोलने का तरीका... कोई नई तकनीक... या किसी पुराने विषय पर एक नया नजरिया। मात्रा नहीं... **विस्तार ज़रूरी है**। अपने आराम क्षेत्र से थोड़ा बाहर जाइए। क्योंकि विकास वहीं होता है... जहाँ थोड़ा असहज लगता है।

4. गतिविधि

अब सबसे जरूरी हिस्सा— **जो सीखा है, उसे लागू कीजिए**। सिर्फ दिमाग में मत रखिए। उसे जीवन में लाइए। अगर नया शब्द सीखा है... उसे वाक्य में बोलिए। अगर नई तकनीक सीखी है... उसे बोलते समय अपनाइए।

अगर नया विचार मिला है... उसे किसी बातचीत में साझा कीजिए। क्योंकि सिर्फ ज्ञान बदलाव नहीं लाता... **उसका प्रयोग लाता है।**

आप सौ पेज पढ़ सकते हैं... लेकिन अगर लागू कुछ नहीं किया... तो कुछ नहीं बदलेगा। लेकिन एक छोटी चीज़ भी लागू की... तो विकास शुरू हो जाता है।

5. लिखित संकल्प

अब पेन उठाइए... और खुले मन से लिखिए— "आज मैं संकल्प लेता/लेती हूँ कि मैं निरंतर विकास करता/करती रहूँगा/रहूँगी। मैं हमेशा सीखने वाला/वाली बना रहूँगा/रहूँगी।" इसकी सादगी को महसूस कीजिए। आप पूर्णता का वादा नहीं कर रहे... आप प्रगति का निर्णय ले रहे हैं। खुले रहने का। जड़ न बनने का। और यही सोच... आपको हर क्षेत्र में आगे ले जाएगी।

6. जीवन पर प्रभाव

दिन के अंत में रुककर सोचिए— क्या आपने कुछ नया सीखा? क्या आपने उसे अपनाया? क्या थोड़ा असहज लगा... लेकिन अच्छा भी लगा? आप एक बदलाव महसूस करेंगे— **विकास ऊर्जा देता है।** यह दिमाग को सक्रिय रखता है... नजरिए को ताज़ा रखता है... आपको आगे बढ़ाता है। आप रुकते नहीं... क्योंकि आप खुद को दोहरा नहीं रहे... आप खुद को बढ़ा रहे हैं। और जब आप बढ़ते रहते हैं... तो आप कभी पुराने नहीं पड़ते। न बोलने में... न सोचने में... न जीवन में।

7. समापन पुष्टि

एक गहरी साँस लीजिए... धीरे-धीरे बोलिए— "मैं हर दिन बढ़ रहा हूँ... मैं विकसित हो रहा हूँ... मैं आगे बढ़ रहा हूँ..." इसे दोहराइए... जब तक यह सच्चा महसूस न हो। क्योंकि विकास कोई मंजिल नहीं है... यह एक चुनाव है... **जो आप हर दिन करते हैं।**

हस्ताक्षर: ______________________________

दिनांक: ______________________________

पंद्रहवाँ दिन– संवाद ही जीवन है

1. अध्याय 15 को दोबारा पढ़ें

आज इस अध्याय को धीरे-धीरे पढ़िए...और अपनी नजर को थोड़ा बड़ा कीजिए। संवाद को सिर्फ मंच तक सीमित मत रखिए। अपने पूरे दिन को देखिए—आप परिवार से कैसे बात करते हैं...सहकर्मियों को कैसे जवाब देते हैं...दोस्तों से किस लहजे में बात करते हैं...बातचीत में कितना धैर्य रखते हैं... या कितनी अधीरता।

क्योंकि संवाद कोई घटना नहीं है...**यह जीने का तरीका है।** आपका हर वाक्य एक अनुभव बनाता है...हर प्रतिक्रिया एक संबंध बनाती है। पढ़ते समय यह भी देखिए—कितनी बार संवाद सिर्फ आदत बन जाता है। हम जल्दी-जल्दी जवाब देते हैं...आधा सुनते हैं...बिना उपस्थित हुए बोलते हैं। और धीरे-धीरे...बिना जाने...**जुड़ाव कम होने लगता है।**

तो आज पढ़िए...जागरूक होकर।क्योंकि यह अध्याय सिर्फ अच्छा बोलने के बारे में नहीं है...**यह बेहतर जीने के बारे में है।**

2. संबंधित नियम: संवाद ही जुड़ाव है

अक्सर लोग सोचते हैं— संवाद का मतलब साफ बोलना है। लेकिन बोलना सिर्फ एक हिस्सा है। सच्चे संवाद के चार पहलू होते हैं— बोलना... सुनना...समझना...और सामने वाले को यह महसूस कराना कि उसे समझा गया है।

इनमें से एक भी छूट जाए...तो जुड़ाव टूट जाता है। आप अच्छा बोल सकते हैं...लेकिन अगर आप सुनते नहीं...तो संबंध कमजोर हो जाता है। आप सुन सकते हैं...लेकिन अगर समझते नहीं...तो अर्थ खो जाता है। आप समझ भी लें...लेकिन अगर सामने वाला यह महसूस न करे...तो रिश्ता नहीं बनता। संवाद अपने विचार देने का तरीका नहीं है...**यह दो दिमागों के बीच एक पुल है।** जब यह पुल मजबूत होता है...तो रिश्ते गहरे होते हैं। जब यह कमजोर होता है...तो साधारण बातचीत भी दूर लगने लगती है।

और सच्चाई यह है—जब संवाद बेहतर होता है...तो रिश्ते बेहतर होते हैं।और जब रिश्ते बेहतर होते हैं... तो जीवन हल्का, सरल और अर्थपूर्ण लगने लगता है।

3. अध्याय आधारित चैलेंज

आज आप हर बातचीत सुधारने की कोशिश नहीं करेंगे। सिर्फ एक। एक महत्वपूर्ण बातचीत चुनिए— कोई परिवार का सदस्य... कोई सहकर्मी... कोई विद्यार्थी... कोई मित्र।

और उस एक बातचीत में...पूरी तरह **उपस्थित** रहिए। जल्दी मत कीजिए। एक साथ कई काम मत कीजिए। उसे सामान्य मत बनाइए। उसे वास्तविक बनाइए। क्योंकि बदलाव कई जगह से नहीं शुरू होता... **वह एक पल से शुरू होता है... जो अलग तरीके से किया जाए।**

4. गतिविधि

गहराई से सुनिए। सिर्फ शब्द नहीं... **व्यक्ति को**। जब सामने वाला बोल रहा हो— बीच में मत टोकिए। जवाब तैयार मत कीजिए। मन में आगे मत बढ़िए। वहीं रहिए। उपस्थित रहिए। उसकी आवाज़ का लहजा देखिए... उसकी भावनाएँ समझिए... उसके ठहराव को महसूस कीजिए। क्योंकि अक्सर— जो लोग कहते हैं... वह पूरी बात नहीं होती।

और जब आप सच में सुनते हैं... तो आप सिर्फ शब्द नहीं... **भावनाएँ समझते हैं।** और वहीं से असली जुड़ाव शुरू होता है। सुनना निष्क्रिय नहीं है... यह बहुत

शक्तिशाली है। यह सामने वाले को कहता है— "तुम महत्वपूर्ण हो..." "मैं तुम्हें महत्व देता हूँ..." "मैं तुम्हारे साथ हूँ..." और यह संदेश... किसी भी शब्द से तेज़ विश्वास बनाता है।

5. लिखित संकल्प

अब एक पल रुकिए... और सच्चाई से लिखिए— "आज मैं संकल्प लेता/लेती हूँ कि मैं बेहतर संवाद करूँगा/करूँगी। मैं सुनूँगा/सुनूँगी, समझूँगा/समझूँगी और जुड़ाव बनाऊँगा/बनाऊँगी।" इसे हल्के में मत लिखिए। क्योंकि यह सिर्फ एक कौशल नहीं है... यह जीवन का कौशल है... रिश्तों का कौशल है... नेतृत्व का कौशल है।

6. जीवन पर प्रभाव

दिन के अंत में... उस एक बातचीत को याद कीजिए। क्या वह अलग लगी? क्या सामने वाला ज़्यादा खुला? क्या आप ज़्यादा जुड़े हुए महसूस हुए? आप एक सूक्ष्म बदलाव देखेंगे— जब लोगों को लगता है कि उन्हें सुना गया है... तो वे सहज हो जाते हैं... विश्वास करते हैं... जुड़ते हैं।

और यह जुड़ाव... सब कुछ बदल देता है। तनाव कम होता है... समझ बढ़ती है... रिश्ते मजबूत होते हैं। क्योंकि लोगों को सिर्फ सलाह नहीं चाहिए... उन्हें यह महसूस करना होता है कि उन्हें समझा गया है।

7. समापन पुष्टि

एक गहरी साँस लीजिए... और धीरे-धीरे बोलिए— "मैं गहराई से जुड़ता/जुड़ती हूँ... मेरा संवाद समझ और विश्वास बनाता है।" इसे महसूस कीजिए। क्योंकि सशक्त वक्ता सिर्फ मंच पर अच्छे नहीं होते... वे जीवन में अर्थपूर्ण होते हैं।

हस्ताक्षर: ______________________________

दिनांक: ______________________________

सोलहवाँ दिन– संदेश बन जाइए

1. अध्याय 16 को दोबारा पढ़ें

आज इस अध्याय को धीरे-धीरे पढ़िए... जैसे आप अपनी ही कहानी पढ़ रहे हों। क्योंकि यह सिर्फ एक अध्याय नहीं है... यह आपका आईना है।

हर लाइन के बीच रुकिए। अपने सफर को याद कीजिए— वह हिचकिचाहट... जब बोलने से पहले डर लगता था... वह पल जब आवाज़ काँपती थी... वह समय जब आपको पता था क्या कहना है... पर कह नहीं पाए।

और फिर... बदलाव को देखिए। छोटे-छोटे सुधार... हिम्मत के पल... वह समय जब डर के बावजूद आपने बोला। काँपने से... बोलने तक...बोलने से...अभिव्यक्ति तक...अभिव्यक्ति से...प्रभाव तक।

अब खुद से एक ईमानदार सवाल पूछिए—**मैं कौन बन गया हूँ?** परफेक्ट नहीं...लेकिन अलग। मजबूत... स्पष्ट... जागरूक। और यही जागरूकता... **आपकी असली प्रगति है।**

2. संबंधित नियम: आप ही संदेश हैं

शुरुआत में... बोलना एक कौशल लगता है। आप ध्यान देते हैं— संरचना पर... आवाज़ पर... पोश्चर पर... तकनीकों पर। लेकिन जैसे-जैसे आप आगे बढ़ते हैं... कुछ बदलता है।

बोलना अब यह नहीं रहता कि आप क्या करते हैं... **यह बन जाता है कि आप कौन हैं।** क्योंकि उच्च स्तर पर— लोग शब्दों का अनुसरण नहीं करते... वे **सामंजस्य का अनुसरण करते हैं।** अगर आपके शब्द कुछ और कहते हैं... और आपके काम कुछ और दिखाते हैं... लोग उस अंतर को महसूस करते हैं।

लेकिन जब— आपके शब्द... आपका व्यवहार... और आपकी सोच... एक ही सच्चाई को दर्शाते हैं— तब आपकी उपस्थिति प्रभावशाली बन जाती है। आपको अलग से प्रभाव डालने की कोशिश नहीं करनी पड़ती... **आप स्वयं प्रभाव बन जाते हैं।**

क्योंकि सच्चाई को अभिनय नहीं किया जा सकता... उसे जिया जाता है। और जब आप वही जीते हैं जो आप बोलते हैं... आपकी बातों में वजन आ जाता है।

3. अध्याय आधारित चैलेंज

आज अभ्यास का दिन नहीं है... **आज आत्मचिंतन का दिन है।** आप एक अंतिम भाषण देंगे। बस 3–5 मिनट। कोई दबाव नहीं... कोई परफेक्शन की उम्मीद नहीं... सिर्फ उपस्थिति।

अपने सफर के बारे में बोलिए— आप कहाँ से शुरू हुए... किससे संघर्ष किया... क्या सीखा... आपके अंदर क्या बदला। इम्प्रेस करने की कोशिश मत कीजिए...पावरफुल लगने की कोशिश मत कीजिए...बस सच्चे रहिए। क्योंकि यह भाषण दूसरों के लिए नहीं है... **यह आपके लिए है।** यह देखने के लिए... कि आप कितनी दूर आ चुके हैं।

4. गतिविधि

अपना भाषण रिकॉर्ड कीजिए। फिर बैठिए... और उसे देखिए। आलोचना के साथ नहीं... **जागरूकता के साथ।** खुद को देखिए— अब आप कैसे खड़े होते हैं?

आपकी आवाज़ कैसी लगती है? क्या उसमें ज्यादा स्पष्टता है? क्या उसमें ज्यादा आत्मविश्वास है? क्या उसमें सच्चाई है?

परफेक्शन मत ढूँढिए... प्रगति देखिए। क्योंकि जो व्यक्ति आज बोल रहा है... वह वही नहीं है जो पहले था। और यह एहसास... बहुत शक्तिशाली है।

5. लिखित संकल्प

अब पेन उठाइए... और गर्व के साथ लिखिए— "आज मैं संकल्प लेता/लेती हूँ कि मैं एक स्टेज लायन बनूँगा/बनूँगी। मैं वही जिऊँगा/जिऊँगी जो मैं बोलता/बोलती हूँ।" इस संकल्प की गहराई को महसूस कीजिए। अब यह सिर्फ भाषण की बात नहीं है... यह आपकी पहचान की बात है। आपके शब्दों और जीवन को एक करने की बात है। एक ऐसे व्यक्ति बनने की बात... जिसकी आवाज़ में सच्चाई हो।

6. जीवन पर प्रभाव

रुकिए... और गहराई से सोचिए। यह अंत नहीं है... यह शुरुआत है। अब तक— आप बोलने का अभ्यास कर रहे थे। अब— आप वक्ता बन रहे हैं। अंतर छोटा है... लेकिन गहरा। अभ्यास वह है जो आप करते हैं... बनना वह है जो आप जीते हैं। अब यह आपके साथ जाएगा— बातचीत में... निर्णयों में... रिश्तों में... नेतृत्व में। क्योंकि बोलना मंच तक सीमित नहीं है... यह जीवन के हर पल में मौजूद है। और अब... आप इसके प्रति जागरूक हैं।

7. समापन पुष्टि

सीधे खड़े हो जाइए... गहरी साँस लीजिए... और मजबूती से बोलिए— "मैं आत्मविश्वासी हूँ... प्रभावशाली हूँ... सशक्त हूँ... मैं वही संदेश हूँ... जो मैं बोलता/बोलती हूँ।" इसे महसूस कीजिए। क्योंकि यह अब सिर्फ एक वाक्य नहीं है... यह वह सच्चाई है... जिसमें आप कदम रख रहे हैं।

हस्ताक्षर: ______________________________

दिनांक: ______________________________

आओ, अब शुरुआत करें

आगे आप क्या करते हैं, वह मायने रखता है जब आपकी दहाड़ आपकी पहचान बन जाती है

एक पल होता है... जब आप मंच पर कदम रखने से ठीक पहले रुकते हैं... और सब कुछ शांत हो जाता है। बाहर नहीं... बाहर तो शोर हो सकता है... लोग हो सकते हैं... हलचल हो सकती है...लेकिन अंदर... एक ठहराव होता है।

सीने में हल्का सा दबाव... मन में एक सवाल... और एक धीमी सी आवाज़... "क्या मैं सच में कर पाऊँगा?" अगर आपने कभी यह महसूस किया है... तो यह किताब हमेशा से आपके लिए थी। क्योंकि यह सफ़र उस भावना को हटाने का नहीं था... उसे बदलने का था।

मैंने यह बार-बार देखा है... इतनी बार कि अब इसे नज़रअंदाज़ नहीं किया जा सकता। क्लासरूम के पीछे खड़ा एक छात्र... नज़रें चुराता हुआ... एक प्रोफेशनल... जिसे जवाब पता है... लेकिन हाथ उठाने से हिचकता है... एक लीडर... जिसके पास विचार हैं... लेकिन सही समय पर उन्हें व्यक्त नहीं कर पाता...

सबकी शुरुआत एक ही जगह से होती है। प्रतिभा की कमी से नहीं... हिचकिचाहट से। और फिर... धीरे-धीरे... कुछ बदलता है।

अचानक नहीं... नाटकीय रूप से नहीं... धीरे... आवाज़ में थोड़ा साहस... शरीर में थोड़ा स्थिरता... मन में थोड़ा स्पष्टता...

और एक दिन... वह बोलता है। परफेक्ट नहीं... बिल्कुल सही नहीं... लेकिन सच्चा। और वही सच्चाई... सब कुछ बदल देती है। क्योंकि बोलना सिर्फ शब्द नहीं है...

यह है— खुद को सामने लाना। पूरी तरह। बिना छुपे... बिना सिमटे... बिना अनुमति का इंतज़ार किए... यह किताब आपको परफेक्ट स्पीकर बनाने के लिए नहीं लिखी गई थी।

परफेक्शन एक भ्रम है... जो लोगों को चुप रखता है। यह किताब आपको **वास्तविक वक्ता** बनाने के लिए लिखी गई थी।

ऐसा व्यक्ति... जो लोगों के सामने खड़ा होकर वह कह सके— जो कहना ज़रूरी है... स्पष्टता के साथ... साहस के साथ... दृढ़ता के साथ...

ऐसा व्यक्ति... जो समझता है कि कम्युनिकेशन सिर्फ बोलना नहीं है। यह सुनना है... समझना है... दूसरों को यह महसूस कराना है कि उन्हें समझा गया है...

यह जुड़ाव है।

और इन सभी तकनीकों के पार... इन सभी तरीकों के पार...

एक सच्चाई है... जो हमेशा रहती है। दुनिया उन्हीं को सुनती है... जिनके पास सार होता है। शोर नहीं... सजावट नहीं... सार।

आपकी ताकत... आपकी तैयारी... आपका अनुशासन... आपके अनुभव... यही आपकी आवाज़ की नींव हैं। क्योंकि दुनिया... अपने तरीके से... ताकत पर प्रतिक्रिया देती है। ऊँची आवाज़ पर नहीं... आक्रामकता पर नहीं... बल्कि शांत... स्थिर... जमी हुई ताकत पर। वह ताकत... जो खुद को साबित करने की ज़रूरत नहीं समझती... फिर भी अनदेखी नहीं की जा सकती।

आपको याद होगा— लोग आपको सुनने से पहले... आपको देखते हैं। आपका व्यक्तित्व... आपकी उपस्थिति... आपका खड़ा होना...

और फिर वे सुनते हैं। आपके शब्द... आपकी आवाज़... आपका इरादा... और फिर वे तय करते हैं— क्या आप पर भरोसा करना है... क्या आपको फॉलो करना है... क्या आपको याद रखना है...

यह कठोर नहीं है... यह वास्तविकता है। और जब आप इसे स्वीकार कर लेते हैं... तो आपके पास नियंत्रण आ जाता है। आप सामान्य तरीके से बोलना छोड़ देते हैं... आप सजग होकर बोलना शुरू करते हैं। प्रभावित करने के लिए नहीं... प्रभाव डालने के लिए। प्रदर्शन के लिए नहीं... जुड़ने के लिए।

और जैसे-जैसे आप आगे बढ़ेंगे... आपको एक और चीज़ मिलेगी। प्रतिरोध। कुछ लोग हँसेंगे... कुछ अनदेखा करेंगे... कुछ सवाल करेंगे... और कभी-कभी... कुछ रोकने की कोशिश भी करेंगे...

यह सफ़र का हिस्सा है। मज़ाक... उपेक्षा...अस्वीकृति...विरोध... लेकिन अगर आप चलते रहते हैं... शांत रहकर... निरंतर... आत्मविश्वास के साथ... तो कुछ बदलता है। सम्मान आता है। तुरंत नहीं... लेकिन निश्चित रूप से।

क्योंकि सम्मान उन लोगों को नहीं मिलता जो शुरू करते हैं... सम्मान उन लोगों को मिलता है जो जारी रखते हैं। और जैसे-जैसे आप चलते हैं... आपको एक और गहरी बात समझ आती है। आपकी आवाज़ सिर्फ मंच तक सीमित नहीं है।

वह जाती है— आपके रिश्तों में... आपके करियर में... आपके नेतृत्व में... आपके निर्णयों में... आप दूसरों से कैसे बात करते हैं... आप खुद से कैसे बात करते हैं... दोनों महत्वपूर्ण हैं। क्योंकि कम्युनिकेशन एक घटना नहीं है... यह एक जीने का तरीका है।

और इस सफ़र में कहीं... आप महसूस करेंगे... कि आप वही व्यक्ति नहीं रहे... जो शुरुआत में थे।

हिचकिचाहट अभी भी आ सकती है... घबराहट अभी भी महसूस हो सकती है... लेकिन अब... आप जानते हैं कि उसके साथ क्या करना है। आप उससे भागते नहीं... आप उसके साथ उठते हैं। आपने सीख लिया है— उस काँपती हुई ऊर्जा को... उपस्थिति में बदलना... स्पष्टता में बदलना... प्रभाव में बदलना... एक दहाड़ में बदलना... और वह दहाड़ आवाज़ की ऊँचाई नहीं है... वह पहचान है।

वह यह है— कि जब ज़रूरी हो... आप चुप नहीं रहते। जब सच बोलना हो... आप रुकते नहीं। जब पल बड़ा लगे... आप सिमटते नहीं। क्योंकि अब आप समझते हैं— आपको सबसे बड़ा नहीं बनना है... सबसे तेज़ नहीं बनना है...

लेकिन आपको लेकर चलना है— उपस्थिति... प्रभाव... विश्वास... यही आपको मंच का शेर बनाता है। और जब आप इस किताब को बंद करेंगे...तो ऐसा मत महसूस कीजिए कि कुछ खत्म हुआ है।

ऐसा महसूस कीजिए— कि कुछ शुरू हुआ है। आपकी आवाज़... आपका प्रभाव... आपका सफ़र... क्योंकि असली मंच सिर्फ ऑडिटोरियम में नहीं होता... वह होता है— मीटिंग्स में... क्लासरूम में... बातचीत में... जीवन में...

और हर बार जब आप बोलने का चुनाव करते हैं— स्पष्टता के साथ... साहस के साथ... सजगता के साथ... आप फिर उस मंच पर खड़े होते हैं।

तो अगली बार जब वह शांत पल आए... बोलने से पहले... वह ठहराव... वह सवाल... वह अंदर की आवाज़... उसे दबाइए मत। उसे सुनिए।

और फिर भी... आगे बढ़िए। क्योंकि आपके अंदर कहीं... वह शेर अब सो नहीं रहा... वह जाग चुका है।

और दुनिया... उसे सुनने का इंतज़ार कर रही है।

सबसे अच्छा अभी आना बाकी है—

खुश रहिए!!

शुभकामनाएँ!!!

डॉ. अनुपम कुरलवाल (आचार्य)

लेखक की अन्य परिवर्तनकारी कृतियाँ

- 30 Powerful Laws of Personal and Professional Success (English)
- I Will Teach You—I Dare You to Forget (English)
- Main Sikhaunga — Bhool Kar Dikhao (Hindi)
- Great Teachers Teach Differently (English)
- Mahan Shikshak Alag Tarah Se Sikhate Hain (Hindi)
- From Proving to Becoming (Novel-English)
- Sabit Karne Se Banne Tak (Novel-Hindi)
- Rising Beyond Fears (Poems)

www.ingramcontent.com/pod-product-compliance
Lightning Source LLC
LaVergne TN
LVHW090308210926
848480LV00001B/173